Internationales Institut für
Staats- und Europawissenschaften

International Institute for Comparative Government and European Policy
Institut International d'Institutions et de Politiques Européennes

Staatsreform in Deutschland und Europa
Der öffentliche Sektor
im nationalen und internationalen Vergleich

Herausgegeben von

Professor Dr. Dr. h.c. Joachim Jens Hesse,
Internationales Institut für Staats-
und Europawissenschaften (ISE), Berlin

Band 19

Joachim Jens Hesse

Die Neuausrichtung der Bundeswehr

Ansatz, Umsetzung und Ergebnisse im nationalen
und internationalen Vergleich

 Nomos

Die Deutsche Nationalbibliothek verzeichnet diese Publikation in
der Deutschen Nationalbibliografie; detaillierte bibliografische
Daten sind im Internet über http://dnb.d-nb.de abrufbar.

ISBN 978-3-8487-2751-3 (Print)
ISBN 978-3-8452-7093-7 (ePDF)

1. Auflage 2015

Vorwort

Die „Neuausrichtung der Bundeswehr" gilt sachkundigen Beobachtern als einer der bislang bedeutsamsten Reformansätze der Regierungs- und Verwaltungsorganisation in der Geschichte der Bundesrepublik Deutschland. Diese Einschätzung verbindet sich nicht nur mit der Reduzierung des Umfangs der Streitkräfte, der nahezu zeitgleich ausgesetzten Wehrpflicht und den Bemühungen, über eine Reduzierung der Verteidigungsausgaben zu einer Konsolidierung des Bundeshaushaltes beizutragen, sondern auch mit dem übergreifenden Ziel einer zeitgemäßen Landesverteidigung als Bündnisverteidigung. Letzteres umfasst den deutschen Beitrag zur internationalen Konfliktverhütung und Krisenbewältigung sowie die Beteiligung an Aufgaben der Gemeinsamen Sicherheits- und Verteidigungspolitik (GSVP) der Europäischen Union (EU). Im Ergebnis wurde (und wird) ein zentrales „hoheitliches" Aufgaben- und Politikfeld einer grundlegenden Überprüfung unterzogen, die dem Anspruch nach deutlich über eine organisationspolitische Modernisierung hinausgeht und für einen Reformansatz steht, der unter Nutzung privatwirtschaftlich gewonnener Erkenntnisse und betriebswirtschaftlicher Management-Methoden zwar moderne Führungs- und Steuerungsprozesse in der Bundeswehr zu implantieren (und/oder gegebene zu bestätigen) sucht, darüber hinaus aber auch auf umfassend veränderte Kontextbedingungen für die Bundeswehr reagiert.

Die nachfolgende Untersuchung ergänzt die bislang vor allem endogene Begründung des Reformansatzes um einen ersten Blick auf dessen Ergebnisse und Wirkungen, wobei auch exogene Variable – nicht zuletzt im Rahmen eines binnenstaatlichen und internationalen Vergleichs – einbezogen werden. Zudem hilft ein historischer Zugang, die „Neuausrichtung" im Rahmen vorangehender Modernisierungsansätze zu platzieren, kommt es zum Ausweis wachsender institutioneller Anpassungs- und Innovationsfähigkeit, die deutlich über das von der Fachöffentlichkeit bislang für die Bundesebene diagnostizierte Potential hinausgeht. Am Beispiel einer für den Bestand des Gemeinwesens so zentralen Einrichtung wie der Bundeswehr sollte exemplarisch deutlich werden, dass und vor allem wie endogen und exogen induzierten Veränderungen zu begegnen ist – normativ, organisatorisch-institutionell und verfahrensbezogen. Nach diesem Vorverständnis, das in die (zu überprüfende) Ausgangshypothese dieser Un-

tersuchung mündet, steht die „Neuausrichtung der Bundeswehr" gleichsam modellhaft für eine zeitgemäße politisch-administrative Reaktion auf
unabweisbare Veränderungen, wobei sich innen- mit außen- und sicherheitspolitischen Erwägungen verbinden.

Die sich anschließende Analyse dient somit drei Zielen: einem Nachvollzug der Reformbemühungen (bis hin zu einer Chronik der einzelnen
Schritte auf dem Weg zur „Neuausrichtung"), einer umfassenden binnenstaatlichen Qualifizierung des Ansatzes (unter Einschluss eines Vergleichs
mit anderen Politikfeldern) sowie einem Ausweis der sich damit verbindenden außen- und sicherheitspolitischen Implikationen, vor allem durch
einen Vergleich mit komplementären Modernisierungsansätzen in Großbritannien und Frankreich.

Dieser Zugang erscheint auch deshalb gerechtfertigt, weil die bislang
zur „Neuausrichtung" vorliegenden Untersuchungen empirisch-analytisch
noch eher begrenzt erscheinen und verständlicher Weise stark aktualitäts-
bezogen sind. Dies gilt etwa für jenen Untersuchungsbericht zum „Veränderungsmanagement", den das Sozialwissenschaftliche Institut der Bundeswehr im August 2012 vorlegte, aber auch für Zielgruppenbefragungen,
wie etwa die von Führungskräften im Auftrag des Deutschen Bundeswehr-
verbandes (September 2012). Beide Untersuchungen waren zum Zeitpunkt
ihres Erscheinens zweifellos verdienstvoll, dürften der übergreifenden Bedeutung und der erweiterten Rationalität des Reformansatzes allerdings
nur eingeschränkt gerecht werden. Es dominiert die Binnensicht, Fragen
des Vergleichs (nationalstaatlich wie grenzüberschreitend) blieben noch
außerhalb des Blickfeldes. Hinzu tritt, dass beide Analysen deutlich situa-
tionsbezogen waren und Vollzugsprozesse erst in Ansätzen einbeziehen
konnten. Zudem sollte es auch nicht überraschen, dass Bundeswehrangehörige dem Ansatz wie den Auswirkungen der „Neuausrichtung" eher
skeptisch begegneten, ein bei substantielleren Reformen der Regierungs-
und Verwaltungsorganisation fast durchgängig zu beobachtendes Verhaltensmuster, dem die handelnden Akteure meist mit weiteren Informations-
und Vermittlungsformen (*change management*) zu begegnen suchen. Eher
ist erstaunlich, dass und inwieweit Bundeswehrangehörige die Notwendigkeit einer strukturell bedeutsamen Reform anerkennen – eine im Rahmen
der deutschen Verwaltungsgeschichte eher seltene Reaktion.

Die im Frühjahr 2013 an das Internationale Institut für Staats- und Europawissenschaften (ISE) in Berlin vergebene Untersuchung geht auf
zahlreiche Gespräche zurück, die der Autor im Herbst 2013 und erneut
Mitte 2014 im Bundesministerium der Verteidigung (BMVg) führen konn-

te. Für die Bereitschaft, sich zu einem vergleichsweise frühen Zeitpunkt im Modernisierungsprozess einem externen Einblick zu öffnen, dankt der Autor dem seinerzeit amtierenden Verteidigungsminister, *Thomas de Maizière*, und seinem Staatssekretär, *Stéphane Beemelmans*. Mit beiden verbindet den Autor ein Interesse an handlungs- und zukunftsfähigen öffentlichen Einrichtungen.

Insgesamt kam es im Verlauf der Projektarbeiten zu etwa 50 Interviews mit Vertretern des militärischen und zivilen Bereichs der Bundeswehr (unter Einschluss zahlreicher Austausch- und Verbindungsoffiziere in Paris und London), ergänzt um punktuelle Gespräche in und mit deren Umfeld, etwa mit Vertretern des politischen Prozesses, des Unternehmens- und Verbandsbereichs sowie der Öffentlichkeit. Ohne die Bereitschaft der Angesprochenen, sich meinen Fragen zu stellen, hätte diese Untersuchung nicht durchgeführt werden können.

Im ISE schließlich wirkten *Christian Sträter* und *Thomas Fehrmann* bei der für das Projekt aufwendigen Materialsichtung und -auswertung mit; auch ihnen gilt mein Dank. Die Untersuchung wurde im November 2014 abgeschlossen und am 10. Dezember 2014 den Vertretern des Bundesverteidigungsministeriums übergeben.

Joachim Jens Hesse

Inhaltsverzeichnis

Abbildungsverzeichnis   11

Abkürzungsverzeichnis   13

I.   Einführung   15

II.   Die Neuausrichtung der Bundeswehr   21

    1.   Vorstufen, Grundlagen, Ausgangshypothesen   21
    2.   Der Weg zur Neuausrichtung   26
    3.   Prägend: die Arbeit der Strukturkommission   33
    4.   Politische Selbstbindung: die Eckpunkte für die Neuausrichtung   37
    5.   Auftrag und Nationale Zielvorgabe: die Verteidigungspolitischen Richtlinien   40
    6.   Weiterungen, Reformbegleitprogramm und Stationierungskonzept   48
    7.   Der Dresdner Erlass, die Neuorganisation des BMVg, Standortbestimmung   59
    8.   Die Konzeption der Bundeswehr   71
    9.   Korrektiv und Verstetigung: Evaluation als „Taktgeber", Deregulierung als Daueraufgabe   82
    10. Die Weiterentwicklung der sicherheitspolitischen Grundlagen   94
    11. Eine Chronik der Neuausrichtung der Bundeswehr   97

III. Bewährung, Krise oder Bruch: der Rüstungsbereich als Test   101

    1.   Die Mängelliste   101
    2.   Was sind „Schlüsseltechnologien"?   111
    3.   Die Rüstungsfalle und ihre Folgen   115

IV. Die Neuausrichtung im binnenstaatlichen Vergleich   125

  1. Die Modernisierung der bundesstaatliche Ordnung: die
Föderalismusreformen I und II   126

  2. Sektorale Politikfelder: Energiepolitik, Sozial- und
Arbeitsmarktpolitik (die „Hartz"-Gesetzgebung)   131

  3. Querschnittspolitiken: Die Europäisierung und
Internationalisierung der deutschen Politik   140

  4. Reformbilanzen im Bundesstaat: ungleichzeitig und
asymmetrisch   144

V. Die Neuausrichtung im internationalen Vergleich   147

  1. Frankreich: der selbstbezogene Partner   149

  2. Das Vereinigte Königreich: pragmatische Grundhaltung,
transatlantische Orientierung   168

  3. E pluribus unum? Wege und Umwege der europäischen und
internationalen Kooperation in der Sicherheits- und
Verteidigungspolitik   187

VI. Ergebnisse   197

  1. Der Solitärcharakter der Neuausrichtung   197

  2. Mehr als eine Organisationsreform?   199

  3. Umfassender Innovationsansatz oder nachholende
Modernisierung?   201

  4. Ungleichgewichtige Reaktionsmuster – die Unterschätzung
des Vollzugs   203

  5. Umsetzungserfolge und verbleibender Handlungsbedarf   205

  6. Der Einfluss sich verändernder Kontextbedingungen – und
des Zeitgeistes   208

VII. Ein (vorläufiges) Fazit in Leitsätzen   211

Literatur- und Materialverzeichnis   217

Anhang   225

Personenregister   331

Abbildungsverzeichnis

Abbildung 1:   Personalentwicklung im Zeitablauf   31

Abbildung 2:   Demographische Entwicklung der
Jahrgangsstärksten   31

Abbildung 3:   Modellrechnungen zur Personalentwicklung und
Finanzierung   32

Abbildung 4:   Instrumente der Personalanpassung   51

Abbildung 5:   Grundprinzipien der Stationierung   52

Abbildung 6:   Stationierung: Regionalverteilung   53

Abbildung 7:   Stationierungsdichte   54

Abbildung 8:   Die Reserve im Rahmen der gesamtstaatlichen
Sicherheitsvorsorge   56

Abbildung 9:   Neuorganisation im Geschäftsbereich des BMVg I   62

Abbildung 10:   Neuorganisation im Geschäftsbereich des BMVg II   63

Abbildung 11:   Meilensteinplan zur Umsetzung der Neuausrichtung   70

Abbildung 12:   Schwerpunkte im Arbeitsprogramm
„Deregulierung"   89

Abbildung 13:   Strittige Rüstungsprojekte und
Gutachterempfehlungen   103

Abbildung 14:   Die deutsche Rüstungsindustrie (primäre Anbieter)   106

Abbildung 15:   Gutachterempfehlung Projektorganisation
(KPMG et al.)   122

Abbildung 16: Frankreich: Evolution des décrets fixant les
attributions du CEMA (1962-2009)   153

Abbildung 17: Frankreich: Organisation de l'EMA 600 (divisions)   158

Abbildung 18: UK:Defence Operating Model   173

Abbildung 19: UK: Die neue Führungsstruktur   177

Abbildung 20: UK: Optionen der DE&S-Reform   181

Abbildung 21: Der britische Verteidigungshaushalt im Zeitablauf   186

Abkürzungsverzeichnis

AIN	Ausrüstung, Information und Nutzung
ASR	Arbeitsstab Strukturreform
BA	Bundesagentur für Arbeit
BAAINBw	Bundesamt für Ausrüstung, Informationstechnik und Nutzung der Bundeswehr
BDI	Bundesverband der Deutschen Industrie
BMBF	Bundesministerium für Bildung und Forschung
BMF	Bundesministerium der Finanzen
BMVg	Bundesministerium der Verteidigung
BR	Bundesrat
BT	Bundestag
CDU	Christlich Demokratische Union Deutschlands
CPM	Customer Product Management
CSU	Christlich-Soziale Unionn
DE&S	Defence, Equipment and Support
EEG	Erneuerbare-Energien-Gesetz
EP	Europäisches Parlament
ESVP	Europäische Sicherheits- und Verteidigungspolitik
EU	Europäische Union
EU BG	EU Battle Groups
EUGH	Gerichtshof der Europäischen Union
EUV	Vertrag über die Europäische Union
EZB	Europäische Zentralbank
EZI	Enable and Enhance Initiative
FDP	Freie Demokratische Partei
F&T	Forschung und Technologie
GG	Grundgesetz
GenInsp	Generalinspekteur (GI) der Bundeswehr
GASP	Gemeinsame Außen- und Sicherheitspolitik
GDP	Gross Domestic Product
GOCO	Government owned, contractor operated organization
GSVP	Gemeinsame Sicherheits- und Verteidigungspolitik
IEA	Internationale Energieagentur
IPP	Integrierter Planungsprozess
ISAF	International Security Assistance Force
ISE	Internationales Institut für Staats- und Europawissenschaften
IT	Informationstechnik

IUD	Infrastruktur, Umwelt und Dienstleistungen
KdB	Konzeption der Bundeswehr
KdR	Konzeption der Reserve
KFOR	Kosovo Force
KMW	Krauss-Maffay-Wegmann
LPM	Loi de Programmation Militaire
MilOrgBer	Militärischer Organisationsbereich
MoD	Ministry of Defence
NATO	North Atlantic Treaty Organization
NRF	NATO Response Force
NSS	National Security Strategy
OSZE	Organisation für Sicherheit und Zusammenarbeit in Europa
P	Abteilung Personal des BMVg
PPP	Public-Private Partnership
SE	Abteilung Strategie und Einsatz des BMVg
SDSR	Strategic Defence and Security Review
SGB II	Sozialgesetzbuch II
SPD	Sozialdemokratische Partei Deutschlands
stv.	stellvertretende/-r
TCD	Tschad
UK	Vereinigtes Königreich
USA	Vereinigte Staaten von Amerika
VN	Vereinte Nationen
VPR	Verteidigungspolitische Richtlinien
WehrRÄndG	Wehrrechtsänderungsgesetz

I. Einführung

„Mit der Neuausrichtung wird die Bundeswehr konsequent auf das veränderte sicherheitspolitische Umfeld zu Beginn des 21. Jahrhunderts ausgerichtet. Zugleich werden ihre Strukturen demographiefest und ihre Fähigkeiten dauerhaft finanzierbar. Die Neuausrichtung geht weit über den Rahmen der Reformschritte der vergangenen Jahre hinaus. Sie ist mehr als nur ein organisatorischer und struktureller Anpassungsprozess für die Bundeswehr, der Fähigkeitsprofile, Streitkräftestrukturen und die finanzielle Ausstattung mit den sicherheitspolitischen Rahmenbedingungen in Einklang bringt. Sie bedeutet vielmehr eine umfassende Modernisierung nach innen und nach außen." [1]

Zum Selbstverständnis des Neuausrichtungsprozesses

Mit diesen Worten eröffnete der amtierende Bundesminister der Verteidigung, *Thomas de Maizière*, im März 2013 die bis zu diesem Zeitpunkt umfassendste Selbstdarstellung der Bundeswehr zum Neuausrichtungsprozess, hinsichtlich dessen mit den Verteidigungspolitischen Richtlinien (VPR) der strategische Rahmen und die verbindliche Grundlage geschaffen waren. Damit wurde gleichzeitig auch ein neues sicherheitspolitisches Selbstverständnis für die Bundeswehr als einem Handlungsinstrument der deutschen Sicherheitspolitik erkennbar. Mit der Trias: „Nationale Interessen wahren – Internationale Verantwortung übernehmen – Sicherheit gemeinsam gestalten" wurde zudem deutlich, dass und wie der Minister auf die Vielfalt und Bandbreite potentieller Gefahren und Risiken für die Sicherheit zu reagieren suchte. Mit der Neuausrichtung sollte die Bundeswehr über ein breites und flexibles militärisches Fähigkeitsspektrum verfügen, um den Aufgaben der Landes- und Bündnisverteidigung, den Anforderungen der internationalen Konfliktverhütung und Krisenbewältigung sowie des Heimatschutzes gleichermaßen zu genügen. Die notwendigen strategischen Vorgaben waren zu diesem Zeitpunkt mit der Aussetzung der verpflichtenden Einberufung zur Ableistung des Grundwehrdienstes (Juli

---

1 Nationale Interessen wahren–Internationale Verantwortung übernehmen–Sicherheit gemeinsam gestalten; in: BMVg, Die Neuausrichtung der Bundeswehr, 2. vollständig aktualisierte Auflage, 2013, 4.

2011), den Eckpunkten zur Neuausrichtung, der Entscheidung über die künftige Stationierung der Bundeswehr und den sogenannten „Grobstrukturen" getroffen.

Umsetzungsstand und Untersuchungsansatz

Nach Abschluss der konzeptionellen Planung kam es schließlich zur „Einnahme der neuen Strukturen". Dies galt, vor allen anderen Organisationsbereichen, für das Bundesministerium der Verteidigung selbst, das mit Wirkung vom 1. April 2012 seine veränderte Organisationsstruktur übernahm. Ab Oktober 2012 folgten die Aufstellung der höheren militärischen Kommandobehörden, der Bundesoberbehörden und die Bildung der Fähigkeitskommandos. Zur Feinplanung traten schließlich Ergänzungen wie die Grundlegung eines Evaluationsprozesses und die Gewährleistung einer fortlaufenden Deregulierung und Entbürokratisierung hinzu.

Angesichts dieses Sachstandes wendet sich die nachfolgende Untersuchung folgenden Schwerpunkten zu, die sich auf den Ansatz, die Umsetzung und die bislang erkennbaren Ergebnisse/Wirkungen des Neuausrichtungsprozesses richten:

– Zunächst steht der Nachvollzug der Ereignisse im Vordergrund, der die auf den Aufbau der Bundeswehr folgenden Anpassungs-, Transformations- und Neuausrichtungsansätze kurz darstellt und in Form, Verfahren und materiellem Gehalt erörtert. Das reicht bis hin zu den angesprochenen Verteidigungspolitischen Richtlinien, bezieht den Dresdner Erlass (Spitzengliederung, Unterstellungsverhältnisse, Führungsorganisation) mit ein und endet mit dem Reformbegleitgesetz und dessen Umsetzung. Die Chronik verdichtet sich dabei mit zunehmender Aktualität, erlaubt durch den Einbezug auch früherer Bemühungen um eine erweiterte Professionalisierung der Bundeswehr aber auch einen knappen historischen Längsschnitt, ohne den eine Würdigung der Neuausrichtung zu kurz griffe.

– Darüber hinaus wird den innen- wie außenpolitischen Rahmenbedingungen des Modernisierungsansatzes beträchtliche Aufmerksamkeit gewidmet (Kontextanalyse), wobei zwischen politischen, ökonomischen und sozio-kulturellen Rahmenbedingungen unterschieden werden soll. Die Reaktionen hierauf (Truppen Auf-, -Aus- und Umbau, Entwicklung der Waffensysteme, Bedrohungsszenarien, Bündnisverpflichtungen, weitergehende Reformdiskussionen, Leitbildfragen) werden dabei ebenso einbezogen wie eine soweit als möglich empirische Analyse der national wie europäisch induzierten Veränderungen der Bundeswehr (Anforderungen und Anspruchshaltungen).

– Im Zentrum der weiteren Ausführungen steht dann der Neuausrichtungsprozess selbst, wobei analytisch zwischen folgenden Ebenen unterschieden werden sollte: der Akteursebene, dem zeitlichen Ablauf, den materiellen Initiativen, der Prozessorganisation sowie etwaigen Ergebnissen (*output/impact,* gegebene wie erwartbare Wirkungen). Ob und inwieweit das auch in eine Phasendifferenzierung oder den Ausweis von Stufen im Reformprozess mündet, wird eingehend begründet. Als (zunächst nur für die systematisierende „Feldarbeit" einzusetzende) analytische Kategorien boten sich die gleichsam idealtypischen Stufen des sogenannten Politikzyklus an: Von der Aufgabenwahrnehmung und der Problemdefinition über die Programmentwicklung und den politischen Entscheidungsprozess bis hin zur Umsetzung/dem Vollzug sowie den erkennbaren Ergebnissen.

– Die Untersuchung abschließenden Kapitel bemühen sich dann um eine „Qualifizierung" des Reformansatzes, auch und gerade im nationalen wie internationalen Vergleich. Qualifizierung ist dabei nicht als ein wie auch immer geartetes *ranking* zu verstehen (das nur zu häufig nicht vergleichbare Tatbestände aufeinander zu beziehen sucht), sondern im Sinne einer Gewichtung nach Reformansatz, Reformtiefe und Reformerfolg. Hier empfiehlt sich beträchtliche empirische-analytische Zurückhaltung, da bereits die unterschiedlichen Kontextbedingungen auf Grenzen einer direkten Vergleichbarkeit verweisen.

Untersuchungsmethodik

Die eingesetzte Untersuchungsmethodik ist historisch-vergleichend und, wo angezeigt bzw. möglich, qualitativ wie quantitativ angelegt, sie folgt zudem den Standards der staats- und verwaltungswissenschaftlichen Forschung. Dabei treten zur Auswertung der vorliegenden Primär- und Sekundärliteratur sowie der verfügbaren themenspezifischen Materialien die Aktenanalyse und strukturierte Intensivinterviews mit Schlüsselvertretern des Reformansatzes in dessen unterschiedlichen Phasen. Letzteres beschränkte sich im Wesentlichen auf die Führungsebene der Bundeswehr, in Einzelfällen ergänzt um punktuelle Gespräche mit Truppenvertretern und weiteren Akteuren wie „Betroffenen".

Mit Blick auf den binnenstaatlichen Vergleich mit anderen Politikfeldern und Reformansätzen kann auf zahlreiche vorliegende ISE-Untersuchungen verwiesen werden (vgl. hierzu das Literatur- und Materialverzeichnis in der Anlage), deren Erkenntnisse im Rahmen der „Strukturberichterstattung für die deutschen Gebietskörperschaften" fortgeschrieben werden. Insofern bedarf es hierzu lediglich einer Aktualisierung, um einen zeitnahen Vergleich zu ermöglichen.

Für den internationalen Vergleich war dagegen zu erörtern, ob er sich „nur" auf die sich anbietenden EU-Mitgliedstaaten Frankreich und Großbritannien oder auch auf EU- und gegebenenfalls NATO-Einrichtungen erstrecken sollte. Angesichts der zu bewältigenden Materialfülle wurde hier vergleichsweise frühzeitig entschieden, sich auf einen Vergleich mit den beiden anderen großen EU-Mitgliedstaaten zu beschränken und Fragen nach einer gemeinsamen Sicherheits- und Verteidigungspolitik der EU sowie erkennbaren Reformbemühungen der NATO nur gleichsam nachrichtlich einzubeziehen.

Die Gliederung dieses Untersuchungsberichts folgt diesen Überlegungen. So wird zunächst die deutsche Sicherheits- und Verteidigungspolitik skizziert, wobei zwischen Grundlagen, Entwicklungsphasen und veränderten Herausforderungen unterschieden wird, bevor sich die Ausführungen auf den Neuausrichtungsprozess konzentrieren (Kapitel II); in zehn Unterkapiteln geht es um Grundsätze und Leitlinien, den gegebenen organisationspolitischen Rahmen, das gewählte prozessuale Vorgehen, die zentralen Handlungsfelder, den Ausweis der unterschiedlichen Akteure sowie den Vollzug und den bislang erkennbaren Reformertrag. Eine komprimierte Chronik schließt sich an.

Kapitel III steht unter Überschrift „Bewährung, Krise oder Bruch? Der Rüstungsbereich als Test" und bezieht damit jene von den Medien als „skandalös" gekennzeichneten Probleme in die Untersuchung ein, die im Herbst 2014 das Beschaffungswesen der Bundeswehr sehr kritischen Kommentaren aussetzte und dabei auch Elemente der Neuausrichtung infrage stellte. Zur Diskussion der sogenannten Mängelliste tritt ein Blick auf strittige (heimische) „Schlüsseltechnologien" und die Folgen defizitärer Rüstungspolitiken.

Im Rahmen des binnenstaatlichen Vergleichs (Kapitel IV) war die Auswahl einerseits erschwert, andererseits bot sie sich nach einer Vorentscheidung zugunsten gewichtigerer Reformvorhaben (materielle Bedeutung,

Ressourceneinsatz) durchaus an. Schon aufgrund des singulären Charakters der Bundeswehr und der ihr zuzuordnenden militärischen und zivilen Einrichtungen bildet die Verteidigungspolitik ja gleichsam einen Solitär, dessen Einrichtungen sich nur schwer mit anderen Organisationseinheiten und Aufgaben- wie Politikfeldern vergleichen lassen. Letztlich verblieben nur drei Vergleichsfelder: die Ansätze zur Veränderung der Staatsorganisation (über die Föderalismusreformen I und II), die sektoralen „Großreformen" der Energiewende und der Arbeitsmarkt-/Sozialpolitik (Letzteres im Rahmen die sogenannten *Hartz*-Gesetzgebung) sowie die sektor- und ressortübergreifende, mithin Querschnittsfragen berührende Europäisierung wie Internationalisierung der deutschen Politik. Eine knappe Reformbilanz beschließt dieses Kapitel.

Die „Neuausrichtung im internationalen Vergleich" (Kapitel V) wendet sich dann, wie angesprochen, schwergewichtig dem Vereinigten Königreich und Frankreich zu. Dem dienten zwei Interviewwochen in Paris und London, die eine materielle „Unterfütterung" der bislang gewonnenen Erkenntnisse erlaubten. Die Europäische Union und die NATO wurden dagegen nur im Rahmen einer kürzeren Diskussion des *pooling and sharing* einbezogen, jener Chiffre, auf die man sich in den nicht eben weit gediehenen Bemühungen um eine gemeinsame Sicherheits- und Verteidigungspolitik zu verständigen sucht. Die Zusammenfassung steht unter der Frage *E pluribus unum?* und beschreibt Wege wie Umwege der internationalen Kooperation.

Die Ergebnisse der Untersuchung umreißt schließlich das Kapitel VI, das den Neuausrichtungsansatz gesamthaft zu qualifizieren sucht. Dabei geht es um eine zusammenfassende Einschätzung des Ansatzes und seiner materiellen Ergebnisse (Wirkungen/Folgen), soweit die vorliegenden Erkenntnisse dies zulassen. Die Aussagen münden in ein „vorläufiges Fazit in Leitsätzen" (Kapitel VII), vorläufig deshalb, weil auch die Neuausrichtung als ein länger andauernder Prozess zu sehen ist, dessen Wirkungen mithin erst in Ansätzen erkennbar sind. Dies ist auch jenen Stimmen entgegenzuhalten, die die aktuellen Probleme im Rüstungsbereich vorschnell nach einer „Reform der Reform" rufen lassen oder gar das „Ende der Neuausrichtung" konstatieren.

Die Textfassung dieses Untersuchungsberichts wird um einen Anhang ergänzt, der für eine breitere Leserschaft Auszüge aus dem für die Anlage der Neuausrichtung zentralen „Bericht der Strukturkommission der Bundeswehr" umfasst, die „Eckpunkte" für den Modernisierungsprozess dokumentiert und die „Verteidigungspolitischen Richtlinien" für den Geschäftsbereich des Bundesministers der Verteidigung in Erinnerung ruft. Die Wiedergabe des für die Führungsstrukturen und das Steuerungsverständnis wichtigen „Dresdner Erlasses" sowie Auszüge aus dem letzten Zwischenbericht zum Stand des Neuausrichtungsprozesses beschließen die Untersuchung.

II. Die Neuausrichtung der Bundeswehr

1. Vorstufen, Grundlagen, Ausgangshypothesen

Ein Rückblick

Bis zum Mai 1989, mithin dem Zeitpunkt der Wiedervereinigung der beiden deutschen Staaten, war die Gründungs- und Aufbauphase der Bundeswehr im Wesentlichen durch die Blockkonfrontation und die seit Mitte der 1960er Jahre erkennbaren Entspannungspolitiken geprägt, unter Einschluss der Ostverträge und des Grundlagenvertrags. Im sich anschließenden Jahrzehnt folgte eine intensive Diskussion über ein Beteiligung der Bundeswehr an Auslandseinsätzen, vor allem aufgrund weltweit wachsender regionaler, ethnisch und/oder religiös motivierter „nicht-klassischer" Konflikte, die nur durch die internationale Staatengemeinschaft gelöst und befriedet werden konnten. Damit ergaben sich veränderte Ausgangsanalysen und Bedrohungsszenarien, wurden neue Risiken außerhalb des Bündnisgebietes erkennbar und rückten der Ausbau von Sofort- und Schnellreaktionskräften in das Zentrum der Aufmerksamkeit. Mobilität, Aufwuchs und Multinationalität galten als zusätzliche und in ihrer Bedeutung wachsende Kriterien, wobei der sich verändernde Aufgabenbestand und die entsprechend veränderten konzeptionellen Grundlagen in das Weißbuch 1994 eingingen. Darüber hinaus war wachsenden Sparzwängen zu entsprechen, nicht zuletzt aufgrund der Aufbauleistungen in und für die neuen Bundesländer. Im Ergebnis verringerte sich der „Friedensumfang" der Bundeswehr auf 340.000 bis 370.000 Soldaten; der „Verteidigungsumfang" wurde als „maximal 700.000 Soldaten" quantifiziert, das Zivilpersonal reduzierte sich auf 140.000 Beschäftigte.

Im Zeitraum 2000 bis 2003 wurden dann Leitsätze zur „Erneuerung der Bundeswehr von Grund auf" verabschiedet, die wiederum ihre Ergänzung durch „Eckpfeiler der konzeptionellen und planerischen Neuausrichtung" fanden – mit dem Ziel, den veränderten Anforderungen an die Streitkräfte bei der Ausrüstung und beim Material, aber auch mit Blick auf die angestrebte Konfliktverhütung und Krisenbewältigung gerecht zu werden. Der Gesamtumfang des Personals reduzierte sich dabei auf 285.000 Soldaten und 80.000 bis 90.000 Zivilkräfte. Hinzu trat eine wachsende Ausrichtung an *public-private* Partnerschaften, etwa durch die Gründung von *in house*-Gesellschaften, eine stärkere Kooperation mit der Wirtschaft zur verbesserten Personalgewinnung und Ausbildung sowie eine Modernisierung der „weißen" IT. Parallel setzte eine Optimierung der internen Organisationsstrukturen und Abläufe ein, etwa durch den Ersatz technischer Insellösungen im Rahmen SAP-geprägter Konzeptionen. Die Einführung der Kosten-Leistungs-Rechnung folgte, verbunden mit der Einbindung privater Dienstleister und der Entwicklung eines den Namen verdienenden Flächen- und Vertragsmanagements.[2]

In den fünf darauf folgenden Jahren (2004 bis 2009) kam es im Rahmen eines jetzt als „Transformation der Bundeswehr" bezeichneten Konzepts zu einer erneuten Überprüfung des Befähigungsprofils der Streitkräfte. Nun reduzierte sich deren Grundumfang auf 252.500 Soldaten und wurde die Zahl der Bundeswehrstandorte auf rund 100 zurückgeführt. Die Wehrverwaltung richtete man aufbau- wie ablauforganisatorisch neu aus, was wiederum in die Zusammenführung der in 330 Verwaltungseinheiten wahrgenommenen administrativen Aufgaben mit den Aufgaben der bis dahin gebildeten 75 Standortverwaltungen (53 Dienstleistungszentren) mündete. Zudem kam es zu einer erheblichen Straffung der Organisation der Wehrbereichsverwaltung sowie zu weiteren PPP-Projekten, die wiederum von einer erneuten Rückführung ziviler Dienstposten begleitet waren.

Umbruchsituation ab 2010

Die folgenden Jahre nach 2010 schließlich waren durch jene Entwicklungsschritte geprägt, die im Zentrum dieser Untersuchung stehen. Die im Mai 2011 vorgelegten Eckpunkte zielten auf die Verbesserung der Einsatzfähigkeit der Streitkräfte, die Erhöhung von Effektivität und Effizienz der Aufgabenwahrnehmung sowie die Bildung gemischter zivil-militärischer Strukturen. Als Obergrenze für das zivile Personal galten jetzt 55.000 Beschäftigte. Die Einzelprojekte richteten sich an folgenden Gestaltungsprinzipien aus:

---

2 Vgl. Gregor Richter (Hrsg.), Neuausrichtung der Bundeswehr. Beiträge zur professionellen Führung und Steuerung. Schriftenreihe des Sozialwissenschaftlichen Instituts der Bundeswehr, Wiesbaden 2012,

– Die „Neuausrichtung" als erstmals alle Ebenen und alle Aufgabenfelder umfassender Reformansatz;

– die Ausgliederung umfangreicher Aufgaben- und Organisationselemente sowohl in den Streitkräften als auch den zivilen Organisationsbereichen;

– die Zusammenführung von fachlicher und organisatorischer Verantwortung auf der Basis einer gesonderten Prozessanalyse;

– die Bündelung der Aufgaben von Bedarfsträgern und Bedarfsdeckern in allen Bereichen;

– der Ausweis von nur noch einem/einer Verantwortlichen für jede Fach- bzw. Unterstützungsaufgabe;

– deutlich beschleunigte Abläufe durch den weiteren Ausbau gemischter zivil-militärischer Strukturen (damit auch Abbau des Spannungsverhältnisses zwischen Fordernden und Leistenden) sowie

– der Abbau von Hierarchieebenen im Rahmen der vormals dreistufigen Verwaltungsstruktur.

Arbeitshypothesen des Berichterstatters

Die bis zum diesem Zeitpunkt aufgenommenen und ausgewerteten Materialien sowie die Ergebnisse erster zwischenzeitlich im BMVg geführter Interviews erlaubten schließlich die Formulierung einer Reihe von *Arbeitshypothesen*:

– Danach erschien die „Neuausrichtung der Bundeswehr" als eine konsequente schrittweise Reaktion auf im Wesentlichen vier extern wie intern induzierte Herausforderungen: die veränderte Aufgabenstruktur (und die ihr zugrunde liegenden Bedrohungsszenarien) seit 1989; die im Zuge des Vereinigungsprozesses deutlich werdenden Haushaltsprobleme; die Rückführung des unter anderen Voraussetzungen gebildeten Personalkörpers (der nicht nur der veränderten Aufgabenstellung, sondern auch der Bewältigung des demographischen Wandels dienen sollte) sowie schließlich die wachsende Bedeutung von Managementkonzepten, in deren Gefolge sich vor allem „Optimierungsbedarf nach innen" stellte. Über hierzu eingeleitete organisationspolitische Maßnahmen galt es, den Streitkräften wie der Zivilverwaltung eine zeitgemäße Struktur zu geben. Als von besonderer Bedeutung erwies sich dabei die Einsetzung der bereits angesprochenen Strukturkommission, die den

Neuausrichtungsansatz konzeptionell „vordachte", in Teilen operativ konkretisierte und punktuell dessen Vollzug begleitete. Im Ergebnis stellte sich die Neuausrichtung der Bundeswehr zumindest zu diesem Zeitpunkt als ein ungewöhnlich ambitionierter und tief greifender binnenstaatlicher Reformansatz dar, der den extern induzierten Veränderungsbedarf zwar aufnahm, ihn aber eher als zu berücksichtigende Rahmenbedingung denn als (auch) sicherheitspolitisch angezeigten Modernisierungsauftrag begriff.

– Damit wiederum verband sich eine stark betriebswirtschaftlich ausgerichtete Logik des Reformansatzes, die gleichsam „das Unternehmen Bundeswehr" zu definieren suchte, ohne den Vollzug, also die Umsetzung des Reformansatzes zunächst näher zu berücksichtigen oder gar die aus europäischer und in Teilen durchaus auch globaler Perspektive zu beachtenden sicherheitspolitischen Herausforderungen näher zu diskutieren oder gar zu bewerten.

– Zudem erwies sich die Reformdiskussion schnell als parteipolitisch geprägt, auch und gerade in personeller Hinsicht. So wurde die sachlich gebotene Auseinandersetzung um die Neuausrichtung, unter Einschluss einer frühzeitigen Information auch der Truppe, durch die kritischen Auseinandersetzungen um die Führungsebene (die in den Rücktritt des Freiherrn *zu Guttenberg* mündete) belastet. Spätere materielle Differenzen (etwa im Rahmen der *EuroHawk*-Diskussion) erschwerten produktive Erörterungen weiter.

– Im Ergebnis wies aus dieser Sicht (und zum Zeitpunkt des Zwischenberichts des Autors) die Neuausrichtung eine starke *top-down*-Prägung auf. Politikformulierung und Vollzug erschienen als vergleichsweise stark entkoppelt – mit der Konsequenz erkennbarer Umsetzungs- und Akzeptanzprobleme. Im Fortgang der Untersuchung war mithin zu prüfen, inwieweit sich dies aufgrund der für den Bundesbereich untypischen Weisungs- und Vollzugsstrukturen der Bundeswehr (rechtlich wie faktisch) im Verfahren als heilbar erwies, sich mithin zwischenzeitlich belastbare Organisationsstrukturen herausbildeten oder Nachbesserungsbedarf erkennbar würde, der innerhalb des laufenden (internen) Evaluationsprozesses Berücksichtigung finden sollte.

– Aus diesem Erkenntnisstand heraus gewann das für komplexe Reformprozesse unverzichtbare Veränderungsmanagement beträchtlich an Bedeutung, sowohl für die direkt Betroffenen als auch für die erweiterte Öffentlichkeit. Zum eher sektoral gedachten und intern konzentrierten

Vorgehen trat mithin ein Bedarf an einer zumindest erweiterten Öffentlichkeitsarbeit.

- Als entscheidend für die künftige Leistungsfähigkeit der Bundeswehr erwies sich zudem die strategische Steuerung im Rahmen des BMVg, zumal die neue Struktur des Ministeriums ein gemeinsames Denken und Handeln der Akteure erforderte. In diesem Kontext wurde zwar immer wieder vorgetragen, dass die Kompetenz- und Verantwortungsträger sich künftig als Planungs- und Handlungseinheit verstehen müssten, die einem gemeinsamen Zielsystem verpflichtet seien (nicht zuletzt auch, um zu große Leitungs- und Kontrollspannen zu verhindern), doch war noch nicht absehbar, ob die gegebenen Erkenntnisse einen entsprechenden Vollzug erkennen ließen. Immerhin wurde die Verantwortung der Abteilungsleitungen deutlich gestärkt, sollten fachliche Kompetenzen gebündelt und damit Redundanzen vermieden werden. Die Prozesse waren erkennbar arbeitsteilig organisiert, die faktische Zusammenarbeit der Akteure galt als zentraler Reformbestandteil. Damit sollte auch vermieden werden, dass Verantwortung nach oben abgegeben bzw. nach oben gezogen werden konnte; der Leistungsbereich müsste grundsätzlich frei von den in der Linie wahrzunehmenden Aufgaben bleiben.

- Damit wiederum stellten sich weitere Aufgaben (und Fragen) für bzw. an die Umsetzung des geplanten integrativen und bundeswehrgemeinsamen Ansatzes. So unterlagen die Bereiche „Neuausrichtung" sowie „Organisation und Revision" einer erweiterten Diskussion, bis hin zur Einrichtung eines zentralen *controlling*-Elements in der Abteilung „Haushalt und Controlling". Es wurde erörtert, dass diese Abteilung die Erarbeitung und Fortschreibung eines zentralen *controlling* verantworten und bei der Entwicklung eines gemeinsamen wirkungsorientierten Steuerungsverständnisses bzw. Steuerungsmodells mitwirken sollte. Hinzu trat die Fachaufsicht über die zuständigen Einrichtungen in der Bundeswehr. Als denkbar erwies sich eine dementsprechende Unterstützung der Leitung des Ministeriums, des Generalinspekteurs und der Abteilungsleiter bei der Erarbeitung strategischer Ziele und der Überwachung der Zielerreichung. Dies galt etwa mit Blick auf Vorgaben für das dezentrale *controlling*, auch und gerade des nachgeordneten Bereichs und sollte eine hinreichende Verzahnung der in der Bundeswehr betriebenen Management-Prozesse erlauben. Die Zielvereinbarungen zwischen Lenkungsausschuss und Abteilungsleitern galten als das entscheidende Instrument zur Umsetzung.

– Die Gesamtsteuerung umfasste nach diesen Vorstellungen die strategische Steuerung der Neuausrichtung, ein systematisches Risikomanagement, eine zielgruppenorientierte Reformkommunikation und nachhaltige Veränderungen der „Unternehmenskultur", wobei der Lenkungsausschuss auf der Basis der Ergebnisse der Realisierungskontrolle notwendige Entscheidungen fällen und Anpassungen der Planungen an die Zielvereinbarungen einfordern sollte.

– So überzeugend die Logik dieses Steuerungskonzeptes auch erschien, so sehr wurde auch deutlich, dass sie sich in der Praxis erst noch zu bewähren hatte. Nach den Ergebnissen der bis dahin geführten Gespräche wurden signifikante Unterschiede bei der Interpretation des Gesamtkonzeptes (und seiner Teile) durch den militärischen und den zivilen Bereich der Bundeswehr erkennbar. Auch stellten sich für die regelmäßige „Messung" der Zielerreichung und den Ausweis von bundeswehrinternen wie umweltbezogenen Risiken eine Reihe methodischer Probleme.

Diese ersten, im Rahmen eines Zwischenberichts des Autors (30.9.2013) vorgestellten und in einem BMVg-internen *workshop* (im Januar 2014) erörterten Arbeitshypothesen wurden in den nachfolgenden Untersuchungsschritten systematisch überprüft und mit Blick auf ihre „Haltbarkeit" empirisch-analytisch bewertet. Sie bildeten mithin einen ersten „Maßstab" für die Umsetzung der „Neuausrichtung".

2. Der Weg zur Neuausrichtung

Übergreifende Ziele

Folgt man den offiziellen Verlautbarungen des Bundesministeriums für Verteidigung, war und ist es Ziel der Neuausrichtung, die Aufgaben und Fähigkeiten der Bundeswehr sicherheitspolitisch umzusetzen, die Organisationsstrukturen demographiefest zu gestalten und eine nachhaltige Finanzierung zu gewährleisten.[3] Die Neuausrichtung stellte damit ein zentrales Vorhaben der Bundesregierung dar, dessen Realisierung beträchtlich über die laufende Legislaturperiode hinaus wies. Dass dieses Selbstverständnis aufgrund des Koalitions- und nachfolgenden Personalwechsels an

---

3 BMVg: Die Neuausrichtung der Bundeswehr, a.a.O., 10 ff.

der Spitze des Hauses in Zweifel gezogen wurde, verbindet sich vor allem mit jenen Turbulenzen im Rüstungsbereich, auf die gesondert einzugehen sein wird (Kapitel III).

Koalitionsvereinbarung 2009

Sucht man eine Chronik der Neuausrichtung als des in der Geschichte der Bundeswehr bislang wohl umfassendsten Modernisierungsansatzes zu erstellen, setzt diese am ehesten mit der *Koalitionsvereinbarung* „Wachstum.Bildung.Zusammenhalt" zwischen der CDU, CSU und FDP vom 26. Oktober 2009 ein. Hier hieß es in Abschnitt 5 („Für eine leistungsstarke und moderne Bundeswehr"):

> „Die Bundeswehr ist ein wesentliches Instrument deutscher Friedenspolitik. Wir wollen auch in Zukunft eine leistungsfähige Bundeswehr als unverzichtbares Instrument für den Schutz Deutschlands und seiner Menschen ebenso wie für die internationale Krisenvorsorge und Konfliktbewältigung erhalten.
>
> Die Wehrpflicht hatte in den letzten Jahrzehnten ihre Berechtigung und sich bewährt. Seit dem Ende des kalten Krieges haben sich die sicherheitspolitische Lage, Auftrag und Aufgabenspektrum der Bundeswehr grundlegend verändert. Diesen Veränderungen ist angemessen Rechnung zu tragen.
>
> Die Koalitionsparteien halten im Grundsatz an der allgemeinen Wehrpflicht fest mit dem Ziel, die Wehrdienstzeit zum 1. Januar 2011 auf sechs Monate zu reduzieren.
>
> Der Bundesminister der Verteidigung setzt eine Kommission ein, die bis Ende 2010 einen Vorschlag für Eckpunkte einer neuen Organisationsstruktur der Bundeswehr, inklusive der Straffung der Führungs- und Verwaltungsstrukturen, zu erarbeiten hat."[4]

Auf diese erste politische Absichtserklärung, die die Leistungsfähigkeit der Bundeswehr betonte und, bei Festhalten an der Wehrpflicht, organisations- wie verwaltungsstrukturelle Veränderungen anmahnte, folgten in schneller Reihenfolge jene Umsetzungsschritte, die im Zentrum dieser Untersuchung stehen.

---

4 Wachstum. Bildung. Zusammenhalt. Der Koalitionsvertrag zwischen CDU/CSU und FDP vom 26. Oktober 2009, 124.

Einsetzung der Strukturkommission

So wies der amtierende Bundesminister der Verteidigung, *Freiherr zu Guttenberg*, bereits mit Schreiben vom 26. Januar 2010 seinen Staatssekretär an, zur Beschleunigung und Förderung des laufenden Transformationsprozesses der Bundeswehr eine Kommission einzusetzen, die bis Ende des Jahres 2010 einen entsprechenden Vorschlag für die Eckpunkte einer neuen Organisationsstruktur mit strafferen Führungs- und Verwaltungsstrukturen erarbeiten sollte. „Dabei werden insbesondere die derzeitigen verfassungsrechtlichen Grundlagen und deren Ausgestaltung (z.B. die Dauer der Wehrpflicht), die bestehenden Einsatz- und Kooperationsverpflichtungen sowie die gesellschaftspolitische Entwicklung, aber auch die bereits erarbeiteten konzeptionellen Grundvorstellungen zu berücksichtigen sein. Es soll im Wesentlichen darum gehen, freiwerdende Ressourcen einsatzoptimierend zu nutzen."[5]

Einen Tag später, am 27. Januar 2010, unterrichtete Staatssekretär *Wolf* den Generalinspekteur der Bundeswehr und die betroffenen Abteilungsleiter des Verteidigungsministeriums über die Absichten des Ministers und konkretisierte, dass bei den aufzunehmenden Arbeiten neben den gegebenen verfassungsrechtlichen Grundlagen und deren Ausgestaltung die bestehenden Einsatz- und Kooperationsverpflichtungen, die gesellschaftspolitische Entwicklung sowie „folgende Ausgangsbasis" zu beachten seien (S. 2):

– Die Konzeptionellen Grundlagen (KdB); die Strukturen, innerhalb derer sie umgesetzt werden, stehen zur Disposition und sind daher veränderbar.

– Anpassungen der Strukturen sind im Rahmen der laufenden Transformation der Bundeswehr zu vollziehen.

– Eine Reduzierung der Personalumfänge (militärisch, wie zivil) ist **nicht** vorgesehen.

– Die Verkürzung des Grundwehrdienstes auf sechs Monate ist zu berücksichtigen.

---

5 Schreiben des Bundesministers der Verteidigung an Staatssekretär Wolf vom 26. Januar 2010.

„Grundpfeiler"-Beschluss des Bundeskabinetts

Gleichzeitig beauftragt der Staatssekretär die Abteilungsleiter des Hauses und die Inspekteure bis zum 12. März 2010, Stärken und Schwachstellen der bisherigen Strukturen und Abläufe zu identifizieren, zu bewerten und die Ergebnisse vorzulegen.

In der Zwischenzeit formierte sich politisch der Kabinettswille insofern, als die Bundesregierung am 7. Juni 2010 eine Reihe von Eckpunkten für die weitere Aufstellung des Haushaltsentwurfs 2011 und des Finanzplans bis 2014 vorlegte. Dabei hieß es unter Ziffer 4 („Anpassung der Bundeswehr an neue Anforderungen"):

> „Das Bundesministerium der Verteidigung prüft im Rahmen der derzeitigen Reformüberlegungen die Optimierung der Strukturen der Bundeswehr an den Erfordernissen der Befähigung zum Einsatz. In diese Überlegungen sind auch die Organisation und Zusammensetzung der Streitkräfte, einschließlich des Personalumfangs der verschiedenen Statusgruppen, einbezogen.
> Gleichzeitig obliegt dem Bundesministerium der Verteidigung – zusammen mit allen anderen Ressorts der Bundesregierung –, auch zur Konsolidierung des Bundeshaushaltes und zur Erhaltung der verfassungsrechtlich vorgegebenen Schuldenbremse beizutragen.
> Vor diesem Hintergrund wird der Bundesminister der Verteidigung in Zusammenarbeit mit der Strukturkommission der Bundeswehr beauftragt, bis Anfang September 2010 aufzuzeigen, welche Folgen eine deutliche Reduzierung der Streitkräfte um bis zu 40.000 Berufs- und Zeitsoldaten für die sicherheitspolitische Handlungsfähigkeit Deutschlands, die Einsatz- und Bündnisfähigkeit, Fragen der Beschaffung, die Strukturen und den Gesamtumfang der Bundeswehr sowie die Wehrform und deren Ausgestaltung hätte. Darüber hinaus wird die Kommission beauftragt, Möglichkeiten aufzuzeigen, wie durch eine bessere Arbeitsteilung im Bündnis Einsparpotentiale gewonnen werden können.
> Unabhängig von einem aus dieser Prüfung resultierenden Entscheidungsbedarf wird am Wehrrechtsänderungsgesetz 2010 in der vom Bundeskabinett beschlossenen Fassung festgehalten, um den zum 01. Juli 2010 einberufenen Wehr- und Zivildienstleistenden Planungs- und Rechtssicherheit dahingehend zu geben, dass ihr Grundwehr- bzw. Zivildienst sechs Monate dauert.
> Da eine die allgemeine Wehrpflicht betreffende Veränderung auch unmittelbare Auswirkungen auf den der Wehrpflicht rechtlich folgenden Zivildienst haben würde, wird die Bundesministerin für Familie, Senioren, Frauen und Jugend beauftragt, ebenfalls bis Ende September darzustellen, welche Auswirkungen mögliche Veränderungen der Wehrpflicht für den Zivildienst und

die Funktionsfähigkeit der vom Einsatz der Zivildienstleistenden unmittelbar profitierenden sozialen Infrastruktur hätten."[6]

Bericht des Generalinspekteurs

Am 30. August 2010 legte der Generalinspekteur der Bundeswehr (GI) seinen „Bericht zum Prüfauftrag aus der Kabinettsklausur vom 7. Juni 2010" vor, in den auch erste Erkenntnisse aus der Arbeit der zwischenzeitlich eingesetzten Strukturkommission einflossen. Der Bericht des Generalinspekteurs beinhaltete in der Zusammenfassung eine Reihe von Modellen, die Einsparungen beim militärischen Personal (unter Einschluss von Personalnebenkosten) auslösen würden. Generell kam er zu dem Ergebnis, dass die Bundeswehr mit den vorhandenen Kräften in der Lage sei, die an sie gestellten Anforderungen quantitativ zu erfüllen. Sie verfüge im Grundsatz über einen größeren Personalumfang als er für Einsätze und die Sicherheitsvorsorge erforderlich sei. Allerdings seien die Streitkräfte aus strukturellen und materiellen Gründen nicht in der Lage, die Zahl der dauerhaft und durchhaltefähig im Einsatz befindlichen Soldatinnen und Soldaten wesentlich über 7.000 hinaus zu steigern. Daneben sei es aufgrund der derzeit gültigen Prozesse, Verfahren und Abläufe nicht möglich, die materielle Ausstattung größerer Teile der Streitkräfte im Einsatz angemessen zu verbessern. Im Ergebnis stünden auch die aktuelle Struktur der Streitkräfte und die Zusammensetzung ihres gesamten Personalkörpers (samt der daraus resultierenden Kosten) einer weiteren Modernisierung und Verbesserung der Einsatzfähigkeit entgegen. Gleichwohl sei das Grunddesign der Konzeption der Bundeswehr unverändert richtig. Die darin enthaltene Nationale Zielvorgabe werde jedoch trotz größter Anstrengungen nicht zu erreichen sein. Die Zielvorgabe sowie das System Bundeswehr als Ganzes müssten aufgrund sicherheitspolitischer Erkenntnisse und Erfahrungen aus den Einsätzen entsprechend angepasst werden.[7] Der GI unterfütterte seine Ausführungen mit einer Reihe illustrativer Darstellungen, unter ihnen eine Übersicht über die Personalentwicklung im Zeit-

---

6 Die Grundpfeiler unserer Zukunft stärken: Acht Punkte für solide Finanzen, neues Wachstum und Beschäftigung und Vorfahrt für Bildung, Beschluss des Bundeskabinetts vom 07. Juni 2010.
7 Bericht des Generalinspekteurs der Bundeswehr zum Prüfauftrag aus der Kabinettsklausur vom 07. Juni 2010, 48 ff.

ablauf (Abb. 1), die demographische Einwicklung der Jahrgangsstärksten (Abb. 2) sowie eine Modellrechnung für unterschiedliche Zielgrößen der Personalentwicklung und deren Finanzierung (Abb. 3).

Abbildung 1: Personalentwicklung im Zeitablauf

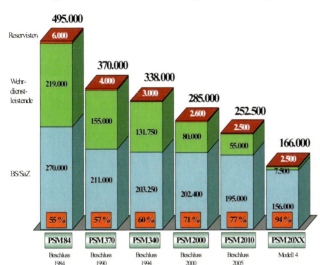

Abbildung 2: Demographische Entwicklung der Jahrgangsstärksten

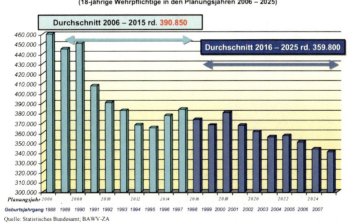

31

Abbildung 3: Modellrechnungen zur Personalentwicklung und Finanzierung

		Zeitraum HH 2011/44. FiPl					
in Mio. €		**2011**	**2012**	**2013**	**2014**	**2015**	**2016**
GMA aus HH2010/43. FiPl		240	150	150			
GMA – **disponible Ausgaben**		598	1.090	1.335	1.335		
GMA – **Streitkräftestruktur**				1.000	3.000		
Gesamteinsparauflagen		**838**	**1.240**	**2.485**	**4.335**		
Modell 1: Gesamt Umfang **205.000** (mit 25.000 GWDL/25.000 FWDL)		**305**	**958**	**1.283**	**1.316**	1.350	1.383
Verbleibende Einsparauflagen		*533*	*282*	*1.202*	*3.019*		
Modell 2: Gesamt Umfang **150.000** (ohne GWDL/ohne FWDL)		**607**	**1.846**	**2.340**	**2.373**	2.407	2.440
Verbleibende Einsparauflagen		*231*	*-606*	*145*	*1.962*		
Modell 3: Gesamt Umfang **156.000** (ohne GWDL/ohne FWDL)		**396**	**1.229**	**1.606**	**1.814**	2.022	2.231
Verbleibende Einsparauflagen		*442*	*11*	*879*	*2.521*		
Modell 4: Gesamt Umfang **163.500** (ohne GWDL/7.500 FWDL)		**306**	**1.050**	**1.428**	**1.636**	1.844	2.052
Verbleibende Einsparauflagen		*532*	*190*	*1.057*	*2.699*		
Modell 5: Gesamt Umfang **210.000** (mit 30.000 GWDL/ohne FWDL)		**126**	**595**	**798**	**831**	864	898
Verbleibende Einsparauflagen		*712*	*645*	*1.687*	*3.504*		

(Linke Randbeschriftung: Einsparungen bei Personal- und Personalnebenkosten)

Abschied von der allgemeinen Wehrpflicht

Auf der Basis dieses Berichts und unter Nutzung erster Erkenntnisse der
eingesetzten Strukturkommission legte der Bundesminister nur einen Tag
später, mithin am 31. August 2010, eine kürzere Ausführung mit dem Titel „Auf dem Weg zur Neuausrichtung der Bundeswehr" als ausdrücklich
„persönliche Bewertung" vor, die für den weiteren Reformablauf entscheidend wurde. Darin findet sich nach Ausführungen zu den Grundlagen für

die weitere Entwicklung der Bundeswehr eine Aktualisierung des Auftrags, woraus wiederum auf die Notwendigkeit einer Bundeswehrreform geschlossen wird - unter Einschluss der Aussetzung der allgemeinen Wehrpflicht (S. 4 f.).

Im September 2010 (ohne Tagesdatierung) wies Minister *zu Guttenberg* schließlich Staatssekretär Dr. *Otremba* an, die Neuorganisation des Bundesministeriums der Verteidigung sowie der Geschäftsbereiche (zivile und militärische Ämter) aufzunehmen. Ausgangspunkt seien jetzt die Empfehlungen der Strukturkommission. Die Umgestaltung ziviler Dienststellen (einschließlich der Aufgabenzuordnung, insbesondere für den Bereich der Wehrverwaltung), die als Folgewirkung der Streitkräftereform notwendig wird, sei in die Neuorganisation einzubeziehen. Zudem wird der Staatssekretär gebeten, einen Arbeitsstab für den Organisationsprozess einzurichten und dessen volle Arbeitsfähigkeit bis zum Abschluss der Arbeiten der Strukturkommission sicherzustellen. Schließlich benennt der Minister für die Umsetzung der Neuorganisation einen Zeitraum von zwei Jahren.

Der Staatssekretär folgte dieser Ministerweisung mit einer Weisung seinerseits, die den Arbeitsstab „Umbau der Bundeswehr" zum Gegenstand hatte und dessen Organisationsstruktur vorgab.

3. Prägend: die Arbeit der Strukturkommission

Einsatzorientierung der Streitkräfte

Am 26. Oktober 2010 legte die Strukturkommission der Bundeswehr ihren Bericht unter dem Titel „Vom Einsatz her denken: Konzentration, Flexibilität, Effizienz" vor.[8] Die Arbeit dieser Kommission, unter der Leitung von *Frank-Jürgen Weise*, dem Vorstandsvorsitzenden der Bundesagentur für Arbeit (BA), wurde für den weiteren Verlauf des Neuausrichtungsprozesses bedeutsam, ja prägend. Ohne bereits hier auf Einzelaspekte des Kommissionsberichts eingehen zu können (vgl. hierzu auch die Auszüge in der Anlage), ist es wesentlich, sich des Grundverständnisses des Kommissionsauftrags und der daraus abgeleiteten Untersuchungsmethodik zu versichern. Sie münden unter dem Leitgedanken „Vom Einsatz her denken" in folgende zusammenfassende Erkenntnisse:

---

8 Strukturkommission der Bundeswehr: Bericht „Vom Einsatz her denken: Konzentration, Flexibilität, Effizienz", 26. Oktober 2010.

- „Die Deutschen leben heute in Frieden und Freiheit, fest eingebettet in ein transatlantisches und europäisches System von Sicherheit und Zusammenarbeit, von dem unsere Nachbarn im gleichen Maße profitieren. Und dennoch sind neue Bedrohungen und Sicherheitsrisiken unübersehbar. Der allgemeine Wehrdienst junger Männer ist gleichwohl sicherheitspolitisch auf absehbare Zeit nicht mehr erforderlich. *Musterung und Einberufung* sind daher auszusetzen. Gefordert sind schnelle Entscheidungen und, wenn möglich, die *umgehende Verfügbarkeit hochqualifizierter Streitkräfte.*

- Die Bundeswehr hat begonnen, sich auf die neuen Realitäten einzustellen. Doch bleibt die Herausforderung, einen *signifikant höheren Beitrag zu internationalen Einsätzen*, den unsere Verbündeten und Partner mit Recht von uns erwarten, zu leisten. Es muss möglich sein, die Zahl der 7000 Soldatinnen und Soldaten, die sich derzeit im Einsatz befinden, durchhaltefähig wenigstens zu verdoppeln. Zugleich ist der *Streitkräfteumfang auf ca. 180.000 Soldatinnen und Soldaten* zu *reduzieren*. Entsprechend wird das *zivile Personal* in der neuen Zielstruktur der Bundeswehr künftig auf ca. *50.000 Dienstposten* angepasst.

- Im Mittelpunkt der Reformen stehen die *Konzentration aller Teile des Geschäftsbereiches des Bundesministeriums der Verteidigung* – Ministerium, Streitkräfte, Territoriale Wehrverwaltung und Rüstung – auf ihre jeweiligen Kernaufgaben, mehr Flexibilität und höchste Effizienz der Prozesse und Organisationen. Hohe Steuerungsintelligenz, einfache und klare Entscheidungsstrukturen sowie eine ausgeprägte Lern- und Anpassungsfähigkeit prägen die Bundeswehr der Zukunft. Die Kommission ist davon überzeugt, dass die Neuordnung des Ministeriums, die Modernisierung der Unternehmensplanung, die Anpassung des Rüstungsprozesses und, nicht zuletzt, die Etablierung eines zeitgemäßen Personalmanagements katalytische Wirkung entfalten – und den Umbau unumkehrbar machen.

- Die Steuerung dieses auf fünf bis sieben Jahre angelegten Wandels erfordert ein zentrales, auf höchster Ebene angesiedeltes und durchsetzungsfähiges *Transformationsmanagement*, das die Veränderungen kraftvoll umsetzt.

- Das *Ministerium wird in Berlin* zusammengeführt und auf seine ministeriellen Aufgaben *konzentriert*. Die Anzahl der *Dienstposten* wird mehr als *halbiert*, von heute über 3000 auf unter 1500.

- Das *Führen von Einsätzen* der Bundeswehr ist jetzt zentrale Aufgabe des Bundesministers der Verteidigung als Inhaber der Befehls- und

Kommandogewalt. Die *Kommandogewalt* wird *über vier Ebenen* ausgeübt – vom Bundesminister über den Generalinspekteur und den Befehlshaber Einsatzführungskommando bis hin zu Einsatzkräften vor Ort.

– Der *Generalinspekteur* ist *künftig der Oberkommandierende* der Streitkräfte (*Chief of Defense*). Er verantwortet umfassend, persönlich und unmittelbar gegenüber dem Minister die Einsätze sowie die Einsatzbereitschaft und Einsatzfähigkeit der Streitkräfte.

– Die *Anzahl der Führungsebenen* der zivilen und militärischen Organisationsbereiche wird *drastisch reduziert*. Zusammen mit schlankeren Prozessen werden hierdurch Dienstposten frei, die konsequent den Einsatzverbänden zugute kommen. Der verfassungsrechtliche Rahmen einer weiteren Verzahnung von Streitkräften und Wehrverwaltung ist vollständig auszuschöpfen.

– Die Bundeswehr als heterogene und komplexe Organisation braucht ein *professionelles Controlling* unmittelbar bei der Leitung. Eine *integrierte Planung* von Bundeswehr, Haushalt und Beschaffung schafft Transparenz der verfügbaren Ressourcen, Verantwortung und Kompetenz werden dezentral zusammengeführt.

– Defizite bei der *Entwicklung, Beschaffung und Nutzung* sind umgehend zu beseitigen. Eine weitgehende organisatorische Zusammenführung von Bedarfsträger und Bedarfsdecker im gesamten Prozess stellt dies sicher. Ein kooperativer Beschaffungsprozess mit der Industrie beschleunigt (unter Berücksichtigung internationaler Anti-Kooperations-Normen) die Beschaffung erheblich. Wo immer möglich und verantwortbar wird auf *off the shelf*-Technologien zurückgegriffen.

– Organisatorisch wird die *neue Beschaffungsagentur* Kompetenzen bündeln und über Zielsteuerung statt ministerieller Vollzugsanordnung effizienter umsetzten.

– Die Einsatzbereitschaft erfordert einen *einzigen Personalkörper* Bundeswehr. Der Anteil der Berufssoldatinnen und Berufssoldaten sinkt und der von Soldatinnen und Soldaten auf Zeit erhöht sich.

– Im Wettbewerb um die klügsten Köpfe und geschicktesten Hände muss die Bundeswehr auch unter den Bedingungen des demographischen Wandels bestehen können. Hierzu wird die *Attraktivität des Dienstes* unter anderem durch Maßnahmen zu Familie und Dienst, neue Laufbahnen, Professionalisierung der Aus- und Weiterbildung und einen erleichterten Übergang in Zivilberufe gesteigert.

- Die Reform führt zu einer tatsächlichen Neuordnung. Die Veränderungen sind so angelegt, dass überkommene Denk- und Verhaltensmuster, die sich in der Bundeswehr verfestigt haben, ins Leere laufen. Das *neue Führungs- und Arbeitsverständnis* wird hohem Veränderungstempo und den Risiken von heute und morgen gewachsen sein.
- In diesem grundlegenden Reformprozess haben die Angehörigen der Bundeswehr einen Anspruch auf *Transparenz und Verlässlichkeit*. Sie sind es, die die neuen Strukturen mit Leben erfüllen. Die Angehörigen der Bundeswehr müssen wissen, dass entschieden ist, was sie an Veränderungen zu erwarten haben und welcher Beitrag von ihnen gefordert wird.
- Gerade in Zeiten des Umbruchs braucht die Bundeswehr als Organisation mit gesellschaftlicher Verantwortung *Zeichen der Identität*. Hierzu gehören die Militärmusiker, die Sportsoldaten, ebenso wie das Segelschulschiff Gorch Fock; Wissenschaft und Forschung, wie die Universitäten der Bundeswehr, wirken über die Streitkräfte hinaus.
- Gewichtige politische Richtungsentscheidungen wie die Bundeswehrreform müssen öffentlich diskutiert und von einem *breiten gesellschaftlichen Konsens* getragen werden. Hierzu gehört, dass die gesellschaftspolitische Erfolgsgeschichte der Wehrpflicht unter den heutigen Bedingungen fortgeschrieben und auf eine neue, breite Grundlage gestellt wird. Mit einem Freiwilligendienst wird jungen Menschen ein Angebot gemacht, das persönliche, berufliche, gesellschaftliche und sicherheitspolitische Interessen in Einklang bringt. Die Möglichkeiten können von der Pflege, Betreuung und Wohlfahrt über den Bereich Bildung und Erziehung, den Umwelt- und Katastrophenschutz, über die Entwicklungshilfe bis eben hin zum Dienst in der Bundeswehr reichen. Unsere Gesellschaft braucht eine Kultur der Freiwilligkeit."[9]

Bewertung der Kommissionsempfehlungen

Die Arbeiten der Strukturkommission sind bereits nach dieser Zusammenfassung ihres Selbstverständnisses und des methodischen Zugriffs als stark managementkonzentriert zu bezeichnen. Diktion wie Vorgehen sind erkennbar von dem Bemühen geprägt, unabweisbare Reformen innerhalb

---

9 Bericht der Strukturkommission, a.a.O., 10 ff. (erg. Hervorhebungen durch d. Verf.)

kürzester Zeit mehrheitsfähig zu machen und sie von einem Selbstverständnis leiten zu lassen, das einem „neuen Denken" im Rahmen der Bundeswehr gleichkommt. Allerdings wird auch deutlich, dass Fragen der Umsetzung der Kommissionsempfehlungen zwar unter der Chiffre „Transformationsmanagement" angesprochen, meist aber noch nicht aufgaben- und organisationsspezifisch durchdacht wurden. Dies mag erklären, warum der Umsetzungsprozess heute als defizitär eingeschätzt wird, weshalb Fragen eines den Namen verdienenden Veränderungsmanagements erst zu einem späteren Zeitpunkt Gegenstand des Neuausrichtungsprozesses wurden und weshalb auch Einseitigkeiten und nicht zuletzt Steuerungsillusionen erkennbar werden, die eine Nachbesserung sinnvoll erscheinen lassen. Hinzu tritt, dass auch Kommissionsempfehlungen natürlich einem Alterungsprozess unterliegen. So haben sich vor allem die Ausführungen zur Rolle und Funktion der Bundeswehr inzwischen als überprüfungsbedürftig erwiesen. Zwar deutete sich die Veränderung des sich vor allem exogen stellenden Anforderungsprofils schon während der Kommissionsarbeiten an, doch erwies sich in der Rückschau als Problem, dass der militärische Teil des BMVg in der Kommission nur unzureichend vertreten war. Schließlich ist zu erkennen, dass die Kommissionsergebnisse stark durch das Denken des Vorsitzenden und hier vor allem durch jene organisationspolitischen Vorstellungen geprägt waren, die eher den (nicht selten „modischen") Kategorien großer Beratungsfirmen folgten als einer nachhaltigen Berücksichtigung des Solitärcharakters der Bundeswehr. Die später im Rahmen der strittigen Rüstungspolitik (und hier vor allem des Beschaffungswesens) vorgelegten Untersuchungen (KPMG et al.) sind von ähnlichen Denkmustern geprägt, die im Fall der Bundeswehr durchaus kritisch zu sehen sind; im abschließenden Kapitel dieser Untersuchung wird darauf zurückzukommen sein.

4. Politische Selbstbindung: die Eckpunkte für die Neuausrichtung

Kabinettsvorlage Dezember 2010

Am 13. Dezember 2010 übersandte Bundesminister *zu Guttenberg* die im Koalitionsausschuss am 9. Dezember 2010 beschlossenen „Eckpunkte für die Neuausrichtung der Bundeswehr" mit der Bitte, die Beschlussfassung der Bundesregierung im Rahmen eines ordentlichen Tagesordnungspunktes in der Kabinettssitzung am 15. Dezember 2010 vorzusehen. Der beigefügte „Sprechzettel für den Regierungssprecher" macht plastischer als andere Dokumente deutlich, dass mit den Eckpunkten „erste Weichen" für die weitere Ausplanung der Bundeswehr gestellt werden sollten. So wird die Verpflichtung, Grundwehrdienst zu leisten, durch gesetzliche Regelungen zum 1. Juli 2011 ausgesetzt. Die verfassungsrechtliche und einfachgesetzliche Verankerung der Wehrpflicht bleibt dagegen erhalten. Neben den schon jetzt gegebenen Möglichkeiten, in den Streitkräften freiwillig als Berufs- oder Zeitsoldat Dienst zu leisten, ist nun ein „freiwilliger Wehrdienst" für Frauen und Männer vorgesehen. Das wiederum wird durch Änderungen des Wehrpflichtgesetzes umgesetzt. Zum 1. Januar 2013 soll zudem eine einheitliche Rechtsgrundlage für das Dienstrecht der Streitkräfte geschaffen werden. Jungen Menschen wird damit eine Option geboten, heißt es, für ihr Land einzustehen und einen wichtigen Beitrag für die Freiheit und Sicherheit Deutschlands zu leisten.

Festlegung des Personalumfangs

Der Personalumfang der Streitkräfte umfasst danach die vorgesehene Zielgröße von bis zu 185.000 Soldatinnen und Soldaten, einschließlich der Freiwilligen. Davon sollen bis zu 170.000 Soldatinnen und Soldaten Berufs- und Zeitsoldaten sein. Mit dieser Größenordnung wird die Bundeswehr aus der Sicht des Ministers den „heutigen und heute absehbaren" sicherheitspolitischen Herausforderungen in angemessener Weise gerecht. Die Verringerung des Streitkräfteumfangs und die konsequente Ausrichtung der Prozesse am Einsatz sowie deren Weiterentwicklung zur Steigerung der Effizienz führten zu einer ebenfalls deutlichen Reduzierung des Umfangs der Zivilbeschäftigten.

Schließlich werde die Bundesregierung die Neuausrichtung der Bundeswehr unter Beachtung ihrer gesamtstaatlichen Verantwortung, dem Erfordernis einer übergreifenden nationalen Sicherheitsvorsorge sowie im Lichte der internationalen Verpflichtungen Deutschlands umsetzen.[10]

---

10 Sprechzettel für den Regierungssprecher. Anlage 2 zum Schreiben des Bundesministeriums der Verteidigung an den Chef des Kanzleramtes vom 13. Dezember 2010 (Kabinettssache, Datenblatt, Nr. 17/14025).

Organisatorische und prozessuale Konsequenzen

Die nachfolgenden Arbeiten richteten sich dann verstärkt auf die Umsetzung der Kommissionsempfehlungen, vor allem auf die prozessorientierte Neuausrichtung der Bundeswehr. So summiert ein Bericht des Arbeitsstabes „Umbau der Bundeswehr" unter dem Datum des 7. Februar 2011 und der Überschrift „Konzentration und Verantwortung" zentrale Elemente des Ausrichtungsprozesses. Dies gilt vor allem für die eingeforderte Konzentration auf Kernaufgaben, die Erhöhung der Flexibilität und eine erweiterte Effizienz. Hohe Steuerungsintelligenz, einfache und klare Entscheidungsstrukturen sowie ausgeprägte Lern- und Anpassungsfähigkeit sollten die Bundeswehr der Zukunft prägen, die wiederum als ein wirksames Instrument der deutschen Sicherheits- und Verteidigungspolitik gestärkt werde. Nach Ausführungen zu den Organisationsgrundsätzen, dem Leitungsbereich und dem geforderten Aufbau eines Bereichs *controlling* wendet sich der Bericht unterschiedlichen Funktionsbereichen zu: Politik und Planung, Ressourcen und militärische Auftragserfüllung. Dem schließen sich eine Erörterung unmittelbar der Leitung zugeordneter Aufgaben, neue Grundsatzweisungen und erste Gedanken zu einem *change management* an.

Finanzbedarf und Finanzplanung

Zur Sicherung der sich mit dem Neuausrichtungsprozess verbindenden finanziellen Verpflichtungen erwies es sich schließlich als dringlich, die Reformvorstellungen in den Entwurf des Eckwertebeschlusses zum Bundeshaushalt 2012 und zum Finanzplan 2011 bis 2015 einzubringen. Hierzu informierte Staatssekretär *Gatzer* (BMF) mit Schreiben vom 23. Februar 2011 über die Vorschläge des Bundesfinanzministers zu den Eckwerten. Dabei hieß es für den Verteidigungsbereich: „Die Bundesregierung hat in der Kabinettsklausur vom 6./7. Juni 2010 eine Reform der Bundeswehr angestoßen. Die inzwischen beschlossene Aussetzung der Wehrpflicht und die schrittweise Reduzierung der Personalkräfte der Streitkräfte sowie des Zivilpersonals führen zu erheblichen, auf der Zeitachse steigenden Minderausgaben. Die christlich-liberale Koalition hat am 09. Dezember 2010 in diesem Zusammenhang eine Zielgröße für den Personalumfang der Streitkräfte von bis zu 185.000 Soldatinnen und Soldaten – einschließlich Freiwilliger – beschlossen. Der vorgeschlagene Eckwertebeschluss, der bereits eine Streckung des im letzten Jahr einvernehmlich beschlossenen Einsparvolumens um ein Jahr bis Ende 2015 vorsieht, orientiert sich dabei an einem Streitkräfteumfang in Höhe von 175.000 bis 185.000 Soldatinnen und Soldaten. Damit trägt er sowohl dem Koalitionsbeschluss als auch den beschlossenen finanzpolitischen Notwendigkeiten angemessen Rechnung. Mehrausgaben ergeben sich aufgrund eines zusätzlichen Mietbedarfs ab 2012 im Rahmen des Einheitlichen Liegenschaftsmanagements. Im Ergebnis wird der Verteidigungshaushalt von rd. 31,7 Mrd. Euro im Jahr 2012 auf Mrd. 30,4 Mrd. Euro im Jahr 2015 sinken und somit seinen Beitrag zu den erforderlichen Einsparungen im Bundeshaushalt erbringen."[11]

5. Auftrag und Nationale Zielvorgabe: die Verteidigungspolitischen Richtlinien

Ministerwechsel

Die nächsten Schritte zur Konkretisierung und Umsetzung des Reformansatzes fallen dann in die Ära von *Thomas de Maizière*, der Herrn *zu Guttenberg* im Amt des Bundesverteidigungsministers nachfolgte. Instrumentell wurde der Umsetzungsprozess vor allem durch eine Ministerweisung zur Strukturreform vom 22. März 2011 beschleunigt, der am 1. April 2011 eine Weisung des neuen Staatssekretärs, *Stéphane Beemelmans*, zur Einrichtung des Arbeitsstabes Strukturreform (ASR) folgte. Ziel war es jetzt, die bisherigen Planungen zu den wesentlichen Handlungsfeldern für die Strukturreform in einem Gesamtkonzept unter Berücksichtigung der sicherheits- und finanzpolitischen Rahmenbedingungen zusammenzuführen. Ausgehend von dem Kabinettsbeschluss vom 15. Dezember 2010, dem Eckwertebeschluss des Kabinetts vom 16. März 2011 und den zu diesem Zeitpunkt in der Erarbeitung befindlichen VPR wurden die Voraussetzungen geschaffen, über die Eckpunkte eines Gesamtkonzeptes zur Neuausrichtung das weitere Vorgehen zu strukturieren.

---

11 Bundesministerium der Finanzen: Entwurf des Eckwertbeschlusses zum Entwurf des Bundeshaushaltes 2010 und zum Finanzplan 2011 bis 2015 vom März 2011, 9.

Lenkungsausschuss

Dies sah vor allem die Bildung eines *Lenkungsausschusses* für die Strukturreform vor, der für die Gesamtstrategie, die Steuerung der Reform, vor allem durch Entscheidungen über Zwischenschritte, und die Vorbereitung der Ministerentscheidungen verantwortlich zeichnen sollte. Dieser Lenkungsausschuss, dem die Staatssekretäre *Beemelmans* und *Wolf* sowie der Generalinspekteur der Bundeswehr, General *Wieker*, angehörten, sollte bis Anfang Mai den Entwurf von Eckpunkten für ein Gesamtkonzept der Reform vorlegen. Der Arbeitsstab „Strukturreform" wurde angewiesen, die wesentlichen Handlungsfelder des gesamten Geschäftsbereichs zusammenzuführen und die Planung der einzelnen Bereiche miteinander zu verzahnen, um den integrativen und damit bundeswehrgemeinsamen Ansatz zu verwirklichen. Dabei ging es vor allem um

- die Anpassung des Aufgabenspektrums der Bundeswehr und – daraus abgeleitet – die Anpassung des Fähigkeitsprofils und dessen Priorisierung, auf der Grundlage der sicherheitspolitischen Vorgaben und gespiegelt in den finanziellen Rahmenbedingungen;
- die Ableitung von Grobstrukturen aus dem priorisierten Fähigkeitsprofil, zunächst für die Streitkräfte und dann für die gesamte Bundeswehr und den gesamten Personalumfang;
- die Entwicklung einer Ausrüstungsstrategie im Einklang mit dem Fähigkeitsprofil, wobei die laufenden und geplanten Rüstungsprojekte zu berücksichtigen seien;
- die Ausarbeitung eines „Rahmenbegleitprogramms" einschließlich eines Konzeptes zum Personalumbau, zur Nachwuchsgewinnung und zur Steigerung der Attraktivität des Arbeitsplatzes Bundeswehr;
- die Erarbeitung von Vorschlägen zu Neustrukturierung des Ministeriums unter Festlegung der ministeriellen Kernaufgaben sowie der Aufzeichnung von Schnittstellen bzw. Wechselbeziehungen zum nachgeordneten Bereich;
- die Ausgestaltung der neuen Rolle des Generalinspekteurs;
- die Erarbeitung von Vorschlägen zur Neustrukturierung und Verbesserung der Steuerbarkeit der Bundeswehr, zur Entbürokratisierung und zur Verschlankung der Strukturen, die in die Ausplanung des Ministeriums und des gesamten nachgeordneten Bereichs einfließen sollten;
- sowie um die Erstellung der erforderlichen Zeit- und Projektpläne.

Arbeitsstab „Strukturreform"

Zur Sicherung dieses so integrativen wie ambitionierten Ansatzes sollte der Arbeitsstab Strukturreform durch einen General/Admiral der Ebene B 7 oder aufwärts und einen zivilen Stellvertreter/Stellvertreterin der Ebene B 6 geleitet werden. So suchte man sicherzustellen, dass eine Abstimmung und Koordination der Einzelprojekte tatsächlich gewährleistet war; hinzu trat ein Steuerungsverständnis, das über die Vorgabe von Zielen, die Erteilung von Aufträgen an die Fachabteilungen und, soweit erforderlich, an die jeweils zuständigen Stellen des nachgeordneten Bereichs den Vollzug erleichtern sollte – unter Einhaltung der jeweiligen Grundvorgaben.

Innerhalb weniger Monate folgten dann entscheidende Schritte zur „Neuausrichtung". Dies galt für die Verabschiedung des Gesetzes zur Änderung wehrrechtlicher Vorschriften (vom 28. April 2011)[12], die Verteidigungspolitischen Richtlinien für den Geschäftsbereich des Bundesministers der Verteidigung (VPR, vom 27. Mai 2011; vgl. im Anhang) sowie für die Ministerweisung zu den Eckpunkten für die Neuausrichtung der Bundeswehr (ebenfalls vom 27. Mai 2011), ergänzt um eine nachfolgende Staatssekretärsweisung (vom 10. Juni 2011).

Verteidigungspolitische Richtlinien (VPR) als Rahmen

Während das Gesetz zur Änderung wehrrechtlicher Vorschriften vor allem die Veränderung der Wehrpflicht und eine Reihe eher technischer Konsequenzen (Unterhaltssicherung, Soldatenversorgung, Bundesbesoldungsgesetz) zum Gegenstand hatte, bildeten die verteidigungspolitischen Richtlinien den Rahmen des Reformansatzes. Unter der bereits angesprochenen Überschrift „Nationale Interessen wahren – internationale Verantwortung übernehmen – Sicherheit gemeinsam gestalten" beschreiben die VPR den strategischen Rahmen für den Auftrag und die Aufgaben der Bundeswehr als Teil der gesamtstaatlichen Sicherheitsvorsorge. Sie formulieren die sicherheitspolitischen Zielsetzungen und Interessen der Bundesrepublik, wobei sie auf einer Beurteilung der gegenwärtigen Lage gründen und gegebene wie künftig wahrscheinliche Entwicklungen einbeziehen. So bildeten sie die verbindliche Grundlage für die Konzeption der Bundeswehr

---

12 Gesetz zur Änderung wehrrechtlicher Vorschriften 2011 (Wehrrechtsänderungsgesetz WehrRÄndG 2011) vom 28. April 2011.

und für alle weiteren Folgearbeiten im Geschäftsbereich des Bundesministeriums der Verteidigung; zudem war es vorgesehen, sie in regelmäßigen Abständen zu überprüfen.

Die aufgrund ihrer Bedeutung in der Anlage wiedergegebenen VPR gliedern sich in die Abschnitte: das strategische Sicherheitsumfeld; Werte, Ziele und Interessen; Deutschlands Verantwortung in Europa und der Welt; Aufgaben und Auftrag der Bundeswehr sowie Nationale Zielvorgabe; Aufgabenwahrnehmung durch die Bundeswehr; Fähigkeiten der Bundeswehr; Personal; Material sowie Selbstverständnis der Bundeswehr.

Auftrag und Aufgaben der Bundeswehr

Zu den zentralen Aussagen zählen vor allem jene zum *Auftrag der Bundeswehr*:

– Die Bundeswehr schützt Deutschland und seine Bürgerinnen und Bürger.
– Die Bundeswehr sichert die außenpolitische Handlungsfähigkeit Deutschlands.
– Die Bundeswehr trägt zur Verteidigung der Verbündeten bei.
– Die Bundeswehr leistet einen Beitrag zur Stabilität und Partnerschaft im internationalen Rahmen.
– Die Bundeswehr fördert die multinationale Zusammenarbeit und die europäische Integration.

In der Umsetzung nimmt die Bundeswehr folgende ineinander greifende *Aufgaben* wahr:

– Landesverteidigung als Bündnisverteidigung im Rahmen der Nordatlantischen Allianz.
– Internationale Konfliktverhütung und Krisenbewältigung – einschließlich des Kampfes gegen den internationalen Terrorismus.
– Beteiligung an militärischen Aufgaben im Rahmen der Gemeinsamen Sicherheits- und Verteidigungspolitik der Europäischen Union.
– Beiträge zum Heimatschutz, d.h. Verteidigungsaufgaben auf deutschem Hoheitsgebiet sowie Amtshilfe in Fällen von Naturkatastrophen und schweren Unglücksfällen, zum Schutz kritischer Infrastruktur und bei innerem Notstand.
– Rettung und Evakuierung sowie Geiselbefreiung im Ausland.

–   Partnerschaft und Kooperation als Teil einer multinationalen Integration und globalen Sicherheitszusammenarbeit im Verständnis moderner Verteidigungsdiplomatie.
–   Humanitäre Hilfe im Ausland.

Nationale Zielvorgabe

Auf der Grundlage von Auftrag und Aufgaben formulieren die VPR schließlich mit der *Nationalen Zielvorgabe* den sicherheitspolitischen Anspruch an das Handlungs- und Leistungsvermögen der Bundeswehr. Sie legen hierfür Qualität und Umfang der bereitzustellenden Fähigkeiten fest. Die Befähigung zu Übernahme von Führungsverantwortung als Rahmennation bei multinationalen Einsätzen stellt dabei eine zentrale Vorgabe dar. Sie beinhaltet die Bereitstellung benötigter Fähigkeiten für das gesamte Aufgabenspektrum, in die andere Nationen flexibel ihre Beiträge einbringen können. Die *Zielvorgabe* ist damit wesentlicher Faktor für die Bestimmung von Fähigkeiten und Strukturen der Bundeswehr und umfasst die Bereiche:

–   Bereitstellung eines streitkräftegemeinsamen Kräftedispositivs zur Bündnisverteidigung, das multinational zu schnellen, wirksamen und zeitlich begrenzten Reaktion befähigt ist.
–   Gewährleistung des deutschen Beitrags an der *NATO Response Force* (NRF) und den *EU Battle Groups* (EU BG) für die schnellere Reaktion in der Nordatlantischen Allianz und der Europäischen Union.
–   Vorhalten von rund 10.000 Soldatinnen und Soldaten für gleichzeitige Einsätze in unterschiedlichen Einsatzgebieten mit eskalations- und durchsetzungsfähigen Kräften im Rahmen der internationalen Konfliktverhütung und Krisenbewältigung.
–   Bereitstellung streitkräftegemeinsamer Einheiten im Rahmen des *UN-Stand-by Arrangement-Systems* für die VN-Friedenssicherung auf der Basis verfügbarer Kapazitäten und das Vorhalten von Personal für Beobachtermissionen in angemessenem Umfang.
–   Dauerhafte Sicherstellung von Fähigkeiten zur Rettung, Evakuierung und Geiselbefreiung im Ausland im Rahmen nationaler Krisenvorsorge.

- Dauerhafte Bereitstellung von Fähigkeiten für die Überwachung und Sicherheit im deutschen Luft- und Seeraum sowie den Such- und Rettungsdienst.
- Im Bedarfsfall Wahrnehmung von Aufgaben im Heimatschutz.[13]

Eckpunkte

Die zeitgleich (27. Mai 2011) vorgelegten *Eckpunkte für die Neuausrichtung* formulierten schließlich die sich aus diesem strategischen Rahmen, den politischen Zielsetzungen und den langfristigen Interessen folgenden Konsequenzen. Sie reichen von der Bestätigung des geplanten Bundeswehrumfangs (militärischer wie ziviler Bereich) über die sich damit verbindenden Personalpolitiken nach den Grundsätzen Funktionalität, Kosten, Attraktivität und Präsenz in der Fläche bis hin zu dem einheitlichen Organisationsgrundsatz, fachliche und organisatorische Kompetenz auf allen Ebenen zusammenzuführen. Danach wird die Organisation des Bundesministeriums in der Spitze aus dem Bundesminister der Verteidigung und zwei verbeamteten Staatssekretären sowie dem Generalinspekteur der Bundeswehr bestehen, wobei der Bundesminister in seiner Regierungsarbeit durch zwei Parlamentarische Staatssekretäre unterstützt wird. Der Generalinspekteur ist ranghöchster Soldat der Bundeswehr und ihr höchster militärischer Repräsentant, künftig wird er truppendienstlicher Vorgesetzter aller Soldaten sein. Zugleich fungiert er als militärischer Berater der Bundesregierung. Das Ministerium soll dagegen aus neun Abteilungen bestehen und rund 2000 Mitarbeiterinnen und Mitarbeiter umfassen, wobei sich die damit verbindende Personalreduzierung auf alle Hierarchieebenen erstrecken wird. Die Abteilungsleiterinnen und Abteilungsleiter wiederum tragen Verantwortung auch für ihnen zugeordnete Dienststellen, Ämter und Einrichtungen. Die Abteilungen werden soweit als möglich mit zivilem und militärischem Personal besetzt, während die Inspekteure ihren militärischen Organisationsbereich zukünftig außerhalb des Ministeriums führen.

---

13 Zusammenstellung nach BMVg: Die Neuausrichtung der Bundeswehr, a.a.O., 12 f.

Straffung der militärischen Bereiche und Bündelungsprozesse

Auch die Streitkräfte werden insofern deutlich „gestrafft", als sie aus fünf eng aufeinander abzustimmenden militärischen Organisationsbereichen zusammengesetzt sein werden: Heer, Luftwaffe, Marine, Streitkräftebasis und Zentraler Sanitätsdienst. Schließlich war es geplant, die Beschaffung von Ausrüstungsgegenständen für die Streitkräfte und die Angelegenheiten der Informationstechnik, der Waffensysteme sowie die Führungsunterstützung zu bündeln. Hierzu wurde ein Gremium unter Hinzuziehung externen Sachverstandes eingerichtet, das den Rüstungs- und Nutzungsprozess sowie die Organisation zukunftsweisend gestalten sollte. Der sich damit verbindende Anspruch, Effizienzrenditen zu erwirtschaften, bezog sich auch auf den Bau und den Unterhalt militärischer Infrastruktur im In- und Ausland, der „auf den Prüfstand zu stellen" sei, um Organisation und Prozesse einer grundlegenden Modernisierung zu unterziehen.

Umsetzung über Einzelprojekte

Der weiteren Konkretisierung der Neuausrichtung setzte dann mit der angesprochenen Staatssekretärsweisung vom 10. Juni 2011 ein. Sie beinhaltete vor allem eine „Anpassung der bestehenden Unterstützungsorganisation an das veränderte Aufgabenprofil". Zur Gesamtverantwortung des Lenkungsausschusses und einer Klärung der organisatorischen Ausgestaltung des Arbeitsstabes Strukturreform (jetzt unter explizitem Einbezug eines *change management*) trat materiell der *Ausweis von 11 Einzelprojekten*, die von jeweils eingesetzten Projektleitern zu verantworten waren:

- die Neuordnung der Streitkräfte;
- ein Stationierungskonzept der Bundeswehr;
- die Organisation des BMVg;
- Personalmanagement und Nachwuchsgewinnung;
- ein Reformbegleitprogramm;
- eine Bildungs- und Qualifizierungslandschaft;
- Rüstung, Nutzung, Informationstechnologie;
- die Infrastruktur und Dienstleistung;
- die Überprüfung der Beschaffungs- und Ausrüstungsvorhaben;
- die Reservistenkonzeption;
- und die Steuerung und *controlling* der Bundeswehr.

Für alle diese Projekte wurde ein konkreter Auftrag vorgelegt, der zwischen der Ausgangslage, der Zielsetzung, den Schnittstellen/Abhängigkeiten, den Meilensteinen/einem Zeitplan, einer Aufwandsschätzung (intern/extern) sowie der jeweiligen Zusammensetzung des Projektteams unterschied. Diese Projektaufträge wurden vom Bundesminister und dem Projektleiter abgezeichnet.

Grobanalyse

Gut drei Monate später (am 20. September 2011) wurden die ersten Ergebnisse in Form einer *Grobanalyse* präsentiert, nachdem sich der Minister Zwischenergebnisse am 14. September 2011 vortragen ließ. Auf dieser Basis billigte er die in fünf Projekten zu entwickelnden Grobstrukturen – nicht zuletzt als Grundlage für Stationierungsentscheidungen. Dabei wurde wiederum zwischen den Strukturen der Streitkräfte, dem Organisationsbereich Personal, der Rüstung, Nutzung und Informationstechnologie sowie dem Bereich Infrastruktur und Dienstleistung unterschieden. Der Umfang der Streitkräfte, unter Einschluss von 2500 Reservisten, wurde mit bis zu 185.000 Soldatinnen und Soldaten bestätigt. Sie setzen sich aus bis zu 170.000 Zeit- und Berufssoldaten sowie etwa 5000 freiwillig Wehrdienstleistenden zusammen. Dazu treten gegebenenfalls. bis zu 10.000 weitere freiwillig Wehrdienstleistende. Das Heer wird danach künftig 57.570, die Luftwaffe 22.550, die Marine 13.050, die Streitkräftebasis 36.750 sowie der Sanitätsdienst 14.620 Soldatinnen und Soldaten umfassen. Weitere 30.460 Soldatinnen und Soldaten befinden sich turnusmäßig in der Ausbildung oder werden in anderen der benannten Organisationsbereiche (Personal, Infrastruktur und Dienstleistung sowie Rüstung, Nutzung und Informationstechnologie) verwendet und stehen während dieser Zeit nicht für Einsätze zur Verfügung.

Diese Grobstrukturen bildeten die planerische Basis für das *Stationierungskonzept*, dessen Vorstellung für Ende Oktober 2011 geplant war. Über die Personalumfänge, wie etwa die Stellendotierung der Dienststellen/der Ämter etc., sollte erst im Rahmen der Feinausplanung entschieden werden. Nach den Stationierungsentscheidungen waren zudem Realisierungspläne vorgesehen, die die Umsetzung auf der Zeitachse präzisierten. Die Umgliederungsmaßnahmen sollten im Bundesministerium der Verteidigung, mithin an der Spitze des Geschäftsbereichs, beginnen und konsequent „von oben nach unten" verlaufen.

6. Weiterungen, Reformbegleitprogramm und Stationierungskonzept

Führungsorganisation

Am 30. September 2011 wurden zudem Eckpunkte für die sogenannte Spitzengliederung, die Unterstellungsverhältnisse und die Führungsorganisation im Bundesministerium der Verteidigung und der Bundeswehr vorgelegt, erste Konkretisierungen, die im März 2012 schließlich zum „Dresdner Erlass" führten. Materiell ging es vor allem um die neue Rolle des Generalinspekteurs als Truppendienstlicher Vorgesetzter und die verstärkt statusübergreifende (zivile/militärische) Besetzung ministerieller Abteilungen und des nachgeordneten Bereichs; die Zuständigkeiten der beamteten Staatssekretäre sollten künftig durch die Zuweisung ministerieller Organisationselemente festgelegt werden. Schließlich wurden die Aufgabenverteilung und die Zusammenarbeit unterhalb der Leitung in Einsatzgebieten, im Bereich Personalwesen sowie im Bereich Ausrüstung, Nutzung und Informationstechnik angesprochen. Zusammenfassend bildeten die Eckpunkte die inhaltliche Grundlage für eine Neufassung der Regelungen, die sich bisher vor allem im sogenannten „Berliner Erlass" (der Führungsweisung und der Weisung zu den Verantwortlichkeiten im Bereich der Leitung) fanden. Sie stellten kein für sich zu erlassendes Dokument dar und waren auch nicht als Entwurf einer Weisung zu sehen. Vielmehr galt es, ihren inhaltlichen Vorgaben entsprechende Dokumente zu erarbeiten, wobei zunächst offen blieb, in welcher Form die Umsetzung erfolgen sollte.

Neuorganisation des BMVg

Mit einem weiteren Papier zum „Sachstand" der Neuorganisation wandte man sich dann am 7. Oktober 2011 der Neuorganisation des Bundesministeriums selbst zu. „Veränderungen mit so weitreichenden Auswirkungen für die Bundeswehr und ihr Organisationsgefüge müssen auch in ihrem strategischen Steuerkopf nachhaltig und dauerhaft verankert werden. Deshalb umfasst die Neuausrichtung der Bundeswehr diesmal – anders als bisher – auch das BMVg."[14] Dabei wurden vor allem die Verantwortlich-

---

14 BMVg: Sachstand zur Neuorganisation des Bundesministeriums der Verteidigung vom 07. Oktober 2011.

keiten im Ministerium sehr viel deutlicher (und in Teilbereichen neu) definiert, um sicherzustellen, dass Kompetenz und Verantwortung weitgehend in einer Hand liegen. Noch stärker als bislang wurde damit ein gemeinsames integriertes Denken und Handeln gefördert – aber auch gefordert. Durch das Bündeln von Verantwortung sollten Schnittstellen reduziert und das Aufgabenspektrum des Ministeriums auf die ministeriellen Kernaufgaben konzentriert werden. In der Folge wird das Ministerium, wie vorgesehen, seine strategische Verantwortung zwar weiterhin ungebrochen wahrnehmen, das operative Handeln aber verstärkt in die Verantwortung der Behörden und Dienststellen der Bundeswehr geben bzw. dort belassen.

Straffung der Entscheidungsebenen

Im Rahmen der Konzentration auf die ministeriellen Kernaufgaben wurden dazu die Entscheidungshierarchien gestrafft und der Dienstpostengesamtumfang des BMVg um mehr als 35 Prozent auf künftig rd. 2000 Dienstposten reduziert. Damit gilt für das Ministerium vom Umfang her eine vergleichbare Reduzierung wie für die gesamte Bundeswehr. Die Führungsebenen II und III (Besoldungsebene A16) und höher erfahren dabei eine Reduzierung von deutlich über 35 Prozent. Im Ergebnis wird die strategische Ebene des Ministeriums nachhaltiger gestrafft als die operative Ebene der Bundeswehr. Auch während der anstehenden Umsetzung dieser Zielstruktur galt es, die Funktionsfähigkeit der gesamten Führungsorganisation sicherzustellen. Dies wiederum machte eine Betrachtung des BMVg und der Bundeswehr als funktionale Gesamtheit notwendig.

Im Verlauf dieser Arbeiten wurden schließlich auch die Eckpunkte für die Spitzengliederung und die Unterstellungsverhältnisse weiter konkretisiert, wobei die Zielstruktur des Bundesministeriums einer Reihe allgemeiner und besonderer Vorgaben unterlag. Die nachfolgende Struktur (vgl. hierzu auch Abschnitt 8 dieses Kapitels) wurde zudem für die einzelnen Abteilungen operativ ausdifferenziert.

Reformbegleitprogramm

Wenige Tage später (18. Oktober 2011) legte der Bundesminister der Verteidigung dann ein *Reformbegleitprogramm* zur Neuausrichtung der Bundeswehr vor. Es diente dem Ziel, bei der Umsetzung der Eckwerte im Personalbereich die Reform mittels individueller Hilfen, Angebote und Kompensationen sozialverträglich zu gestalten und gleichzeitig eine einsatzorientierte und schnelle Anpassung des Personalkörpers zu erreichen. Einsatzorientierte Personalanpassung meint dabei Umbau zu einem auftragsgerechten und ausgebuchten Personalkörper sowie dessen zwingend erforderliche Verjüngung durch Abbau älteren Personals zugunsten bedarfsgerechter Neuanstellungen. Das Reformbegleitprogramm wurde ausdrücklich als eine „spezifische Antwort" auf eine „konkrete Herausforderung" bezeichnet. Es wurde daher grundsätzlich zeitlich befristet (bis Ende 2017), bildete mithin keine Blaupause für die Lösung künftiger Herausforderungen und auch keine Hypothek für die Zukunft.[15] Dabei ging es unter der Überschrift „Die Menschen gewinnen: Reformgestaltende Hilfen und Initiativen" etwa um materielle Rahmenbedingungen und Maßnahmen zur Flexibilisierung der Bedarfsdeckung, die von einem Wahlrecht zwischen Umzugskostenvergütung und Trennungsgeld über Prämien zur Personalgewinnung und Personalbindung bis hin zur Flexibilisierung von Verpflichtungszeiten reichten. Ergänzt wurde das u.a. durch Verbesserungen der Kinderbetreuung, eine Anhebung der Vergütung für besondere zeitliche Belastungen sowie die Weiterentwicklung der Berufsförderung. Als Instrumente der Personalanpassung erörterte man eine Absenkung der Personalergänzung und Möglichkeiten zur Weiterbeschäftigung. Die graphische Darstellung der für die Personalanpassung einzusetzenden Instrumente (vgl. Abb. 4) verdeutlicht Näheres.

---

15 Der Bundesminister der Verteidigung: Neuausrichtung der Bundeswehr – Reformbegleitprogramm vom 18. Oktober 2011.

Abbildung 4: Instrumente der Personalanpassung

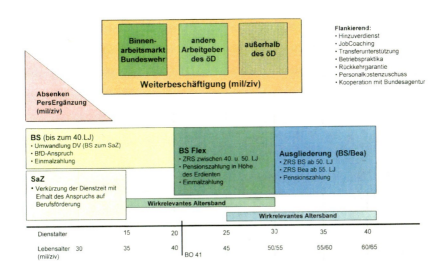

Vorlage des Stationierungskonzepts

Am 26. Oktober 2011 schließlich legte der Bundesminister der Verteidigung das lang erwartete *Informationspaket zur Stationierung der Bundeswehr in Deutschland* vor.[16] Damit warb der Bundesminister für sein Stationierungskonzept, das er aus den konzeptionellen und strukturellen Rahmenbedingungen der Neuausrichtung ableitete. Im Ergebnis wurde die Ausganglage wie folgt zusammengefasst:

Die Bundeswehr ist bislang an 394 Standorten stationiert. Davon sind aus vorherigen Stationierungsentscheidungen noch 13 Standorte zu schließen. Viele kleinere Organisationselemente der Bundeswehr unterliegen häufigen Anpassungen bzw. werden an wechselnden Standorten eingesetzt, wie z.B. die vorgesehenen mobilen Einheiten zur Nachwuchsgewinnung. Zum besseren Verständnis werden deshalb künftig Kommunen, in denen weniger als 15 Dienstposten stationiert sind, nicht mehr als Standort

---

16 Bundesminister der Verteidigung: Informationspaket zur Stationierung der Bundeswehr in Deutschland vom 26. Oktober 2011 (unter Nutzung von BMVg: Die Stationierung der Bundeswehr in Deutschland, Oktober 2011.

der Bundeswehr bezeichnet – unabhängig vom Fortbestand der dort stationierten Elemente. Von den genannten 394 Standorten betrifft das 58 Kommunen. Fünf Standorte werden zusätzlich erfasst. Die dort stationierten Elemente wurden bisher organisatorisch an anderen Standorten geführt. Mit der Abbildung dieser Standorte im Stationierungskonzept werden die Organisation der Bundeswehr und die Stationierung in Übereinstimmung gebracht. Im Ergebnis bilden 328 Standorte die Ausgangslage.

Räumliche und materielle Konsequenzen

In der Konsequenz des vorgelegten Stationierungskonzepts, das wiederum ausdifferenzierten Grundprinzipien der Stationierung folgte (Abb. 5) werden 31 Standorte geschlossen. Die Schließungen betreffen nach Größenordnung:

– acht Standort mit 15 bis 100 Dienstposten,
– vier Standorte mit 101 bis 500 Dienstposten,
– 13 Standorte mit 501 bis 1000 Dienstposten sowie
– sechs Standorte mit mehr als 1000 Dienstposten.

Abbildung 5: Grundprinzipien der Stationierung

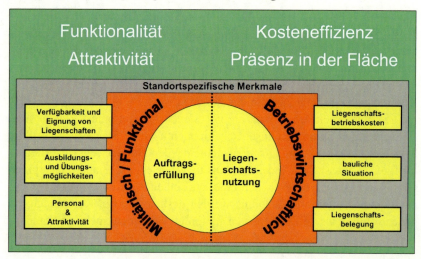

Darüber hinaus werden 90 Standorte signifikant reduziert, eine Rückführung um mehr als 50 Prozent des bisherigen Dienstpostenumfanges oder um mehr als 500 Dienstposten. Davon wiederum werden 33 Standorte auf weniger als 15 Dienstposten verkleinert und damit nicht mehr als Standort bezeichnet. Im Ergebnis wird die Bundeswehr in Deutschland damit künftig an 264 Standorten stationiert sein[17](zur Regionalverteilung der Stationierung vgl. Abb. 6, mit Blick auf die Stationierungsdichte im Vorher-Nachher-Vergleich Abb. 7).

Abbildung 6: Stationierung: Regionalverteilung

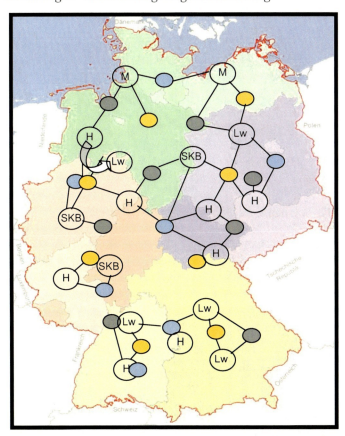

---

17 Bundesminister der Verteidigung: Die Stationierung der Bundeswehr in Deutschland. Oktober 2011, 17.

Abbildung 7: Stationierungsdichte

Anzahl Dienstposten pro 1000 Einwohner

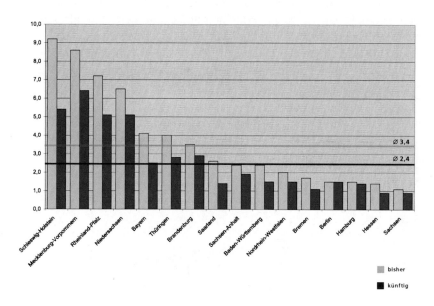

Anpassung der Grobstrukturen

Am 1. November 2011 folgte ein weiteres Informationspaket „*Anpassung der Grobstrukturen*", das an die bereits gekennzeichnete Informationszusammenstellung vom 20. September 2011 anschloss. Die Ausführungen machten deutlich, dass und wie sich jene fünf Projekte entwickelten, die als Grundlage für die Stationierungsentscheidungen gebilligt wurden. Interessant ist dabei vor allem, dass die nun vorgelegte Grobstruktur nicht nur für die Neuordnung der Streitkräfte in ihrer Ausdifferenzierung nach Heer, Luftwaffe, Marine, Zentralem Sanitätsdienst und Streitkräftebasis galt, sondern auch um beträchtliche Erweiterungen in den Bereichen Personalmanagement und Nachwuchsgewinnung unter Einbezug der „Bildungs- und Qualifizierungslandschaft" ergänzt wurde. Im Rahmen der Projekte „Rüstung, Nutzung und IT" sowie „Infrastruktur und Dienstleistungen" kam es zu einer Ergänzung der grundsätzlichen Überlegungen und des Ausweises konzeptioneller Grundlagen durch erste Beschreibungen der „Grobstruktur". Die Neuausrichtung der Bundeswehr begann sehr konkrete Formen anzunehmen.

Konzeption der Reserve

Den schließlich noch offenen Fragen zur Zukunft von Reservisten und Reservistinnen in der Bundeswehr wandte sich der Minister mit einem Erlass einer „*Konzeption der Reserve* (KdR)", mit Wirkung vom 1. Februar 2012, zu. Ziel der Konzeption war es, die Aufwuchsfähigkeit der Bundeswehr zu erhöhen, die Durchhaltefähigkeit zu stärken, alle Organisationsbereiche zu entlasten und in der Durchführung ihres Auftrags zu unterstützen. Dafür seien die notwendigen Rahmenbedingungen zu schaffen, um Reservisten konsequenter als bisher für die Bundeswehr zu gewinnen und an sie zu binden. Die Konzeption setzte mithin den Rahmen für den Dienst, das Personalmanagement und die Ausbildung der Reservisten sowie für die Reservistenarbeit.

Im Hintergrund stand die bereits angesprochene Überzeugung, dass umfassende Sicherheit nur im Rahmen eines gesamtstaatlichen Ansatzes zu realisieren sei. Die Bundeswehr leiste in diesem Zusammenhang einen erheblichen Beitrag, der in den VPR angelegt und in den Konzeptionen der Bundeswehr als priorisiertes Fähigkeitsprofil konkretisiert wird. Die VPR beschreiben den strategischen Rahmen für die Aufgaben der Bundeswehr als Teil der gesamtstaatlichen Sicherheitsvorsorge und dienen damit auch als verbindliche Grundlage für die Konzeption der Reserve sowie für alle Folgedokumente aus dem bereits angesprochenen Aufgabenkatalog; so leitet sich auch der Zweck der Reserve von der Landesverteidigung als Bündnisverteidigung im Rahmen der NATO über die internationale Konfliktverhütung und Krisenbewältigung bis hin zu den Beiträgen zum Heimatschutz ab. Sie ergänzt und verstärkt die Fähigkeiten der Bundeswehr, diese Aufgaben im gesamten Einsatzspektrum zu erfüllen. Die Reserve bildet mithin den Nukleus für einen der jeweiligen Lage angepassten Aufwuchs.[18]

Unter dem Begriff der Reserve werden im Übrigen alle personellen, materiellen, organisatorischen und infrastrukturellen Maßnahmen zusam-

---

18 Bundesminister der Verteidigung: Konzeption der Reserve (KdR), Erlass vom 01. Februar 2012 (Fü S I 2 – Az16-39-01).

mengefasst, die einen Aufwuchs ermöglichen. Die Schwerpunkte dieser Maßnahmen beziehen sich auf personelle und organisatorische Aspekte. Die Reserve stützt sich im Wesentlichen auf das in den aktiven Streitkräften vorhandene Material und deren Infrastruktur. Die nachfolgende Abb. 8 verdeutlicht die Stellung der allgemeinen Reserve im Rahmen der Träger der gesamtstaatlichen Sicherheitsvorsorge.[19]

Abbildung 8: Die Reserve im Rahmen der gesamtstaatlichen Sicherheitsvorsorge

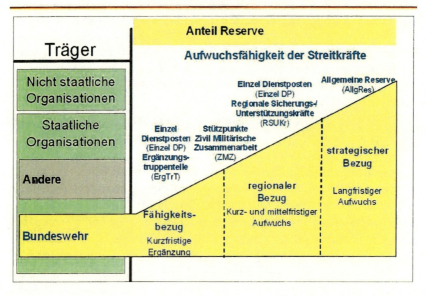

Feinausplanung Heer

Nahezu zeitgleich vollzog sich die sogenannte *Feinausplanung* im Bereich der Streitkräfte. Am Beispiel des Heeres[20] wurde am 17. Februar 2012 über die Hintergründe und den gegebenen Sachstand berichtet. Dabei ging

---

19 a.a.O., 27.
20 BMVg: Hintergründe und Sachstand zur Feinausplanung des Bereiches Heer, 17. Februar 2012.

es nach der Billigung der Grobstrukturen sowie der Entscheidung zu Standorten und Stationierung Ende Oktober 2011 um wichtige „Meilensteine" auch zur Neuausrichtung des Heeres. Sie bezogen sich zu diesem Zeitpunkt vor allem auf die Einarbeitung der Stationierungsentscheidungen, die Ausplanung des Heeres bis auf die Einheitsebene, die Ausplanung der Führungsstruktur des Heeres, die Ausplanung der Ergänzungstruppenteile sowie das Überprüfen der Namensgebung von Einheiten, Verbänden und Großverbänden unter Berücksichtigung von Vorschlägen aus der Truppe.

Danach verbessert die Neuausrichtung des Heeres in der Struktur „Heer2011" die Grundstrukturen zugunsten der im Einsatz geforderten Kräfte und verbessert Kohäsion und Modularität. So sei es gelungen, in einem kleineren Heer durch klare Schwerpunktsetzung auf die Kernfähigkeit des Heeres – den Kampf – sowie durch bessere strukturelle Ausgewogenheit vorrangig die infanteristischen Fähigkeiten zu stärken. Dies erfolgte zu Lasten der Führungs- und Unterstützungsstrukturen. Das Heer wird im Ergebnis künftig über mehr Kampftruppen als bisher verfügen. Dem dienen Konzentrationsprozesse auf das Kommando Heer (mit Sitz in Strausberg bei Berlin), die Konzentration auf ablöse- und durchhaltefähige Brigaden sowie eine verstärkte infanteristische Befähigung des Heeres auf der Basis von Mindestausstattungen. Damit soll das Heer über die Fähigkeit zum erfolgreichen Kampf in allen Operationsarten, Intensitäten und nahezu allen Gelände- sowie Klimabedingungen verfügen, wobei die Brigaden neben den Kampftruppenbataillonen auch Versorgungs-, Pionier- und Aufklärungsbataillone als unverzichtbare Kräfte für alle Arten von Einsätzen führen.

Zum Berichtszeitpunkt haben die Streitkräfte auf der Grundlage der Stationierungsentscheidungen eine Feinausplanung erstellt, die durch den Projektleiter Neuordnung Streitkräfte harmonisiert und durch den Minister im Grundsatz gebilligt wurde. Auf dieser Basis wollen die Streitkräfte die Feinstrukturplanung fortsetzen und damit die Binnengliederung der Dienststellen, Einheiten und Verbände bis auf die Ebene der Dienstposten erarbeiten. So werden Realisierungsplanungen fortgeführt, bei denen die Feinstruktur und die Umsetzung von Organisationsmaßnahmen (etwa Aufstellung, Auflösung und Verlegung einer Dienststelle) auf der Zeitachse koordiniert werden. Dies berücksichtigt insbesondere laufende Einsatzverpflichtungen und ist im Weiteren u.a. von Infrastrukturmaßnahmen oder dem Zulauf neuer Systeme abhängig. Nach Vorlage werden diese Realisierungsplanungen dann für die gesamte Bundeswehr zusammengefasst, harmonisiert und vor ihrer Umsetzung unter Berücksichtigung verfügbarer Ressourcen erforderlichenfalls priorisiert.

Auch hier erfolgte die Umsetzung grundsätzlich im Rahmen eines *top down*-Ansatzes, der ab dem 1. April 2012 mit Einnahme der neuen Struktur des Ministeriums und der direkten Unterstellung der Inspekteure der militärischen Organisationsbereiche und des Befehlshabers des Einsatzführungskommandos der Bundeswehr unter den Generalinspekteur Platz griff. Zudem plante man, die Maßnahmen zur Neuaufstellung bzw. Umgliederung der Ebene der Kommandobehörden und Ämter sowie der Truppenstrukturen und weiterer Dienststellen einzuleiten.

Weitere Sachstandsberichte

Zum gleichen Datum (17. Februar 2012) wurden Sachstandsberichte der Luftwaffe, der Marine, der Streitkräftebasis und des Sanitätsdienstes vorgelegt. Addiert man dem die korrespondierenden Untersuchungen des Bereichs Einsatzführungskommando der Bundeswehr sowie des Bereichs Personalmanagement, Nachwuchsgewinnung und Bildungs- wie Qualifizierungslandschaft, wird die Komplexität der Aufgabe und die zu diesem Zeitpunkt zweifellos hohe Motivation der Beteiligten deutlich. Weniger eindrucksvoll lesen sich die Sachstandsberichte für die Bereiche „Ausrüstung, Information und Nutzung (AIN)" sowie „Infrastruktur, Umwelt und Dienstleistungen (IUD)", die freilich mit der Bildung entsprechender Bundesämter zusätzlichen Herausforderungen unterlagen. Die damit verbundenen Konzentrationsprozesse wurden aufgrund der erkennbaren Größenordnungen von Betroffenen wie der Fachöffentlichkeit *ab ovo* kritisch bewertet.

Reformbegleitgesetz

Ergänzt wurden diese Bemühungen schließlich durch die Vorlage des *Bundeswehrreform-Begleitgesetzes* im Februar 2012. Der Bedarf ergab sich nicht zuletzt aus der zügigen Umsetzung der Gesamtkonzeption der Neuausrichtung. Nach den Entscheidungen über den Auftrag, den Umfang, die Grobstrukturen, die Organisation des Ministeriums, die Umfänge von Großwaffensystemen sowie die Stationierung der Bundeswehr erforderten die fortschreitenden Feindwarnungen ein Begleitgesetz. „Jetzt bedarf es vor allem der Klarheit über personalbezogene Maßnahmen und Instrumente, die erforderlich sind, Menschen dabei zu unterstützen, die reformbedingten Belastungen zu bewältigen, aber auch, um die nötige schnelle und sozialverträgliche Personalanpassung zu erreichen."[21]

Das Gesetz baute auf jenem Reformbegleitprogramm auf, dass der Verteidigungsminister bereits im Oktober 2011 der Öffentlichkeit vorgestellt hatte. Im Rahmen der Erarbeitung des Gesetzentwurfs und der Ressortabstimmung traten nun Maßnahmen hinzu, einige andere erfuhren Anpassungen. Einige der Maßnahmen konnten bereits in Angriff genommen werden, weil es dafür keiner Gesetzesgrundlage bedurfte; sie wurden jetzt durch die Regelungen und Maßgaben des Reformbegleitgesetzes ergänzt. Dabei ging es vor allem um die deutliche Reduzierung des Gesamtumfangs der Streitkräfte und des zivilen Personals sowie die damit verbundene grundlegende Strukturierung des gesamten Personalkörpers hin zu einer stärkeren Einsatzorientierung und Effizienzsteigerung. Dieser personelle Anpassungsprozess beinhaltete Abbau-, Umbau- und Aufbaumaßnahmen.

Konkretisiert wurde dieser Rahmen durch Ansätze zur Weiterbeschäftigung des Personals, durch zusätzliche Maßnahmen zur Personalanpassung und durch sonstige Regelungen im Zusammenhang mit der Neuausrichtung. Als Kosten für die Maßnahmen wurden für das Jahr 2012 Ausgaben in Höhe von 75,0 Mio. Euro geschätzt. Nach den zu diesem Zeitpunkt vorliegenden Prognosen würden die Ausgaben bis zum Jahr 2017 auf rd. 303,4 Mio. Euro ansteigen, um dann ab dem Jahr 2018 wieder zu sinken.

7. Der Dresdner Erlass, die Neuorganisation des BMVg, Standortbestimmung

Grundsätze für die Spitzengliederung

Am 21. März 2012 erließ der Bundesminister mit Wirkung vom 1. April 2012 die bereits angesprochenen Grundsätze für die Spitzengliederung, Unterstellungsverhältnisse und Führungsorganisation im Bundesministerium der Verteidigung (BMVg) und der Bundeswehr. Sie stehen in der Nachfolge des „Blankeneser Erlasses" vom 21. März 1970 und des „Berli-

---

21 Bundesminister der Verteidigung: Neuausrichtung der Bundeswehr – Bundeswehrreform-Begleitgesetz – Februar 2011 (ohne Tagesangabe).

ner Erlasses" vom 21. Januar 2005 und werden seitdem als „Dresdner Erlass" bezeichnet (vgl. Text in der Anlage).

Die neuen Grundsätze nehmen auf, was im Rahmen der Neuausrichtung bislang vorgedacht oder bereits umgesetzt wurde. Danach

- wird, wie aufgezeigt, der Generalinspekteur der Bundeswehr truppendienstlicher Vorgesetzter der Soldaten in den Streitkräften und Teil der Leitung des BMVg,
- führen die Inspekteure ihre militärischen Organisationsbereiche außerhalb des Ministeriums,
- werden im Sinne einer stärker bundeswehrgemeinsamen Aufgabenerfüllung die Abteilungen im BMVg, aber auch nachgeordnete Behörden und Dienststellen, verstärkt statusübergreifend mit militärischem und zivilem Personal besetzt und sind fachliche wie organisatorische Kompetenz auf allen Ebenen nach Möglichkeit zusammenzuführen.

Die zum 10. Oktober 2011 bekannt gegebene grundlegende Struktur des BMVg wurde mithin um das Ziel ergänzt, die leitenden Prinzipien der Neuausrichtung, wie die gemeinsame Aufgabenerfüllung, die Bündelung von Verantwortung, die Reduzierung von Schnittstellen und die Zusammenfassung von Verantwortung ausgehend von der ministeriellen Spitze, durchgehend in der gesamten Bundeswehr zu verwirklichen. Ergänzende Regelungen und Vorgaben im Geschäftsbereich des BMVg sind an diese Grundsätze gebunden. Über die bereits vorgestellte militärische Spitzengliederung, die Unterstellungsverhältnisse und die Führungsorganisation in den Streitkräften wie in der Wehrverwaltung hinaus finden sich zudem Ausführungen zur Einsatzführung, zum Personalwesen und zu den bereits angesprochenen gebündelten Abteilungsstrukturen „Ausrüstung, Informationstechnik und Nutzung" sowie „Infrastruktur, Umweltschutz und Dienstleistungen".

Im Ergebnis sind dem Bundesministerium der Verteidigung die Streitkräfte, die Bundeswehrverwaltung sowie die Organisationsbereiche Militärseelsorge und Rechtspflege der Bundeswehr nachgeordnet und bestehen die Streitkräfte aus den Organisationsbereichen Heer, Luftwaffe und Marine, dem Zentralen Sanitätsdienst und der Streitkräftebasis; hinzu treten die dem Ministerium unmittelbar unterstellten militärischen Dienststellen. Die Bundeswehrverwaltung wiederum gliedert sich in die Organisationsbereiche AIN sowie IUD (sowie Personal [P]). Die ministerielle Steuerung des nachgeordneten Bereichs erfolgt ungeachtet spezifischer Zuordnungen und militärischer Unterstellungsverhältnisse durch die jeweils zuständigen ministeriellen Organisationseinheiten.

Schematische Darstellungen der Organisationsbereiche im Geschäftsbereich des BMVg ab dem 1. April 2012 finden sich in den nachfolgenden Abbildungen (Abb. 9 und 10). Der Generalinspekteur der Bundeswehr, *VolkerWieker*, erließ mit Wirkung vom 1. April 2012 die komplementäre Weisung Nr. 1 für die Führung der Streitkräfte und den Einsatz der Bundeswehr.

Führungsebene des BMVg

Zum 1. April 2012 nahm das Bundesministerium der Verteidigung somit als erster Adressat des Neuausrichtungsansatzes seine neue Struktur ein. Danach unterstehen dem Minister unmittelbar zwei Stäbe:

- der Leitungsstab unter Leitung eines Ministerialdirigenten mit den Referaten Protokoll, Parlaments- und Kabinettsreferat, Adjutantur Minister und Büro Minister/persönlicher Referent;
- der Presse- und Informationsstab unter Leitung des Sprechers des Verteidigungsministeriums, der jetzt nur noch über zwei Referate (Presse und Internet, Öffentlichkeitsarbeit) verfügt.

Der einem Staatssekretär zugeordnete Stab „Organisation und Revision" unter Leitung eines Generalmajors oder Konteradmirals umfasst drei Referate: Neuausrichtung (später: „Managemententwicklung"), Organisation und Revision. Der stv. Leiter des Stabes Org/Rev fungierte zwischenzeitlich auch als Unterbringungsbeauftragter.

Das Büro des Generalinspekteurs schließlich unter Leitung eines Brigadegenerals verfügt über etwa 30 Mitarbeiter und unterteilt sich in die Adjutantur des Generalinspekteurs und des stv. Generalinspekteurs, Zentrale Aufgaben sowie Truppendienstliche Personalangelegenheiten.

Abbildung 9: Neuorganisation im Geschäftsbereich des BMVg I

Organisationsbereiche im Geschäftsbereich des BMVg ab 1. April 2012

Organisationsbereich	ministerielle organisatorische Steuerung	Höhere Kommandobehörden/Bundesoberbehörden sowie dem BMVg unmittelbar unterstellte. Bundesmittelbehörden mit nachgeordnetem Bereich ab 01.04.2012 [1]	Höhere Kommandobehörden/Bundesoberbehörden mit nachgeordnetem Bereich in der Zielstruktur [1]
Bundesministerium der Verteidigung	Stab Organisation und Revision	Bundesministerium der Verteidigung	Bundesministerium der Verteidigung
Militärische Organisationsbereiche			
Heer	Generalinspekteur der Bundeswehr	Stab des Inspekteurs des Heeres [2] Heeresführungskommando Heeresamt sowie die diesen unterstellten Kommandobehörden/Dienststellen	Kommando Heer sowie die diesem unterstellten Kommandobehörden/Dienststellen
Luftwaffe	Generalinspekteur der Bundeswehr	Stab des Inspekteurs der Luftwaffe [2] Luftwaffenführungskommando Luftwaffenamt sowie die diesen unterstellten Kommandobehörden/Dienststellen	Kommando Luftwaffe sowie die diesem unterstellten Kommandobehörden/Dienststellen
Marine	Generalinspekteur der Bundeswehr	Stab des Inspekteurs der Marine [2] Flottenkommando Marineamt sowie die diesen unterstellten Kommandobehörden/Dienststellen	Marinekommando sowie die diesem unterstellten Kommandobehörden/Dienststellen
Zentraler Sanitätsdienst der Bundeswehr	Generalinspekteur der Bundeswehr	Stab des Inspekteurs des Sanitätsdienstes der Bundeswehr [2] Sanitätsführungskommando Sanitätsamt der Bundeswehr sowie die diesen unterstellten Kommandobehörden/Dienststellen	Kommando Sanitätsdienst der Bundeswehr sowie die diesem unterstellten Kommandobehörden/Dienststellen
Streitkräftebasis	Generalinspekteur der Bundeswehr	Stab des Inspekteurs der Streitkräftebasis [2] Streitkräfteunterstützungskommando Streitkräfteamt Kommando Operative Führung Eingreifkräfte sowie die diesen unterstellten Kommandobehörden/Dienststellen	Kommando Streitkräftebasis sowie die diesem unterstellten Kommandobehörden/Dienststellen

Abbildung 10: Neuorganisation im Geschäftsbereich des BMVg II

		Dem BMVg unmittelbar unterstellte militärische Dienststellen	
	Generalinspekteur der Bundeswehr	Einsatzführungskommando der Bundeswehr sowie die diesem unterstellten Dienststellen	Einsatzführungskommando der Bundeswehr sowie die diesem unterstellten Dienststellen
		Zivile Organisationsbereiche	
Personal	Abteilung Personal	Personalamt der Bundeswehr, Stammdienststelle der Bundeswehr, Bundessprachenamt, Universitäten der Bundeswehr, Bundesakademie für Wehrverwaltung und Wehrtechnik, Fachhochschule des Bundes für öffentliche Verwaltung – Fachbereich BWV	Bundesamt für das Personalmanagement der Bundeswehr, Bildungszentrum der Bundeswehr, Bundessprachenamt, Universitäten der Bundeswehr sowie die diesem unterstellten Dienststellen
Ausrüstung, Informationstechnik und Nutzung	Abteilung Ausrüstung, Informationstechnik und Nutzung	Bundesamt für Wehrtechnik und Beschaffung, Bundesamt für Informationsmanagement und Informationstechnik der Bundeswehr sowie die diesem unterstellten Dienststellen	Bundesamt für Ausrüstung, Informationstechnik und Nutzung der Bundeswehr sowie die diesem unterstellten Dienststellen
Infrastruktur, Umweltschutz und Dienstleistungen	Abteilung Infrastruktur, Umweltschutz und Dienstleistungen	Bundesamt für Wehrverwaltung, Wehrbereichsverwaltungen sowie die diesem unterstellten Dienststellen	Bundesamt für Infrastruktur, Umweltschutz und Dienstleistungen der Bundeswehr sowie die diesem unterstellten Dienststellen
Militärseelsorge	Abteilung Führung Streitkräfte	Katholisches Militärbischofsamt, Evangelisches Kirchenamt für die Bundeswehr sowie die diesem unterstellten Dienststellen	Katholisches Militärbischofsamt, Evangelisches Kirchenamt für die Bundeswehr sowie die diesem unterstellten Dienststellen
Rechtspflege der Bundeswehr	Abteilung Recht	Bundeswehrdisziplinaranwalt mit den nachgeordneten Wehrdisziplinaranwaltschaften, Truppendienstgerichte Nord und Süd	Bundeswehrdisziplinaranwalt mit den nachgeordneten Wehrdisziplinaranwaltschaften, Truppendienstgerichte Nord und Süd

1) ausschließlich aufbauorganisatorische Unterstellungen

2) temporär nur bis 30.09.2012 aufbauorganisatorisch im BMVg eingerichtet

Abteilungsstruktur

Wie geplant wurde die Abteilungszahl im BMVg auf neun reduziert bzw. kohärenter gestaltet:

- Die Abteilung Politik konzipiert dabei die strategischen Leitlinien zur Ausgestaltung der Sicherheits- und Verteidigungspolitik im Verantwortungsbereich des BMVg.
- Die Abteilung Haushalt und Controlling stellt die Unterlagen für die Finanzplanung auf. Sie entwirft den für das Verteidigungsressort maßgeblichen Teil des Haushaltsplans und führt diesen nach Inkrafttreten aus. Ferner wirkt sie bei allen Maßnahmen von finanzieller Bedeutung mit. Sie konzipiert das zentrale Controlling und unterstützt die Leitung des BMVg bei der Definition, der Operationalisierung und der Erfolgsmessung strategischer Ziele.
- Die Abteilung Recht nimmt zentral die juristischen Aufgaben in allen Rechtsgebieten wahr, die im Zusammenhang mit der Sicherheits- und Verteidigungspolitik sowie den Einsätzen der Bundeswehr stehen. Sie bearbeitet alle Angelegenheiten, die von rechtlicher Relevanz für die politische Leitung des Hauses und den Generalinspekteur der Bundeswehr sind.

Diese drei Abteilungen bilden mithin jene Ebene im BMVg, die für den gesamten Geschäftsbereich Ziele formuliert und strategische Grundlagen erarbeitet. Als Führungsinstrument des Generalinspekteurs dient das Einsatzführungskommando der Bundeswehr.

- Die Abteilung Planung erarbeitet dagegen die konzeptionellen Grundlagen für die Zukunftsentwicklung der Bundeswehr, das Fähigkeitenmanagement und die planerische Umsetzung der diesbezüglichen Konzepte.
- Die Abteilung Führung Streitkräfte unterstützt den Generalinspekteur in seiner Funktion als unmittelbarer Vorgesetzter der Soldatinnen und Soldaten in den ihm unterstellten Streitkräften. Sie trägt zudem die Verantwortung für den Erhalt der Einsatzbereitschaft der Streitkräfte.
- Die Abteilung Strategie und Einsatz arbeitet demgegenüber dem Generalinspekteur bei der Ausgestaltung der Militärpolitik im Rahmen der strategischen Leitlinien aus der Abteilung Politik zu. Darüber hinaus unterstützt sie den GI in seiner Funktion als Verantwortlicher für die

Einsätze der Bundeswehr und als höchster militärischer Repräsentant der Streitkräfte in internationalen Gremien.

Diese drei Abteilungen bilden damit jenen Bereich des BMVg, der dem Generalinspekteur untersteht und dessen Unterstützung gewährleistet. Zur Wahrnehmung seiner Verantwortung für die Einsätze der Bundeswehr wird ihm zudem im nachgeordneten Bereich das Einsatzführungskommando der Bundeswehr unmittelbar unterstellt. Das bisher der Streitkräftebasis zugeordnete Kommando ist zuständig für die nationalen Aufgaben der Einsatzplanung, -führung und -auswertung auf der operativen Ebene.

Ressourcensteuerung

Die letzten drei Abteilungen bilden schließlich den ressourcensteuernden Bereich des BMVg:

– Die Abteilung Personal trägt die zentrale Verantwortung für den Personalprozess mit allen Handlungsfeldern des Personalmanagements. Dazu gehören u.a. Personalgewinnung, -planung, -entwicklung und -führung, Bezahlung und Versorgung, Fürsorgeangelegenheiten sowie Aus-, Fort- und Weiterbildung. Der Abteilung zugeordnet ist der Beauftragte für einsatzbedingte posttraumatische Belastungsstörungen und Einsatztraumatisierte (ein Brigadegeneral).

– In der Abteilung Ausrüstung, Informationstechnik und Nutzung (AIN) erfolgt die Planung, Steuerung und Kontrolle nationaler wie internationaler Rüstungsaktivitäten. Die Abteilung trägt zudem die Materialverantwortung für die Einsatzreife des gesamten Wehrmaterials. Der Leiter der Abteilung ist der Nationale Rüstungsdirektor. Die Abteilung nimmt die Gesamtverantwortung für den Ausrüstungs- und Nutzungsprozess sowie die IT-Strategie wahr. Zudem wies die Abteilung zumindest zwischenzeitlich noch zwei Ministerialdirigenten als Sonderbeauftragte für Forschung und Technologie sowie für die Verwertung von Wehrmaterial aus.

– Die Abteilung Infrastruktur, Umweltschutz und Dienstleistungen (IUD) verantwortet die konzeptionellen Grundsätze des Arbeits- und Umweltschutzes sowie des Liegenschaftswesens. In ihr ist die ministerielle Steuerung infrastruktureller Aufgaben (Bau und Betrieb von Liegenschaften sowie aller Serviceleistungen mit Liegenschaftsbezug im Inland, Einsatz und Ausland) gebündelt.

Ausdifferenzierungen

Vier der neuen Abteilungen weisen stellvertretende Abteilungsleiter aus: die Abteilung Strategie und Einsatz (SE), die Abteilung Personal (P), die Abteilung Ausrüstung, Informationstechnik und Nutzung (AIN) und die Abteilung Infrastruktur, Umwelt und Dienstleistungen (IUD).

Stärkste Abteilung im Ministerium ist die Abteilung IUD mit Ende 2012 ca. 800 (Zielstruktur: 500) Angehörigen, gefolgt von der Abteilung AIN mit knapp 330 Angehörigen.

Im Übrigen finden sich auf der Ebene der Abteilungsleiter und stv. Abteilungsleiter fünf Ministerialdirektoren (davon ein weiblicher), vier Generalleutnante/Vizeadmirale, zwei Ministerialdirigenten sowie zwei Generalmajore/Konteradmirale.

Von den 26 Unterabteilungsleitern sind 15 Ministerialdirigenten (davon drei weibliche) und elf Brigadegeneräle/Flottillenadmirale/Generalärzte.

Zusammengefasst finden sich in den neuen Abteilungen 146 Referate mit etwa 76 Obersten/Kapitänen zu See bzw. Oberstärzten/-apothekern, die übrigen sind Ministerialräte bzw. Ministerialrätinnen (16).

Standortbestimmung: Soldat sein heute

Angesichts der zu diesem Zeitpunkt bereits deutlichen öffentlichen Diskussion um die Neuausrichtung verdient zudem eine im Mai 2012 vom Bundesministerium der Verteidigung vorgelegte Schrift „Soldat sein heute. Leitgedanken zur Neuausrichtung der Bundeswehr" Aufmerksamkeit. Der Generalinspekteur kennzeichnete darin die grundlegende Konzeption der Neuausrichtung, versuchte eine Standortbestimmung, beschrieb die Einsatzrealität und die erkennbare Ausrichtung an einer Freiwilligenarmee und sah schließlich die Bundeswehr „in der Mitte der Gesellschaft". Damit wiederum verband sich ein professionelles Selbstverständnis, das sich erkennbar an die Mitarbeiterinnen und Mitarbeitern richtete und auf Traditionsbestände verwies. Die Ausführungen schlossen mit den Worten: „Wenn gesellschaftliche Veränderungen, der Wechsel zur Freiwilligenarmee und die Erfahrungen aus den Einsätzen auf die Bundeswehr einwirken, so erwachsen daraus naturgemäß Bewährungsproben in der Neuausrichtung der Bundeswehr. Diese muss eben auch gewährleisten, dass die geistige und sittliche Verfassung sowie das innere Gefüge der Truppe unter den veränderten Bedingungen intakt bleiben. Die Leitgedanken folgen diesem Anspruch und weisen die Richtung, in die wir die Neuausrichtung um ihre innere Dimension ergänzen wollen."[22]

Umsetzung und Professionalisierung

Nach diesen grundlegenden Entscheidungen und dem Zwischenfazit des Bundesministers galten die Bemühungen der nachfolgenden Monate der weiteren Umsetzung der Neuausrichtung und einem noch verstärkten Veränderungsmanagement, das sich aufgrund kritischer Reaktionen, auch und gerade seitens der Truppe, anbot – nach innen wie nach außen.

Gleichzeitig wurde mit der Verankerung der Neuausrichtung in den unterschiedlichen organisatorischen Kontexten eine gewisse Routinisierung insofern erkennbar, als die 11 Projekte zur Neuausrichtung im Rahmen einer Abteilungsleiter-Konferenz (am 11. Juni 2012) in die Linienorganisation überführt wurden, samt der damit verbundenen Entpflichtung der zwischenzeitlich eingesetzten Projektleiter. Nachsteuerungsbedarf sollte auf der Arbeitsebene geklärt werden, die Befassung der Leitung dürfe nur in Ausnahmefällen erforderlich sein. Die Wahrnehmung der Verantwortlichkeiten – auch mit Blick auf die künftigen Aufgaben im Rahmen der Neuausrichtung – sollte zügig durch die Abteilungsleiter und den Leiter des Stabes „Organisation und Revision" erfolgen, um eine „bruchfreie" Aufgabenwahrnehmung aus der Linienorganisation heraus zu befördern.

Konsequenter Weise richteten sich die nachfolgenden Schritte auf die Realisierungsplanung der Neuausrichtung, etwa dokumentiert in einem weiteren „Informationspaket" (vom 12. Juni 2012). Danach wurden die wichtigsten Entscheidungen zur Neuausrichtung als inzwischen „gefallen" bezeichnet (die Aussetzung der Pflicht zur Ableistung des Wehrdienstes, die Festlegung der geplante Zahl der Großwaffengeräte, der Ausweis der künftigen Strukturen der Bundeswehr unter Einschluss des Stationierungskonzeptes sowie die Reorganisation des Verteidigungsministeriums). Ein darüber hinaus gehender Passus ist insofern von Interesse, als er eine Reaktion auf die zwischenzeitlich deutlicher werdenden Widerstände und Kritiken darstellen dürfte:

---

22 Bundesminister der Verteidigung: Soldat sein heute. Leitgedanken zur Neuausrichtung der Bundeswehr. S. 15 f.

Wir.Dienen.Deutschland.

„Doch die Neuausrichtung geht über eine Strukturreform hinaus. Das Neue sind nicht allein die neuen Strukturen und Verfahren. Es geht vielmehr auch um ein neues Selbstverständnis. Fachliche und organisatorische Kompetenzen auf allen Ebenen werden zusammengeführt. Das bedeutet eine umfangreiche organisationsbereichsübergreifende Verlagerung von Aufgaben und Personal sowie eine Zunahme von zivil-militärisch gemischt besetzten Strukturen. Durch die eindeutige Zuweisung von Verantwortung werden Doppelstrukturen abgebaut, die Organisation wird insgesamt schlanker. Dies führt zu enger Verflechtung, zugleich auch zu größerer Abhängigkeit der Bereiche voneinander. Erfolgreiches Zusammenwirken der Bereiche setzt daher die verstärkte Ausrichtung auf gemeinsame Ziele voraus. Zudem erfordert dies ein wachsendes gemeinsames Selbstverständnis aller Angehörigen der Bundeswehr, welches im Motto Wir.Dienen.Deutschland.plakativ zum Ausdruck kommt."[23]

Im Anschluss verwies der Minister erneut auf die ungewöhnliche Geschwindigkeit des Reformprozesses. Danach war das Jahr 2011 das Jahr der Grundsatzentscheidungen, während 2012 bereits den Beginn der Umsetzungen markierte. Nicht einmal ein Jahr nach Bekanntgabe der Eckpunkte zur Neuausrichtung, konkret am 1. April 2012, startete das Bundesministerium der Verteidigung mit deren Vollzug. Als erste Dienststelle nahm es selbst die neue Zielstruktur ein – eben im Rahmen der aufgezeigten neun Abteilungen im grundlegend neu organisierten Haus, während die Inspekteure der militärischen Organisationsbereiche und ihre Stäbe ausgegliedert wurden.

Realisierungsplanung

So sollte es nach den Vorstellungen des Ministers „von oben nach unten" weitergehen. Die *Realisierungsplanung* legte daher fest, wann welche Organisationseinheit ihre Zielstruktur einzunehmen hatte und fand die Billigung des Ministers am 1. Juni 2012. Danach entwickelte jeder Organisationsbereich der Bundeswehr zunächst seine eigenen Realisierungsabsichten, die dann bereichsübergreifend organisatorisch-funktional und infrastrukturell abgestimmt (und bestimmt) wurden. Auch Einsatzbelange seien bei der „Taktung" der Umgliederung berücksichtigt worden. So ent-

---

23 BMVg: Informationen zur Neuausrichtung. Informationspaket zur Realisierungsplanung vom 12. Juni 2012.

wickelten sich nach Abschätzung der zu erwartenden Kosten und einer Überprüfung der Finanzierbarkeit aus den anfänglichen Realisierungsabsichten konkrete Realisierungspläne.

Diejenigen Elemente der Planungen, die für die Neuausrichtung als von übergeordneter Bedeutung galten, wurden in einem „Meilensteinplan" zusammengefasst (vgl. Abb. 11); er enthält die wichtigsten Daten aus den Realisierungsplänen zu den militärischen Kommandobehörden, den obersten Truppenführungsebenen sowie den Bundesbehörden und weiteren ausgewählten Dienststellen von zentraler Bedeutung für den Erfolg der Reform. Gedacht war die Realisierungsplanung als Herstellung größtmöglicher Planungssicherheit unter den geltenden Rahmenbedingungen. Die Bundeswehr unternahm damit beträchtliche Anstrengungen, den Bundeswehrangehörigen und ihren Familien frühestmöglich Perspektiven für die berufliche und persönliche Zukunft aufzuzeigen. Die zwischenzeitlichen Proteste nicht nur von Bundeswehrverbänden und aus dem Parteienbereich, sondern auch aus der Truppe selbst heraus, zeigten erkennbar Wirkung.

Abbildung 11: Meilensteinplan zur Umsetzung der Neuausrichtung

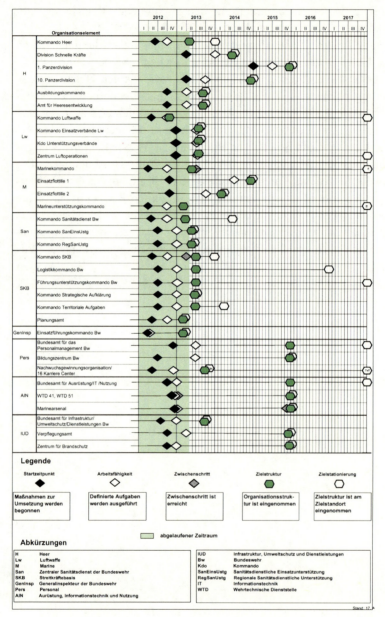

8. Die Konzeption der Bundeswehr

Grundsatzweisung

Am 1. Juli 2013 schließlich erließ der amtierende Bundesminister der Verteidigung die Konzeption der Bundeswehr (KdB).[24] Sie gilt als langfristige Grundsatzweisung und damit als „Dachdokument" der Gesamtkonzeption der militärischen Verteidigung Deutschlands. Sie beschreibt, wie die Bundeswehr ihren in den Verteidigungspolitischen Richtlinien (VPR) festgelegten Auftrag und ihre Aufgaben erfüllt. Sie sucht Zusammenhänge und Prinzipien zu erläutern und macht Vorgaben für die Gestaltung der Bundeswehr. Das wiederum wird durch weitere konzeptionelle bzw. strategische Dokumente präzisiert bzw. ergänzt[25] und bildet damit in einer konsequenten Ableitung, gleichsam „von oben nach unten", die Basis für die weitere konzeptionelle Arbeit und die Planung. Als offenes Dokument sollte die KdB zudem dazu beitragen, die Neuausrichtung der interessierten Öffentlichkeit zu vermitteln und dadurch ihren Rückhalt in der Bevölkerung zu stärken.

Bundeswehr als lernende Organisation

Durch die Neuausrichtung wird, wie aufgezeigt, die Voraussetzung geschaffen, zukünftige Anpassungen der Bundeswehr innerhalb neuer Strukturen zu verwirklichen. Dazu gibt die KdB auf der Grundlage der Beurteilung der langfristigen Lageentwicklung, der politischen Entscheidungen zur Neuausrichtung und weiterer politischer und planerischer Vorgaben den Rahmen vor, innerhalb dessen sich die Gesamtorganisation der Bundeswehr weiterentwickelt und als „lernende Organisation" fortlaufend an sich verändernde Bedingungen und Herausforderungen anpassen kann. Sie verzichtet daher auf Detailregelungen, die Teilkonzeptionen vorbehalten sind.[26]

Angesichts des Leistungsprofils der Bundeswehr (mithin der Fähigkeiten und Kapazitäten der Streitkräfte und des zivilen Bereichs) umfasst die

---

24 Bundesminister der Verteidigung: Konzeption der Bundeswehr, Stand 1. Juli 2013.
25 Vgl. Leitfaden für konzeptionelle Dokumente der Bundeswehr (Aktualisierung i.E.)
26 Konzeption der Bundeswehr, a.a.O., 7.

KdB alle militärischen und zivilen Aktivitäten in einem ganzheitlichen Ansatz einer Bundeswehrgemeinsamkeit. Sie dient mithin auch dem gemeinsamen Verständnis aller Angehörigen der Bundeswehr über die zukünftige Ausrichtung, basiert auf dem Leitbild des „Staatsbürgers in Uniform" und den Grundsätzen der Inneren Führung sowie den hergebrachten Grundsätzen des Berufsbeamtentums und der gewachsenen Dienstleistungsorientierung der Wehrverwaltung. Zudem erweitert die KdB sie um Aspekte, die sich aus der intensivierten Zusammenarbeit zwischen militärischen und zivilen Angehörigen der Bundeswehr ergeben.

Im Übrigen sucht man auch im Rahmen der KdB die Aufgaben der Bundeswehr ganzheitlich zu betrachten. Leitendes Prinzip ist die auf die Erfüllung des Aufgabenspektrums ausgerichtete Einsatzorientierung der Streitkräfte. Darauf basierend legt sie in Anwendung weiterer Prinzipien und unter Berücksichtigung der Rahmenbedingungen Vorgaben für die Ausgestaltung des priorisierten Fähigkeitsprofils und weiterer Gestaltungsbereiche fest. Schließlich beschließen Vorgaben, die eine Orientierung für die Planungs- und Umsetzungsprozesse geben sollten, das Dokument.

Die KdB ist insofern von besonderer Bedeutung, als sie die unter dem Begriff der „Neuausrichtung" zusammengefassten Modernisierungsansätze abschließt und ihnen einen Rahmen gibt. Adressaten der KdB sollen neben den direkt Betroffenen deshalb auch der erweiterte politisch-administrative Bereich sowie die Öffentlichkeit sein.

Zusammenfassung der Rahmenbedingungen

Obwohl in den VPR die sicherheitspolitische Lage Deutschland bereits bewertet und Folgerungen für die Bundeswehr abgeleitet wurden, sind die in der KdB aufgezeigten Rahmenbedingungen von Interesse, da sie sich ja nicht nur auf die sicherheitspolitischen Entwicklungen, sondern auch auf Fragen der Demographiefestigkeit und der nachhaltigen Finanzierbarkeit richten. So heißt es:„Eine unmittelbare territoriale Bedrohung Mitteleuropas und damit Deutschlands mit konventionellen militärischen Mitteln ist in absehbarer Zukunft angesichts der geographischen Lage Deutschlands im erweiterten europäischen Stabilitätsraum unwahrscheinlich."[27] Diese

---

27 Konzeption der Bundeswehr, a.a.O., 9.

so optimistische wie erkennbar zu apodiktische Feststellung bildet Kritikern seit Ausbruch der Krim- und der nachfolgenden Ukraine-Krise Anlass, den gesamten Neuausrichtungs-Ansatz in Frage zu stellen. Zwar spricht unverändert vieles dafür, dass eine unmittelbare Bedrohung Deutschlands aus seinem direktesten Umfeld unwahrscheinlich ist, doch deuten die zwischenzeitlichen Politiken des russischen Staatspräsidenten darauf hin, dass von einer mittel- oder gar langfristig stabilen Ausgangssituation nicht ausgegangen werden kann. Die Autoren der KdB sahen das zwar, indem sie einschränkend hinzufügten, dass diese „für Deutschland vorteilhafte Lagebewertung allerdings nicht oder nur eingeschränkt für Staaten in den Randlagen Europas und der Bündnisgebiete gilt."[28] So sähen sich einige dieser Länder Bedrohungen ausgesetzt, die maßgeblichen Einfluss auf ihre sicherheitspolitischen Positionen in der internationalen Zusammenarbeit innerhalb und außerhalb der Bündnisse hätten. Diese Bedrohungsperspektiven müssten daher in der sicherheitspolitischen Analyse berücksichtigt werden. Eine konkrete, mithin auch operative Konsequenz sahen sie freilich nicht.

Rasche Veränderung der Risiken und Bedrohungen

Eher wurde darauf hingewiesen, dass in den vergangenen beiden Jahrzehnten sich jenseits klassischer, rein militärischer Bedrohungen vielgestaltige und in Teilen gänzlich neue Herausforderungen zeigten. So käme es zu einer Vielzahl von Risiken und Bedrohungen, die regional und zeitlich in unterschiedlicher Intensität und in unterschiedlicher Kombination auftreten. Sie seien meist unvorhersehbar, komplex und machten bekanntlich auch vor nationalen Grenzen nicht Halt. Selbst wenn sie ihren Ausgangspunkt in weit entfernten Regionen haben, könnten sie unmittelbare Auswirkungen auf Europa und Deutschland entfalten, mithin sicherheitspolitisches Handeln erfordern. Zahlreiche dieser Risiken und Bedrohungen seien zwar nicht in erster Linie militärisch, sie können aber im Zuge der Globalisierung und der Abhängigkeit moderner Gesellschaften von politischen, religiösen, kulturellen, technischen, gesundheitlichen, ökonomischen oder auch ökologischen Entwicklungen überformt werden. Das Einflusspotential nicht-staatlicher Akteure nehme in diesem Kontext zu;

---

28 Ebd.

auch können mehrere derartige Entwicklungen durchaus kumulativ wirken und Prozesse auslösen, die militärische Risiken und Bedrohungen an Intensität deutlich übersteigen.

Schließlich könnten sich neue Technologien oder die Verwendung eigentlich ziviler Mittel zu kriminellen oder terroristischen Zwecken, zudem die Weitergabe von Massenvernichtungswaffen und deren Trägern an kriminelle oder feindlich gesonnene nicht-staatliche Akteure, zu einer Bedrohung für Deutschland und seiner Verbündeten auswachsen. Diese Potentiale erreichten sicherheitspolitische Dimensionen, die die Grenzen zwischen der Sicherheit im Äußeren und der im Inneren verschwimmen lassen. In der Folge wären Instrumente zu wählen, mit denen auf derartige Bedrohungen reagiert werden kann, wobei unilaterales Handeln meist nicht ausreichen dürfte. Die vielschichtigen Ursachen und die Komplexität heutiger Krisen und Konflikte erforderten ein umfassendes Verständnis von Sicherheit und einen ressortübergreifenden und zwischenstaatlich abgestimmten Ansatz, erkennbar ein Verweis darauf, dass die Bundeswehr als Instrument deutscher Außen- und Sicherheitspolitik die Maßnahmen der Diplomatie, der Wirtschafts-, Finanz- und Entwicklungshilfe, der politisch-administrativen Zusammenarbeit und der humanitären Hilfe mit ihren Mitteln zu unterstützen vermag.

Sicherheitspolitischer Rahmen

Entsprechend ausdifferenziert gestalten sich auch die Ausführungen zum „Sicherheitspolitischen Rahmen", der die nationale Sicherheitsvorsorge durch zivile und militärische sowie staatliche und nicht-staatliche Organisationen im multinationalen Verbund gewährleistet sieht. Hier bildet die Sicherheitsarchitektur von NATO, EU, Vereinten Nationen (VN) und der Organisation für Sicherheit und Zusammenarbeit in Europa (OSZE) den Rahmen. Inwieweit dieser im Sinne einer Sicherheitsgewährleistung tatsächlich greift, wird allerdings nicht näher diskutiert, stattdessen auf den Grundsatz verwiesen, nach dem Kräfte und Mittel der Bundeswehr, die für die NATO, die EU oder die VN angezeigt werden, aus einem einheitlichen Kräftedispositiv verfügbar zu machen sind. Hier ist Deutschland zwar durch den ständigen Beitrag zu integrierten multinationalen Strukturen und seine Beteiligungen an bi- und multinationalen Kommandobehörden, Dienststellen und Verbänden fest in die NATO und die EU eingebunden, doch wird man der damit erreichten „Gemeinsamkeit" einige Fragezeichen entgegen setzen müssen. Unstrittig dürfte sein, dass gemeinsame Einsätze, Übungen und Ausbildungen sowie einsatzgleiche Verpflichtungen, etwa im Rahmen der angesprochenen *NATO Response Force* (NRF) und der *EU Battle Groups* (EU BG) die von vielen gewollte Integration verstärken, doch stellen sich hier diverse Fragen zur Einsetzbarkeit entsprechender Einrichtungen und ihrer Wirkungen. In den Fallstudien zur Situation zweier wichtiger europäischer Partner, dem Vereinigten Königreich und Frankreich, wird auf diese Fragen zurückzukommen sein.

Gesellschaftspolitischer Rahmen

Schließlich gilt es auch den „gesellschaftspolitischen Rahmen"[29] zu berücksichtigen, wobei die KdB betont, dass die Bundeswehr im In- und Ausland hohes Ansehen und durchaus auch Vertrauen genieße, ohne dass dies freilich im Konfliktfall näher überprüft werden konnte. Aus der Sicht der Bundeswehr selbst werden ihre Leistungen anerkannt, zumal die Bevölkerung mit ihr zentrale Tugenden und Werte wie Hilfsbereitschaft, Zuverlässigkeit, Verantwortung, Tapferkeit, Respekt und das Dienen verbände. Auch gelte die feste gesellschaftliche Verantwortung der Bundeswehr als Voraussetzung für ihre Leistungsfähigkeit und damit als Grundlage des Leitbildes des „Staatsbürgers in Uniform".

Aufgrund der sich mehrenden Auslandseinsätze der Bundeswehr entsteht hier allerdings ein Distanz- und Wahrnehmungsproblem, das in den angesprochenen Umfragen zum Ausdruck kommt. Sie reflektieren die begrenzten Möglichkeiten, die vielfältigen Erfahrungen von Bundeswehrangehörigen in die Gesellschaft zu tragen. Zudem dürfte mit der Aussetzung der Wehrpflicht die Wahrnehmung der Bundeswehr im Alltag der Menschen deutlich abnehmen, eine Tendenz, die sich durch die Reduzierung des Personalumfangs und die notwendige Schließung von Standorten noch verstärken wird. Eine verbesserte Vermittlung sicherheits- und verteidigungspolitischer Zusammenhänge und Handlungen in die Öffentlichkeit hinein erweist sich deshalb als dringlich. Es dürfte im Eigeninteresse der Bundeswehr liegen, eine breite sicherheitspolitische Diskussion, also auch in die Gesellschaft hinein, zu fördern und über die Besonderheiten (und Risiken) des soldatischen Dienstes zu informieren. Dazu gehören vor al-

---

29 Ebd., 11.

75

lem auch die bewaffneten Einsätze mit ihren spezifischen Belastungen sowie eine Würdigung derer, die sie zu tragen haben.

Demographische Entwicklung und „Attraktivitätsagenda"

Zudem gilt es, den absehbaren Bevölkerungsrückgang in Deutschland zu berücksichtigen, der bekanntlich dazu führt, dass der Anteil junger Erwerbstätiger an der Bevölkerung weiter absinkt. Damit wird die Bundeswehr künftig einem noch stärkeren Wettbewerb um geeignetes und qualifiziertes Personal ausgesetzt sein. Die veränderte Bedrohungslage erlaubt im Rahmen der Neuausrichtung zwar eine Reduzierung der Umfänge, fordert gleichzeitig aber auch eine stärkere Technologisierung und einen hohen, vermutlich noch wachsenden Bedarf an Spezialisten, der es wahrscheinlich macht, dass die Gewinnung von qualifiziertem Nachwuchs zu einer strategischen Herausforderung wird. Nicht zuletzt deshalb sucht sich die Bundeswehr inzwischen als attraktiver Arbeitgeber darzustellen, die aktuelle „Attraktivitätsagenda" (*vulgo:* Werbekampagne) dient diesem Ziel.

Finanzielle Konsequenzen

Erstaunlich blass bleibt im Rahmen der KdB die Reflektion des finanziellen Rahmens: „Die Bundeswehr steht wie alle anderen staatlichen Organe in der Verpflichtung, verantwortungsbewusst und sparsam mit öffentlichen Mitteln umzugehen. Eine zu hohe Staatsverschuldung kann mit einem Verlust politischer Gestaltungs- und letztlich sicherheitspolitischer Handlungsfähigkeit eines Staates einhergehen. Die Entwicklung des Bundeshaushaltes ist deshalb sicherheitspolitisch relevant, die Schuldenbremse als finanzielle Rahmenvorgabe verbindlich."[30]

Während andere öffentliche Akteure die inzwischen grundgesetzlich verankerte Schuldenbremse kritisch sehen und eine neuere Diskussion um sie eröffnen, sieht sich die KdB hier als eher „staatstragend" und argumentiert entsprechend defensiv. Danach verfolgt die Neuausrichtung das Ziel, eine dauerhaft tragfähige Finanzierung der Bundeswehr sicherzustellen,

---

30 Ebd., 12.

eine Entscheidung, die die zielorientierte Steuerung, integrierte Planung und durchgängige Prozessorientierung des Modernisierungsansatzes wesentlich beeinflusst. Die planerische Herausforderung wird darin gesehen, die Einsatzfähigkeit und die Einsätze selbst sicherzustellen, die Neuausrichtung der Bundeswehr und ihrer Zukunftsentwicklung „finanziell abzusichern", das mit der Nationalen Zielvorgabe ausgewiesene priorisierte Befähigungsprofil zu gestalten und zu verwirklichen sowie gleichzeitig qualifiziertes Personal zu gewinnen und zu halten. Dass sich dies schon bei Erscheinen der KdB als eine gewisse „Quadratur des Kreises" herausstellte, sei angemerkt; angesichts der erneut veränderten Lagesituation ist eher zu erwarten, dass die neu ins Amt getretene Bundesverteidigungsministerin auf eine beträchtliche Erhöhung des Bundeswehretats wird drängen müssen.

Allgemeine Aufgabenkennzeichnung

In dem Kapitel zu „Auftrag und Aufgaben der Bundeswehr" kommt es dann neben den aus den VPR bekannten Kennzeichnungen zu den breit akzeptierten, gleichwohl aber auf Umsetzungsprobleme verweisenden Aufgaben der Bundeswehr – von der Landes- und Bündnisverteidigung im Rahmen der Nordatlantischen Allianz über die internationale Konfliktverhütung und Krisenbewältigung, einschließlich des Kampfes gegen den internationalen Terrorismus bis hin zum angesprochenen Heimatschutz. Zwar ist dieser Aufgabenkatalog kaum bundeswehrintern oder (partei-)politisch strittig, doch ist dieser Konsens wohl nur aufgrund einer fehlenden nachfolgenden Gewichtung möglich. Zudem fehlen die operativen Voraussetzungen für effektive „gemeinsame" Sicherheits- und Verteidigungspolitiken, eine angesichts der faktischen Außenbedrohungen durchaus bedrückende Erkenntnis.

Weitgehend ungeklärte Führungsverantwortung

Und auch mit Blick auf die Nationale Zielvorgabe wird deutlich, dass der Leistungskatalog die bisherigen Fähigkeiten der Bundeswehr um Einiges übersteigt. Zwar wird eingeräumt, dass die Übernahme von Führungsverantwortung als „Rahmennation" und die Bereitstellung benötigter Fähigkeiten für das gesamte Aufgabenspektrum, in die Beiträge anderer Nationen dann flexibel und synergetisch integriert werden können, erst noch si- cherzustellen sind, doch verbinden sich gerade damit Fragen an das Neu- ausrichtungskonzept. Die Autoren der KdB haben dies wohl auch erkannt, zumal der nachfolgende Zielausweis durch einen deutlichen Realitäts- schub geprägt ist. So gelten als Ziele eben die Bereitstellung eines streit- kräftegemeinsamen Kräftedispositivs, geht es mit Blick auf die Bemühun- gen in NATO und EU vor allem um „schnelle" Reaktionen (für die wiede- rum die benannten 10.000 Soldaten und Soldatinnen durchhaltefähig vor- zuhalten sind) und verweist man mit Blick auf den Heimatschutz auf den notwendigen Rückgriff auf Reservisten und Reservistinnen.

Aus dem Auftrag und den Aufgaben der Bundeswehr und der nationa- len Zielvorgabe leiten sich schließlich die erforderlichen Fähigkeiten ab. Eine Priorisierung ergibt sich hier aus der Bewertung nationaler Interes- sen, der Wahrscheinlichkeit, mit der Risiken und Bedrohungen einen mili- tärischen Beitrag erforderlich machen, aus dem Zeitbedarf zur Bereitstel- lung der Fähigkeiten sowie aus der Berücksichtigung von Vorgaben und Prioritäten der multinationalen Fähigkeitsentwicklung innerhalb der Bünd- nisse; die Finanzierbarkeit wird auch hier zu einem nicht näher diskutier- ten *addendum.*

Ausfüllung der Bundeswehrgemeinsamkeit

Operativer werden die Ausführungen mit Blick auf die „bundeswehrge- meinsamen Prinzipien", wobei zwischen Einsatzorientierung, langfristiger Sicherheitsvorsorge, Multinationalität, dem Selbstverständnis sowie der Steuerung nach Wirkung und Wirtschaftlichkeit unterschieden wird. Aller- dings stellen sich zu den entsprechenden Ausführungen, gerade unter Be- rücksichtigung der aktuellen Situation, eine Reihe von Nachfragen. So ist die Einsatzorientierung erkennbar nur in Teilen gegeben und leidet die Ge- währleistung langfristiger Sicherheitsvorsorge unter der Ausdifferenzie- rung und damit wachsenden Komplexität der Gefährdungen und Anforde- rungen. Zudem steht die Multinationalität unter dem Vorbehalt eines be- lastbaren Willens zur Gemeinsamkeit, bedarf es für ein vernetztes Denken und Handeln beträchtlicher weiterer auch politischer Impulse, ist das Selbstverständnis und die Organisationskultur der Bundeswehr durchaus noch „im Fluss" und bleibt die Steuerung „nach Wirkung und Wirtschaft- lichkeit" von der Akzeptanz eines erweiterten *controlling,* der Bereitschaft zu integrierter Planung und einer durchgehenden Prozessorientierung abhängig. Auch haben die von der Öffentlichkeit zwischenzeitlich als „skandalös" wahrgenommenen Probleme im Beschaffungswesen und im Rüstungsbereich (vgl. unter Kapitel III) deutlich gemacht, dass weitere organisationspolitische Entscheidungen anstehen und die Zusammenarbeit der Bundeswehr mit der Rüstungsindustrie einer grundsätzlichen und handlungsorientierten Diskussion zuzuführen ist.

Konfliktformen und Leistungsprofil

Die Ausführungen zum „Leistungs- und Fähigkeitsprofil" der Bundeswehr (ebd., S. 32 ff.) bergen interessante und in Teilbereichen neue, vielleicht sogar innovative Erkenntnisse. Dies gilt auch und gerade für „erwartete Konfliktformen". Hier finden sich Ausführungen wie die, dass Gegner „nach ihren Möglichkeiten gegen Politik, Wirtschaft, Gesellschaft und Militär" wirken. Sie seien oftmals bestrebt, militärische Stärken zu umgehen und gleichzeitig eine Vielfalt symmetrischen und asymmetrischen Vorgehens, letaler und nichtletaler Waffenwirkungen sowie wirtschaftlicher, technischer und politischer Maßnahmen zu nutzen. Dabei seien symmetrische Konflikte oftmals von asymmetrischen Auseinandersetzungen überlagert. Angesichts vorhandener Potentiale und laufender Rüstung blieben konventionelle Gefechte hoher Intensität zwischen regulären Streitkräften gleichwohl im Grundsatz möglich, wären militärische Operationen konventionellen Charakters (etwa von Staaten zur Durchsetzung ihrer nationalen Interessen) keinesfalls auszuschließen. Auch könnten konventionelle Schwächen den falschen Anreiz bieten, neue symmetrische Bedrohungspotentiale aufzubauen, um damit politische Ziele zu verfolgen.

Asymmetrisch handelnde Akteure versuchten demgegenüber den konventionellen Kampf zu vermeiden. Sie nutzten „Nischen" und demokratisch-zivilisatorische Selbstbeschränkungen, um ihre konventionelle Unterlegenheit zu unterlaufen und sich Vorteile zu verschaffen. Sie setzten dabei auf psychologische Wirkung, die Einschüchterung der Bevölkerung und die Erschütterung des staatlichen Gemeinwesens durch Anschläge auf oder Angriffe gegen Sicherheitskräfte, unterstützende internationale Hilfen, Ziele mit Symbolcharakter, politische Eliten oder auch die gesellschaftliche und wirtschaftliche Infrastruktur. Dabei nutzten sie neue Technologien, moderne Kommunikationsmittel und Medien und nehmen unter Missachtung des humanitären Völkerrechts und der Menschenrechte nicht selten eine hohe Zahl von Opfern in Kauf. Ihr Ziel ist es meist, zu demoralisieren und zu Gegenreaktionen zu verleiten, mit denen das Handeln und die Legitimität von Einsatzkräften in der Bevölkerung eines Einsatzgebietes und in der Heimat in Frage gestellt werden können.

So kommt man dann auch zu der Erkenntnis, dass vor allem asymmetrisch geführte Konflikte mit militärischen Mitteln allein kaum zu lösen sind. Sie sollten vielmehr ganzheitlich betrachtet werden und sind nur im Rahmen eines abgestimmten ressortübergreifenden Ansatzes erfolgreich zu bewältigen.

Hybride Konflikte und innere wie äußere Sicherheit

Gleichwohl bleibt zu erwarten, dass die Wechselwirkungen von innerer und äußerer Sicherheit weiter zunehmen werden. Mit direkten Angriffen und der Instrumentalisierung ethnischer und religiöser Minderheiten können Gegner versuchen, ihren bewaffneten Kampf in die euroatlantischen Staaten hinein zu tragen. Operationen eigener Kräfte im Ausland wiederum könnten Gegner zu Angriffen im Inland bewegen, um damit den politischen Preis des Einsatzes zu erhöhen und den Rückhalt in der eigenen Bevölkerung zu untergraben. Zugleich seien terroristische Angriffe auf Kräfte und Einrichtungen auch im Einsatz möglich.

Als vorherrschende Konfliktformen werden deshalb sogenannte hybride Konflikte mit sowohl staatlichen als auch nicht-staatlichen Konfliktparteien und Gegnern erwartet, die symmetrische wie asymmetrische Mittel einsetzen. Künftig dürfte der Schwerpunkt deshalb auf Operationen niedriger bis mittlerer Intensität außerhalb des Bündnisgebiets unter asymmetrischer Bedrohung liegen. Dabei seien freilich zeitlich und örtlich begrenzte Gefechte hoher Intensität keinesfalls auszuschließen. Aufgrund solcher Unvorhersehbarkeiten muss es Stärke der Streitkräfte bleiben, auf unerwartete Herausforderungen schnell, zielgerichtet und wirkungsvoll reagieren zu können, was Flexibilität und schnelles Anpassungsvermögen voraussetze. Nicht diskutiert bleibt freilich, dass angesichts der wachsenden Ubiquität von Bedrohungen territoriale wie materielle Konzentrationsprozesse unausweichlich werden dürften.

Hinsichtlich der „Vorgaben zu Gestaltungsbereichen"[31] wird schließlich überzeugend zwischen Organisation, Personal, Ausbildung der Streitkräf-

---

31 Ebd., 51ff.

te, Material und Ausrüstung sowie Infrastruktur, Dienstleistungen und gesetzlichen Schutzaufgaben unterschieden. Allerdings bietet die KdB hierzu wenig mehr als das bereits in den voranstehenden Kapiteln Dargestellte. Gleichzeitig werden der Umfang der zu bewältigenden Aufgaben und die Komplexität des Modernisierungsanspruchs deutlich. Zurecht wird daher abschließend über „Vorgaben zur Umsetzung" im Zuge der Planung verhandelt, innerhalb derer man freilich der nicht nur für die Bundeswehr geltenden Vorgabe operativer Deutlichkeit bei gleichzeitig notwendiger Flexibilität und Ressourcenknappheit gerecht zu werden hat. „Es gilt die Neuausrichtung in allen Bereichen umzusetzen und dabei das derzeitige Leistungsspektrum so anzupassen, dass die Bundeswehr die Erfüllung ihrer Aufgaben gewährleistet und planerisch Flexibilität gewinnt und erhält. Die qualitative Steigerung des Leistungsspektrums der Bundeswehr ist unter dem Gestaltungsparameter der „Breite vor Tiefe" schrittweise zu gestalten. Der Zuwachs an Qualität und Quantität wird langfristig anzustreben sein."[32]

Im Ergebnis sieht sich die Bundeswehr im Sinne einer langfristigen Sicherheitsvorsorge eben als „lernende Organisation", die sich in allen Bereichen permanent weiterzuentwickeln hat. Den Rahmen dafür sollte die Konzeption der Bundeswehr liefern. Die künftige Entwicklung zeichnet die dafür einzuschlagende Richtung vor, die Mittelfrist- und Ressourcenplanungen sollten den konkreten Weg beschreiben.

In der Bewertung wird man konstatieren müssen, dass die Konzeption der Bundeswehr ein zwar anzuerkennendes Bemühen darstellt, dem übergreifenden Modernisierungsansatz der Neuausrichtung einen Rahmen zu geben, doch werden dem die Ausführungen nur in Teilen gerecht. So kam es zwischenzeitlich auch zu keiner nennenswerten öffentlichen Diskussion der KdB und wurde im Zuge der sehr kritischen Auseinandersetzung um den Zustand der Bundeswehr einer ihrer Schlüsselgedanken, die Verfolgung des Grundsatzes „Breite vor Tiefe", deutlich in Zweifel gezogen. In dem diese Untersuchung abschließenden Kapitel wird darauf zurückzukommen sein.

---

32 Ebd., 60.

9. Korrektiv und Verstetigung: Evaluation als „Taktgeber", Deregulierung als Daueraufgabe

Wichtige Ergänzungen der Neuausrichtung

Jenseits der einzelnen meist organisationspolitisch ausgerichteten Elemente der Neuausrichtung wurden schließlich weitere Maßnahmen eingeleitet, die sich zum einen auf eine konsequente Evaluierung des laufenden Modernisierungsprozesses, zum anderen auf eine Überprüfung des Regelungsbestandes richten. Beide Verfahren sind auf Dauer angelegt, suchen den Modernisierungsprozess mithin zu verstetigen. Während die Evaluation dabei als „Taktgeber" gedacht ist, als kontinuierliches, Veränderungen einforderndes Korrektiv der laufenden Arbeiten, bilden die Deregulierungs- und Entbürokratisierungsbemühungen eine wichtige Querschnittsaufgabe, die eine (wenn auch begrenzte) ressortübergreifende Diskussion (und Anschlussfähigkeit) nahe legt. Beide Vorgehensweisen bieten sich sowohl aus der binnenstaatlichen wie der internationalen Perspektive an und stehen im Kontext der fachöffentlich für komplexere öffentliche Organisationen geforderten ergebnisorientierten Berichterstattung und Transparenz.

Evaluierungsauftrag

Die mit Einsetzungserlass vom 21.8.2013 ins Leben gerufene *Evaluierung* basiert auf einer entsprechenden Passage im Koalitionsvertrag, die darauf zielte, eine Ableitung pragmatischer Handlungsempfehlungen zur Feinjustierung von Prozessen und Strukturen im BMVg und auf der ersten nachgeordneten Ebene sicherzustellen. Zur Überprüfung ausgewählter Entscheidungen und der daraus resultierenden Handlungen wurde die Evaluierung als Teil eines verantwortungsvollen Führungsvorganges auf unterschiedlichen Ebenen begriffen und erbrachte zwischenzeitlich durchaus erste Ergebnisse(etwa mit Blick auf die Reorganisation des Leitungsbereichs, rüstungspolitische Schwerpunktsetzungen in der Abteilung AIN, Entscheidungen zur Einrichtung einer Sicherheitspolitischen Informationszentrale, die Aufstellung des Luftfahrtamtes der Bundeswehr sowie Anpassungen des Stationierungskonzeptes).

Auf der Grundlage eines partizipativ angelegten Vorgehens untersuchten Vertreter aller Abteilungen des BMVg sowie der Organisationselemen-

te der ersten nachgeordneten Ebene in einer „Arbeitsgruppe Evaluierung"
die gegebenen strukturellen und verfahrensbezogenen Entwicklungen auf
beiden Ebenen. Dabei weist der erste Evaluationsbericht (Entwurf vom
14. Oktober 2014) darauf hin, dass die Arbeitsgruppe bereits im Verlauf
ihrer Arbeiten eine Reihe von Problemstellungen lösen konnte. Darüber
hinaus kam es zum Ausweis diverser Handlungsempfehlungen. Die Nach-
haltung und Berichterstattung zum Stand der Umsetzung der Empfehlungen erfolgt durch den Stab Org/Rev als zentrale Stelle.

Absehbare Entwicklung

Die kontinuierliche Weiterentwicklung der einzelnen Verantwortungsbereiche auf dem Weg einer Evaluierung dient auch dem Ziel der „lernenden
Organisation" Bundeswehr und stellt einen integralen Bestandteil des neu-
en organisatorischen Ansatzes dar. Zudem hat sich nach Auffassung der
bislang Beteiligten das partizipative Vorgehensmodell bewährt, während
dessen weitere Akzeptanz von der Art der Umsetzung der Arbeitsergeb-
nisse abhängig sein wird. Die im Verlauf des Evaluationsprozesses gewonnenen Erkenntnisse sollen zudem in ein Kompendium einfließen, das im
Sinne einer kontinuierlichen Organisationsentwicklung für künftige Eva-
luierungen in den jeweiligen Verantwortungsbereichen herangezogen werden kann. Als zusätzlichen Mehrwert des Evaluierungsprozesses benennt
der Bericht die Stärkung der Arbeitsbeziehungen und des gemeinsamen
Verständnisses, die Schaffung von zusätzlicher Handlungssicherheit sowie
die erzielte nachhaltige Transparenz hinsichtlich der neu geschaffenen
Strukturen. Dieser Wirkungszusammenhang sollte auch künftig zur Stärkung des Informationsaustauschs im BMVg sowie zwischen der Leitung
des Hauses und der ersten nachgeordneten Ebene beitragen.

Die Umsetzung der Handlungsempfehlungen, für die in der Arbeitsgruppe Alternativen entwickelt wurden, erfolgt in der Verantwortung der
beamteten Staatssekretäre sowie des Generalinspekteurs entlang von Be-
auftragungen. Die übrigen Empfehlungen werden von den Abteilungsleitern des Hauses auf der Grundlage der Ergebnisse der AG bis Ende 2015
aufgenommen und umgesetzt.

Weiterentwicklung des Konzepts

Im Ergebnis wird man feststellen können, dass die ersten Arbeiten im Rahmen der damit grundgelegten Evaluierung der Neuausrichtung nach dem noch nicht freigegebenen Bericht vom 14. Oktober 2014 durchaus ihre Funktion erfüllen und eine auch längerfristige Wirkung entfalten könnten. So kam es in zahlreichen Bereichen zu einvernehmlichen Handlungsempfehlungen, die sich für das weitere Umsetzen der Reform als ebenso bedeutsam erweisen dürften wie jene Handlungsfelder, in denen zwar noch keine einvernehmlichen, zumindest aber alternative Sichtweisen herausgearbeitet werden konnten. Nach Ansicht der Beteiligten trug vor allem die gemeinsame und Ebenenübergreifende Befassung zum gegenseitigen Verständnis und Problembewusstsein bei. Nicht eindeutige Aufgabenzuordnungen und Verantwortlichkeiten konnten in zahlreichen Fällen geklärt werden.

Damit geht die Evaluation über eine einmalige, nur punktuelle Befassung mit Struktur- und Prozessproblemen hinaus, bleiben die Ziele der Evaluierung dauerhafter gültig: Prozesse zu präzisieren, Schnittstellen zu klären, Verantwortungsbereiche zu schärfen und Zusammenarbeit zu regeln sowie pragmatische Handlungsempfehlungen zur Feinjustierung der Reform zu erarbeiten. Die damit verbundene Stärkung der Arbeitsbeziehungen hilft, die strukturell bedeutsamen Empfehlungen der Neuausrichtung auf diesem Weg nicht nur vertretbar, sondern auch akzeptabler zu machen. Dies auch deshalb, weil die formulierten Empfehlungen so ausgestaltet sind, dass ihre Umsetzung nur im Rahmen der verfügbaren Ressourcen und innerhalb der Grenzen der gebilligten Zielstruktur erfolgen kann. Eventuell gegebener haushalterischer Mehrbedarf wäre in die hierfür vorgesehenen Verfahren einzubringen.

Methodische Herausforderungen und Handlungsempfehlungen

Die bislang ausgewählten Themen und nachfolgenden Untersuchungsergebnisse[33] weisen auf die Unterschiedlichkeit und Komplexität der Evaluierungsthemen hin, die wiederum im Detaillierungsgrad und der Reichweite ihrer Lösungsansätze differieren. Dem Ziel der kontinuierlichen Or-

---

33 Evaluationsbericht (Entwurf), a.a.O., 8.

ganisationsentwicklung folgend, wurden bereits während des Evaluierungsprozesses gelöste Probleme sowohl innerhalb des BMVg als auch
zwischen diesem und dem nachgeordneten Bereich in Weisungs- oder Er-
lassform umgesetzt. Hierzu zählen die Gestaltung von Informationsbezie-
hungen zwischen den handelnden Akteuren ebenso wie etwa Verfahren
zur Regeneration von krankenhaus- und institutsspezifischem Material.

Auch die Handlungsempfehlungen zum „Übergang vom Verfahren Ein-
satzbedingter Sofortbedarf zum Verfahrensanteil Sofortinitiative für den
Einsatz" bedürfen aus Sicht der Beteiligten einer raschen und vollständigen Umsetzung, da es im Zuge der Einnahme der neuen Strukturen und
unter Anwendung geänderter Verfahren erkennbar gelänge, Einsätze der
Bundeswehr in der erforderlichen Qualität durchzuführen. Zudem wurden
im bisherigen Verlauf des Evaluationsprozesses bereits erhebliche Anpassungen der vertikalen Aufgabenabgrenzung erreicht und auf strategischer
Ebene, nicht zuletzt zur Schärfung der Beteiligungsformen, eine Neufassung des zentralen Planungserlasses empfohlen. Hier geht es u.a. um die
kurzfristige Erstellung von Bereichsregelungen als Beitrag zu einer weiteren Prozessharmonisierung.

Neben einer Konkretisierung der Befugnisse und Pflichten von Bedarfsträgern und Bedarfsdeckern im Leistungsprozess „Personal bereitstellen"
– auch mit Blick auf das beabsichtigte bundeswehrgemeinsame Personalmanagement und die Attraktivitätsagenda – bestehe bei der Abgrenzung
der Aufgaben der Beschäftigungsdienststellen zu denen der personalbear-
beitenden Stellen weiterer Handlungsbedarf. Hinzu treten Handlungsempfehlungen zur weiteren Umsetzung des Leistungsprozesses „Einkauf Bw
managen" angesichts eines noch nicht ausgeplanten Dienstpostenbedarfs,
etwa bei der Frage des Übergangs von Nutzungsaufgaben auf das Bundesamt für Ausrüstung, Informationstechnik und Nutzung der Bundeswehr,
BAAINBw (präzise Aufgabenabgrenzung, Konkretisierung der Zusam-
menarbeitsformen, Personalsituation).

BMVg-interne Empfehlungen

Auch bei der Betrachtung der BMVg-Strukturen und der Art und Weise
der ministeriellen Aufgabenwahrnehmung findet sich nach den ersten Erkenntnissen im Evaluationsprozess weiterer Untersuchungs- und Handlungsbedarf. Hier erschweren unterschiedliche Ansätze zur Aufgabenwahrnehmung und Ausgestaltung sowie zur Prüfung der Organisation und

zur Abgrenzung der ersten nachgeordneten Ebene seitens der fachlich jeweils zuständigen ministeriellen Abteilungen die Formulierung konsensfähiger Handlungsempfehlungen, ergänzt um Fragen zu Art, Inhalt und Umfang der Fachaufsicht. Die Mehrheit der ministeriellen Abteilungen spricht sich für die Beibehaltung eines überwiegend dezentralen Ansatzes aus – auch wenn die Zuordnung dezentraler Organisationsverantwortung zur ministeriellen bzw. nachgeordneten Ebene unterschiedlich definiert wird.

Schließlich wird die bestehende Weisungslage (Weisung Nr. 1 des Generalinspekteurs in der überarbeiteten Fassung sowie Leitlinien zur Neuausrichtung der Bundeswehr) in der konkreten Ausgestaltung des Verhältnisses Generalinspekteur – Abteilungsleiter Führung Streitkräfte – Inspekteur des MilOrgBer unterschiedlich interpretiert. Als Ergebnis der Evaluation lägen jetzt klare Darstellungen der unterschiedlichen Sichtweisen vor. Für die weitere erfolgreiche Umsetzung des strategischen Zielsystems sowie der Prozessorientierung auf der Basis des Zentralerlasses dürfte die erforderliche abschließende Darstellung des Sachverhalts von großer Bedeutung sein. Auffassungsunterschiede zur Verortung von Verantwortlichkeiten in zwei Management- und Unterstützungsprozessen wären in diesem Zusammenhang ebenfalls zu klären.

Die beiden letztgenannten Handlungsfelder verweisen beispielhaft und auf durchaus illustrative Weise auf den sich auch bei anderen Evaluierungsthemen stellenden Untersuchungs- und gegebenenfalls nachfolgenden Handlungsbedarf.

Deregulierungsprojekt

Ähnlich ermutigende, mithin verfolgenswerte Ergebnisse finden sich in dem zweiten hier kurz zu kennzeichnenden und zu verstetigenden Arbeitsfeld: der *Deregulierung und Entbürokratisierung* als weiterem etwaige organisationspolitische Nachbesserungen begründenden und auf Dauer gestellten Ansatz.

Wie einem jüngeren Sachstandsbericht[34] des BMVg zu entnehmen ist, unterliegen – wenig überraschend – natürlich auch die Arbeitsabläufe im Rahmen der Bundeswehr einem umfassenden Vorschriften- und Regel-

---

34 Sachstandsbericht Deregulierung für den Zeitraum September 2012 bis März 2014, gebilligt durch die Bundesministerin der Verteidigung am 22. Mai 2014.

werk. Dies ist zunächst unabweisbar, weil damit der Nachvollzug und die Umsetzung von Entscheidungen gewährleistet sind und die willkürliche Bevorzugung oder die Benachteiligung Einzelner verhindert sowie ein geordneter Dienstbetrieb sichergestellt wird. Allerdings ist Bürokratie überall dort zu befragen, wo sie keinen Beitrag zur Ergebnisverbesserung leistet, was auch dann gilt, wenn eine überzogene Orientierung an Vorschriften die genannten Vorteile umkehrt und die Angehörigen des Geschäftsbereichs des BMVg daran hindert, sich auf Führungs- und Kernaufgaben, vor allem im Einsatz, zu konzentrieren. Mit solchen Aussagen bezieht man sich u.a. auf die bereits angesprochene Untersuchung des Sozialwissenschaftlichen Instituts des Bundeswehr im Jahr 2012; danach bezeichneten 91 Prozent der befragten Bundeswehrangehörigen den Abbau von Bürokratie als ein Ziel, das künftig deutlich stärker verfolgt werden sollte.

Ansatz und Ziele des Arbeitsprogramms

Vor diesem Hintergrund wurde am 7. September 2012 im Rahmen der Neuausrichtung ein Arbeitsprogramm „Deregulierung" erlassen, um die Regelungsqualität zu verbessern, die Regelungsdichte zu verringern, die Bundeswehr von unnötiger, das System hemmender Bürokratie zu befreien und auf allen Ebenen mehr Gestaltungsfreiraum zu gewähren. Ziel ist die „spürbare Entlastung der Einsatzkontingente der Bundeswehr".[35] Zu diesem Zweck wurden zwei Projekte mit verwandten Zielsetzungen zusammengefasst und weiterentwickelt: das Projekt zur Modernisierung des Dienstvorschriftenwesens der Bundeswehr sowie das Projekt „Entbürokratisierung nach Innen".

Auch das Arbeitsprogramm „Deregulierung" verfolgt wiederum zwei Ansätze: Zum einen geht es um die Bereinigung der Regelungslandschaft der Bundeswehr durch Bürokratieabbau, zum anderen wird ein Ansatz zur Vermeidung unnötiger und unnötig komplexer Regelungen verfolgt. So verbindet man in Einklang mit der Fachöffentlichkeit eine *ex post*- mit einer *ex ante*-Ausrichtung von Deregulierungsmaßnahmen. Über den *ex post*-Ansatz (Bürokratieabbau) sucht man die Regelungslandschaft durch quantitative Reduzierung und qualitative Verbesserung zu bereinigen, wobei es zunächst um die Identifikation von Regelungen geht, die überflüssi-

---

35 a.a.O., 3.

ge bürokratische Hemmnisse erzeugen. Darüber hinaus ist zu überprüfen, ob die jeweilige Regelung in der Bundeswehr grundsätzlich noch benötigt wird (Zweckkritik, Effektivitätsprüfung) und, wenn ja, ob und wie diese vereinfach werden kann (Aufgabenkritik, Effizienzprüfung).

Der *ex ante*-Ansatz (Prävention) konzentriert sich dagegen auf die Entwicklung und Umsetzung von Maßnahmen und Verfahren, die geeignet sein können, neue überflüssige Regelungen zu vermeiden, bevor diese in der Bundeswehr wirksam werden. Hierzu wird die Notwendigkeit neuer Regelungen überprüft. Dabei werden zu erwartende Bürokratiebelastungen und potentielle Wechselwirkungen transparent gemacht, um dem Ziel weniger und besserer Regelungen zu entsprechen.

Die ersten Bestandsaufnahmen der Regelungslandschaft im Geschäftsbereich des BMVg haben nach diesem Bericht eine unüberschaubare Regelungsdichte, Komplexität und Intransparenz von Regelungen zu Tage gefördert. Diese „Regelungsflut" habe zu Handlungs- und Rechtsunsicherheit geführt, die Streitkräfte und die Verwaltung gelähmt und ist als ein „Hindernis" bei der Umsetzung der Neuausrichtung zu sehen. Dies war der Grund, weshalb der seinerzeit amtierende Bundesminister am 16. Mai 2013 die Einführung eines Aktiven Regelungsmanagements in Abkehr von der bislang praktizierten passiven Vorschriftenverwaltung billigte und dabei das Arbeitsprogramm „Deregulierung" durch einen Zehn-Punkte-Plan konkretisierte und erweiterte. Die nachfolgende Abbildung (Abb. 12) weist zehn Schwerpunkte aus und verortet sie auf einer Zeitachse, wobei zahlreiche Erkenntnisse aus der bislang geleisteten Projektarbeit sowie Erfahrungen aus anderen Ressorts, aber auch aus ausländischen Streitkräften und Wirtschaftsunternehmen einflossen. Der Plan bildet mit seinen Einzelmaßnahmen die Grundlage für den Aufbau des Aktiven Regelungsmanagements.

Nach dem gegenwärtigen Stand setzt sich dieser Ansatz aus den zehn angesprochenen Maßnahmen bzw. Maßnahmenbündeln zusammen: von der Definition des Betrachtungsgegenstands über den Aufbau einer Regelungssystematik und die Einrichtung zentraler und dezentraler Elemente bis hin zum Abbau, zur Anpassung und zur Überführung von Regelungen und den Entwurf eines bedarfsorientierte Veränderungsmanagements. Zur Umsetzung des ambitionierten Vorhabens setzte der Bundesminister die Zentrale Dienstvorschrift „Regelungsmanagement" (A-550/1) mit Wirkung vom 1. Oktober 2013 vorläufig in Kraft; sie richtete sich vor allem auf die Maßnahmen eins bis vier des Zehn-Punkte-Plans. Im Februar 2014 folgte nach Abschluss der Beteiligung der Interessenvertretungen die In-kraftsetzung des Gesamtkonzeptes durch die jetzt amtierende Ministerin.

Abbildung 12: Schwerpunkte im Arbeitsprogramm „Deregulierung"

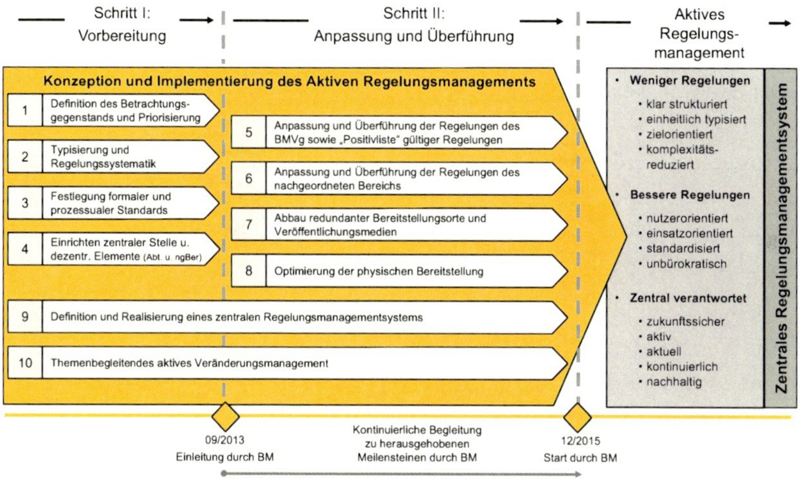

Um angesichts der Komplexität der Aufgabe nicht „unterzugehen", be-mühte man sich im Rahmen der ersten Maßnahme zunächst um eine Kon-kretisierung des Untersuchungsgegenstandes. Zudem wurde die Bearbei-tung durch die Konzentration auf „wesentliche Treiber unnötiger Bürokra-tie" priorisiert, wobei zunächst Dokumente

– des BMVg und der Dienststellen der dem BMVg nachgeordneten ers-ten und zweiten Ebene,
– die für einen längeren Zeitraum (ein Jahr und länger) gelten und
– abstrakt-generelle sowie
– verbindliche Vorgaben
– für mindestens eine weitere Dienststelle und deren Angehörige enthal-ten,

Gegenstand des aktiven Regelungsmanagements wurden. Ausgenommen blieben zunächst konzeptionelle Dokumente, nationale Ergänzungsdoku-mente zu Einsatzverfahren der NATO (*allied joint publications*) sowie technische Regelungen, da entweder die Anzahl oder der Inhalt der Doku-mente auf eine geringe Bürokratiehaltigkeit hinwiesen.

Zur Typisierung und Regelungssystematik trat schließlich die Aufgabe, Regelungsstandards zu definieren, also „definierte methodische, formale und prozessuale Standards für die Erstellung, Herausgabe, Änderung, regelmäßige Überprüfung und Außerkraftsetzung von Regelungen vorzusehen"[36].

Regelungsstandards

Im Ergebnis werden klare, einheitliche und verbindliche Regelungsstandards erwartet, die den herausgebenden Stellen sowie den Adressaten den Umgang mit den Regelungen erleichtern sollten. Zu diesen „neuen Regelungsstandards" gehören

- methodische Standards, die auf den Inhalt einer Regelung abzielen und die Verständlichkeit, Lesbarkeit und Zielorientierung verbessern sowie unnötige und unnötig komplexe Bürokratie begrenzen;
- formale Standards, die auf die Gestaltung und Gliederung einer Regelung abzielen und Vorgaben zu Umfang, Ordnungssystem und Dokumenten- wie Formatvorlagen enthalten;
- sowie Verfahrensstandards, die auf Prozesse, Zuständigkeiten und Befugnisse abzielen sowie Grundsätze für den gesamten Lebenszyklus einer Regelung festlegen.

Hinzu trat eine zu überprüfende starke Zersplitterung der Zuständigkeiten für die Regelungslandschaft, zumal sich damit unterschiedliche Vorgaben im Umgang mit Regelungen sowie eigene Regelungskulturen in den jeweiligen Organisationsbereichen verbanden. Ziel des Aktiven Regelungsmanagements ist es folglich, eine nachhaltige und zielgerichtete Steuerung zu gewährleisten.

Zur Umsetzung des Aktiven Regelungsmanagements sowie zur Koordinierung des kontinuierlichen Abbaus bereits bestehender bürokratischer Hemmnisse wurde schließlich im BMVg eine zentrale Stelle im Referat Organisation eingerichtet, die zunächst durch das fachlich zuständige Referat für das Dienstvorschriftenwesen der Bundeswehr unterstützt wurde. Die Zuständigkeit beider Referate im Bereich Regelungswesen wurde zum 1. März 2014 im Referat Organisation zusammengeführt. Ergänzend wer-

---

36 a.a.O., 8.

den dezentrale Stellen in den Abteilungen und im nachgeordneten Bereich eingerichtet. Sie sollen als Multiplikatoren und „Steuerköpfe" zur Umsetzung des neuen Regelungsmanagements dienen und die Überführung der veränderten Kontexte sowie die fachlich orientierte Umsetzung der zentralen Vorgaben sicherstellen.

Anpassung bestehender Regelungen

Um die Sinnhaftigkeit und die Handlungsfähigkeit des neuen Regelungsmanagements zu überprüfen, wurde zeitgleich mit der Billigung der Zentralen Dienstvorschrift „Regelungsmanagement" ein Prozess der Anpassung und Überführung bestehender Regelungen in Gang gesetzt. Er umfasste eine Aktualitätsprüfung (für das BMVg bis zum 31. Dezember 2013, für den nachgeordneten Bereich bis zum 31. März 2014), um die neue Regelungssystematik einzusetzen und dabei gleichzeitig ihre Funktionsfähigkeit zu überprüfen. Die Auswertung dieser Prüfung ergab eine Reihe interessanter Ergebnisse: So wurden in einer Bandbreite von einer bis zu mehreren hundert Seiten ca. 3.600 Regelungen durch die Abteilungen und Stäbe des BMVg erfasst, wovon 38 Prozent auf die Abteilung Personal, 26 Prozent auf die Abteilung IUD und 18 Prozent auf die Führung Streitkräfte entfielen. Ca. 20 Prozent der erfassten Regelungen wurden zur Außerkraftsetzung gemeldet und etwa 22 Prozent „abgeschichtet", also dem nachgeordneten Bereich zur eigenständigen Herausgabe übertragen. Damit verblieben mehr als 2.000 (politisch-strategische) Regelungen im BMVg.

Transparenzgewinn

Diese im Haus verbliebenen Regelungen wurden bis zum März 2014 formal und und redaktionell angepasst und in das neue Regelungssystem überführt, sie bilden zum 1. April 2014 die „Positivliste" der gültigen Regelungen im BMVg. Damit besteht erstmals Transparenz über die Regelungsintensität des Hauses, ein materiell freilich noch überschaubares Ergebnis.

Gleichwohl ist dem Bemühen um eine erweiterte Deregulierung im Bereich der Bundeswehrverwaltung auch fachöffentlich zuzustimmen, weil damit eine analytisch anspruchsvolle, bleibende und künftig kontinuierlich zu aktualisierende Beobachtung, gegebenenfalls auch eine Anpassung des Regelungsbestandes verbunden ist. Dies wird ergänzt durch den Abbau redundanter Bereitstellungsorte und Veröffentlichungsmedien sowie Formen einer „Optimierung der physischen Bereitstellung". Kernelement bleibt die Realisierung eines zentralen IT-unterstützten Managementsystems, mit dem den Anwendern eine zentrale, nutzerfreundliche und zukunftssichere Plattform zur Erstellung, Koordinierung und lückenlosen Bereitstellung von Regelungen zur Verfügung gestellt wird (Maßnahme 9). Vor diesem Hintergrund wurde im November 2013 ein entsprechender Initiativantrag erarbeitet und über die Abteilung Planung dem Planungsamt der Bundeswehr zur Prüfung übersandt. Hier durchlief die Initiative die Prüfschritte Zielkonformität, Notwendigkeit und Aufwandsabschätzung. Im weiteren Verlauf ist es beabsichtigt, das Zentrale Regelungsmanagement bis Ende 2015 im Rahmen der gültigen Prozesse und Verfahren zu verwirklichen.

Da die Einführung des neuen Systems für die Adressaten eine wesentliche Veränderung bei der Erstellung von und dem Umgang mit Regelungen bedeutet, wurde ein entsprechendes Veränderungsmanagement vorgesehen, das die persönliche Beauftragung der Abteilungsleitungen im BMVg und die Leitung der ersten dem BMVg nachgeordneten Ebene durch den Minister, die persönliche Beauftragung der dezentralen Stellen durch den Staatssekretär sowie regelmäßige Meldungen der Zwischenbilanzen an den Leiter des Stabes Organisation und Revision beinhaltet. Die geplanten Veränderungen werden anlassbezogen und zeitnah in den Medien der Bundeswehr veröffentlicht.

Bürokratieabbau

Schließlich sollen die Bemühungen durch den angesprochenen *Bürokratieabbau* ergänzt werden, der zunächst zur Entlastung der Einsatzkontingente der Bundeswehr einen bundesweiten Ideenwettbewerb „Deregulierung Einsatz" vorsah. Dabei wurden alle Bundeswehrangehörigen sowie Reservisten aufgefordert, auf bürokratische Hemmnisse im Auslandseinsatz sowie in der Einsatzvor- und -nachbereitung hinzuweisen und Lösungsvorschläge zur spürbaren Entlastung der Einsatzkontingente zu unterbreiten. Über die in diesem Kontext eingereichten Vorschlägen wird man streiten können: Während sich einerseits darin eine erfreuliche Beteiligung der Angesprochenen niederschlug, blieb die Zahl der konkreten

Vorschläge angesichts des in Umfragen deutlich werdenden Unbehagens in den Gliederungen der Streitkräfte mit 174 überschaubar. Gerade angesichts der Tatsache, dass die Vorschläge aus sehr unterschiedlichen Themenbereichen kamen, etwa dem Beurteilungswesen, der Materialbeschaffung, dem Kraftfahrwesen, der Munitionsbeseitigung oder auch dem Formularwesen, wird man hier auf verstärkte Anstrengungen setzen müssen. Dies wird auch darin deutlich, dass zum Zeitpunkt des vorgelegten Sachstandberichts lediglich vier der 174 vorgeschlagenen Verbesserungen umgesetzt waren, ein deutlicher Hinweis auf die überprüfungsbedürftige Reaktionsgeschwindigkeit einzelner Bundeswehrgliederungen.

Beträchtliche Reduzierung des Regelungsbestandes

Im Fazit freilich bietet sich aber ein positives Bild. Dadurch, dass sich die Leitung des BMVg nachdrücklich hinter das Aktive Regelungsmanagement stellte, konnten dessen erste Schritte erfolgreich vollzogen werden. Dies wird auch darin deutlich, dass der Regelungsbestand des BMVg bis jetzt um mehr als 40 Prozent reduziert werden konnte. Zeitgleich wurden verbleibende Regelungen formal angepasst und in die neue Systematik überführt. Der jetzt dokumentierte Zwischenschritt darf mithin als wichtige Etappe auf dem Weg zu einer transparenteren und weniger komplexen Regelungslandschaft bezeichnet werden. Zudem wird die *online*-Verfügbarkeit von Dokumenten und Arbeitshilfen die Vereinfachung von Regelungen und deren Überprüfung erleichtern. Insofern scheint sich hier etwas zu bewähren, das längerfristig wirksam sein dürfte und sich (bedarfsorientiert) strukturell verfestigen sollte. Natürlich wird man auch die bislang erkennbaren Erfolge als "überschaubar" einschätzen müssen, doch verbindet sich mit den skizzierten ersten Schritten zu einer konsequenten Deregulierung bereits jetzt die Erkenntnis, dass es solcher meist eher peripher erscheinender Bemühungen bedarf, um der Bundeswehr ein zeitgemäßes Gesicht zu geben und sie handlungsfähiger zu machen. Hilfreich wäre es zudem, wenn sich die Bemühungen um Deregulierung und Bürokratieabbau auch ressortübergreifend auswirkten, wobei – angesichts des in diesen Fragen geschäftsführenden Bundeskanzleramts – vor allem die Aktivitäten des Bundesministeriums des Innern anzusprechen wären. Hier ist zu konstatieren, dass wesentliche Regelungsbestände bis heute kaum erfasst sind und auch sogenannte „Standardüberprüfungen" bislang nicht die erhofften und erwarteten Ergebnisse erbrachten. Zwar finden sich mit

Bemühungen um eine „bessere Rechtssetzung" Ansätze, an die möglicherweise „anzudocken" wäre, doch erweisen sich die entsprechenden Aktivitäten meist als zu heterogen, um ein gesamthafteres Vorgehen gegen die erkennbaren Widerstände durchzusetzen. So kommt es nicht von Ungefähr, dass die Deregulierungsbemühungen des BMVg sich auch eher mit denen im Auswärtigen Amt vergleichen lassen, auch dies bekanntlich ein Solitär unter den Ministerien der Bundesebene.

10. Die Weiterentwicklung der sicherheitspolitischen Grundlagen

Grundlagendokumente zur Standortbestimmung

Strategische Grundlagendokumente stellen seit jeher eine wesentliche sicherheitspolitische Standortbestimmung der Bundesregierung dar. So sollte es nicht verwundern, dass mit der Umsetzung der Neuausrichtung und angesichts der sich rasch verändernden sicherheitspolitischen Ausgangssituation den zivilen wie militärischen Akteuren im BMVg eine Fortschreibung der Verteidigungspolitischen Richtlinien oder auch die Vorlage eines neuen Weißbuchs angezeigt erschien. Eine solche in unregelmäßigen Abständen erfolgende Standortbestimmung erweist sich nicht nur als materiell wie formal zweckmäßig, sondern entspricht auch der internationalen Praxis, erlaubt mithin Vergleichsmöglichkeiten, die eine erweiterte internationale Kooperation befördern könnten. In der Systematik ergeben sich dafür mehrere Optionen. Geht man davon aus, dass Dokumente dieser Art vor allem drei wesentliche Funktionen erfüllen:

– die Benennung sicherheitspolitischer Aufgaben und die Zuordnung sicherheitspolitischer Instrumente,
– die Konsensbildung unter den beteiligten Akteuren sowie
– die Kommunikation nach innen wie nach außen,

wird das Anforderungsprofil deutlich.

Seit langem galt das Weißbuch als die primäre sicherheitspolitische Grundlage. Hinzu traten erst später die Verteidigungspolitischen Richtlinien als dem Weißbuch allerdings nachgeordnetes strategisches Dokument. Im Bereich des BMVg wurde ein Weißbuch zuletzt im Jahr 2006 vorgelegt, die VPR folgten im Jahr 2011. Beide können gegebenenfalls auch durch in der Dokumentenhierarchie nachgeordnete Dokumente ausgefüllt werden, etwa durch strategische Leitlinien oder leistungsorientierte Berichte zur Sicherheitspolitik. Im internationalen Vergleich unterliegen die entsprechenden Dokumente hingegen unterschiedlichen systematischen und methodischen Ansätzen. Während wichtige Verbündete dazu übergegangen sind, strategische Grundlagendokumente zyklisch oder kontinuierlich fortzuschreiben, galt das für die Bundesrepublik Deutschland bislang nicht.

Neue Dynamik in der Diskussion

Mit einem Vermerk vom 14. Februar 2014 veränderte sich diese Ausgangssituation insofern, als jetzt unter Verweis auf die aktuelle Diskussion um Deutschlands außen- und sicherheitspolitische Rolle, vor allem im Rahmen einer Rede des Bundespräsidenten anlässlich der Sicherheitskonferenz in München, darüber nachgedacht wurde, dies deutscherseits als einen „Einstieg" zu nutzen, ein neues Grundverständnis von der Bedeutung strategischer Grundlagendokumente allgemein und strategischer Optionen der Bundeswehr im Besonderen herzustellen. Zwar wurde im Rahmen der Verhandlungen der derzeit amtierenden Koalition kein Einvernehmen über den Einstieg in einen neuen Weißbuchprozess hergestellt, doch blieb das Thema auf der (breiteren) Tagesordnung, um die sicherheitspolitische Debatte in Deutschland zu befördern und darüber hinaus zu einem breiteren Verständnis für die internationale Aufgabenwahrnehmung des Landes beizutragen.

Mitte August 2014 schließlich kam es zu einem Vorschlag des Referats Politische Planung des BMVg, neue Verteidigungspolitische Richtlinien bis zum Sommer 2015 zu erstellen. Dieser Vorschlag wurde damit begründet, dass nach der Herausgabe der beiden benannten Dokumente die sicherheitspolitische Ausgangssituation sich erneut beträchtlich verändert habe, vor allem durch das russische Vorgehen in der Ukraine, die Auseinandersetzungen im Nahen Osten und die wachsende Bedeutung Afrikas. Hinzu traten Veränderungen in der deutschen Verteidigungspolitik selbst, etwa im Rahmen der „Attraktivitätsagenda" und der zunehmenden Streitkräfteintegration in die EU und die NATO. Ergänzt um die Umsetzung der Neuausrichtung, die aktuelle Haushaltsentwicklung und die sich inzwischen häufenden Einsatzerfahrungen ergäben sich mithin gute Gründe, eine aktualisierte und perspektivisch angelegte, zudem übergreifende sicherheits- und verteidigungspolitische Standortbestimmung des BMVg auf den Weg zu bringen; sie sollte in einem übergeordneten Dokument Ausdruck finden.

VPR oder Weißbuch?

Wie aufgezeigt, beschreiben die VPR das strategische Sicherheitsumfeld sowie die sicherheits- und verteidigungspolitischen Werte, Ziele und Interessen Deutschlands. Sie umreißen die deutsche Verantwortung in der Welt und den Auftrag der Bundeswehr, gewichten deren Aufgaben und formulieren konkrete Vorgaben für die Aufgabenerfüllung und das Fähigkeitsprofil der Streitkräfte. Sie wurden damit zur verbindlichen politischen Vorgabe für die Konzeption der Bundeswehr und aller weiteren Ableitungen für den Geschäftsbereich des BMVg. Die Erstellung jetzt erweiterter oder gar neu formulierter VPR könnte mithin eine ausgewogene Option zur Weiterentwicklung der strategischen Grundlagendokumente darstellen, da sie sowohl über politische und konzeptionelle Gestaltungskraft verfügen, als auch politisch durchsetzbar erscheinen; letzteres vor allem aufgrund der in diesem Fall nicht erforderlichen formalen Mitzeichnung anderer Ressorts.

Darüber hinaus strebt man an, nicht nur die vielschichtigen Veränderungen im internationalen sicherheitspolitischen Umfeld aufzuzeigen und einer entsprechend angepassten sicherheits- und verteidigungspolitischen Positionierung Deutschlands das Wort zu reden, sondern auch neuere Aktivitäten und Erkenntnisse im sicherheitspolitischen Umfeld einzubeziehen. Das gelte etwa für die *Rühe*-Kommission zur Parlamentsbeteiligung, die Evaluierung der Neuausrichtung, eine Risikoanalyse zentraler Rüstungsprojekte und eine Bilanzierung der Auslandseinsätze. Ziel wäre es, die verteidigungspolitischen Vorgaben einschließlich der Aufgaben- und Fähigkeitsschwerpunkte der Bundeswehr wo nötig zu aktualisieren. Darüber hinaus ermöglichten die VPR eine klare Kommunikation politischer Positionen und bildeten einen eigenständigen sicherheitspolitischen Diskussionsbeitrag des BMVg, der zudem von hoher nationaler wie internationaler Sichtbarkeit (und Außenwirkung) wäre. Eine Fortschreibung der strategischen Grundlagendokumente in Form von VPR böte sich von daher an, vor allem, wenn gegenüber der Fassung aus dem Jahr 2011 das analytische Profil der VPR geschärft und in seinem Detaillierungsgrad erhöht würde.

Der Weg zur Erstellung aktualisierter VPR könnte im Übrigen die Einbindung öffentlicher und wissenschaftlicher Expertise vorsehen, so dass diesem Prozess der Charakter einer *public diplomacy* innewohne. Dies würde auch den bereits angelaufenen Prozess des Auswärtigen Amtes zur Konturierung einer neuen deutschen Außenpolitik gleichsam komplementär begleiten. Eine wechselseitige Abstimmung böte sich von daher an. Schließlich wäre in einem späteren Schritt auch eine Überarbeitung des Weißbuchs zu prüfen, zumal damit die anderen Ressorts gehalten wären, zunächst ihrerseits ressortinterne Standortbestimmungen vornehmen zu müssen.

Abschließend empfahl der Vermerk die Erarbeitung der neuen bzw. erweiterten VPR öffentlichkeitswirksam anlässlich der Bundeswehrtagung (am 29.-30. Oktober 2014) in Berlin anzukündigen und die Herausgabe der VPR noch vor der Sommerpause 2015 anzustreben. Die Ministerin stimmte diesem Vorgehen zunächst zu, änderte diese Position aber kurzfristig und sprach sich anlässlich der Tagung für die Erarbeitung eines neuen Weißbuchs im Jahr 2015 aus.

11. Eine Chronik der Neuausrichtung der Bundeswehr

Zusammenfassend ergibt sich folgende Chronik für den Neuausrichtungsprozess:

26.10.2009	In ihrem Koalitionsvertrag legen die Regierungsparteien fest, eine Kommission einzusetzen, die Eckpunkte einer neuen Organisationsstruktur der Bundeswehr, inklusive der Straffung der Führungs- und Verwaltungsstrukturen, erarbeiten soll.
26.10.2010	*Frank-Jürgen Weise* übergibt den Bericht der Strukturkommission mit dem Titel „Vom Einsatz her denken – Konzentration, Flexibilität, Effizienz".
01.04.2011	Der Lenkungsausschuss, bestehend aus Staatssekretär *StéphaneBeemelmans*, Staatssekretär *Rüdiger Wolf* und dem Generalinspekteur der Bundeswehr, General *Volker Wieker*, wird eingerichtet und übernimmt die Steuerung der Reform.
18.04.2011	Verteidigungsminister *Thomas de Maizière* legt mit den Verteidigungspolitischen Richtlinien die sicherheitspolitische Grundlage für die Reform der Bundeswehr fest, die seither als Neuausrichtung bezeichnet wird.

18.05.2011	Mit den Eckpunkten zur Neuausrichtung der Bundeswehr stellt der Verteidigungsminister seine Überlegungen zur zukünftigen Bundeswehr vor.
10.06.2011	Der Verteidigungsminister ernennt die Leiter von elf Projekten, in welchen die Arbeit maßgeblich vorangetrieben wird.
01.07.2011	Die Pflicht zur Ableistung des Wehrdienstes wird ausgesetzt.
18.10.2011	Das Reformbegleitprogramm wird vorgestellt. Es soll den zielgerichteten Aufbau, Umbau und Abbau von Personal fördern. Ziel ist die Verjüngung des Personalkörpers, eine erweiterte Professionalisierung und die Reduzierung von Personalumfängen.
21.10.2011	Verteidigungsminister *Thomas de Maizière* billigt die zukünftige materielle Ausstattung der Bundeswehr. Diese Entscheidung ist grundlegend für die zukünftige Struktur und das priorisierte Fähigkeitsprofil der Streitkräfte.
26.10.2011	Vorstellung des Stationierungskonzepts 2011. Es legt fest, wo und in welchem Umfang die Bundeswehr in Deutschland künftig Standorte unterhalten wird.
01.02.2012	Eine neue Konzeption der Reserve erweitert die Möglichkeiten für Reservisten.
21.03.2012	Der „Dresdner Erlass" regelt die neue Spitzengliederung der Bundeswehr. Der Generalinspekteur wird truppendienstlicher Vorgesetzter aller Soldaten.
01.04.2012	Das Verteidigungsministerium nimmt als erste Dienststelle die neue Zielstruktur ein. Die Inspekteure der Teilstreitkräfte werden ausgegliedert, das Haus wird jetzt in neun Abteilungen geführt.
11.06.2012	Die Projektleiter der elf Projekte zur Neuausrichtung werden entpflichtet. Letzte Aufgaben gehen in die neuen Abteilungen des Verteidigungsministeriums über.
11.06.2012	Die Realisierungsplanung wird von Bundesminister *Thomas de Maizière* gebilligt. Hierin wird für 4.800 Organisationselemente festgelegt, welche nächsten Schritte auf dem Weg zur Stationierung getan werden.
01.10.2012	Die Aufstellung der militärischen Kommandobehörden und Bundesoberbehörden ist abgeschlossen. Mit diesem grundlegend neuen Aufbau wird die Führungsorganisation der Bundeswehr insgesamt deutlich schlanker.

01.01.2013	Bis auf eine Ausnahme wurden alle Fähigkeitskommandos und Fähigkeitszentren aufgestellt. Bis Mitte 2013 waren 91 Prozent dieser in einem Meilensteinplan zusammengefasster Objekte arbeitsfähig.
08.05.2013	Im „Bericht zum Stand der Neuausrichtung" zieht das Verteidigungsministerium Bilanz: rund zwei Jahre nach Beginn ist die Planungsphase abgeschlossen und die Umsetzung in vollem Gang. Mehr als 50 Prozent der für die Neuausrichtung entscheidenden Organisationselemente sind bereits arbeitsfähig.
01.07.2013	Der Verteidigungsminister erlässt die „Konzeption der Bundeswehr", die als langfristige Grundsatzweisung und damit als „Dachdokument" der Gesamtkonzeption der militärischen Verteidigung Deutschlands gilt. Sie beschreibt, wie die Bundeswehr ihren in den verteidigungspolitischen Richtlinien festgelegten Auftrag und ihre Aufgaben erfüllt.
21.08.2013	Staatssekretär *Beemelmans* richtet eine „Arbeitsgruppe Evaluierung" ein. Sie ist Teil der Neuausrichtung und soll erforderlichen Nachjustierungsbedarf in den Strukturen und Prozessen des BMVg sowie der ersten nachgeordneten Ebene in einem gemeinsamen Ansatz identifizieren sowie pragmatische Handlungsempfehlungen zur gegebenenfalls erforderlichen Nachsteuerung erarbeiten.
01.10.2013	Mit dem Projekt Deregulierung soll die Regelungslandschaft der Bundeswehr ausgedünnt werden. Bürokratische Barrieren werden abgebaut, damit die Angehörigen der Bundeswehr sich auf ihre wesentlichen Aufgaben konzentrieren können. Ziel ist die Gestaltung eines aktiven, modernen Regelungsmanagements. Erlassen wurde das Arbeitsprogramm Deregulierung bereits durch Staatssekretär *Beemelmans* am 7.9.2012.
18.12.2013	Amtsantritt der neuen Verteidigungsministerin *Dr. Ursula von der Leyen.*
06.10.2014	Übergabe des Expertengutachtens „Umfassende Bestandsaufnahme und Risikoanalyse zentraler Rüstungsprojekte" der Unternehmensberatung KPMG, der Ingenieurgesellschaft P3 und der Kanzlei TaylorWessing.
31.10.2014	Vorlage des Ergebnisberichts zur Evaluierung der Neuausrichtung.

III. Bewährung, Krise oder Bruch: der Rüstungsbereich als Test

Während der Arbeiten an diesem Bericht kam es im Herbst 2014 zu einer beträchtlichen öffentlichen Auseinandersetzung, die sich am schlechten Ausrüstungsstand der Bundeswehr entzündete und den Ansatz der Neuausrichtung einer kritischen Diskussion aussetzte. So sah sich die jetzt amtierende Bundesministerin, Frau *von der Leyen*, gezwungen, eine Untersuchung zum Stand großer Rüstungsvorhaben mit einem Gesamtvolumen von mehr als 50 Mrd. Euro in Auftrag zu geben, die im Rahmen einer von der Opposition beantragten Großen Anfrage zur Ausrüstungssituation und zur Ausbildungspraxis der Bundeswehr eine intensive Debatte erfuhr. In ihr ging es um eine Mängelliste, die von einem Konsortium, angeführt von der Wirtschaftsprüfungsgesellschaft KPMG, auf nahezu 1500 Seiten vorgestellt wurde.

1. Die Mängelliste

Folgt man dieser Mängelliste, gleichsam eine „Eröffnungsbilanz" der ins Amt getretenen Bundesministerin, leide die Bundeswehr unter einem „Stau in der Rüstungsbeschaffung" und würden die untersuchten Großgeräte, wie etwa der Schützenpanzer „Puma" oder das Transportflugzeug „A400M" gar nicht, verspätet oder aber überteuert geliefert. Die Bundeswehr sehe sich daher gezwungen, die „bewährte, aber betagte Ausrüstung" länger zu nutzen. In der Sprache der Ministerin: „Das hat zur Folge, dass es bei der Wartung, Instandhaltung und Ersatzteilbeschaffung knirscht."

Die strittigen Rüstungsprojekte

Während dieser Tatbestand, seit längerem diskutiert, erst jetzt aber einer größeren Öffentlichkeit bewusst, als solcher nicht zu bestreiten ist (Abb. 13 sucht die Projekte samt der Empfehlungen der Gutachter zu charakterisieren), kam es zu einem heftigen Schlagabtausch zwischen den Vertretern der politischen Parteien. Er wurde ergänzt durch einen unerwarteten Hinweis der Ministerin darauf, dass eine Reihe prominenter Waffensysteme nicht mehr zwangsläufig zu jenen „Schlüsseltechnologien" zählen könnte, die bislang – vor allem seitens der Rüstungsindustrie – als unverzichtbar bezeichnet wurden. Dies gelte etwa für die von Heckler&Koch, Krauss-Maffay-Wegmann (KMW) sowie ThyssenKrupp Marine Systems produzierten Handfeuerwaffen und Gewehre, zuverlässige Kampfpanzer wie den „Leopard 2" oder auch die hybridgetriebenen U-Boote der Klasse 212 A. Die Ministerin summierte das in der Frage: „In welchen Bereichen wollen, ja müssen wir national beschaffen, um unseren militärischen Bedarf souverän zu sichern?" Umgekehrt formuliert: In welchen Bereichen kann die Bundeswehr gegebenenfalls auch auf die Produkte ausländischer Anbieter zurückgreifen, zumal wirkliche nationale Schlüsseltechnologien nur wenige sein können? Als Beispiele benannte die Ministerin Verschlüsselungs-, Aufklärungs- und Führungstechnologien. Bei Panzern, U-Booten und Handfeuerwaffen lägen „die Dinge nicht so eindeutig".[37]

---

37 Vgl. die Hervorhebung dieser Argumentation in „Das Parlament" vom 13. Oktober 2014, 1-3.

Abbildung 13: Strittige Rüstungsprojekte und Gutachterempfehlungen

Rüstungsprojekte der Bundeswehr

Im Auftrag des Verteidigungsministeriums untersuchten externe Gutachter die größten Beschaffungsprojekte der Bundeswehr:

Projekt *geplanter Liefertermin*		geplanter Umfang/ bereits ausgeliefert	Empfehlung der Gutachter
Schützenpanzer „Puma" *geplante Lieferung bis 2014*		350/13	Überarbeitung der Kaufverträge, Klärung von Gewährleistungsfragen
Transportflugzeug „A400M" *ab Nov. 2014*		53*/0	Prüfung von Baumängeln durch mehr qualifiziertes Personal
„Eurofighter" *bis Juli 2018*		143/110	Weiterentwicklung im Nato-Verbund, Entscheidung über Basisbewaffnung
NATO Helicopter (NH 90) *Ende 2016 bis 2021*		100/35	rechtzeitige Prüfung der Entwicklungsschritte beim Hersteller
Unterstützungs- hubschrauber „Tiger" *seit 2010*		80**/35	internationale Ersatzteil-Bevorratung
Fregatte 125 *2017 bis 2020*		4/0	Beseitigung von Schäden durch Brandschutzbeschichtung
Funkgeräteausstattung (SVFuA) *ab 2017*		Prototypen: 32/0 Entwicklungs- geräte: 11/0	längere Nutzung bestehender Geräte
Taktisches Luftverteidigungssystem *unklar*		Entwicklung mit den USA und Italien	Prüfung auf Realisierbarkeit, Vergleich mit bestehendem Patriot-System
Luftgestützte Funk- und Radar- Überwachung (SLWÜA)*** *unklar*		Art und Umfang zurzeit unklar	Entscheidung zwischen deutscher Eigenentwicklung oder Kauf eines bestehenden Systems

*davon 40 für die Bundeswehr, Rest Weiterverkauf **Reduzierung auf 68 geplant ***Nachfolge „Euro Hawk"

dpa-21688   Quelle: KPMG/P3 Group/Taylor Wessing

Deutliche politische Auseinandersetzung

Dass diese Ausführungen beträchtlichen Widerspruch in beiden Lagern der Koalition fanden und erst Recht von der Opposition zu einer General-abrechnung mit der Ministerin (und ihren Vorgängern) genutzt wurden, versteht sich von selbst; hinzu trat, dass die von den Gutachtern aufgezeig-ten Mängel auch der „Neuausrichtung der Bundeswehr" kein eben gutes Zeugnis auszustellen schienen. Zwar sind die angesprochenen Verwerfun-gen meist älteren Datums, beziehen sich aber auf spezifische Defizite in den Routinen der Bundeswehr, die erkennbar einer erweiterten Diskussion bedürfen. Hinzu trat die für einige Beobachter nahezu groteske Situation, dass sich der wirtschaftlich potenteste und politisch stabilste Mitgliedstaat der Europäischen Union offenbar Streitkräfte hielt, deren – zumindest im Bereich der Ausrüstung – defizitäre Grundlagen auch einer sogenannten „Mittelmacht" nicht gut zu Gesicht stehen. So verwiesen nicht nur der verteidigungspolitische Sprecher der SPD-Fraktion, sondern auch Verteidigungsexperten der CDU/CSU darauf, dass die deutsche Wirtschaft gerade bei Landsystemen, U-Booten und Kleinwaffen über herausragende Fähigkeiten verfüge, die zum Kern dessen gehörten, was die Bundeswehr ausmache. Die Debatte sei mithin nicht so zu führen, dass die Unternehmen, die jetzt bezüglich ihrer Fähigkeiten infrage gestellt würden, sich kritischen Untersuchungen ihrer Banken oder der Kapitalmärkte stellen müssten. Auch gelte der Bau von Überwasserschiffen und U-Booten als selbstverständlich; sie gehörten zu den Schlüsselbereichen der deutschen Rüstungsindustrie und müssten aus Gründen der „nationalen Sicherheitsvorsorge" erhalten bleiben. Als materiell entscheidend in dieser Debatte erwies sich freilich, dass nach Ansicht der Ministerin der Bedarf der Bundeswehr allein nicht „für eine gesunde Industrie" ausreiche. Deshalb stelle sie die Frage nach dem Export – und damit auch nach den deutschen Rüstungsexportrichtlinien, die bekanntlich in den Kompetenzbereich des Wirtschaftsministers fallen, der einerseits die deutschen Rüstungsexportrichtlinien nicht weiter aufweichen, sie andererseits angesichts von rund 100.000 Arbeitsplätze in diesem Bereich auch nicht gefährden will. Mit der Aussage: „Wir brauchen – das betone ich ausdrücklich – einen ressortübergreifenden Konsens", suchte die Ministerin erkennbar die Koalition hinter sich zu vereinen.

Durchblättert man den Untersuchungsbericht der externen Gutachter, wird durchaus verständlich, dass und warum die Opposition von einem „Ausrüstungsdesaster" sprach und sich die Bundeswehr gleichzeitig dem Spott nationaler wie internationaler Beobachter ausgesetzt sah. So sei die Inkompetenz der Akteure und die mangelhafte professionelle Distanz zwischen der Bundeswehr und dem Ministerium auf der einen und der Rüstungsindustrie auf der anderen Seite offenkundig, zudem von einer Größenordnung, die in ihrer sicherheits- und außenpolitischen Bedeutung (und dem damit verbundenen Ressourceneinsatz) weit über eine kurzfristig zu beseitigende Mängelsituation hinaus ginge. Auch fehle es nicht an Hinweisen auf die deutlichen Verflechtungen zwischen Militär, Politik und Rüstungsindustrie, zuletzt etwa an den Beispielen des ehemaligen Bundesministers für Wirtschaftliche Zusammenarbeit und Entwicklung, *Dirk Niebel*, der jetzt als Rüstungslobbyist für Rheinmetall tätig sei, oder aber des derzeitigen Vorstandsvorsitzenden der Airbusgruppe, *Tom Enders*, eines früheren Beamten des Verteidigungsministeriums, illustriert. Zudem sei das Krisenmanagement der Ministerin so unangemessen wie unzureichend, würde eher von ihrem politischen Versagen und dem ihrer Vorgänger abgelenkt und führe man scheinbar „eherne" Grundsätze der Bundeswehr *ad absurdum*. Letzteres bezog sich auf den bereits angesprochenen Ansatz „Breite vor Tiefe", ein Konzept, dass sich unter Beibehaltung eines breiten Fähigkeitsspektrums bei gleichzeitiger Truppenreduzierung erkennbar nicht bewährt habe und überprüfungsbedürftig sei. Dies wiederum ließen CDU/CSU-Vertreter nicht unkommentiert; so habe Verteidigungsminister *de Maizière* seinerzeit auf das durchaus dem Problem angemessene Ziel abgestellt, die Bundeswehr auf Auslandseinsätze auszurichten und die Beschaffungsprozesse zu beschleunigen. Zudem wäre die Neuausrichtung ein Prozess, der nicht zuletzt die zur Diskussion stehenden Verwerfungen künftig unmöglich machen sollte.

Stand der Rüstungsindustrie

In das Visier der breiten Öffentlichkeit trat damit ein Verhältnis, dass seit Begründung der Bundeswehr kontrovers diskutiert wird und bis heute defizitär geblieben ist: die Beschaffung von Rüstungsgütern und damit der Einfluss der deutschen Rüstungsindustrie. Die nachfolgende Abb. 14 fasst aus Anlass der benannten Untersuchung die wichtigsten deutschen Rüstungshersteller sowie deren Umsatz und die Anzahl der Mitarbeiter zusammen. Die erkennbar werdenden kartellähnlichen Strukturen wirken dabei nicht nur kostentreibend, sondern möglicherweise auch leistungsmindernd, eine Erkenntnis, die in einer Diskussion des Verteidigungsausschusses des Bundestages zutage trat. Nach einer aus diesem Anlass von Generalinspekteur *Wieker* vorgelegten Übersicht wurde deutlich, dass die Bundeswehr in nur sehr eingeschränktem Ausmaß über einsatzbereites Großgerät verfügt. Von 180 Transportpanzern vom Typ „Boxer" bezeichnete *Wieker* nur 70 als einsatzbereit – und das, obwohl die Truppe erst seit dem Sommer 2011 über dieses Fahrzeug verfügt. Hinzu trete, dass von den zumindest theoretisch verfügbaren 109 Kampfflugzeugen vom Typ „Eurofighter" nur 42 einsatzbereit seien, ein Tatbestand, den auch die Hubschrauberflotte gegen sich geltend zu machen hat. Lediglich acht der neuen Transporthubschrauber NH 90 und zehn der 31 ebenfalls neuen Kampfhubschrauber „Tiger" könnten derzeit in den Einsatz geschickt werden. Addiert man dem die Berichte über liegen gebliebene „Transall"-Transportmaschinen auf Gran Canaria und in Bulgarien (auf ihren Flügen nach Westafrika und in den Nordirak), ergibt sich ein in der Tat desaströses Bild. Zudem wurde offenkundig, dass es nicht nur um Reparaturen, mithin die Reparaturanfälligkeit von Waffensystemen geht, sondern auch um Herstellungsfehler, so zumindest nach einem Eingeständnis der EADS, das zu einer Aussetzung der weiteren Auslieferung von Kampfjets führte.

Abbildung 14: Die deutsche Rüstungsindustrie (primäre Anbieter)

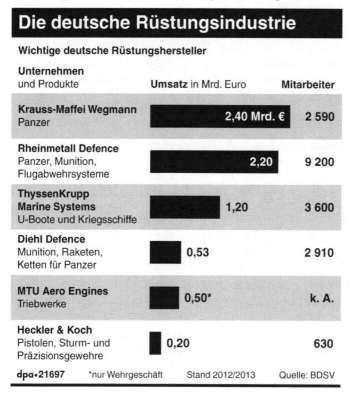

Die deutsche Rüstungsindustrie

Wichtige deutsche Rüstungshersteller

Unternehmen und Produkte	Umsatz in Mrd. Euro	Mitarbeiter
Krauss-Maffei Wegmann Panzer	2,40 Mrd. €	2 590
Rheinmetall Defence Panzer, Munition, Flugabwehrsysteme	2,20	9 200
ThyssenKrupp Marine Systems U-Boote und Kriegsschiffe	1,20	3 600
Diehl Defence Munition, Raketen, Ketten für Panzer	0,53	2 910
MTU Aero Engines Triebwerke	0,50*	k. A.
Heckler & Koch Pistolen, Sturm- und Präzisionsgewehre	0,20	630

dpa•21697   *nur Wehrgeschäft   Stand 2012/2013   Quelle: BDSV

Zwar sind Mängel dieser Art seit langem den Berichten der Wehrbeauftragten des Bundestages zu entnehmen, doch überraschte die Größenordnung der erkennbaren Probleme, nach der das Grundproblem bei der Beschaffung von Fahrzeugen, Panzern, Schiffen, Flugzeugen und Hubschraubern sich auf die Chiffre „zu spät und zu teuer" bringen lässt. „Sie kommen zu spät, werden teurer als geplant und halten nicht das, was versprochen wurde. In der Folge müssen die Soldaten zusehen, dass sie das alte Material durch Sonderschichten bei der Wartung und Instandhaltung am Laufen halten. Dafür wiederum fehlen Ersatzteile, weil sie schlichtweg nicht mehr lieferbar sind und keine größeren Vorräte angelegt wurden. Einen Ausweg bietet das berüchtigte „Kannibalisieren", sprich: die Ersatzteile werden aus anderen Fahrzeugen ausgebaut."[38]

Ungleichgewichtige Vertragspartner

Darüber hinaus kommt der Bericht der Gutachter zu dem so interessanten wie bedrückenden Ergebnis, dass es dem Bund häufig nicht gelänge, seine Kosten-, Termin- und Leistungsziele gegenüber dem Auftragnehmer durchzusetzen. Sie würden häufig bereits beim Vertragsschluss nicht ausreichend beachtet und verankert, etwa durch unpräzise Gewährleistungs- und Haftungsklauseln. Hinzu trete das inzwischen aus zahlreichen Aufgabenfeldern bekannte Problem, dass die größeren Projekte seitens der Rüstungsindustrie von erfahrenen Juristen begleitet würden, denen seitens der öffentlichen Hand, hier also des Bundesministeriums der Verteidigung, keine adäquaten Mitarbeiter gegenüber stünden.

Gleichwohl zeigt die Rüstungsindustrie jetzt „Wirkung" insofern, als man dem Hinweis der Ministerin auf eine auch externe, mithin „grenzüberschreitende" Beschaffungspolitik Widerstand entgegenzusetzen sucht. So fordern die Bundesverbände der Deutschen Sicherheits- und Verteidigungsindustrie, der Deutschen Luft- und Raumfahrtindustrie und der BDI in einer gemeinsamen Stellungnahme ein „klares Bekenntnis der politisch Verantwortlichen zu Rüstungsprojekten". Dies müsse das Bekenntnis zu den in Deutschland ansässigen Unternehmen und deren vorhandenen Kapazitäten zur Entwicklung und Fertigung dieser Güter einschließen. Auch fehlte nicht der Hinweis darauf, dass entsprechende Überlegungen den „Technologiestandort Deutschland" und die entsprechenden Arbeitsplätze gefährdeten.

---

38 Ebd., 3.

Bekannte strukturelle Verwerfungen

Langfristbeobachter stellen diese Diskussion in einen historischen Kontext – von der „Spiegel-Affäre" über den vermuteten „Abgrund von Landesverrat" und die von Bundespräsident *Richard von Weizsäcker* berufene Kommission „Gemeinsame Sicherheit und Zukunft der Bundeswehr" bis hin zu jener für die hier vorgelegte Untersuchung wichtigen Strukturkommission unter dem Vorsitzenden der Bundesagentur für Arbeit, *Frank-Jürgen Weise.* Im letztgenannten Gutachten findet sich die Aussage: „Die Streitkräfte erhalten ihre geforderte Ausrüstung zumeist weder im erforderlichen Zeit- noch im geplanten Kostenrahmen. Über die langen Projektlaufzeiten – nicht selten über 10 bis 30 Jahre – ändern sich die politischen Interessenlagen, der militärische Bedarf und damit die Forderungen. Die Truppe bekommt am Ende nicht mehr das, was zur Erfüllung ihres Auftrages erforderlich ist."[39]

Dieser Ausgangsanalyse konnte bislang nicht wirklich entgegengewirkt werden. So geriet schon der Amtsvorgänger der Ministerin, *Thomas de Maizière,* mit Blick auf das Rüstungsprojekt *Euro Hawk* in Bedrängnis. Der seitens der SPD, der Grünen und der Linkspartei eingesetzte Untersuchungsausschuss des Bundestages förderte dabei die bekannten Defizite zutage: zu optimistische Planung, schlechte Verträge, schlechtes Projektmanagement. Dies war erkennbar auch der Anlass für die nun amtierende Ministerin, jene Statusberichte zu den 15 größten und wichtigsten Rüstungsprojekten anzufordern; die in diesem Zug erkennbaren Kostensteigerungen und Lieferverzögerungen führten schließlich zur Entlassung des Staatssekretärs (*Beemelmans*) und des Abteilungsleiters Rüstung.

Zweifel an der Neuausrichtung

Im Ergebnis steht zu befürchten, dass eine nun breitere Diskussion um die Ausrüstungsmängel der Bundeswehr die mit der Neuausrichtung verbundenen Reformen abwertet oder gar konterkariert. So bezeichnete der Verteidigungspolitische Sprecher der SPD-Fraktion im Deutschen Bundestag, *Rainer Arnold,* in der gleichen Ausgabe des „Parlaments" (13. Oktober 2014, S. 2) die Reform als „falsch" und forderte Nachbesserungen. Zwar

---

39 Strukturkommission der Bundeswehr, a.a.O., vgl. Kap. II. 3.

bezweifelt er nicht Deutschlands Verteidigungsfähigkeit und verweist auf die aktuell 17 Auslandseinsätze, die breite und gute Fähigkeiten dokumentierten. Es fänden sich nach seiner Auffassung aber zu viele Bereiche, bei denen die erkennbaren Probleme nicht mehr länger schön geredet werden dürften. Auch erweise es sich als schädlich, dass die Neuausrichtung zu einer Absenkung aller Fähigkeiten geführt habe, vor allem in jenen Bereichen, in denen ohnehin schon ein Mangel bestand, jetzt aber absolute Personalnot herrsche. Er hielt es für unvertretbar, „eine falsche Reform zu Ende zu führen, zumal wir eine zunehmend größere Zahl kleinerer Auslandseinsätze durchführen." Dafür brauche die Bundeswehr eine andere Struktur als im Fall eines großen Einsatzes, wie etwa in Afghanistan, oder weniger mittelgroßer Bemühungen. Die Bundeswehrreformen nach 1989 hätten meist das Ziel verfolgt, aus einer Armee des Kalten Krieges eine Einsatzarmee zu machen, was weitgehend auch gelungen sei. Die von Minister *de Maizière* verantwortete Reform sei aber ausschließlich einem Spardiktat geschuldet. Die Streitkräfte würden nach Vorgabe der Haushaltsmittel konstruiert. Minister *zu Guttenberg* habe gar versprochen, er könne 8 Mrd. Euro einsparen. Das sei schon damals eine Illusion gewesen, zudem wurde überhaupt nicht bedacht, welche Einsätze in Zukunft wahrscheinlich seien. Für den Minister sei es „bequem gewesen", die Reform nach dem Prinzip „Breite vor Tiefe" zu konzipieren. Die Truppe sollte letztlich in ihrer Grundstruktur erhalten bleiben, freilich mit weniger Geld, weniger Personal und weniger Gerät. Als Lösung benannte *Arnold* eine Spezialisierung auf bestimmte Fähigkeiten und ein arbeitsteiliges Vorgehen in der NATO und der Europäischen Union. Nicht jeder muss alles können. Die Bundeswehr wird schließlich nie allein in einen Einsatz gehen.

Europäische Arbeitsteilung?

Der damit angedeutete Weg zu einer eher arbeitsteilig angelegten sicherheits- und verteidigungspolitischen Konzeption steht freilich vor der Aufgabe, hierfür Partner zu gewinnen, wobei die nachfolgenden Fallstudien zu den derzeit laufenden Reformprozessen in Frankreich und dem Vereinigten Königreich allerdings deutliche Vorbehalte erkennen lassen. Zwar räumt auch *Arnold* ein, dass Europa noch weit davon entfernt ist, über eine gemeinsame Armee zu verfügen, doch hofft er auf eine weitere Verzahnung zahlreicher Bereiche der nationalen Verteidigungsbemühungen. Immerhin könne man bereits, etwa mit Blick auf die AWACS Aufklärungs-flugzeuge, auf eine beträchtliche Integration von Streitkräften verweisen. Gleichwohl müsse ein souveränes Land auch über eigene Fähigkeiten ver-fügen, sollte man im Bereich der Hochtechnologie nicht ausschließlich auf Lieferanten etwa aus den USA angewiesen sein. Nachdem die Stückzah-len der bestellten Systeme drastisch gesenkt wurden, ist eine nationale Entwicklung und Beschaffung nicht mehr wirklich finanzierbar, gebraucht würden mithin gemeinsame europäische Rüstungsprojekte, wobei die Feh-ler der Vergangenheit zu vermeiden seien, nach denen die beteiligten Län-der das Gerät in unterschiedlichen Versionen bestellen.

Dezentralisierung des Beschaffungswesens?

Schließlich fand sich in dem Interview eine interessante Passage, die auf die in dieser Untersuchung bereits erörterten Bürokratisierungsprobleme verwies. So antwortete er auf die Frage nach der Kommunikation zwi-schen der Truppe und dem zivilen Beschaffungsamt der Bundeswehr: „Die zivile Wehrverwaltung hat Verfassungsrang, das hat Vorteile, weil bei klei-neren Streitkräften die Soldaten durch zivile Mitarbeiter entlastet werden. Es macht keinen Sinn, immer mehr Soldaten an den Schreibtisch zu set-zen. Aber die Zusammenarbeit zwischen Zivilisten und Soldaten war nicht an allen Stellen gut. Das Hauptproblem ist aber, dass das Beschaffungsamt in Koblenz zu einem Moloch geworden ist, der auch zu einem Eigenleben neigt. Minister de Maizière hat das Amt nochmals vergrößert und weitere Aufgaben dort angesiedelt, zum Beispiel im IT-Bereich und der Beschaf-fung sämtlicher Kleinteile. Man muss aber nicht jeden Toilettenartikel in Koblenz bestellen. Wir müssen weg vom zentralistischen Denken hin zu einer Struktur mit dezentraler Verantwortung. Wir haben an allen Standor-ten Soldaten mit Universitätsabschluss, die sind sehr wohl in Lage, ein ei-genes kleines Budget zu verwalten."[40]

---

40 Diese Interviewpassage machte zwischenzeitlich Furore, weil sie einen beträchtli-chen Teil des Neuausrichtungs-Ansatzes jetzt auch aus einer bürokratiepolitischen Perspektive her angriff.

Konsequenzen

Sucht man die Ergebnisse dieser Diskussionen zu systematisieren, sollte man nicht sofort der sich anbietenden Frage aufsitzen, ob die Bundeswehr nicht finanziell besser ausgestattet werden müsste. Zwar dürfte dies die Konsequenz der verminderten Einsatzfähigkeit sein, doch ginge es zunächst um eine Klärung des künftigen Aufgaben- und Fähigkeitsspektrums der Bundeswehr. So dokumentieren gerade die aktuellen Auseinandersetzungen, dass die Streitkräfte auf sehr viel mehr Einsätze und Einsatzformen vorbereitet sein müssen, als dies bislang diversen Planungen und Gutachten zugrunde lag. Das Konzept „Breite vor Tiefe" dürfte nur dann beizubehalten sein, wenn die Truppe tatsächlich in die Lage versetzt wird, schneller als bislang auf die sich bildenden neuen Lagen zu reagieren. Dies wiederum setzt eine Überprüfung des Verhältnisses zur Rüstungsindustrie voraus. Es ist ein Unding, dass sich die aktuellen Lieferungen mit Verträgen verbinden, die in Teilen vor mehr als 20 Jahren geschlossen wurden. Zudem darf man es als fahrlässig bezeichnen, dass die Industrie offenbar keinen ausreichenden Konventionalstrafen ausgesetzt war (und ist), so dass eine fristgerechte Lieferung bestellter Qualität und zum richtigen Preis nicht gewährleistet scheint. Das Paradebeispiel hierfür bieten trotz der vollmundigen Erklärungen von *Tom Enders* die Dauerverzögerungen des beim EADS bestellten Transportflugzeugs A44M. Schließlich wird in diesem Kontext auch deutlich, dass die ausgesetzte Wehrpflicht nicht zwangsläufig in die Schaffung einer Berufsarmee einmünden wird, vielleicht auch nicht einmünden sollte. Ob das bis zu dem Punkt geht, an dem etwa im Fall der Landesverteidigung die Wehrpflicht reaktiviert werden kann, wäre zu erörtern. Als wahrscheinlicher dürfte es sich erweisen, letztlich doch arbeitsteilige Befähigungen im größeren Kontext anzustreben und hier nicht nur von einer gemeinsamen europäischen Sicherheits- und Verteidigungspolitik zu träumen, sondern sie, beginnend mit einigen Pilotprojekten, auf den Weg zu bringen.

2. Was sind „Schlüsseltechnologien"?

Erweiterte Fragestellung

Jenseits der bereits angesprochenen Probleme im Rüstungsbereich, und hier vor allem im Beschaffungswesen, wird zunehmend ein parallel lau-

fendes Problem erkennbar, das um die Frage kreist, welche Schlüsseltechnologien im Bereich der Sicherheits- und Verteidigungspolitik Deutschlands beibehalten und gegebenenfalls ausgebaut werden sollten und welche unter Umständen verzichtbar oder auf Dritte zu übertrage bzw. von
diesen zu beziehen sind. Im Hintergrund steht das zwischen dem Bundesministerium der Verteidigung und dem der Wirtschaft, mithin den beiden
die Große Koalition bildenden Parteien, unterschiedliche Verständnis von
und damit divergierende Eintreten für Rüstungsexporte. Die diesbezüglichen Differenzen treten verstärkt in die öffentliche Diskussion, zumal in-
terne Papiere sowohl aus dem Bundesverteidigungsministerium als auch
aus dem Wirtschaftsministerium „durchgestochen", d.h. trotz ihrer Ver-
traulichkeit Journalisten zugespielt werden.

Grundsatzerörterungen und Definitionsfragen

So kreist die Diskussion zum Zeitpunkt der Erstellung dieses Berichts vor
allem um die Frage, ob etwa Panzer, U-Boote oder auch Handfeuerwaffen
exportiert werden müssen, um diese Technologien im Land zu erhalten. In
der schwarz-gelben Koalition galt solches als selbstverständlich, jetzt wird
es vor allem aus dem Haus *Gabriel* in Zweifel gezogen. Befördert durch
den Bericht des Konsortiums von KPMG et al. definierte die amtierende
Bundesverteidigungsministerin lediglich die Verschlüsselungs- und Sen-
sortechnik als „Schlüsseltechnologien", mit anderen Worten: alle anderen
Technologien könnten gegebenenfalls im Ausland gekauft werden. Unterstützt wird das durch ein internes Diskussionspapier des BMVg, das als
„zusammenfassende Überlegungen" des Hauses zur Festlegung von
Schlüsseltechnologien zu verstehen ist. Darin wird zunächst der Grundsatz
betont, dass die Bundeswehr diejenige Ausrüstung beschaffen sollte, die
sie zur Erfüllung ihres Auftrages benötigt – und nicht das, was ihr angeboten wird; zudem verlangten die begrenzt verfügbaren Mittel und Instrumente eine Priorisierung von Schlüsseltechnologien, die dann insbesondere über Forschungsmittel gefördert werden könnten. Schlüsseltechnologi-
en bildeten dabei planerische Prioritäten „aus Souveränitätssicht" ab, sollten der Priorisierung bei Forschungs- und Technologieverfahren dienen

und Eingang in die Beschaffungsprozesse finden – als gleichsam Indikator für das sicherheitspolitische Votum bei Exportfragen.[41]

Damit verknüpft ist die Erkenntnis, dass die Definition von Schlüsseltechnologien keine Bestandsgarantien beinhaltet oder gar eine direkte Beauftragung darstellt, auch verbinden sich damit weder Exportgarantien noch werde damit etwas über einzelne Unternehmen oder die Qualität von Nicht-Schlüsseltechnologien ausgesagt. Der Diskussionsvorschlag des BMVg priorisiert in diesem Sinne Technologien in der Führung, Aufklärung und Unterstützung, wobei für drei Bereiche (gepanzerte Fahrzeuge, Unterwasserboote und Handfeuerwaffen) eine ressortübergreifende Abstimmung vorgeschlagen wird. Da in diesen Bereichen der Export neben zukünftigen Kooperationen eine zentrale Rolle zum Erhalt der Technologien spielen dürfte, sollte die Definition in Kombination mit den einzusetzenden Instrumenten geführt werden („Wer A sagt muss, auch B sagen:"). Ausdrücklich wird darauf hingewiesen, dass eine breitere Debatte erwünscht sei.

Mit Blick auf die europäisch/global zu sichernden Technologiefelder (beispielhaft etwa bei Lenkflugkörpern) sollte Deutschland als Standort etwa für Rüstungskooperationen beitragen, wobei man sich einer europäischen Perspektive in besonderem Maß verpflichtet fühlt. Zudem seien für alle Technologien internationale Kooperationen und gegebenenfalls *merger* als komplementäre Optionen zum nationalen Erhalt von Technologien zu berücksichtigen. Auch europäisch organisierte Konzerne könnten und sollten innovative Technologien am Standort Deutschland entwickeln und erhalten.

Zum weiteren Vorgehen

Im Ergebnis bedarf es in der Tat einer breiteren Diskussion mit dem Ziel der Weiterentwicklung des ressortübergreifenden Instrumentariums (Export, F&T, *merger*-Politiken, Beschaffung), weil der Verbleib von Schlüsseltechnologien in Deutschland vor allem von der Ausgestaltung transnationaler Zusammenschlüsse und Exportperspektiven abhängen wird.

---

41 Internes Diskussionspapier des BMVg: „Zusammenfassende Überlegungen des BMVg zur Festlegung von Schlüsseltechnologien", o. Datum

In der Auseinandersetzung um im Land verbleibende sicherheits- und militärpolitische Schlüsseltechnologien verweisen die beiden genannten Ministerien aufeinander, wobei erneut deutlich wird, dass die in diesem Themenfeld wirkenden Akteure häufig nur „teilinformiert" sind und sich eine breitere und übergreifende Sachkompetenz eher selten findet. Immerhin wird deutlich, dass die in den vergangenen Monaten erkennbaren Probleme allmählich Wirkung zeigen und die politische Diskussion zumindest Umsetzungsnähe erreicht. Dies bezieht auch Fragen ein, ob man mögliche Blockaden, etwa im Bereich des Panzerexports, dadurch umgehen kann, dass entsprechende Anbieter (KMW) mit dem kleineren französischen Konkurrenten Nexter fusionieren, um so unter Verweis auf das sogenannte *Schmidt-Debré*-Abkommen das Verbot spezifischer Rüstungsexporte zu umgehen. Nach diesem Abkommen aus dem Jahr 1972 (Art. 2) ist dies durchaus möglich: „Keine der beiden Regierungen wird die andere Regierung daran hindern, Kriegswaffen oder sonstiges Rüstungsmaterial, das aus einer gemeinsamen durchgeführten Entwicklung oder Fertigung hervorgegangen ist, in Drittländer auszuführen oder ausführen zu lassen."

Die französische Seite beruft sich auf diese Passagen und fördert die Fusion zwischen KMW und Nexter, zumal man damit direkten Zugriff auf das überlegene technologische Potential des deutschen Anbieters bekäme. Das Interesse gilt hier natürlich vor allem dem „Leopard II", der weltweit als einer der besten Vertreter seiner Art gilt.

Weitere Ungereimtheiten

Während sich die erweiterte öffentliche Diskussion inzwischen sehr konkret auf solche Fragen richtet, werden weitere Ungereimtheiten erkennbar, die zunehmend aus dem Haushaltsausschuss des Bundestages heraus thematisiert werden. So gibt es Fragen nach der Sinnhaftigkeit eines Ankaufs von „Weltraum-Karten" (des Satellitensystems TanDEM-x und der damit gegebenen topographischen Daten – hochauflösende dreidimensionaler Bilder der Erdoberfläche – für insgesamt 475 Mio. Euro), der tatsächlichen Verteuerung des Raketenabwehrsystems MEADS (*Medium Extended Air Defense System*), dem fehlenden Ausweis von Umsatzsteuern in den Verträgen zur Ausgestaltung von *SARah* (einem System für Spionagesatelliten) oder auch der seit langem strittigen *Euro Hawk*-Entwicklung. Verbunden mit der Diskussion um ein erweitertes internationales Engagement der Bundeswehr, vor allem der Langzeit-Ausbildungsmission im Irak, verdichten sich die Vorbehalte zum Vorgehen der politischen Führung und wird auch einer breiteren Öffentlichkeit immer deutlicher, dass und wie sehr die Bundeswehr von der Verlässlichkeit der Rüstungsindustrie abhängig ist. Dass hier die Angebots- wie die Nachfrageseite sehr ungleichgewichtig „besetzt" sind, wurde bereits angesprochen, wobei sich ein überkomplexes Haushaltsrecht und handwerkliche Mängel im BMVg mit einer spezifischen Arroganz und selbstreferentiellen Haltung der Rüstungsindustrie verbinden. Addiert man dem schließlich die Irritationen über die Entscheidung der Bundesverteidigungsministerin, die gegenüber dem *Euro Hawk* technisch leistungsfähigere Drohne *Triton* anzuschaffen, sowie die kontinuierlichen Berichte über Materialmängel, vor allem beim *Eurofighter*, werden Dringlichkeit wie Umfang der anstehenden Entscheidungsprobleme deutlich. Zudem überdeckt diese Diskussion jene über die „Neuausrichtung der Bundeswehr", droht sie in Teilen gar leer laufen zu lassen; die bereits angesprochenen Rufe nach einer „Reform der Reform" oder gar nach einem „Ende der Neuausrichtung" sind vor diesem Hintergrund zu sehen.

3. Die Rüstungsfalle und ihre Folgen

Die Untersuchung von KPMG et al.

Um das Ausmaß der sich mit den Problemen im Rüstungsbereich verbindenden Herausforderungen zu umreißen, sei abschließend ein näherer Blick auf jene Untersuchung der KPMG et al. geworfen, die Ende September 2014 vorgelegt wurde und auf eine umfassende Bestandsaufnahme und Risikoanalyse zentraler Rüstungsprojekte zielte. Anlass für die Beauftragung des Konsortiums war die Entscheidung der amtierenden Bundesministerin, die Strukturen und Prozesse im Management der Rüstungsprojekte zu überprüfen und Transparenz für Parlament und Öffentlichkeit herzustellen sowie notwendige Voraussetzungen anhand einzelner Teilgutachten für ausgewählte zentrale Rüstungsprojekte aufzuzeigen. Das Ergebnis wurde in einem Gesamtgutachten zusammengefasst, das der Autor in seiner Langfassung einsehen konnte. Die für eine breitere Öffentlichkeit vorgesehene Exzerpt-Fassung[42] enthält die wesentlichen Ergebnisse des Ge-

---

42 KPMG/P3 Group/TaylorWessing: Umfassende Bestandsaufnahme und Risikoanalyse zentraler Rüstungsprojekte; Exzerpt, vorgelegt am 30. September 2014.

samtgutachtens, soweit sie nicht als „Verschlusssache" eingestuft wurden. Im Wesentlichen geht es um die phasenübergreifende Verbesserung des Projekt- und Risikomanagements von Rüstungsprojekten und -vorhaben (Analyse, Realisierung und Nutzung), die Gewährleistung eines transparenten, ebenengerechten Berichtswesens sowie Impulse für die weitere Umsetzung der Neuausrichtung.

Innerhalb von lediglich drei Monaten untersuchte die Beratergruppe in zehn interdisziplinär zusammengesetzten „Teams" parallel die Risiken von neun spezifischen Rüstungsvorhaben und Projekten mit dem benannten Gesamtvolumen von über 50 Mrd. Euro: den Schützenpanzer PUMA, das Transportflugzeug A400M, den *Eurofighter*, den NATO-Helikopter NH 90, den Unterstützungshubschrauber Tiger, die Fregatte Klasse 125 (F125), die streitkräftegemeinsame Funkausstattung, das taktische Luftverteidigungssystem sowie die signalverarbeitende luftgestützte Überwachung und Aufklärung.

Methodisch wurde die Untersuchung durch die Analyse von „mehreren zehntausend Seiten Projektdokumenten und Vertragswerk"[43] gestützt. Darüber hinaus flossen in das Gutachten die Erkenntnisse aus mehr als 100 Interviews sowie zahlreichen Workshops und Hintergrundgesprächen ein, vor allem mit Angehörigen des BMVg an den Dienstsitzen Bonn und Berlin; gesondert benannt werden in dem Kurzbericht die Abteilungen AIN, Planung und Recht sowie das BAAINBw in Koblenz. Ergänzt wurde dies durch Einzelgespräche im Planungsamt der Bundeswehr, im Amt für Heeresentwicklung in Köln sowie in der Wehrtechnischen Dienststelle 41 in Trier.

Vorbehalte, eingeschränkte Belastbarkeit

Interessanterweise beginnen die Ausführungen der Arbeitsgruppe mit einem *caveat*: So wird betont, dass die Untersuchung sich ausschließlich auf die Beschaffungsorganisation des öffentlichen Auftraggebers im Untersuchungsbereich bezieht. Vom Untersuchungsauftrag nicht umfasst sei die an den Beschaffungsprojekten und -vorhaben beteiligte Auftragnehmerseite der wehrtechnischen Industrie, „die demzufolge weder befragt

---

43 a.a.O., 5.

noch evaluiert wurde".[44] Dass dies eine wesentliche Beeinträchtigung der Belastbarkeit der Untersuchung darstellt, wird zwar nicht angesprochen, ergibt sich aber aus der simplen Tatsache, dass zahlreiche der später angesprochenen Probleme nicht nur nachfrageseitig, sondern vor allem auch angebotsseitig zu verorten sind.

Weitere Einschränkungen (und damit auch ein Verweis auf logische Begrenzungen und mögliche Einseitigkeiten der Untersuchungsergebnisse) finden sich mit Blick auf das Rollenverständnis und die Abgrenzung der Autoren. So hat das Konsortium die Rüstungsprojekte aus vornehmlich wirtschaftlicher Perspektive betrachtet, um insbesondere Rückschlüsse auf den Status quo der Berichtswege und des Risikomanagements sowie der betriebswirtschaftlichen Anteile des Projektmanagements seitens des Auftraggebers zu ziehen. Die erbrachten vertraglichen Leistungen sahen keine Erteilung eines „Testats" oder andere Formen einer Bescheinigung bzw. Zusicherung vor. Die Leistungen der P3 Ingenieurgesellschaft und ihrer Unterauftragnehmer brachten die für die Bestandsaufnahme und Risikoanalyse der zentralen Rüstungsprojekte erforderliche technische Perspektive ein. Daraus wurden Handlungsempfehlungen für ein optimiertes Projektmanagement seitens des Auftraggebers abgeleitet. Auch hier findet sich aber eine Einschränkung: „Gemäß der Leistungsbeschreibung erfolgt weder eine Bewertung konkreter technischer Lösungen, noch wurden Vorschläge zur Gestaltung und Umsetzung von technischen Gewerken erarbeitet bzw. unterbreitet. Zudem konnten Aussagen zu technischen Gewerken und technikbezogenen Prozessen lediglich mittels einer Analyse der vorgelegten Informationen zum Projektmanagement abgeleitet werden, fand sich mithin auch keine direkte Beziehung zur wehrtechnischen Industrie."[45]Für ausgewählte juristische Fragen schließlich wurden TaylorWessing und die KPMG Rechtsanwaltsgesellschaft tätig. Die juristischen Vorstellungen für Risikohinweise flossen „generisch" in die vom Konsortium erarbeiteten Projektergebnisse zur Komplettierung des Gesamtgutachtens ein, eine „dezidierte Rechtsberatung liegt damit nicht vor".[46]

Entsprechend eingeschränkt ist das Gesamtergebnis des Gutachtens zu werten, aus dem exzerpiert wurde. Grundlage war die vom Auftraggeber zur Verfügung gestellte Dokumentensammlung, die durch weitere Unterlagen und Nachweise ergänzt wurde. „Wir schließen nicht aus, dass wir bei

---

44 a.a.O., 6.
45 Ebd.
46 a.a.O., 7.

Kenntnis weiterer Dokumente und Informationen zu einem von dem Gesamtgutachten abweichenden Befund für die untersuchten Rüstungsprojekte und -vorhaben gekommen wären. Des Weiteren enthält des Gesamtgutachten keine Betrachtung von Organisationsreformen oder Restrukturierungen und dient nicht der Ermittlung von Personalbedarf."[47] Im Ergebnis räumt das Konsortium ein, dass die Analysetiefe in einzelnen Teilprojekten unterschiedlich sei, was auf die divergierenden Projektstände und die verfügbaren Daten zurückzuführen wäre, die insbesondere zwischen den nationalen und internationalen Projekten erheblich divergierten. Die unterschiedliche Anzahl der genannten Risiken und Probleme erlaubten mithin auch keinen unmittelbaren Rückschluss auf die Priorität und die jeweilige Reichweite der Risiken und Probleme. Mit diesen Darstellungen, die Absicherungen der Auftragnehmer gleichgestellt werden können, verbindet sich ein nicht unerheblicher Vorbehalt den Analyseergebnissen gegenüber. Auch muss ohne jeden Einbezug der Rüstungsindustrie und der diversen Auftragnehmer das Bild unvollständig bleiben, wird zudem die seitens der Bundeswehr eingebrachte Kompetenz abgewertet und kommt es zu Schlussfolgerungen, die sicher nicht als Anleitung für politisches Handeln gedeutet werden sollten.

Leitbild

Insofern wird in der Überschrift zu diesem Kapitel auch von einer „Rüstungs- oder besser Beschaffungsfalle" und ihren Folgen gesprochen. Positiv ist gewiss zu bewerten, dass für einen Schlüsselbereich der sicherheitspolitischen Bemühungen der Bundesrepublik auf einen Ressourcenverschleiß beträchtlichen Ausmaßes verwiesen wird und Vorschläge zur Verbesserung des internen Managements erarbeitet werden, doch muss man nicht den gegenwärtigen Stand von Organisations- und Managementtheorien bemühen, um auf die Grenzen derart einseitiger Analyseansätze zu verweisen – ein Aspekt, auf den in den kommenden Ausführungen noch zurückkommen sein wird.

Materiell ist die jenseits der detaillierten Untersuchung der neu betrachteten Großprojekte nach Sachstand und Risikolage vor allem die in Kapitel III des Exzerpts dargestellte „Optimierung der Rüstungsbeschaffung

---

47 Ebd.

bei Großprojekten"[48] von Interesse. In diesem Kontext wurde ein „Leitbild" erarbeitet, das hier gesamthaft wiedergegeben werden soll:

„Die staatliche Rüstungsbeschaffung dient nicht primär wirtschaftlichen Zwecken. Rüstungsgüter werden vorrangig beschafft, um verfassungsrechtliche und politische Aufträge – der Landesverteidigung sowie der Wahrung der nationalen Sicherheits- und außenpolitischen Interessen – zu erfüllen. Diese Auftragserfüllung erfolgt idealiter auf der Basis einer verschiedene Ressorts und Politikfelder überspannenden Gesamtstrategie. Diese Gesamtstrategie bildet gleichzeitig die Grundlage für das Fähigkeitsprofil der Streitkräfte, das wiederum das konzeptionelle Fundament für die Planung der Bundeswehr bildet. In der Planungskategorie Rüstung – eine von fünf Planungskategorien der Bundeswehr – wird das Portfolio aller Rüstungsprojekte anhand einer Rüstungsstrategie gesteuert. Diese Kaskade von verfassungsrechtlichen und politischen Aufträgen, der außen- und sicherheitspolitischen Gesamtstrategie und der Rüstungsstrategie der Bundeswehr determiniert die Beschaffungsplanung der Bundeswehr. Nach unserem Grundverständnis muss sich der Beschaffungsprozess zur Umsetzung der Beschaffungsplanung ebenfalls an dieser Kaskade orientieren. Die im Folgenden dargestellten Vorschläge und Handlungsempfehlungen folgen diesem Leitbild.
Es ist zu beachten, dass Rüstungsbeschaffungen in der Regel Gegenstand gesellschafts- und wirtschaftspolitischer Kontroversen sind. Wird im Ergebnis solcher Kontroversen ein konkretes Beschaffungsziel identifiziert, ist es für die Umsetzung dieses Zieles im Beschaffungsprozess von großer Bedeutung, die zugrunde liegenden sicherheits- und außenpolitischen Erwägungen bzw. Zielsetzungen offen zu legen. Ein transparenter Entscheidungsprozess ist geeignet, die gesellschaftliche Akzeptanz des identifizierten Beschaffungsziels zu fördern und „Reibungsverluste" bei der Umsetzung im Beschaffungsprozess zu minimieren. Gleichzeitig können dann unterschiedliche sachpolitische Aspekte im Beschaffungsprozess berücksichtigt werden.
Darüber hinaus ist zu beachten, dass ein Beschaffungsprozess nur dann erfolgreich, d.h. im Rahmen der politisch bestimmten Leistungs-, Zeit- und Kostenparameter abgeschlossen werden kann, wenn gleichzeitig dem haushaltsrechtlichen Grundsatz der Wirtschaftlichkeit und Sparsamkeit Rechnung getragen wird. Die Anforderungen an das Management von Beschaffungsprozessen sind insoweit erheblich."[49]

Eingeschränkter Analyseansatz

Erneut wird darin deutlich, dass der analytische Zugriff des Konsortiums kritisch zu bewerten ist. So findet sich zwar ein deutlicher Hinweis auf das

---

48 a.a.O., 37 ff.
49 a.a.O., 37.

Fehlen einer den Namen verdienenden sicherheitspolitischen Strategie der Bundesrepublik und ihrer politischen Vertreter, wird im Alltag doch eher schrittweise auf binnen- wie außenpolitische Herausforderungen reagiert. Eine Beantwortung der Frage „Was wollen wir wie in den kommenden Jahren?" ist damit allerdings nicht verbunden und mag erklären, weshalb Planungs- und Beschaffungsprozesse derzeit durch ein kontinuierliches Nachsteuern geprägt sind. Hinzu treten die schon in anderen Teilen dieser Untersuchung angesprochenen vergleichsweise kurzatmigen Ankündigungen in der Sache eher kleinteiliger Maßnahmen. Kann man diesem Leitbild in dieser freilich entscheidenden Frage zustimmen, werden die Vorbehalte gegenüber den sich anschließenden Ausführungen noch dadurch verstärkt, dass immer wieder von „rüstungspolitischen Voraussetzungen" gesprochen wird, ohne die Rüstungsindustrie in die Untersuchung einzubeziehen. Damit entwertet sich die vorliegende „umfassende Bestandsaufnahme und Risikoanalyse zentraler Rüstungsprojekte" erheblich, wird man bezweifeln müssen, ob die vorgestellten Handlungsempfehlungen tatsächlich als „Empfehlungen" zu begreifen sind, mithin nicht eine eher zurückhaltende Einschätzung nahe läge, zumal es sich erkennbar anbietet, die Rüstungsbeschaffung nicht nur nachfrage- sondern auch und gerade angebotsseitig zu untersuchen.

Empfehlungen zu einzelnen Sachbereichen

Die Handlungsempfehlungen selbst richten sich auf insgesamt 15 Sachbereiche, die in beklagenswert kurzen Ausführungen auf ihren Ist- und ihren Sollzustand hin untersucht werden: Portfoliomanagement, Prozessmanagement, *Co-Location*[50], anforderungsgerechter Projektansatz, technisches Anforderungs- und Änderungsmanagement, Kosten- und Finanzmanagement, integrierte Projektplanung, Vertragsgestaltung und Vertragsmanagement, Beschaffungskonzept, Management von Interessengruppen, Stärkung der Projektteams, Risikomanagement, Berichtswesen, vertrauensbildende Kultur sowie resilientes System. Die darauf gerichteten Empfehlungen werden dann „reflektiert" (Kapitel 3.3), wobei festgestellt wird, dass viele Handlungsempfehlungen des Gutachtens auf bereits bestehen-

---

50 Als *Co-Location* wird in einer Projektorganisation die räumliche Zusammenlegung von interagierenden Funktionen oder Gruppen bezeichnet.

den Vorgaben und hilfreichen konzeptionellen Grundlagen aufsetzen können, die freilich inhaltlich konkretisiert, prozessual verankert und operativ
weiterentwickelt werden müssten – eine Aufgabe, für die „erhebliche Ressourcen erforderlich"[51] wären.

Prozessuale und instrumentelle Konsequenzen

Im integrierten Planungsprozess (IPP) sollten dabei die beschriebenen
Teilprozesse der Interaktion mit dem CPM (*customer product manage-
ment*, novelliert) stärker verknüpft werden, zudem wäre das Risikoma-
nagement schon bei Erstellung der FFF (Fähigkeitslücke und Funktionale
Forderung) zu verankern und in nachgelagerte Prozesse zu integrieren.
Der CPM-Prozess selbst wäre als eine weitergehende Spezifizierung des
Projekt- und Prozessmanagements zu sehen, bis hin zu dessen Formalisie-
rung in einem Handbuch.

Auf der Ebene der Instrumente für das Projektmanagement spricht sich
das Konsortium für sogenannte *quality gates* für den CPM-Prozess aus,
deren inhaltliche Struktur, Verankerung und Umsetzung allerdings nicht in
ausreichender Form spezifiziert werden. Ähnliches gilt für die Vorgaben
zur Projektkategorisierung. Sie sollte übergreifend getragen und in der Be-
wertungssystematik verfeinert werden. Im Gegensatz dazu ginge es beim
Risikomanagement weniger um die methodische Vervollständigung, als
vielmehr um die prozessuale Verankerung und ressourcenseitige Unterfütterung sowie um eine nachhaltige Umsetzung.

Daraus entwickelten die Gutachter schließlich einen „Vorschlag zur organisatorischen Verankerung"[52], nach der „die zu Zeiten der Vorgängerre-
gierung initiierten Organisationsveränderungen noch nicht ihre volle Wirkung entfalten" können. Die Vorschläge der Gruppe richten sich dabei
vordringlich auf Ablaufänderungen und die Einführung eines übergreifenden Risikomanagements, Empfehlungen, die eingangs noch gleichsam
ausgeschlossen wurden. Besonders das BAAINBw rückt damit in das
Zentrum der Aufmerksamkeit, hier sei „ein pro-aktives, systematisches
Risikomanagement" kulturell noch nicht verankert. Auch hemme eine
mangelnde Ressourcenverfügbarkeit bisher eine konsequente Einführung.

---

51 Exzerpt, 48.
52 a.a.O., 49.

Die oftmals zu optimistische bzw. auch extern beeinflusste Planung von Projekten berücksichtige keine ausreichenden Budgets zur Überwindung eingetretener Risiken und führe somit zu einer Budgetüberschreitung der Projekte.

Die Umsetzung der vorgeschlagenen Maßnahmen, insbesondere der übergreifenden Empfehlungen, müsste von der Leitungsebene ausgehen, getragen und vorgelebt werden. Sie sei als einem „Großprojekt vergleichbar" anzusehen (vgl. Abb. 15).

Abbildung 15: Gutachterempfehlung Projektorganisation (KPMG et al.)

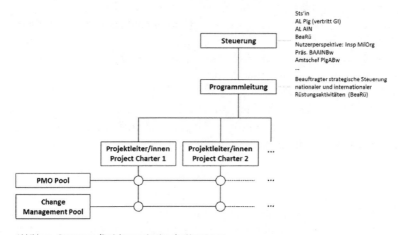

Abbildung - Programm-/Projektorganisation der Umsetzung

Die Projektleiter werden in ihrer Projektdurchführung und -steuerung durch einen Programm-Management Office (PMO) Pool begleitet, der z.B. die einheitliche Ausgestaltung, Umsetzung und Dokumentation von Prozessen unterstützt, Zeitpläne nachhält und Schnittstellen zwischen den Projekten synchronisiert.

Beim Aufsetzen, bei der Einführung und bei der Implementierung der Änderungen, die durch die verschiedenen Projekte ausgelöst werden, unterstützten Mitarbeiter eines Change Management Pools. Diese betreuen die Begleitung der organisatorischen, prozessualen und kulturellen Veränderungen.

Zusammenfassung

In der Zusammenfassung wird man dem vorgelegten Gutachten des Konsortiums skeptisch gegenüber stehen müssen. Es bietet eine Reihe neuer, in Teilen durchaus erschreckender Erkenntnisse, hat sich insofern möglicherweise „bezahlt gemacht". Deutlich defizitär erscheint dagegen die angesprochene Fokussierung auf die Nachfrageseite des Beschaffungswesens, deren Arbeits- und Handlungsfähigkeit nicht ohne Einbezug der Anbieterseite, mithin der Rüstungsindustrie, adäquat untersucht werden kann. Hinzugefügt sei, dass sich gerade die Exzerpt-Fassung des Gutachtens wie ein Schritt im Rahmen einer weiteren Projektakquisition liest. Das verstärkt eine ohnehin für die Bundesebene erkennbare Entwicklung, nach der Consulting-Firmen nicht nur im Vollzug politische Entscheidungen, sondern auch im Prozess der Politikformulierung und der Programmentwicklung an Bedeutung gewinnen, beide Phasen des Politikprozesses inzwischen deutlich prägen. Hier sind staats- und verwaltungspolitische Verwerfungen, unter Einschluss einer nicht nur impliziten Abwertung des eigenen Personals, erkennbar, die der öffentlichen Diskussion bedürfen.

IV. Die Neuausrichtung im binnenstaatlichen Vergleich

Um über den Ansatz, den Vollzug und etwaige Wirkungen der „Neuausrichtung der Bundeswehr" Auskunft zu geben, empfiehlt es sich darüber hinaus, sie einem gleich doppelten Vergleich zu unterziehen: zum einen in Relation zu anderen binnenstaatlichen „Großreformen", zum anderen im internationalen Vergleich. Die nachfolgenden Ausführungen bemühen sich zunächst um die binnenstaatliche Perspektive, mithin um eine mögliche Einbettung der Neuausrichtung in eine Reihe größerer Staats- und Verwaltungsreformen in der Geschichte der Bundesrepublik. Dabei ist zu bedenken, dass eine solche „Qualifizierung" von Reformpolitiken, erst recht im historischen Längsschnitt, natürlich schon dadurch erschwert ist, dass unterschiedliche Kontextbedingungen (politisch, ökonomisch, gesellschaftlich) die Auswahl behindern. Gleichwohl soll der Versuch gewagt werden, um aus dem Vergleich gegebenenfalls Hinweise auf Gemeinsamkeiten oder Besonderheiten, Erfolge und Rückschläge sowie handlungsorientierte Empfehlungen zu gewinnen. Drei unterschiedliche Zugänge (und damit auch Begründungsebenen) für die einzubeziehenden Reformpolitiken werden unterschieden: Veränderungen in der staatlichen Organisationsstruktur, Modernisierungsbemühungen in einzelnen herausragenden Politikfeldern sowie Reformvorhaben, die sich auf meist exogen induzierte querschnittsorientierte Anpassungsleistungen richten. So geht es in den folgenden Abschnitten um die Modernisierung der bundesstaatliche Ordnung im Rahmen der Föderalismusreformen I und II, die Reform ressourcen- wie zukunftsträchtiger Politikfelder, wie die Energie- und die Sozial-/Arbeitsmarktpolitik (im Rahmen der *Hartz*-Gesetzgebung), sowie schließlich um „Entgrenzungsprozesse" im Zuge wachsender Europäisierung und Internationalisierung. Eine kurze Zusammenfassung des Vergleichs beschließt dieses Kapitel.

1. Die Modernisierung der bundesstaatliche Ordnung: die Föderalismusreformen I und II

Reformbedürftige bundesstaatliche Ordnung

Die beiden Föderalismusreformen stehen im Kontext der Bemühungen, die bundesstaatliche Ordnung, mithin die Bund-Länder-Beziehungen in Deutschland, zu „modernisieren". Den konkreten Anlass bildete die seit langem gewachsene Kritik, dass die deutsche Gesetzgebung zu langwierig und in ihren Willensbildungsprozessen zu „verflochten", ja gelegentlich durchaus blockiert sei, sie mit dem Ansteigen zustimmungspflichtiger Gesetze Zentralisierungsprozesse fördere und schließlich mangelnde Transparenz und unklare Verantwortlichkeiten die Entscheidungsprozesse im Bundesstaat prägten.

Ende der 1990er Jahre kam es zu ersten konkreteren politischen Reaktionen auf diese Diskussion, die aufgrund laufender Verfahren vor dem Bundesverfassungsgericht zunächst allerdings keine Ergebnisse erbrachten. Erst im Juni 2001 stellten die finanzstarken Länder ihre Kritik am bestehenden Finanzausgleich zurück – zugunsten einer Lösung, die der traditionellen bundesstaatliche Solidarität mit den finanzschwachen Ländern verpflichtet blieb und insbesondere den ostdeutschen Ländern eine Verlängerung der Solidarpaktmittel zugestand. Im Gegenzug wurde eine Föderalismusreform vorgesehen, die die Stellung der Länder stärken sollte. Nach langwierigen Verhandlungen und einer Reihe von Positionspapieren der Akteure setzte man schließlich eine Regierungskommission von Bund und Ländern ein, die die vorliegenden Papiere prüfen und Grundlagen für Gesetzentwürfe erarbeiten sollte. Aufgrund der sich anschließenden Diskussion wurde dieser Vorschlag zu einer Verfassungskommission von Bundesrat und Bundestag aufgewertet, um so eine umfassende Modernisierung der bundesstaatlichen Ordnung zu gewährleisten. Am 16. Oktober 2003 beschloss der Bundestag auf Antrag der Fraktionen der CDU/CSU, der SPD, des Bündnisses 90/Die Grünen und der FDP die Einsetzung dieser Kommission.[53] Ziel war es, die Handlungs- und Entscheidungsfähigkeit von Bund und Ländern zu verbessern. So seien die politischen Verantwortlichkeiten der unterschiedlichen Ebenen zu überprüfen und gegebenenfalls zu verändern, wäre zudem die Effizienz der Aufgabenerfüllung zu

---

53 BT-Drs.15/1685.

steigern. Trotz eines zwischenzeitlich erreichten Konsenses – zumindest zur Aufgabe des Modernisierungsansatzes – scheiterte ein dazu einberufener „Gipfel" am 17. Dezember 2004 an Streitigkeiten über eine Kompetenzneuordnung im Bildungsbereich. Der bis dahin erreichte Verhandlungsstand wurde allerdings festgehalten und bildete die Grundlage für die weitere Entwicklung.

Konkrete Reformbemühungen

Im Rahmen der Bildung der Großen Koalition im Herbst 2005 einigten sich dann CDU/CSU und SPD, „auf der Grundlage der Vorarbeiten der Föderalismuskommission", die Arbeiten an einer Modernisierung der bundesstaatlichen Ordnung in Deutschland aufzunehmen. Der Koalitionsvertrag wurde um eine Anlage ergänzt, die bereits vergleichsweise detaillierte Vorschläge für Grundgesetzänderungen enthielt. Materiell ging es im Rahmen zweier Gesetzentwürfe, den „Entwurf eines Gesetzes zur Änderung des Grundgesetzes" und den „Entwurf eines Föderalismusreform-Begleitgesetzes", um die Verteilung der Gesetzgebungskompetenzen zwischen Bund und Ländern sowie die Konkretisierung der Zuständigkeiten und Mitwirkungsrechte der Länder bei der Gesetzgebung des Bundes. Sehr schnell freilich zeigte sich, dass die Präsentation der ersten Vorschläge (vor allem zu umwelt- und bildungspolitischen Fragen) bei den Fachpolitikern aller Parteien auf beträchtliche Vorbehalte stieß. Dies wurde in einer Anhörung durch den Rechtsausschuss des Bundestages verstärkt, sodass – verbunden mit generellen Vorbehalten gegen eine Reform, die den Weg von einem „kooperativen zu einem konkurrenzorientierten Föderalismus in Deutschland" ebenen sollte – der Spielraum von vornherein eingeengt war. Im Ergebnis kam es am 30. Juni 2006 zwar zur Verabschiedung beider Bundesgesetze, die im Rahmen vorangehender Versuche zur Kompromisslösung allerdings beträchtlich verwässert wurden. Am 7. Juli des gleichen Jahres stimmte der Bundesrat gleichwohl der Reform zu, sie trat am 1. September 2006 in Kraft.

Die Bemühungen der *Föderalismusreform-Kommission I* richteten sich primär auf die föderalstaatliche Kompetenzverteilung und die Zustimmungspflichtigkeit von Bundesgesetzen, ergänzt um Einzelfragen der Bildungspolitik, des Beamtentums, des Umweltrechts sowie der europäischen Entwicklung. Die Finanzverteilung zwischen den gebietkörperschaftlichen

Ebenen wurde von vornherein „ausgeklammert", sie stand später im Zentrum der Föderalismusreform II.

Kompetenzordnung und Zustimmungspflicht

Die Ergebnisse der Beratungen enttäuschten die Öffentlichkeit beträchtlich. Von einem „Durchbruch" in den einzelnen Themenfeldern konnte nicht die Rede sein. Zwar kam es in der Folge durchaus zu einem Absenken der sogenannte Zustimmungsquote (also der Zahl der zustimmungspflichtigen Gesetze) und verringerten sich auch die Anrufungen des Vermittlungsausschusses von Bundesrat und Bundestag, doch sahen Kritiker eine Beeinträchtigung des bundesstaatlichen Solidaritätsprinzips, vor allem durch die Abgabe von Bundeskompetenz an die Länder und die damit verbundene Konkurrenzsituation, die finanziell starke Länder einseitig bevorzugen könnte. Mit dem weitgehenden Rückzug des Bundes aus der Bildungspolitik und der Abkehr von einer einheitlichen Beamtenbesoldung zog sich der Bund in den Augen seiner Kritiker zudem aus grundlegenden sozialen Verpflichtungen und Hoheitsbefugnissen zurück und drohe den Ländern ein Wettbewerb um die niedrigsten Kosten (*race to the bottom*) zu Lasten von Bedürftigen, Forschungseinrichtungen und Spitzenbeamten. Ähnliche Vorbehalte fanden sich mit Blick auf die neuen Regelungen zum Strafvollzugsrecht und zum Umweltschutz, ergänzt um Kritiken, die sich wiederum auf den „geringen Mut" der Kommission richteten. Die gegenseitige Behinderung von Bund und Ländern würde durch die Veränderungen mitnichten abgebaut, man verletzte vielmehr grundlegende föderale Prinzipien.

Reform der Finanzbeziehungen

Die Reform der Finanzverfassung, die man zurecht für eine wirkliche Neugestaltung des deutschen Föderalismus als grundlegend bezeichnete, wurde schließlich zum primären Gegenstandsbereich der *Föderalismusreform-Kommission II*. Nach dem Versuch zur Klärung der Kompetenzverteilung zwischen Bund und Ländern galt nun einer nachhaltigen Entwicklung der öffentlichen Haushalte das Interesse. Hinzu trat, dass sich die diesbezüglichen Probleme, vor allem im Finanzausgleich, durchaus anhäuften, nicht zuletzt dokumentiert in der kontinuierlichen Anrufung des

Bundesverfassungsgerichts. Die letzte wirklich grundlegende „Finanzreform" lag weit zurück (1967).

Die Kommission unter der Leitung des Ministerpräsidenten *Günther Oettinger* für den Bundesrat und des SPD-Fraktionsvorsitzenden *Peter Struck* für den Bundestag konstituierte sich am 8. März 2007. Als Auftrag galt es, Vorschläge zur Modernisierung der Bund-Länder-Finanzbeziehungen mit dem Ziel zu erarbeiten, diese den veränderten Rahmenbedingungen innerhalb und außerhalb Deutschlands, insbesondere mit Blick auf die Wachstums- und Beschäftigungspolitik, anzupassen. Die Vorschläge sollten dazu führen, die Eigenverantwortung der Gebietskörperschaften zu stärken und eine ihren Aufgaben adäquate Finanzausstattung zu gewährleisten.[54] Die Themenliste im Rahmen des Einsetzungsbeschlusses war weit aufgefächert. Sie reichte von der Haushaltswirtschaft samt der Vorbeugung von Haushaltskrisen und der Etablierung eines Frühwarnsystems über die Entwicklung materieller Kriterien für eine zusätzliche Verschuldung bis hin zur Änderung der Art. 115 und Art. 119 GG, um Haushaltsnotlagen zu vermeiden und bestehende Haushaltskrisen (auf der Basis von Konzepten zur Sanierung und zur erweiterten Autonomie) zu bewältigen. Aufgabenkritik und Standardsetzung, Entbürokratisierung und Effizienzsteigerung sowie die Stärkung einer aufgabenadäquaten Ausstattung unter Eigenverantwortung der Gebietskörperschaften (bis hin zu einer erweiterten Zusammenarbeit und der Möglichkeit zur Erleichterung eines freiwilligen Zusammenschlusses von Ländern) traten hinzu. Schon diese Aufzählung macht deutlich, wie sehr sich Modernisierungsbedarf erkennbar „aufgestaut" hatte, der durch zwei größere Anhörungsverfahren von Sachverständigen nachdrücklich bestätigt wurde. Vor allem die Regeln zur Länderneuverschuldung traten in das Zentrum der Kommissionsarbeiten, zumal man das Wachstums- und Stabilitätsgesetz aus dem Jahr 1967 als immer weniger zeitgemäß und problemadäquat empfand. Der Weg zu einer Schuldenbegrenzung war damit vorgezeichnet, über Konsolidierungshilfen und Stabilitätsratsgesetze kam es zu entsprechenden operativen Ausdifferenzierungen.

---

54 BT-Drs. 16/3885; BR-Drs. 913/06.

Schuldenbegrenzung und Erweiterung des Art. 91 GG

Mit Blick auf die Steuerverwaltung wurde das vor allem vom Bund angestrebte Ziel, eine einheitliche und zentrale Zuständigkeit beim Bundesministerium der Finanzen zu schaffen, nicht erreicht, doch kam es zu einigen
Verbesserungen im Vollzug. Auch erweiterte man Art. 91 GG über das Gesetz zur Verbindung der Informationstechnischen Netze des Bundes und
der Länder (Art. 91c GG) sowie zur Erleichterung von Leistungsverglei-
chen zwischen den Gebietskörperschaften (Art. 91d GG). Letzteres suchte
Vergleiche der administrativen Leistungsfähigkeit, mithin ein *benchmarking,* in und für die öffentliche Verwaltung zu institutionalisieren, was in
der Sache zwar unstrittig schien, aufgrund von Unstimmigkeiten über den
Grad der Verbindlichkeit eines *benchmarking* und die Frage, wer die
Steuerung entsprechender Prozesse in der Hand halten sollte, aber scheiterte. Die Kommission sprach sich im neuen Art. 91d GG letztlich nur für
ein freiwilliges Zusammenwirken von Bund und Ländern aus – in der
Hoffnung, so die Bereitschaft zur Durchführung solcher Leistungsverglei-
che in Deutschland zu fördern. Bis heute blieben diese Erwartungen uner-
füllt.

Wenig erfolgreiche Reformbemühungen

Zusammenfassend wird man die Bemühungen um eine Modernisierung
der bundesstaatlichen Ordnung als wenig erfolgreich einschätzen müssen.
Zwar kam es zu den benannten Arrondierungen im Rahmen der Kompetenzverteilung, doch war damit kein wirklich materieller Eingriff in die
Föderalismusroutinen verbunden. Eher dürfte die Normierung der „Schuldenbremse" auch strukturell wirken, sie stellt bekanntlich eine beträchtliche Herausforderung der Gebietskörperschaften dar und zwingt bereits
heute zu konsequenteren Haushaltsberatungen. Erst zum Jahr 2019 ist mit
dem nahezu gleichzeitigen Auslaufen der Sonderhilfen/des Solidarpakts
II, der Neuordnung des Länderfinanzausgleichs (in Verfolgung einer weiteren Klage vor dem Bundesverfassungsgericht), der Gewährleistung der
Schuldenbremse sowie schließlich komplementären Anpassungen europäischer, nationaler und regionaler Förderverfahren ein vermutlich entscheidender Schritt in Richtung einer zeitgemäßen Finanzverfassung zu erwarten.

2. Sektorale Politikfelder: Energiepolitik, Sozial- und Arbeitsmarktpolitik (die „Hartz"-Gesetzgebung)

Die Föderalismusreformen I und II bildeten nur einen Schritt in einer längeren Kette von Modernisierungsversuchen in den vergangenen Jahrzehnten, gewannen aber Bedeutung insofern, als Bund und Länder die anstehenden Fragen zu „bündeln" suchten und mit der Einsetzung der beiden Reformkommissionen den Überlegungen ein breiteres Fundament als bisher boten. Das Ergebnis war, das voranstehende Kapitel hat es deutlich gemacht, eher „mager": Die Kompetenzverteilung zwischen Bund und Ländern wurde zwar punktuell verändert und zeigt, wenn auch begrenzt, „Wirkung", zu einer gesamthaft überprüften Aufgaben- und Kompetenzordnung kam es jedoch nicht. Auch die Ergebnisse der Föderalismusreform II blieben im Wesentlichen auf einen Aspekt konzentriert: jene Schuldenregelung, die bis heute streitig diskutiert wird, gleichwohl aber Eingang nicht nur in das Grundgesetz, sondern auch in diverse Länderverfassungen fand. Die darüber hinaus gehenden, durchaus dringlichen Fragen – von gesamthaften IT-Regelungen bis hin zu einem Leistungsvergleich zwischen den Gebietskörperschaften – wurden in ihrer Bedeutung „herabgesenkt" oder über „kann"-Regelungen abgeschwächt, ein meist sicheres Zeichen für das Scheitern ambitionierterer Reformbemühungen.

Auswahl der Politikfelder

Ein zweiter Vergleich der Neuausrichtung mit bedeutsameren binnenstaatlichen Modernisierungsansätzen gilt eher sektoralen Politikfeldern – hier vor allem am Beispiel der Energiepolitik (*vulgo*: der „Energiewende"), ergänzt um jene sozial- und arbeitsmarktpolitischen Reformen, die unter der Chiffre der „*Hartz*-Gesetzgebung" bekannt wurden. Findet letztere aufgrund des sehr ambitionierten, ja überkomplexen Reformansatzes hier eine wenigstens punktuelle Erwähnung, gilt das primäre Interesse der Energiepolitik, die vor allem durch eine viele überraschende abrupte Politikwende gekennzeichnet war. Es ging (und geht) im Wesentlichen um die Gewährleistung einer nachhaltigen Energieversorgung in den Sektoren Strom, Wärme und Mobilität, wobei es Ziel der Energiewende war, die primär von der Energiewirtschaft verursachten ökologischen und gesellschaftlichen Probleme auf ein Mindestmaß zu verringern und die dabei anfallenden bisher am Energiemarkt kaum eingepreisten externen Kosten vollständig zu internalisieren. Von besonderer Bedeutung sei angesichts der nicht mehr bestreitbaren globalen Erwärmungsprozesse heute die „Dekarbonisierung der Energiewirtschaft" durch Beendigung der Nutzung fossiler Energieträger, wie Erdöl, Kohle und (Erd-) Gas. Zugrunde liegt dem ein Denken, das die Endlichkeit der fossilen Energieträger betont – ergänzt um den Ausweis der sich mit der Nuklearenergie verbindenden Gefahren. Kernelemente der Energiewende waren und sind der Ausbau der erneuerbaren Energien, die Steigerung der Energieeffizienz sowie die Verwirklichung von Energieeinsparmaßnahmen, wobei zu den erneuerbaren Energien vor allem Wind- und Sonnenenergie, Wasserkraft und Erdwärme sowie Bioenergie zählen. Hinzu treten die Bedeutung der Elektrifizierung des Wärmesektors und, nicht zuletzt, des Verkehrswesens durch Wärmepumpen und Elektromobilität. Der damit gekennzeichnete Übergang von konventionellen Brennstoffen hin zu erneuerbaren Energien wird nun in zahlreichen Formen und Verfahren angestrebt bzw. vollzogen, wiewohl die weiterhin bestehende Nutzung vor allem der Kernenergie in wirtschaftlich bedeutsameren Staaten (auch größeren EU-Mitgliedstaaten) einen kontinuierliche Diskussionspunkt darstellt.[55]

Frühphasen der energiepolitischen Diskussion

In Deutschland begann die Diskussion um eine „Energiewende" in den frühen 1970er Jahren, als nicht nur der Begriff der „Nachhaltigkeit" zunehmende Bedeutung gewann, sondern man sich auch mit Blick auf regenerative Energieträger schnell auf die für Deutschland wichtigsten, die Biomasse, die Windenergie und die Photovoltaik, konzentrierte. Die Notwendigkeit zu einer stetig steigenden Energieversorgung traf dabei auf eine kaum entwickelte staatliche Energiepolitik, während die Energieproduzenten nicht nur die Märkte, sondern auch die diesbezüglichen Diskussionen beherrschten. Erst die großen Protestbewegungen (Wyhl, Gorleben et al.) schürten ein breiteres Bewusstsein für die anstehenden Fragen, die man über Sachverständigen- und Enquetekommissionen einer Beantwortung zuzuführen suchte. Mit der steigenden Bedeutung der grünen Bewegung, die schließlich 1983 zum Einzug der Grünen in den Bundestag führ-

---

55 Die Literatur zu diesem Komplex ist inzwischen nahezu unüberschaubar; Einzelhinweise im Literatur- und Materialverzeichnis dieses Bandes.

te (verbunden mit der Forderung nach einem Sofortausstieg aus der Kernenergie), professionalisierte sich die Diskussion schrittweise, nicht zuletzt im Gefolge der Reaktorkatastrophe von Tschernobyl (1986). Trotz der sich mehrenden Forderungen nach einem Atomausstieg reagierte die seinerzeit amtierende Regierungskoalition aber zurückhaltend, wenn auch durch die Bildung von Forschungseinrichtungen und die Vorlage von Energieberichten zunehmend besorgt. Ende der 1980er Jahre schließlich kam es trotz einer grundsätzlich kernenergiefreundlichen Politik der amtierenden Regierung zur ersten Abschaltung von Kernkraftwerken, auch und gerade nach der Wiedervereinigung. In der zweiten Hälfte der 1990er Jahre folgten dann konkrete Reformbemühungen seitens der rot-grünen Regierung, mithin der Kabinette *Schröder* I und II. Damit erhöhte sich die energiepolitische Dynamik, etwa durch die Einführung der Ökosteuer (auf den Energieverbrauch), eine verbesserte Förderung erneuerbarer Energien, zusätzliche Förderprogramme und sich intensivierende Gespräche über einen „Atomausstieg". Im Juni 2000 schließlich wurde mit den Kernkraftwerksbetreibern der sogenannte „Atomkonsens" ausgehandelt, der die Laufzeiten von Atomkraftwerken begrenzte. Das letzte Kernkraftwerk sollte nach diesen Vorstellungen etwa im Jahre 2020 außer Betrieb gehen, zugleich sprach man sich gegen den Neubau von Kernkraftwerken aus.

Dieser Atomkonsens stieß bekanntlich auf ein sehr unterschiedliches Echo, befriedete aber die Debatte beträchtlich, obwohl Atomkraftgegner die ihrer Ansicht nach zu langen Laufzeiten der Kernkraftwerke sowie den Bestandsschutz kritisierten, während Befürworter der Kernenergie den Konsens generell mit Blick auf die niedrigen CO_2-Emissionen ablehnten. Schließlich erklärten die Oppositionsparteien (CDU/CSU und FDP), dass sie den Atomausstieg bei einem erneuten Regierungswechsel aufheben wollten.

Schrittweiser Übergang zu erneuerbaren Energien

Die sich anschließende Große Koalition (2005) hielt zunächst fest, dass sich Union und SPD bei der Kernenergiepolitik nicht hätten einigen können und deshalb der Atomkonsens beibehalten würde. Damit blieb es beim Ziel „Atomausstieg", wobei während der Laufzeit der Großen Koalition zwei weitere Kernkraftwerke abgeschaltet wurden. Darüber hinaus kam es zu einer Konkretisierung der Erneuerbare Energien-Politik, zumal hier unerwartete technische Fortschritte erzielt werden konnten.

Im Herbst 2010 schließlich beschloss die ins Amt kommende schwarz-gelbe Bundesregierung wiederum eine deutliche Laufzeitverlängerung der deutschen Kernkraftwerke, die mit einer Novelle des Atomgesetzes im Dezember 2012 in Kraft trat. Erst die Katastrophe von Fukushima (am 11. März 2011) veränderte die Ausgangssituation durchaus dramatisch und mündete bekanntlich in eine erneute „Wende". So verkündete die Bundesregierung bereits wenige Tage nach der Katastrophe ein dreimonatiges Atom-Moratorium und beschloss im Juni 2011 den Atomausstieg bis zum Jahr 2020. Die diesbezügliche Abstimmung im Bundestag verzeichnete eine Mehrheit von 513 zu 79 Stimmen, sodass das „13. Gesetz zu Änderung des Atomgesetzes" von weiten Teilen der CDU/CSU, der SPD, der FDP und der Grünen getragen wurde. Die Beendigung der Kernenergienutzung in Deutschland wurde damit endgültig geregelt, unter Einschluss der Betriebsgenehmigung für acht Kernkraftblöcke; die Laufzeit der übrigen wurde zeitlich gestaffelt. In gewissem Sinne kehrte Deutschland damit zum *status quo* zurück, der bereits im Jahr 2000 unter Rot-Grün vereinbart war. Während vor allem auf konservativer und freidemokratischer Seite beträchtlich gegen die Rücknahme der zwischenzeitlich eingeräumten Laufzeitverlängerung polemisiert wurde, stand die Bevölkerung mit großer Mehrheit hinter dem „Ausstieg". Einige Monate vor der Bundestagswahl 2013 dokumentierte eine repräsentative Umfrage im Auftrag der Verbraucherzentralen eine mehr als 80-prozentige Zustimmung der Bürgerschaft zu den Zielen der Energiewende, 45 Prozent der Befragten fanden das Tempo des Ausbaus der erneuerbaren Energien zudem als noch „zu langsam".

Energiewende als herausragendes Reformprojekt

Die deutsche Energiewende gilt heute als „herausragendes nationales Projekt Deutschlands".[56] Danach zählt das Land zu jenen Standorten, die weltweit die ambitioniertesten Ziele beim Übergang zu einer nachhaltigen Energieversorgung verfolgten. Zwar sei die öffentliche Debatte über die Energiewende im Allgemeinen sowie ihre konkrete Ausgestaltung im Besonderen im hohen Maße politisiert und oft auch ideologisch motiviert,

---

56 Dies gilt nicht nur für die politische Selbstdarstellung, sondern durchaus auch im internationalen Vergleich.

zudem nicht selten von Eigennutz getrieben, doch wird das Vorgehen meist positiv gewürdigt, unbeschadet der noch vielen offenen Fragen zur Versorgungssicherheit, zu den Kosten der Energiewende sowie zur Verteilung dieser Kosten zwischen der Industrie und der Bürgerschaft.

Der Widerstand der Wirtschaft war und blieb zunächst erheblich, doch galt die Energiewende rasch als „unumkehrbar", wenn auch zunehmend deutlich wurde, dass die für die Transformation der Energiemärkte erkennbaren Rahmenbedingungen weder in ausreichendem Maße bestanden noch operativ ausreichend vorgedacht waren. Im Ergebnis konnte auch nicht verwundern, dass das Bundesumweltministerium erstmals im März 2013 mitteilte, dass Deutschland seine Klimaschutzziele bis 2020 voraussichtlich verfehlen würde. Ziel war eine Minderung der Treibhausgasemissionen um 40 Prozent, doch sei nach dem gegebenen Kenntnisstand nur eine eingeschränkte Verringerung zu erwarten – je nach der Wirtschaftsentwicklung. Ursache hierfür seien der nicht immer funktionierende EU-Emissionshandel, auch versuche man konkret gesetzte Standards, etwa das Ziel der Emissionsminderung, lediglich als politisches, mithin veränderbares Ziel zu verstehen, eine Auffassung, die die Forderung nach einem verbindlichen nationalen Klimaschutzgesetz förderte.

Beträchtliche Umsetzungsprobleme

Schließlich entbrannten erhebliche Debatten um die Versorgungssicherheit, die Netzentwicklungspläne, den Ausbau des deutschen Strom- und Gasnetzes sowie den Bau von vier großen „Stromautobahnen". Verbunden mit dem Aufflackern einer neuen Kostendebatte, vor allem aufgrund einer Anfang Januar 2013 stark steigenden EEG-Umlage – kam es zu erneuten Grundsatzdiskussionen, die schließlich selbst Bundespräsident *Joachim Gauck* motivierten, sich dem Thema zuzuwenden; er mahnte, dass die „Energiewende nicht allein mit privatwirtschaftlichen Verordnungen" gelänge und „wohl auch nicht mit einem Übermaß an Subventionen", sondern eher auf dem Wege überzeugender Innovationen im fairen Wettbewerb. Deshalb sei es notwendig, einen verlässlichen politischen Rahmen zu setzen, so dass Schädliches vermieden und Gewünschtes erreicht würde. Marktwirtschaftliche, wachstumsfreundliche Umweltpolitik hieße für ihn, „dass die Kosten für Umweltbelastungen und Umweltrisiken den Verursachern in Rechnung gestellt werden und nicht den Steuerzahlern. Und dass umweltfreundliche Produktion sich für Unternehmen im Wettbewerb auszahlt". Schließlich warnte *Gauck* davor, die Kosten für die Umweltpolitik den nachfolgenden Generationen aufzubürden, eine solche Haltung sei schlicht verantwortungslos.[57]

Im Übrigen setzen sich die Auseinandersetzungen über die Energiepolitik trotz und gerade wegen der „Wende" fort. So wirft man derzeit der Bundesregierung vor, das Abschalten alter Kohlemeiler in ihrem Entwurf des „Aktionsplans Klimaschutz" auszusparen, mithin den Protesten der Konzerne und der Gewerkschaften zu folgen. Wie und auf welchem Wege Deutschland freilich sein selbst verordnetes Klimaziel erreichen soll, bleibt im Dunkeln. Dabei ist daran zu erinnern, dass Kohlemeiler die größten CO_2-Schleudern des Landes darstellen, seit dem Start des Atomausstieges aber trotz ihres hohen Lebensalters auf Hochtouren laufen und die Klimabilanz der Bundesrepublik kontinuierlich verschlechtern. Der amtierende Wirtschaftsminister, *Sigmar Gabriel*, führte dazu vor Gewerkschaftern der Energiekonzerne lediglich aus, dass es keinen Sinn mache, „jetzt eine Debatte über einen quasi zeitgleichen Ausstieg aus der Atomenergie und der Kohleverstromung zu führen".

Schätzungen der IEA

Darüber hinaus wurden Schätzungen der Internationalen Energieagentur (IEA, Data Services 2014) bekannt, nach denen sich die Kosten der Stilllegung und Entsorgung älterer Atommeiler in den kommenden 25 Jahren auf weltweit über 100 Mrd. Dollar aufsummieren würden. Diese Kosten bildeten eine meist unterschätzte Kategorie und wären politisch zu berücksichtigen. Insgesamt zählte die IEA Ende 2013 nicht weniger als 434 aktive Atomreaktoren, von denen knapp 200 bis Ende 2014 abgeschaltet werden sollen – die meisten davon in der EU, den USA, Russland und Japan. Zeitgleich konzentrierte sich die IEA in ihrem „Weltenergieausblick 2014" auf die globale Atomenergie und ging hier von einem deutlichen Anstieg der Produktion aus, vor allem in China, Indien, Korea und Russland.

---

57 Joachim Gauck: Rede zur Eröffnung der Woche der Umwelt 2012, Berlin, 05. Juni 2012.

Zwiespältiges Fazit

Im Ergebnis wird zweierlei deutlich: zum einen das vor allem in Deutschland lange Ringen um einen Atomausstieg, dessen faktischer Beschluss erst eines exogenen Ereignisses, der Katastrophe von Fukushima, bedurfte. Die sich anschließende „Wende" stellte einen totalen Bruch mit der herkömmlichen Energieversorgung dar, litt aber *ab ovo* an dem nicht oder doch nur unzureichend vorbedachten Vollzug. So sind bis heute wesentliche infrastrukturelle Voraussetzungen, Standorte, Technologieentwicklungen und Versorgungssysteme weitgehend ungeklärt, kommt es zu immer wiederkehrenden Krisen und öffentlichen Auseinandersetzungen, die die Versorgungssicherheit der Bevölkerung nicht immer als gewährleistet erscheinen lassen. Hinzu tritt die politische Auseinandersetzung um die jeweilige Definitionsmacht und den Weg von der breiten Programmentwicklung zur politischen Entscheidung sowie schließlich zum Vollzug. Der deutsche Föderalismus erweist sich auch hier als zumindest tendenziell blockierend, zumal er die unterschiedlichen Interessen zu akkommodieren hat. Da bislang weder ein den Namen verdienendes Veränderungsmanagement noch eine interessenfreie Öffentlichkeitsarbeit erkennbar sind, bedarf es mit Blick auf die Energiewende zwar nicht mehr der grundsätzlichen Entscheidung, wohl aber eines Vollzugsprozesses, der der größten europäischen Volkswirtschaft angemessen ist. Im Vergleich zur „Neuausrichtung" bildet die Energiewende volumenmäßig zwar den weitaus umfassenderen und konsequenteren Transformationsprozess, doch ähneln sich zahlreiche Umsetzungsprobleme, seien sie materieller, finanzieller oder personeller Natur.

Die Hartz-Gesetzgebung

Schließlich sei unter den bedeutenderen sektoralen Reformpolitiken der Bundesrepublik wenigstens kursorisch auf die sogenannte *Hartz*-Gesetzgebung verwiesen, deren Verabschiedung die arbeitsmarkt- und sozialpolitische Landschaft der Bundesrepublik beträchtlich veränderte. Ihr lag die Arbeit einer Kommission „Moderne Dienstleistungen am Arbeitsmarkt" zugrunde, die unter der Leitung des damaligen Vorstandsmitglieds der Volkswagen AG, *Peter Hartz*, stand und im August 2002 ihren Untersuchungsbericht vorlegte. Sie wurde mit dem expliziten Auftrag eingesetzt, Vorschläge zu erarbeiten, wie die Arbeitsmarktpolitik in Deutschland effizienter gestaltet und die staatliche Arbeitsvermittlung generell reformiert werden könnte. Konkreter Anlass hierfür war das Bekanntwerden geschönter Statistiken der Bundesanstalt für Arbeit über deren „Vermittlungserfolge" sowie Berichte über den Umfang des Verwaltungspersonals im Verhältnis zur Zahl der eigentlichen Vermittler. Auch sollte die im Jahr 2002 sehr hohe Zahl von 4 Mio. Arbeitslosen innerhalb von vier Jahren halbiert werden.

Der sich an die Kommissionsempfehlungen anschließende Gesetzgebungsprozess unterschied dann zwischen einer Reihe von „Innovationsmodulen", die die künftige Förderung prägen sollten. Als wesentliche Elemente galten: die Bildung sogenannte Jobcenter, die Reform des Services für die Kunden der Arbeitsämter, die Erhöhung der Vermittlungsgeschwindigkeit, eine „neue Zumutbarkeit und Freiwilligkeit", die Zusammenführung von Arbeitslosenhilfe und Sozialhilfe sowie der Ausbau von Personal-Service-Agenturen; die Bildung von Ich- und Familien-AGs sowie Minijobs, eine effizientere IT-Ausrüstung aller die Klientel angehender Prozesse, der Umbau der Landesarbeitsämter zu Kompetenzzentren für neue Arbeitsplätze und Beschäftigungsentwicklung sowie die Finanzierung der Maßnahmen zum Abbau der Arbeitslosigkeit traten hinzu. Der Gesetzgebungsprozess erfolgte phasendifferenziert im Zeitraum zwischen Januar 2003 und Januar 2005.

Sowohl die Kommissionsempfehlungen als auch die nachfolgende Gesetzgebung waren von heftigen Protesten begleitet, noch heute sind die Auswirkungen der Reform umstritten, obwohl die positiven Folgen für den Arbeitsmarkt, unterstützt durch eine konjunkturelle Besserstellung, offenkundig sind. So zahlte sich die intensivere Betreuung von Arbeitslosen erkennbar aus und ging die Zahl der Langzeitarbeitslosen in den auf die *Hartz*-Gesetze folgenden beiden Jahren um 700.000 auf 2,3 Mio. zurück. Gleichwohl fanden sich weitere Proteste nicht nur der politischen Linken, sondern auch seitens aller Gewerkschaften und der Wohlfahrtsverbände (Montagsdemonstrationen „gegen den Sozialabbau" ab dem Jahr 2004), die letztlich aber die Reform mittrugen. Einzelne Reformbestandteile beschäftigten sogar das Bundesverfassungsgericht. Dies galt insbesondere für die Trägerschaftsregelung nach dem SGB II, wobei unter Berücksichtigung des Subsidiaritätsprinzips kommunale Einrichtungen (sogenannte

Optionskommunen) den BA-Einrichtungen gegenüber standen.[58] Das ambivalente Bild der Reformen (und ihrer Auswirkungen auf den deutschen Arbeitsmarkt, die Sozialstruktur und die Gesellschaftsformation) hat sich bis heute erhalten.

Erschwerter Vergleich mit der Neuausrichtung

Ein näherer Vergleich zum Modernisierungsansatz der „Neuausrichtung" entfällt bereits unter Berücksichtigung von Form und Funktion. So ging die *Hartz*-Gesetzgebung zwar auch auf die Arbeiten einer Kommission zurück, doch veränderte die Politik deren Empfehlungen trotz gegenteiliger Zusicherung des amtierenden Bundeskanzlers beträchtlich. Zudem ging es im Wesentlich um soziale Dienstleitungen, die eine Neuorganisation des Angebot-Nachfrage-Verhältnisses erforderte. Während die „Neuausrichtung" im Wesentlichen als sektoral ausgerichtete binnenorganisatorische Modernisierung bezeichnet werden kann, gelten die *Hartz*-Gesetze eher als Ausdruck eines neuen sozialpolitischen Selbstverständnisses. Schließlich ist offenkundig, dass der Auftrag der Bundeswehr durch ein Funktionsbündel gekennzeichnet ist, das unterschiedlichsten binnenstaatlichen wie europäischen (und inzwischen auch globalen) Anforderungen unterliegt und entsprechend ausdifferenzierte Handlungs- und Einsatzformen erfordert. Andererseits wurde mit Blick auf die politische Durchsetzung der *Hartz*-Reformen ein Handlungsmodus erkennbar, der dem *top-down*-Ansatz der an der Neuausrichtung beteiligten Bundesverteidigungsminister durchaus ähnlich ist, erst recht aufgrund des in beiden Fällen erkennbaren Überraschungsmoments, das von Kritikern freilich auch als zu „abrupter Politikwechsel" (ohne ausreichende Berücksichtigung des Vollzugs) bezeichnet wird. Schließlich sei daran erinnert, dass beide Modernisierungsansätze auch deshalb auf Kommissionsempfehlungen gründeten, weil man eine wenig innovationsfreundliche Binnenstruktur gleichsam „von außen" aufzubrechen suchte. Ob und inwieweit sich dies als ein Modell für künftige Großvorhaben in der Bundesrepublik empfiehlt, wird im abschließenden Kapitel dieser Untersuchung gesondert anzusprechen sein.

---

58 Vgl. als Ergebnis einer mehrjährigen Begleitforschung zum Themenbereich Joachim Jens Hesse, Arbeits- und Sozialverwaltung im Bundesstaat, Baden-Baden 2010 sowie Ders./Alexander Götz, Für eine zukunftsfähige Arbeits- und Sozialverwaltung, Baden-Baden 2007.

3. Querschnittspolitiken: Die Europäisierung und Internationalisierung der deutschen Politik

Schließlich sei nach dem Versuch, die bundesstaatliche Ordnung gleichsam gesamthaft zu modernisieren und/oder sektoral auf reformbedürftige Entwicklungen zu reagieren, kurz auf Bemühungen verwiesen, die mit der „Neuausrichtung der Bundeswehr" zwar durchaus verbunden sind, gleichwohl aber als eher allgemeine Querschnittsanforderung gelten: die Europäisierung und Internationalisierung der deutschen Politik.

Die damit angesprochene „Grenzüberschreitung" zählt inzwischen zwar zu den Alltagsverpflichtungen öffentlichen (wie durchaus auch privaten) Handelns, doch sind die organisationspolitischen Reaktionen auf diese Prozesse noch höchst unterschiedlich ausgeprägt – auf allen gebietskörperschaftlichen Ebenen, mithin nicht nur auf der Bundesebene, sondern auch bei Ländern und Gemeinden. Vor allem die wachsende Europäisierung beeinflusst seit Jahren den Alltag der deutschen Politik und zwingt die Akteure zu mitgestaltender Reaktion oder Anpassung; von einer gesamthaften oder auch nur routinehaften Haltung europäischen wie globalen Verflechtungsprozessen gegenüber kann allerdings nicht gesprochen werden. Dies gilt vor allem für Entscheidungs- und Vollzugsprozesse im Rahmen der Europäischen Union, ergänzt um jene internationalen Verpflichtungen, innerhalb derer man auf grenzüberschreitende Probleme zu reagieren sucht.

Organisationspolitische Gegensätze

Bei all dem dokumentiert die Bundesrepublik ihre Staatsorganisation in besonderer Weise. Zwar bemüht sich die Bundesebene um eine gewisse Bündelung europäischer wie internationaler Politiken, doch findet dies bereits im Art. 65 GG ihre Grenzen, nach dem jeder Bundesminister innerhalb der Richtlinien der Politik seinen Geschäftsbereich „selbstständig und unter eigener Verantwortung leitet". Zudem erscheint die Konstruktion dieses Grundgesetzartikels durchaus widerspruchsvoll. Im ersten Satz überträgt er dem Kanzler/der Kanzlerin die Richtlinienkompetenz und eröffnet damit die Möglichkeit, das Kanzlerprinzip voll zu entfalten, während im zweiten Satz festgelegt wird, dass jeder Minister in diesem Rahmen eben selbstständig agiert, was das Ressortprinzip verwirklicht. Nach dem dritten Satz schließlich soll trotz der Richtlinienkompetenz die Bundesregierung über Meinungsverschiedenheiten zwischen den Ministern entscheiden – dies entspräche dem Kabinettsprinzip. Zumindest in der Logik folgt dem auch § 15 der Geschäftsordnung der Bundesregierung, der ihr eine umfassende Beratungs- und Beschlussfassungszuständigkeit – und damit auch einen Anspruch auf Information – zuspricht, während umgekehrt für den Bundeskanzler, von der Richtlinienkompetenz abgesehen, in der Hauptsache nur Vorsitzendenfunktionen festgelegt werden. Tatsächlich hat das Grundgesetz „hier eine interessante Kombination von Kollegialsystem und Einzelführung geschaffen. Durch diese Verbindung sollen die Mängel jedes Systems sich gegenseitig einschränken" meinte *Theodor Eschenburg* und fuhr fort: „Gleichgültig, ob der Bundeskanzler die Richtlinien selbst bestimmt oder sie von anderen übernimmt, ob er sich dem Mehrheitsbeschluss des Kabinetts fügt oder diesen umstößt: immer trägt er allein die Verantwortung. Wird der Bundeskanzler überstimmt, so muss er sich, symbolisch ausgedrückt, aus der Kabinettssitzung in sein Arbeitszimmer zurückziehen und noch einmal die Entscheidung für sich fällen, die dann die endgültige ist; ‚einsame Entschlüsse' sind also nicht aus der Eigenheit Adenauers zu erklären, sondern werden durch den Art. 65 geradezu verlangt; allerdings muss eine Beratung und Beschlussfassung der Bundesregierung vorangegangen sein".[59]

Kooperationshürden

Im Übrigen schließt Art. 65 GG die Ernennung von Bundesministern ohne eigenen Geschäftsbereich aus und setzt eine klare Zuständigkeitsverteilung zwischen den Ressorts voraus. Diese gelingt allerdings immer weniger, zum einen aufgrund der wachsenden Interdependenz der zu behandelnden Aufgaben, Themenfelder und sich damit verbindender Teilpolitiken, zum anderen aufgrund des Widerstreits zwischen traditioneller Ressorteinteilung und zeitgemäßen politisch-administrativen Steuerungsformen. Es sei dahingestellt, ob Unklarheiten bei der Zuständigkeitsverteilung unvermeidbar sind, man sie vielleicht sogar bewusst in Kauf nimmt, um „synergetische" Prozesse zu institutionalisieren oder Koordinations-

---

59 Theodor Eschenburg, Herrschaft der Verbände? Stuttgart 1963, 735. Zum Gesamtkomplex vgl. Joachim Jens Hesse/Thomas Ellwein: Das Regierungssystem der Bundesrepublik Deutschland, 10. vollständig neu bearbeitete Auflage, Baden-Baden, 2012, 429 ff. (11. Aufl. i.E.)

einrichtungen zu legitimieren. Unbeschadet solcher Unklarheiten kommt den einzelnen Ministerien und den Ministern (aufgrund ihrer politischen Basis und ihrer Persönlichkeitsstruktur) natürlich auch ein sehr unterschiedliches Gewicht zu.

Zu den gewichtigeren Ministerien zählt zweifelsfrei das Bundesministerium der Verteidigung, das deshalb über einen längeren Zeitraum hinweg auch der „Internationalisierung" erhöhte, allerdings gesonderte organisationspolitische Aufmerksamkeit schenkte. Freilich macht ein Blick auf die geleistete Arbeit auch deutlich, dass und wie sehr grenz- und ressortübergreifende Fragestellungen zwar an Gewicht gewinnen, dem verwaltungspolitisch aber meist nur halbherzig entsprochen wird. Zudem fehlt ein systematisches *monitoring*, das sich auf die sicherheits- und verteidigungspolitischen Bemühungen von Partner-, Allianz- oder auch potentiellen Gegnerstaaten richtet. Die nachfolgenden Fallstudien zu den parallel zum Neuausrichtungsprozess verlaufenden verteidigungspolitischen Reformbemühungen in Frankreich und Großbritannien machen das deutlich.

Noch immer fehlendes Verständnis für grenzüberschreitende Fragen

Hinzu tritt, dass der Europäisierungs- und Internationalisierungsauftrag meist sehr unterschiedlich verstanden wird. Häufig findet sich eher allgemeiner Informationsaustausch als die Verfolgung konkreter Fragen, etwa zum operativen Handeln der Akteure. Eine erweiterte Kooperation, auch und gerade im sicherheits- und verteidigungspolitischen Bereich, dürfte mithin ein „Gebot der Stunde" sein. Trotz vergleichbarer haushalterischer und sich mit dem demographischen Wandel verbindender Probleme verfolgt jedes Ressort seine eigene Politik, die nur bei aktuellen Fragen oder Gefährdungen ein ressort- oder gar grenzübergreifendes Interesse findet und, selten genug, eine Kabinettsbefassung auslöst. Selbst mit Blick auf die zwischenzeitlich beklagte Unterbesetzung internationaler Führungspositionen durch deutsches Personal haben die diesbezüglichen Bemühungen um eine ressortübergreifende Personalplanung bislang nur eher überschaubare Erfolge gezeigt; die gegenwärtigen Auseinandersetzungen etwa um die „Kernaufgaben" der Europäischen Zentralbank (EZB) oder um den Aufbau grenzüberschreitender militärischer Kontingente bilden illustre Beispiele.

Schließlich wird das Defizit einer konsequenten Europäisierung und Internationalisierung der deutschen Politik auch darin erkennbar, dass häufig mehrere und vom Aufgabenzuschnitt sehr unterschiedliche Ministerien für die zu bearbeitenden Probleme zuständig sind. Die nachfolgenden Koordinationsprobleme und nicht selten daraus resultierende Konflikte, etwa in der Wirtschafts- und Entwicklungspolitik, dem Infrastrukturbereich, der Umwelt- und Verkehrspolitik sowie der europäischen Politik im engeren Sinne sind offenkundig. Die schleichende „Entmachtung" der Europa-Abteilung des Auswärtigen Amtes durch das Kanzleramt etwa ist ein deutlicher Beleg nicht nur für die Bedeutung und Aktualität der verfolgten Fragestellungen, sondern auch für Gewichtsverschiebungen zwischen den einzelnen Ressorts. Natürlich war es wichtig, angesichts der sich intensivierenden „europäischen Krisen" die Willensbildungs- und Entscheidungsprozesse der Bundesregierung besser zu koordinieren und letztlich zu „zentralisieren", doch wird man bei Auslandsaufenthalten schnell auf die Folgen eines diesbezüglichen Bedeutungsverlusts des Auswärtigen Amtes, mithin der Berufsdiplomatie, angesprochen.

Organisationspolitischer Handlungsbedarf

Im Fazit bleibt festzuhalten, dass Deutschland trotz seiner Energie- und Umweltkabinette organisationspolitisch für grenzüberschreitende Fragen noch immer unterausgestattet erscheint, eine zügige und ressortübergreifende Kommunikation und Koordination sich nur selten findet. Dies setzt sich fort, wenn man nicht nur die Politikformulierung, sondern auch den Vollzugsprozess berücksichtigt, dabei vertikal denkt und die entsprechenden Bemühungen auf Länder- und kommunaler Seite nicht außer Acht lässt. Auch hier findet sich das, was soeben für die Bundesebene skizziert wurde: eine in Teilen erschreckende „administrative Isolation" von europäisch und international bedeutsamen Politiken, eine Ausgangssituation, die meist auch von beträchtlichem Zeit- und Ressourcenverschleiß begleitet ist. Dieser Fragen hätte man sich ernsthafter als bislang im Rahmen der Bemühungen um eine zeitgemäße bundesstaatliche Ordnung annehmen müssen; der Ausweis des neuen Art. 23 GG reicht erkennbar nicht aus, eine der Bedeutung des Landes folgende Europäisierung seiner Politik zu gewährleisten.

4. Reformbilanzen im Bundesstaat: ungleichzeitig und asymmetrisch

Im Ergebnis fällt der Blick auf die hier einbezogenen größeren Reformen auf bundesstaatlicher Ebene eher ernüchternd aus. Zwar muss nicht näher betont werden, dass Reformpolitiken generell mit dem Widerstand von Betroffenen zu rechnen haben, doch wird hier ein deutliches Versäumnis der politischen Eliten, nicht nur, vor allem aber auf der Bundesebene, erkennbar. Danach werden Reformbedarfe meist nicht kontinuierlich erfasst und verfolgt, etwa über eine den Namen verdienende bundesstaatliche Verwaltungspolitik, sondern eher nur punktuell und nicht selten unkoordiniert betrieben, mit der Folge ungleichzeitiger und materiell asymmetrischer Ergebnisse. Reagiert wird meist nur dann, wenn der Problemdruck keine andere Option mehr belässt und Anpassungen an supranationale Regelwerke unausweichlich werden. Damit freilich begibt sich die Bundesregierung einer ihrer wesentlichsten Aufgaben: der kontinuierlichen Überprüfung und Modernisierung des Regierungs- und Verwaltungssystems sowie der Mitgestaltung grenzüberschreitender Politiken. Die abrupten Politikwechsel der Kanzlerin mögen auch hierin eine Begründung finden.

Dem korrespondiert, dass eine organisationspolitisch ausgerichtete Strukturberichterstattung der Gebietskörperschaften, unabweisbare Grundlage eines jeden föderalstaatlichen Vergleichs, bislang nur *in statu nascendi* vorliegt[60], sieht man von den Bemühungen ab, Reformansätze in den deutschen Flächenländern aufeinander zu beziehen und dem komplementäre Kommunalpolitiken folgen zu lassen. So dokumentieren auch die andauernden Bemühungen um ein zeitgemäßes Bund-Länder-Verhältnis, wie sehr systematische Vergleiche fehlen und welcher Stellenwert „Verwaltungspolitik" im Alltag öffentlicher Einrichtungen zukommt. Dem wiederum korrespondiert, dass auch „Wirkungsanalysen", mithin systematische Erhebungen und Bewertungen der Folgen/der Ergebnisse des öffentlichen Handels, bestenfalls punktuell vorliegen. Dem durch den Aufbau entsprechender Kapazitäten konstruktiv zu begegnen, wäre verdienstvoll, auch und gerade mit Blick auf die zunehmende Internationalisierung der Politik. Im Bereich des Bundesministeriums der Verteidigung wird exemplarisch deutlich, dass und wie sehr eine kontinuierliche Wirkungsforschung und ein den Namen verdienendes *monitoring* der nationalen wie interna-

---

60 Vgl. hierzu erstmals Joachim Jens Hesse, Der Bund in der Verantwortung, in: ZSE 1/2007, 99 ff. sowie in nachfolgenden ISE-Untersuchungen auf EU-, Bundes-, Länder- und kommunaler Ebene.

tionalen sicherheitspolitischen Bemühungen noch immer ausstehen. Insofern stellen auch die Bemühungen um eine Institutionalisierung der Evaluation (als „Taktgeber" im Rahmen der Neuausrichtung) nicht nur eine begrüßenswerte Erweiterung der Reformagenda dar, sie bilden möglicherweise auch den Nukleus für ein ergebnisorientierteres und den faktischen (nationalen wie internationalen) Verflechtungsprozessen angemesseneres Handeln auf Bundesebene.

V. Die Neuausrichtung im internationalen Vergleich

Ergänzender internationaler Vergleich

In Ergänzung des binnenstaatlichen Vergleichs größerer Reformpolitiken soll deshalb im Folgenden die „Neuausrichtung der Bundeswehr" auch einem internationalen Vergleich unterzogen werden. Das Interesse richtet sich dabei vor allem auf Großbritannien und Frankreich, die nahezu parallel zum deutschen Modernisierungsansatz eine Überprüfung ihrer Streitkräfte vorsahen und in Teilbereichen Reformvorhaben entweder bereits vollzogen oder aber planen. Dabei interessiert auch, ob im Rahmen dieser Bemühungen Ansätze erkennbar werden, die eine gemeinsame Sicherheits- und Verteidigungspolitik auf europäischer Ebene befördern könnten.

Die Gemeinsame Sicherheits- und Verteidigungspolitik (GSVP) der EU ist bekanntlich Teil der Gemeinsamen Außen- und Sicherheitspolitik (GASP), folgt freilich besonderen Regeln und weist auch eigene Institutionen aus. Sie wurde mit dem Vertrag von Nizza (2001) unter der Bezeichnung Europäische Sicherheits- und Verteidigungspolitik (ESVP) eingeführt, seit dem Vertrag von Lissabon (2007) trägt sie den veränderten Namen. Er wiederum macht deutlich, dass eben noch nicht von europäischen sicherheits- und verteidigungspolitischen Bemühungen gesprochen werden kann, es sich vielmehr um zwischenstaatlich, also intergouvernemental zu verfolgende Politiken handelt. Die entscheidenden Akteure der GSVP bleiben die Nationalregierungen im Rat der Europäischen Union; alle wichtigen Beschlüsse in diesem Politikfeld sind einstimmig zu fassen. Der Europäische Kommission und dem Europäischen Parlament sind lediglich Mitspracherechte eingeräumt.

Die Umbenennung der ESVP in GSVP war von einer Reihe von Reformen begleitet, darunter dem Versuch, die nationalen Rüstungspolitiken zu koordinieren; zudem wurde die wechselseitige Beistandsklausel (Art. 42 Abs. 7 EU-Vertrag, EUV) erweitert und bezieht jetzt die Nationalstaaten mit ein. Nach Art. 42 Abs. 1 und Abs. 2 EUV umfasst die GSVP sämtliche Fragen, die die Sicherheit der Europäischen Union betreffen – sowie die schrittweise Festlegung einer gemeinsamen Verteidigungspolitik.[61] Letztere kann bei einem entsprechenden Beschluss des Europäischen Rats auch zu einer gemeinsamen Verteidigung führen. Im Übrigen unterliegt die GSVP dem in Art. 23-41 EUV geregelten rechtlichen Rahmen der gemeinsamen Außen- und Sicherheitspolitik sowie den besonderen Bestimmungen der Art. 42-46 EUV. Wichtig bleibt freilich, dass Ratsbeschlüsse mit militärischem und verteidigungspolitischem Bezug nach Art. 31 Abs. 4 des EUV nur einstimmig gefasst werden können und die operativen Ausgaben bei militärischen verteidigungspolitischen Bemühungen gemäß Art. 41 Abs. 2 EUV nicht aus dem Haushalt der Europäischen Union, sondern von den Mitgliedstaaten getragen werden.

Mitgliedstaatliche Kontrolle der GSVP

Bleibt somit die Entscheidungsfunktion im Fall der GSVP beim Europäischen Rat und dem Rat der Europäischen Union (die Hohe Vertreterin der Union für Außen- und Sicherheitspolitik und der Europäische Auswärtige Dienst werden gesondert beteiligt), gelten für die Kommission und das Europäische Parlament (EP) lediglich Anhörungs- und Informationsrechte; zuständiger Ausschuss des EP ist der Ausschuss für Auswärtige Angelegenheiten, Menschenrechte und Gemeinsame Sicherheits- und Verteidigungspolitik. Schließlich unterliegen Maßnahmen der GSVP nicht der Judikatur des Gerichtshofs der Europäischen Union (EUGH). Schon angesichts dieser rechtlichen Ausgangssituation wird deutlich, dass und wie sehr die Sicherheits- und Verteidigungspolitik in mitgliedstaatlicher Hand verbleibt. So beschließt der Rat auf der Grundlage der Leitlinien und Strategien über die Standpunkte der Union zu außen-, sicherheits- und verteidigungspolitischen Themen und entscheidet über die Durchführung von Aktionen, etwa in Form militärischer Missionen.

Im Ergebnis verfügt die EU über keine eigenen Soldaten oder gar eine Europäische Armee. Sie greift prinzipiell auf die Streitkräfte der Mitgliedstaaten zurück, die im Einzelfall autonom über die Bereitstellung entscheiden. In Deutschland erfordert das bekanntlich die konstitutive Zustimmung des Deutschen Bundestages.

---

61 Vgl. hierzu fast textgleich die neuere europarechtliche Literatur.

Angesichts dieser Ausgangssituation bietet es sich an, sich zunächst den fast zeitgleich betriebenen (wenn auch, wie zu zeigen sein wird, einem unterschiedlichen Vorverständnis folgenden) sicherheitspolitischen Reformbemühungen Frankreichs, des Vereinigten Königreiches und Deutschlands zuzuwenden. Erst im Anschluss sollen mögliche Wege zu einem erweiterten *pooling and sharing* erörtert werden, bevor eine Zusammenfassung auf mögliche Handlungsoptionen für eine wirklich gemeinsame Europäische Sicherheits- und Verteidigungspolitik dieses Kapitel beschließt.

Schon jetzt sei für Deutschland darauf hingewiesen, dass das Land im Gegensatz zu den angesprochenen Partnern in der GSVP einen eher zivil geprägten Ansatz verfolgt, mithin zwischen der NATO als militärischem Bündnis und der EU als gleichsam zivilem Zusammenschluss unterscheidet. Dies spiegelt sich auch in der deutschen *Enable and Enhance Initiative* (EZI) wieder, die Partner in Konfliktregionen in die Lage versetzen soll, Krisen selbstständig zu bewältigen. Ein weiteres viel diskutiertes Beispiel dafür stellt auch der deutsche Vorschlag dar, die *EU-Battle Groups* für Trainings- und Überwachungsmissionen einzusetzen. Freilich bleiben die Ergebnisse der hierauf bezogenen Treffen des Europäischen Rats meist sehr allgemein, etwa mit Blick auf die Effizienz und die Sichtbarkeit der GSVP, und werden der Haushalt, gemeinsame militärischer Kapazitäten sowie eine Stärkung der europäischen Verteidigungsindustrie eher kursorisch behandelt. Der Rat erscheint auch in diesem Politikfeld eher als der Promotor möglicher Effizienzsteigerungen, während er militärpolitisch bislang eher reaktiv und wenig ambitioniert auftritt. Ohnehin fällt auf, dass die Diskussionen von entschieden zu „breiten" Kategorien beherrscht werden, *smart defense* oder auch die Konsequenzen des US-amerikanischen *pivottoAsia* für die europäische und die mitgliedstaatliche Entwicklung als Beispiele benannt.

1. Frankreich: der selbstbezogene Partner

Ein Rückblick: das Weißbuch 2008

Frankreich bemüht sich vor allem über eine Reihe von Weißbüchern (*livres blancs*) um eine Vergewisserung seiner Sicherheits- und Verteidigungspolitik. Nicht nur aufgrund ihrer Aktualität sind die letzten beiden Weißbücher aus den Jahren 2008 und 2013 von besonderem Interesse. Französische Weißbücher werden in der Regel vom Staatspräsidenten in

Kraft gesetzt und verfügen somit im politischen System Frankreichs über eine hohe „Durchschlagskraft". Zusammen mit dem über eine mehrjährige Laufzeit definierten militärischen Haushaltsgesetz (*Loi de programmation militaire*, LPM) bildet das Weißbuch die relevante Bezugsgröße für alle sicherheits- und verteidigungspolitischen Aktivitäten des Landes. Im Weißbuch 2008 unterzog Frankreich seine Sicherheits- und Verteidigungspolitik einer tief greifenden Reform. Zudem kam es erstmals zu einer Formulierung einer umfassenden nationalen Sicherheitsstrategie, die darauf setzt, die für die Verteidigung und innere Sicherheit des Landes zur Verfügung gestellten Mittel zu bündeln und dabei außenpolitische Gesichtspunkte mit einzubeziehen. Die sich zu diesem Zeitpunkt abzeichnende Rückkehr in die militärischen Strukturen der NATO förderte zudem Ansätze zu einer Stärkung der Position Frankreichs in den euro-atlantischen Sicherheitseinrichtungen. Dabei wurden die „Kernelemente" der Verteidigungspolitik und der (oder zumindest ein) französischer Führungsanspruch in Europa beibehalten. Auf über 300 Seiten wurden in 18 Kapiteln die Veränderungen der Bedrohungslage und die Konsequenzen für Frankreich und Europa analysiert, der europäische und transatlantische Rahmen für die französische Sicherheit erläutert, die neue Strategie und die damit verbundenen inhaltlichen und institutionellen Neuerungen umrissen sowie die Folgen der Reform für die politischen Strukturen, den Verwaltungsaufbau, das Personal, die Finanzen, die Verteidigungsindustrie, die Forschung und die Bevölkerung erörtert. Präsident *Sarkozy* suchte die Erarbeitung des Weißbuchs als Teil eines breiteren Reformprogramms für Frankreich zu forcieren, organisierte dessen Erstellung als einen transparenten und partizipativen Prozess und bemühte sich zudem, der französischen EU-Ratspräsidentschaft im zweiten Halbjahr 2008 wichtige Impulse zu geben. Eine Reform der französischen Sicherheitspolitik wurde bereits vorab als einer der Schwerpunkte des neu gewählten Präsidenten gesehen, wobei sich die deutlich veränderten Rahmenbedingungen seit dem Weißbuch aus dem Jahr 1994 und die Einführung der Berufsarmee im Jahre 1996 als wichtige Eckpunkte erwiesen.

Bedrohungsgerechter Ansatz

Erstmals zeigte sich in diesem Weißbuch, dass Frankreich entschlossen ist, seine Sicherheitspolitik bedrohungsgerecht zu gestalten, unter Einschluss zahlreicher institutioneller und konzeptioneller Neuerungen und der Stärkung der gegebenen militärischen und zivilen Fähigkeiten. So folgten im Juni 2008 ein Modernisierungs- und Reorganisationskonzept für die Streitkräfte und im Oktober dieses Jahres das LPM für den Zeitraum 2009 bis 2014 – nach der Verabschiedung im Ministerrat.[62]

Die mit dem Weißbuch angestrebte strategische Umorientierung war in der Tat von einer Reihe institutioneller Neuerungen begleitet, zudem kam es zu einer signifikanten Personalkürzung: Bis 2014/15 sollte der Personalbestand der Streitkräfte von 271.000 auf 225.000 Stellen gekürzt werden (*Livre blanc* 2008, S. 228), womit sich aber auch eine geographische und materielle Konzentration verband, die die Handlungsfähigkeit zu stärken suchte. Im europäischen Vergleich erwies es sich als ungewöhnlich, dass Frankreich neben einer Senkung der Betriebskosten zugunsten höherer Investitionen mittelfristig eine Erhöhung der Verteidigungsausgaben insgesamt anstrebte. Bis zum Jahr 2012 sollten die Ausgaben zunächst eingefroren werden, um dann über die Inflationsanpassung hinaus jährlich um ein Prozent zu steigen, ein Vorhaben, das freilich schnell an die Grenzen der Finanzierbarkeit stieß.

Das Weißbuch 2013

Das neueste französische Weißbuch der Verteidigung wurde am 29. April 2013 Präsident *Hollande* überreicht. Es bestätigte die Grundorientierung der nuklearen Abschreckung sowie der Einbindung in die NATO, die Entwicklung einer Cyber-Verteidigung, die Aufstockung von Sondereinheiten sowie den Ankauf von Überwachungsdrohnen. Eine weitere Reduzierung des Streitkräfteumfangs um 24.000 Beschäftigte ist für den Zeitraum zwischen 2015 und 2019 vorgesehen, wobei noch 10.000 Dienstposten aus der letzten Reorganisation abzubauen sind (*Livre blanc* 2013, S. 140). Insgesamt, so die Planung, würden dann im Zeitraum von 2008 bis 2018 mehr als 72.000 Stellen abgebaut. Die Grundorientierungen auch dieses Weißbuchs werden derzeit in einem militärischen Haushaltsgesetz (2014 bis 2019) umgesetzt.

Die Eckpunkte des Weißbuchs beinhalten neben der regulären fünfjährigen Überprüfung der nationalen Sicherheitsstrategie des Landes vor al-

---

62 Livre Blanc sur la défense et la sécurité nationale; Carte militaire: Modernisation de la defense.

lem die strategische Einschätzung der gegebenen Sicherheitsbedro-
hung(en) sowie den Ausweis der Konzepte und Mittel, die zur Verteidigung und den Sicherheitserhalt des Landes eingesetzt werden müssen. Es
sucht dabei einen Zeitraum von bis zu 15 Jahren zu umfassen und wurde
erneut „transparent und partizipativ" erstellt, erstmals durch eine Kommission, der auch ein deutscher und ein britischer Vertreter angehörten. Materiell kommt es auf der Grundlage einer Analyse des strategischen Umfel-
des Frankreichs und Europas zum Ausweis von fünf Prioritäten der französischen Sicherheitspolitik unter den Kategorien Schutz, Abschreckung,
Einsatzfähigkeit, Aufklärung und Prävention.

Als Schlussfolgerungen gelten:

- Die Sicherheit Frankreichs ist mit der Sicherheit seiner europäischen
  Partner eng verknüpft. Hierzu hebt das Weißbuch insbesondere die
  deutsch-französische Partnerschaft seit dem Elysée-Vertrag hervor und
  ruft zu weiteren deutsch-französischen Fortschritten im Sicherheitsbe-
  reich auf. Europa sollte künftig – wie auch von Washington erwartet –
  mehr für die eigene Sicherheit tun und sich neue Ziele für seine gemeinsame Sicherheits- und Verteidigungspolitik setzen.
- Die Verteidigungs- und Sicherheitshaushalte müssen der seit 2008 bestehenden internationalen Finanz- und Wirtschaftskrise Rechnung tragen und zu deren Überwindung beizutragen suchen. Gleichzeitig muss
  sich Frankreich jedoch die Fähigkeit bewahren, das eigene Staatsgebiet
  sowie die Interessen Frankreichs und seiner Partner zu schützen. Infol-
  gedessen sollen die Verteidigungsausgaben des Landes für die Zeit von
  2014 bis 2025 insgesamt 364 Mrd. Euro betragen. Davon sind für den
  Zeitraum 2014 bis 2019 insg. 179 Mrd. Euro vorgesehen, womit der
  Verteidigungsetat auf dem bisherigen Niveau verbleibt.
- Die zunehmenden Bedrohungen im Cyber-Bereich und die weiterhin
  hohe Terrorgefahr erforderten, dass den Mitteln für die Cyber-Verteidigung und die Aufklärung besondere Priorität eingeräumt werden sollte.
- Zudem bleibt die Verknüpfung zwischen innerer und äußerer Sicherheit, wie bereits im Weißbuch 2008 festgehalten, die Grundlage der Si-
  cherheitsstrategie Frankreichs.
- Auch wird die Rolle Frankreichs als Vollmitglied einer starken, einsatzfähigen und effizienten NATO bestätigt. Die Komplementarität von
  NATO und EU sollte gestärkt werden.

Die Abbildungen 16 und 17 verdeutlichen die Veränderungen der Organisationsstruktur (und ihre materielle Begründung) im Zeitablauf.

Abbildung 16: Frankreich: Evolution des décrets fixant les attributions du CEMA (1962-2009)

Evolution des décrets fixant les attributions du CEMA (1962-2009)

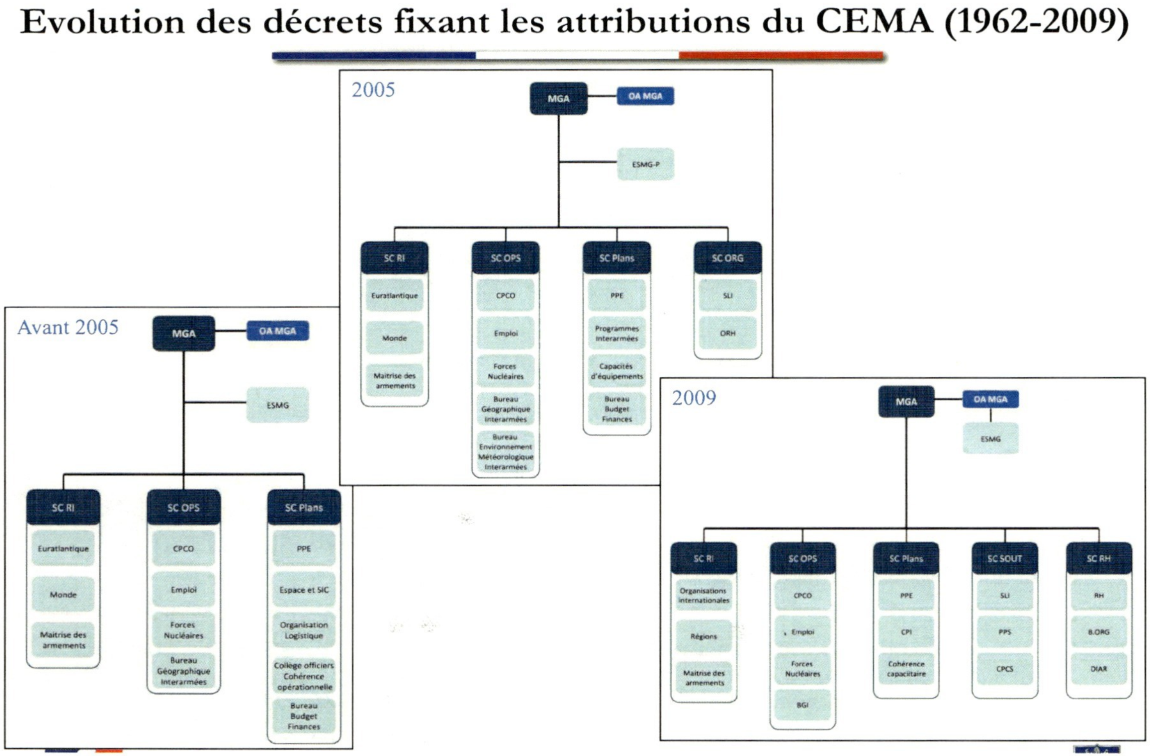

Attributions du CEMA : responsabilités générales

- Le CEMA assiste le ministre de la défense dans ses attributions relatives à l'emploi des forces. Il est responsable de **l'emploi opérationnel des forces.**

Sous l'autorité du Président de la République et du Gouvernement, et sous réserve des dispositions particulières relatives à la dissuasion, le CEMA assure le **commandement des opérations** militaires.

- Il est **le conseiller militaire** du Gouvernement.

- Sous l'autorité du ministre de la défense le CEMA est responsable :
  - de **l'organisation** interarmées et de l'organisation générale des armées ;
  - de l'expression du besoin en matière de **RH** civ. et mil. des armées et des OIA, de la condition militaire et du moral ;
  - de la définition du **format** d'ensemble des armées et de leur **cohérence capacitaire** (dont planification et programmation) ;
  - de la **préparation** et de la **mise en condition d'emploi** des armées (dont objectifs, contrôle aptitude, doctrine et concepts d'emploi) ;
  - du **soutien** des armées (dont MCO) ;
  - du **renseignement** interarmées ;
  - des relations **internationales** militaires.

- Le CEMA a **autorité** : sur les CEMx ; sur les DSIA et les OIA qui lui sont rattachés ; sur l'EMA.

Présentation de l'EMA | 18 mars 2015 | n° 5

MINISTÈRE DE LA DÉFENSE

La transformation de l'EMA, en appui du CEMA

Le contexte : pourquoi l'EMA 600 ?

- Adaptation nécessaire du commandement des armées, dans un contexte de transformation
  - LPM 2014-2019 et projet des armées « Cap 2020 »
  - Regroupement des états-majors centraux à Balard en 2015
  - Nouvelle gouvernance ministérielle

- Décision du comité stratégique des chefs d'état-major (19 avr. 2013) de réformer le commandement des armées
  - Double but de modernisation et de rationalisation, grâce à un plus grande complémentarité avec les EMx et les DSIA
  - Choix de réformer les organisations avant le déménagement
  - Réforme initiée à l'été 2013 avec la réorganisation des EMx
  - Poursuivie à l'été 2014 par la réforme de l'EMA : EMA 600

Objectifs de la réforme CDA

Rappel COSTRAT 19-avr-14

- Centrer l'EMA sur ses missions politico-militaires et stratégiques (notamment le dialogue avec les décideurs et les autorités fonctionnelles) …

  … tout en préservant le rôle du CEMA comme conseiller militaire et commandant des opérations

- Consolider l'exercice de la subsidiarité (commander) et accroître l'efficience de l'organique…

  … dans un contexte de transfert hors EMA de certaines activités (ex : RH)

- S'appuyer sur les compétences des armées, directions et services pour mieux décider et garantir la cohérence

- Diminuer les effectifs de l'administration centrale sans transfert de charge

L'atteinte de ces objectifs a nécessité une évolution de la structure et des modes de fonctionnement de l'EMA et du CDA

Présentation de l'EMA   18 mars 2015   n° 7

MINISTÈRE DE LA DÉFENSE

Les missions de l'EMA : en appui du CEMA

Responsabilités du CEMA	Missions de l'EMA
Conseiller le gouvernement	• Appui du CEMA dans sa relation avec les autorités politiques • Contribution à la définition des orientations stratégiques • Proposition de mesures militaires à adopter en cas de crise
Préparer l'avenir	• Définition du format d'ensemble des armées et de leur cohérence capacitaire • Planification de défense et programmation militaire • Pilotage des ressources financières relevant du CEMA
Commander les opérations	• Définition des contrats opérationnels des armées, directions et services • Veille et anticipation stratégique • Planification et conduite des opérations • Soutien des forces en opérations
Commander et soutenir les armées, les directions, les services et les organismes interarmées	• Préparation et mise en condition d'emploi des armées, directions et services • Organisation générale et pilotage des armées, directions et services (en particulier soutien) • Définition et contrôle de la satisfaction du besoin RH • Condition militaire, moral et formation
Participer aux relations internationales du ministère de la défense	• Pilotage et coordination interarmées des relations internationales militaires

MINISTÈRE DE LA DÉFENSE

Présentation de l'EMA | 18 mars 2015 | n° 8

157

Abbildung 17: Frankreich: Organisation de l'EMA 600 (divisions)

Organisation de l'EMA 600 (divisions)

Une structure cohérente avec les responsabilités clés du CEMA

158

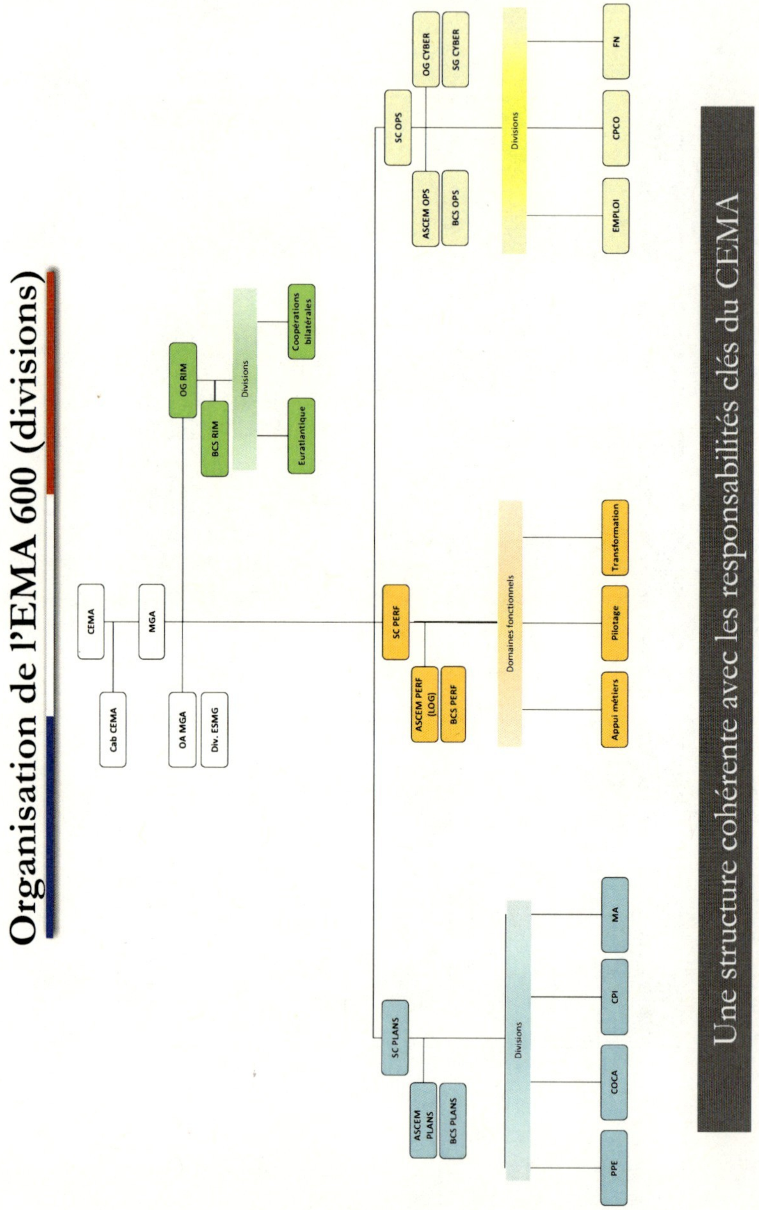

Veränderte Führungsverantwortung

Um den Stand der sicherheits- und verteidigungspolitischen Bemühungen Frankreichs sowie der sich damit verbindenden Reformansätze einzuschätzen, ist zunächst darauf zu verweisen, dass das LPM für die Jahre 2014 bis 2019 den benannten Budgetrahmen ausweist, wobei die Presse angesichts der Aufschlüsselung der Ausgaben auf Personal, Rüstung und Betrieb „von einem 100 Mrd. Euro-Scheck für die französische Rüstungsindustrie" spricht. Wie von Staatspräsident *Hollande* zugesichert, sind darin für die Jahre 2014 bis 2016 die gleichen Finanzmittel wie für 2013 vorgesehen, nämlich jeweils 31,38 Mrd. Euro. Allerdings sind hier bereits Einnahmen eingeplant, die durch den Verkauf von Liegenschaften, Funkfrequenzen und Industriebeteiligungen erst generiert werden müssen; auch ist darauf hinzuweisen, dass bereits in der Vergangenheit die prognostizierten Einnahmen fast nie im vorgesehenen Umfang erzielt wurden. Das Gleiche gilt für den prognostizierten Finanzbedarf für Einsätze. Dieser wird mit 400 Mio. Euro pro Jahr angegeben, obwohl in den vergangenen Jahren fast immer tatsächliche Kosten in Höhe von ca. 1 Mrd. Euro anfielen. Auch sind die wesentlichen Rüstungsprogramme zwar nicht grundsätzlich infrage gestellt, doch werden die Zahlen meist „nach unten" korrigiert und die Beschaffungszeiträume gestreckt. Ausgenommen sind lediglich die Bereiche Strategische Aufklärung, Nukleare Abschreckung und Spezialkräfte sowie der Cyber-Bereich. Sie sind ohnehin die „Gewinner" des Kampfes um knappe Ressourcen. Im Übrigen folgt das LPM 2014 bis 2019 den strategischen Vorgaben des Weißbuches, wenn auch die Umsetzung mit einigen Fragezeichen verbunden werden muss.

In Ergänzung sei hinzugefügt, dass zwischenzeitlich die Verantwortlichkeiten und die Aufgabenbereiche des Verteidigungsministers und des Generalstabschefs der französischen Streitkräfte verändert wurden. So ist der *Verteidigungsminister* inzwischen verantwortlich

– für die Vorbereitung und, vorbehaltlich besonderer Regelungen bzgl. der nuklearen Abschreckung, für den Einsatz der Streitkräfte,
– für die Sicherheit der militärischen Mittel der Verteidigung Frankreichs sowie schließlich
– für die externe Aufklärung und Nachrichtengewinnung zu militärischen Zwecken.

Der *Generalstabschef* unterstützt dagegen den Minister in seinen Aufgaben beim Einsatz der Streitkräfte, ist verantwortlich für deren operative

Ausrichtung und stellt das Kommando in militärischen Operationen sicher – unter der Verantwortung des Präsidenten der Republik und der Regierung sowie vorbehaltlich besonderer Regelungen bzgl. der nuklearen Abschreckung.

Diese Neuregelung dokumentiert das gegenüber den Amtsvorgängern höhere politische Gewicht des Verteidigungsministers in der Regierung und im Ansehen des Staatspräsidenten. Sie bedeutet faktisch eine Beschneidung der Stellung des Generalstabschefs, der seine exponierte Position als Kommandierender der Streitkräfte und von Operationen unterhalb des Staatspräsidenten (und damit seine Rolle als militärischer Entscheidungsträger im politischen Raum) weitgehend eingebüßt hat, sich jetzt dem Befehl des Verteidigungsministers unterordnen muss. Der Einfluss des militärischen Bereichs auf die französische Politik dürfte damit geschmälert sein.

Die Situation und Stimmungslage der Streitkräfte

Interessant ist in diesem Kontext ein Blick auf die Situation und die Stimmungslage in den französischen Streitkräften selbst. Sie stehen aufgrund der budgetären Situation und immer deutlicher werdender Einschnitte vor einem Motivationsproblem. So kennzeichnen Zwangsurlaub durch Kasernenschließungen während der Feiertage, eine Absenkung von Büroraumtemperaturen, pauschale Reduzierungen des Personals von Stäben höherer Kommandobehörden um bis zu 12 Prozent u.a.m. die gegenwärtige Situation. Die vom Finanzministerium veranlassten Streichungen im Budget des Verteidigungsministers erhöhen die prekäre Lage, wiewohl der Präsident von nachhaltigeren Budgeteinschnitten aufgrund von Rücktrittsangeboten des gesamten Spitzenpersonals absehen musste. Infolge der vorgesehenen Maßnahmen wächst die Skepsis gegenüber Reformen im Verteidigungsbereich und sinkt die Bereitschaft, weitere Einschnitte hinzunehmen. Inzwischen gibt es kaum einen Vertreter der Streitkräfte, der nicht bereit wäre, über die angespannte Lage und die schlechte Stimmung in der Truppe zu berichten. Schlimmer als die Finanzlage empfindet man das Gefühl, „von der Politik allein gelassen zu werden". Die sich öffnende Schere zwischen Aufgaben und Mitteln wird zudem als ungerecht empfunden; schließlich beweise man täglich erneut, dass man bereit sei, für die globalen Interessen Frankreichs einzustehen. Nachdem die Debatte darüber, was für die Ausrüstung und den Betrieb der Streitkräfte angemessen sei, bislang im Wesentlichen pensionierten Generälen und Admiralen vorbehalten blieb, regt sich nun auch verhaltener Protest bei der Führung der Teilstreitkräfte. Bemerkenswert bleibt zudem der gering ausgeprägte Reformwille und die Abkehr von dem bis vor kurzem noch verbreiteten Optimismus, nach dem sich durch den in einigen Jahren erhofften konjunkturellen Aufschwung Frankreichs auch die Situation für die Streitkräfte bessern werde, mithin kein streitkräfteinterner Handlungsbedarf bestehe.

Der „Skandal" um ein fehlerbehaftetes Datenverarbeitungssystem zur Finanzierung/Bezahlung der Streitkräfte (LOUVOIS), dessen Nutzung eingestellt werden musste, kann beispielhaft herangezogen werden, um französisches Reformmanagement zu illustrieren: überstürzte Einführung des Systems ohne ausreichende Probeläufe, Hoffen auf schnelle Einsparungen, zeitgleicher Abbau des alten Systems incl. des erfahrenen Personals, damit Verlust einer Rückfallposition. Mit der Einstellung reagierte der Verteidigungsminister auf Probleme bei der Moral der Streitkräfte, deren Motivierung aufgrund des Personalabbaus ohnehin vor großen Herausforderungen steht. Mit der Ankündigung einer Umstellung auf ein neues System versicherte sich der Verteidigungsminister wieder der Unterstützung der Beschäftigten und verschaffte sich angesichts der kritischen Situation eine Atempause. Zudem zog er einen Schlussstrich unter die für ihn bzw. „für Frankreich unwürdige Katastrophe", da der Staat seiner Soldzahlungspflicht nicht in geregeltem Maße nachgekommen sei und dem Militär somit die gebührende Achtung verweigere.

Systematisierung militärischer Operationen

Als noch wichtiger erscheint freilich ein Blick auf die Planung und Durchführung militärischer Operationen. Hier fand vor allem eine Analyse von Vertretern der Abteilung „Operationen" im französischen Verteidigungsministerium Aufmerksamkeit. Sie identifizierte elf Tendenzen der Veränderung politischer und militärischer Rahmenbedingungen für den Einsatz der Streitkräfte „in heutiger Zeit", davon fünf von strategischer und vier von operativer Bedeutung, ergänzt um zwei sogenannte *game changer*. Als Begründung wurden angeführt: die Bedeutung von Weltraum- und Cyberkriegsführung, die Unverzichtbarkeit eines ganzheitlichen Ansatzes zur Lösung von Krisen und Konflikten, der Sinn und die bestmögliche Wirkung des Einsatzes militärischer Mittel gerade im Entstehen von Krisen (Reaktionsgeschwindigkeit, Vorausstationierung) sowie *forceprotec-*

tion für die Truppe und als Vorbedingung für die öffentliche Unterstützung von Operationen.

Die benannten Tendenzen im Einzelnen:

Strategische Ausrichtung

- Vergrößerung des Gefechtsfeldes auch in Richtung Weltraum und Cyberspace.
- Variabilität des politischen, militärischen und juristischen Rahmens von Einsätzen: Die Herausforderung für die Streitkräfte läge hier in der Vorbereitung gegen einen Feind variabler Geometrie (asymmetrische Kriegsführung, Kombattanten, Dschihadisten, Terroristen). Der Rechtsrahmen sei dabei oft nicht eindeutig. Dies gelte etwa für problematische Einsätze der Streitkräfte im Inneren, zudem fänden sich Grenzen der Interoperabilität in *ad hoc*-Koalitionen mit regionalen Partnern.
- Vervielfachung von Akteuren im Krisenmanagement und bei der Koordinierung: Sie stelle die Streitkräfte noch immer vor schwierige Aufgaben. Positive Ansätze fänden sich zwar bei ATALANTA/EUCAP NESTOR und ISAF, doch könne das Militär nur bedingt und möglichst restriktiv andere als militärische Reformaufgaben für Zivilgesellschaften wahrnehmen (etwa die Polizeiausbildung).
- Sinn und bestmögliche Wirkung von Einsätzen militärischer Mittel gerade im Entstehungsstadium von Krisen: Die Glaubwürdigkeit und Effizienz militärischen Einsatzes beweise sich hier im effektiven „Löschen von Flammen vor Entstehung eines Flächenbrands".
- *Force protection* als moralische Pflicht gegenüber der eigenen Truppe und auch unabdingbare Vorbedingung für die öffentliche Unterstützung von Operationen: Frankreich habe die Fragilität des öffentlichen und damit des politischen Rückhalts nach Verlusten mehrerer Soldaten in einem Hinterhalt durch die Taliban in der Region Surobi im Jahr 2008 deutlich gespürt. Zu arbeiten sei zudem am unmittelbaren Schutz des Soldaten in einer „Immunitätsblase" um die Truppe herum (Nahbereichsaufklärungs- und Abwehrmittel).

Operative Ausrichtung

– Erfordernis einer „Expeditionskultur" der französischen Streitkräfte: Operationen mit extrem kurzem politischem Entscheidungsgang dokumentierten den Bedarf an erweiterter Reaktionsfähigkeit der Streitkräfte auch ohne angemessenen Planungsvorlauf, weshalb sich Standardisierungen bestimmter Einsatzverfahren bzw. die Schaffung von Automatismen als unabdingbar erwiesen hätten (*move now, orders to follow*).
– Herausforderung der Streitkräfte bei gemeinsamen Einsätzen schon auf unterster taktischer Ebene: Erforderlich sei hier die Koordinierung von unterschiedlichsten Aufklärungs- und Wirkungsmitteln bei zunehmender Digitalisierung der Gefechtsführung; dies stelle hohe Anforderungen an die Ausbildung und die intellektuelle Leistungsfähigkeit von jungen Gruppen- und Zugführern.
– Abhängigkeit von hoher Präzision der militärischen Wirkungsmittel in der Tiefe und das Risiko von Kollateralschäden: Sie erwiesen sich als extrem limitierende Faktoren für die militärische Führung.
– Überragende Bedeutung einer verzugsarmen Kette von Sensoren der Aufklärung, Auswertung und des *targeting* durch die militärische Führung, zunehmend aber auch als Grundlage der Lagebeurteilung politischer Entscheidungsträger.

Game changer

Schließlich wird auf die beiden benannten *game changer* verwiesen, die die Anstrengungen der französischen Sicherheitskräfte glaubwürdig machen sollten:

– Vorausstationierung von Streitkräften als *conditio sine qua non* zur Reaktionsfähigkeit (die Basen im Senegal, TCD und in Mali ermöglichten 2013 einen schnellen Erfolg gegen den Feind im Norden Malis): Die Vorausstationierung bleibe absehbar ein wichtiger Faktor der politischen Handlungsfreiheit für Frankreich.
– Höchster Ausbildungsstand, sofortige Fähigkeit zum Antritt, *ad hoc*-Verfügbarkeit des Materials und ausreichende logistische Reichweite: Selbst angesichts der Einschränkungen bei der Alimentierung verfolgten die französischen Streitkräfte diese Ziele weiter.

163

Trotz der zwischenzeitlichen Stabilisierungszusagen bleibt es aber bei der politischen Absicht, das Verteidigungsbudget weiter zu reduzieren und damit einen Beitrag zu Konsolidierung der Staatsfinanzen zu leisten.

Im Übrigen kam der französische Rechnungshof (*Cour des comptes*) in einer aktuellen Untersuchung zu dem die Öffentlichkeit überraschenden Ergebnis, dass trotz des Personalabbaus die Personalkosten im Verteidigungsbereich nicht nur nicht gesunken, sondern sogar gestiegen seien. Im Kern verbindet sich das mit einer unverändert fortgeführten Beförderungspraxis, die nicht mit der Haushaltsentwicklung abgestimmt oder gar harmonisiert wurde. Addiert man dem die angesprochenen Software-Probleme im Alimentierungsbereich, wird die Unruhe in den französischen Streitkräften erklärbar. Immerhin wurden inzwischen Gegenmaßnahmen getroffen; so kam es zu einer Zentralisierung der Personalabteilungen, wurde die Zusammenarbeit mit der Haushaltsabteilung institutionalisiert und befindet sich eine neue Gehaltssoftware in der Erprobungsphase.

Ob die beiden Projekte (Personalabbau in Verbindung mit Ausgabenreduzierungen und LOUVOIS) symptomatisch für die Reformbereitschaft und -fähigkeit in den französischen Streitkräften sind, ist nur in Ansätzen auszumachen. Allerdings fällt auf, dass mit dem Rechnungshof ein Kontrollgremium den Finger „von außen" in die Wunde der steigenden Personalkosten zu legen beginnt. Ob aus den Streitkräften selbst heraus dieser Sachverhalt thematisiert und gegebenenfalls problematische Entwicklungen einer Lösung zugeführt worden wären, gilt als eher unwahrscheinlich. In den öffentlichen Anhörungen zum Verteidigungshaushalt wurde auch eine gewisse Nonchalance der Verantwortlichen deutlich, sowohl dem Primat der Politik gegenüber, als auch in der Bereitschaft, Probleme einer zeitnahen und den eigenen Bereich nicht aussparenden Lösung zuzuführen.

Militärpolitisches Selbstverständnis

In der Zusammenfassung wird man die Reform der französischen Sicherheits- und Verteidigungspolitik nicht ohne Berücksichtigung einer Reihe von Grundkonstanten im französischen Selbstverständnis beurteilen können.[63]

Bezieht man hierzu in Ergänzung vorliegender Materialien die Gespräche mit führenden französischen Funktionsträgern (militärisch und zivil) sowie Berichte in Frankreich tätiger deutscher Austausch- und Verbindungsoffiziere in die Analyse mit ein, wird bei allem erkennbaren sicherheits- und verteidigungspolitischen Engagement eine deutliche Skepsis bilateralen und erst recht multilateralen Kooperationsformen gegenüber erkennbar. So sei etwa im Rahmen der Anhörungen von Politikern, Industriellen und Militärs vor dem Verteidigungsausschuss des französischen Parlaments sehr deutlich geworden, dass bereits kulturelle Divergenzen (und das sich damit verbindende Selbstverständnis) einer erweiterten sicherheitspolitischen Kooperation, auch mit Deutschland, entgegenstehen. In dieser Anhörung ging es über nahezu ein halbes Jahr neben dem aktuellen Haushaltsentwurf mit seinen Auswirkungen auf das Heer, die Luftwaffe, die Marine und die französische Rüstungsindustrie vor allem um Fragen der nuklearen Abschreckung. Danach ist eine wie auch immer geartete Kooperation zwischen der deutschen und der französischen Seite von einer Reihe von Strukturmerkmalen gekennzeichnet, derer man sich vergewissern sollte.

–   So verstehen sich die Abgeordneten in der *Assemblée Nationale* nicht als gleichsam kraftvoller Widerpart der Streitkräfte, der sich dem Primat der Politik verpflichtet fühlt, sondern eher als deren Verbündeter. Dies geht erkennbar über die in Presseberichten meist konstatierten lokalen Interessen hinaus, denen man als Politiker verbunden sein kann, etwa mit Blick auf Standorte und die Arbeitsplatzsituation, eine auch in Deutschland wohlbekannte Perspektive. Die französischen Abgeordneten stellen dabei weniger kritische Fragen, sondern dokumentieren eher eine Bewunderung für die Leistungen der Streitkräfte, was wiederum im Zweifelsfall für weniger Spar- und damit Reformbemühungen als für eine Durchsetzung von Sparvorgaben votieren lässt.
–   Im Ergebnis stellen Politik, Militär und Rüstungsindustrie zumindest in der öffentlich Argumentation einen durchaus kohärenten Verbund dar – zwischen einer Politik, die das Militär, so wie es ist, eher stärken will,

---

63 Vgl. hierzu die wohl aktuellste Untersuchung zu Thema, die empirisch freilich mit dem Weißbuch 2008 endet: Alexander Zier, Frankreichs Sicherheitspolitik: Effiziente Selbstbehauptung zugunsten Europas?, Baden-Baden 2014.

und einer nationalen Industrie, die die Möglichkeiten hierfür bereitstellt, sowie schließlich den Streitkräften selbst, die die Aufträge der Politik umsetzen. Jeder Versuch, auch nur ein Element dieses Verbundes in Frage zu stellen, wird bereits im Ansatz aufgrund möglicher negativer Auswirkungen auf die anderen Elemente zurückgewiesen. So dürfte es sich auch erklären, dass der französische Staatspräsident sehr schnell seine Sparpläne mit Blick auf die französischen Streitkräfte zurückstellte, zumal ihm mit einem kollektiven Rücktritt der militärischen Führungsebene gedroht wurde.

- Die Phalanx von Politik, Industrie und Streitkräften bildet somit eine alle Beteiligten begünstigende Konstellation, mit sich gegenseitig verstärkenden Sachzwängen. Die militärische Handlungsfähigkeit (und Selbstwahrnehmung) als einflussreiche Nation (*Grande Nation – Grande Armée)* korreliert dabei nicht immer, vielleicht sogar immer weniger, mit jenen ökonomischen wie politischen Rahmenbedingungen, denen auch Frankreich nur schwer wird widerstehen können.

- Aufgrund dieser gleichsam strukturell verfestigten Ausgangssituation führt der Zwang zur Haushaltskonsolidierung, der materiell unbestritten ist, gerade nicht zur Vorstellung einer die Zwänge erleichternden verstärkten Zusammenarbeit oder gar Kooperation in Europa. Größere wie kleinere Partnerstaaten spielen im französischen Denken daher keine wirkliche Rolle. Die eigene Autonomie steht im Vordergrund.

- Schließlich bleibt zu bedenken, dass Deutschland und Frankreich im Bereich der Rüstungsindustrie Konkurrenten sind und bleiben; dass und wie sehr Frankreich dabei seine Industrie begünstigt, kann der aktuellen Presseberichterstattung entnommen werden. Kooperation wird auch in diesem Kontext zu einem knappen Gut – es sei denn „unter französischer Führung".

- Bislang keine wirklich Erfolg versprechende Kooperation

Auch von daher bietet es sich für die deutsche Seite an, die militärische Zusammenarbeit auch mit anderen EU-Mitgliedstaaten konsequent zu überprüfen, etwa mit den Niederlanden, die zwischenzeitlich eine faktische Unterstellung beträchtlicher Teile des niederländischen Heeres unter deutsche Truppenteile akzeptierten und dies auch pro-aktiv nach außen vertreten – und das ohne umfangreiche, regelmäßige und personalintensive Kooperationen, wie etwa im Falle Frankreichs. Hier fehlt erkennbar der politische Wille, sich zu engagieren, was Ankündigungspolitiken und punktuelle Formen der Zusammenarbeit nicht ausschließt. Freilich führt das zu der bedauerlichen Konsequenz, dass sich im Rahmen einer rein militärischen Zusammenarbeit zwischen den beiden Ländern kaum nennenswerte Impulse in Richtung einer den Namen verdienenden GSVP ergeben werden. Natürlich kann man hier und da auf „Optimierung" setzen, doch wird es dabei eher darum gehen, ein weiteres „Auseinanderdriften", wie etwa beim Management des Großprojekts A400M, zu verhindern. Dieses Projekt trägt das Potential zentrifugaler Kräfte ebenso in sich wie das für eine erweiterte Kooperation. Sie ergibt sich aber nicht von selbst, sondern müsste hart erarbeitet werden, um zu verhindern, dass sich der A400M nicht zu mehreren nationalen Typen weiterentwickelt, wie dies im Fall der Transall C-160 der Fall war, ein einstmals deutsch-französisches Projekt. Heute nutzen beide Länder komplett unterschiedliche Transalls, selbst die Ersatzteile sind in keiner Weise mehr kompatibel. Zudem können weder die Piloten mit dem jeweils anderen Typus fliegen noch die Mechaniker typ-übergreifend Wartungs- und Reparaturarbeiten vollziehen. Mit anderen Worten: Im deutsch-französischen Verhältnis ist deutlich politische Führerschaft gefragt, die nicht nur den Willen zur Kooperation, zur Multinationalität und/oder zur gemeinsamen Fähigkeitsentwicklung artikuliert (entsprechende Verlautbarungen gibt es genug), sondern klare Projekte benennt und dabei das letzte Wort nicht den Experten und Militärs überlässt, sondern auch die politische Verantwortung hierfür übernimmt. Eine solche politische Führerschaft böte sich natürlich insbesondere für neuere Projekte an, etwa die Satellitenaufklärung und die Entwicklung einer europäischen MALE-Drohne, beides Projekte, die ohnehin im Raum stehen und einer Richtungsentscheidung harren. Die deutsche Seite ist dazu vermutlich eher in der Lage als die französische, da sie meist ihren Willen zur Zusammenarbeit zu dokumentieren sucht und dabei nicht selten Projekten zustimmt, die gegebenenfalls mit Nachteilen für die eigene Position verbunden sind.

Im Übrigen bleibt weit ernsthafter als bislang zu prüfen, welche schnelleren und tieferen Kooperations- und Integrationsschritte mit anderen EU-Mitgliedstaaten möglich sind – zu geringeren politischen Kosten als im Falle Frankreichs.[64]

---

64 Aus aktuellem Anlass: Seit dem 7. Januar 2015 und dem Anschlag auf Charlie Hebdo hat sich für die französischen Streitkräfte eine gewisse Trendwende mit noch offenem Ausgang ergeben. Waren die Streitkräfte bereits bisher ständig mit fast 2500 Soldaten pro Tag zum Luftraum- und Küstenschutz im Einsatz, lag der Schwerpunkt der Orientierung mit 79% der Kräfte in Nordafrika und deutlich ab-

2. Das Vereinigte Königreich: pragmatische Grundhaltung, transatlantische Orientierung

Die Außenwahrnehmung deutscher Verteidigungspolitik

Mit Blick auf den „Fall" Vereinigtes Königreich/Großbritannien bietet es sich an, zunächst einen „Blick von außen" auf die deutsche Verteidigungspolitik werfen zu lassen. So formuliert etwa *Tom Dyson*[65], dass Deutschland in drei Hauptfeldern der Verteidigungsreform hinter seinen wichtigsten europäischen Partnern, Großbritannien und Frankreich, zurückfalle: der Streitkräftestruktur, den militärischen Fähigkeiten und der Doktrin.

---

nehmend mit unter 7% in Asien. Nach den Anschlägen wurden das Hexagon und seine Überseedepartments militärisches Haupteinsatzgebiet - mit bis Ende 2015 etwa 73% der Kräfte. Gleichzeitig sucht man das Engagement in den außenpolitisch weiterhin bedeutsamen Regionen (Mali, Niger, Irak, Syrien) aufrecht zu erhalten. Das deutlich personalintensivere Engagement der Streitkräfte im Inneren wurde als Daueraufgabe akzeptiert – mit der Folge eines beträchtlichen Personalaufwuchses; statt der in 2016 abzubauenden 7.500 Stellen gewann man dauerhaft 2.300, mithin 9.800 Dienstposten hinzu. Unklar bleibt jedoch, wie sich dies mittel- und langfristig auf die „angespannte Lage im Einsatz" auswirkt und vor allem, welchen Einfluss der nach Schätzungen höherer Militärs bis mindestens zu den Neuwahlen im Jahr 2017 kaum zu verringernde Bedarf an „Patrouillensoldaten" auf die Gesamtfähigkeit der französischen Streitkräfte haben wird. Bereits jetzt werden – mangels schnell verfügbarer Ressourcen – Traditionsregimenter mit hohem Einsatzniveau für ganze Kommandeurperioden, also etwa zwei Jahre, fast ausschließlich im „Contrat Protection" verplant. Hinzu tritt ein hoher Motivationsverlust für Jüngere, sich längerfristig in den französischen Streitkräften zu engagieren, da Selbstwert und Nettogehalt vor allem vom Auslandseinsatz bestimmt werden. So stellen sich nicht nur die intern nach Vorgabe des CEMA offiziell diskutierten Fragen: Welche Aufgaben haben die Streitkräfte künftig und wie definieren wir den Auftrag „Schutz"? Welche Rechte kommen den Streitkräften zu? Und: Welche Anforderungen stellt die Nation an die Streitkräfte und diese an die Nation? Zugleich werden die Kooperation mit anderen Nationen und die Zusammenarbeit in Bündnissen erschwert. Bereits jetzt stehen für gemeinsame Übungen kaum noch Kräfte zur Verfügung und schon für die nahe Zukunft ist damit zu rechnen, dass eine Kooperation mit Frankreich fast nur noch in Einsätzen, in denen von der Waffe nicht nur zur Selbstverteidigung Gebrauch gemacht wird, erfolgen dürfte. KFOR wurde von Frankreich bereits vor den Ereignissen des Jahres 2015 nur noch als „Polizei- und Entwicklungsaufgabe" betrachtet und auch Trainingsmissionen dürften künftig durch einen Rückzug französischer militärischer Kompetenz (und Mittel) gekennzeichnet sein.

65 Tom Dyson: Deutsche Verteidigungspolitik – ein Blick von Außen; in: Ina Wiesner (Hrsg.): Deutsche Verteidigungspolitik, Baden-Baden 2013, 375 ff.

Diese Defizite hätten nicht nur gravierende Auswirkungen auf Deutschlands Fähigkeit zur Ausübung von Macht und Einfluss auf internationaler Ebene, sondern auch auf die Zukunft des Atlantischen Bündnisses. Die volle Mitwirkung des größten und reichsten Staates Europas sei für den Erfolg der NATO bei der Bewältigung der aktuellen sicherheitspolitischen Herausforderungen aber von entscheidender Bedeutung. So betone Deutschland ja auch in seinen Verteidigungspolitischen Richtlinien den Status der Atlantischen Allianz als „Kernstück" seiner Verteidigungs- und Sicherheitspolitik und erkennt die Verpflichtung zur Lastenteilung an. Die Aussagen seien angesichts der relativ begrenzten Fähigkeit der Bundeswehr zur materiellen Lastenteilung innerhalb der Allianz allerdings wenig überzeugend. Dies gelte auch für die Gemeinsame Sicherheits- und Verteidigungspolitik (GSVP), die, sollte sie denn als glaubwürdiges Instrument gelten, in der Lage sein müsste, die von den immer stärker auf den Nahen Osten und Asien fokussierten USA hinterlassene Sicherheitsbürde zu tragen und aufgrund der geopolitischen Lage Europas entstehende Sicherheitsprobleme zu lösen. Sowohl die GSVP als auch die NATO benötigten eine starke Beteiligung Deutschlands nicht nur im Hinblick auf die Fähigkeiten zur Krisenbewältigung, sondern auch mit Blick auf Investitionen in strategisches und taktisches Transportpotential sowie die sogenannte C4ISR-Fähigkeiten (*command, control, communications, computers, intelligence, surveillance and reconnaissance),* um die Teilnahme an vernetzten Operationen innerhalb des Konfliktspektrums zu erleichtern.

Kritische Fragen zur Einsatzbereitschaft

Diese recht deutliche Einschätzung des deutschen sicherheitspolitischen Potentials wird dann meist in einen größeren Zusammenhang gestellt, inkl. der mangelnden öffentlichen Diskussen und der fragwürdigen Unterstützung der Bundeswehr durch die deutsche Gesellschaft. Zudem wird darauf hingewiesen, dass auf Gebieten, die ein hohes Maß an militärischer Autonomie erfahren, Fachkenntnisse, insbesondere der Militärdoktrin, zu erwerben seien, die Bundeswehr aber in einem starken und unangemessenen Ausmaß zivilen Interventionen ausgesetzt ist. Diese Interventionen hätten die Fähigkeit der Bundeswehr zu Anwendung bewährter Militärpraxis beeinträchtigt; ein Beleg hierfür sei die zögerliche Anpassung von Doktrin und Ausbildung an die Einsatzanforderungen im Rahmen von KFOR und ISAF. In anderen entscheidenden Bereichen, etwa bei der Rüstungsbeschaffung, die eine stärkere zivile Überwachung erfordern, um Beschaffungspläne nach strategischen Prioritäten auszurichten, könnte das Militär dagegen sehr starken Einfluss ausüben, was zu mangelnder Kohärenz bei der Beschaffung führe.

Enttäuschende bilaterale Kooperation

In solchen Kennzeichnungen wird deutlich, dass man die deutsche Sicherheits- und Verteidigungspolitik gern in einer stärkeren Rolle sähe, ein Zugang, der historisch nicht selbstverständlich ist und deutscherseits genutzt werden sollte – gerade mit Blick auf Großbritannien und angesichts der Schwierigkeiten, mit der französischen Seite in eine nähere Kooperation einzutreten. So scheiterte die Ende 2010 vereinbarte Intensivierung der militärischen Zusammenarbeit zwischen Großbritannien und Frankreich nicht nur, aber auch aufgrund haushalterischer Erwägungen. Immerhin sahen Großbritanniens Premierminister *David Cameron* und Frankreichs Staatspräsident *Nicolas Sarkozy* in dem gemeinsamen Abkommen einer verstärkten Zusammenarbeit in Fragen der Verteidigung und Rüstung entgegen. Es beinhaltete unter anderem die Aufstellung einer gemeinsamen Eingreiftruppe für internationale Kriseneinsätze, eine enge Zusammenarbeit in der Weiterentwicklung der Nuklearpotentiale und die gemeinsame Nutzung der Flugzeugträger beider Marinen. Auch für die Forschung und Entwicklung von Rüstungsgütern sowie die Ausbildung der Streitkräfte wurden gemeinsame Projekte vereinbart, wobei kritische Kommentatoren die neue Kooperation zynisch als *entente frugale* bezeichneten und sie als deutlichen Ausfluss der schwierigen Haushaltssituation beider Länder wahrnahmen. Doch selbst wenn man diesen Versuch als eine „Allianz der Not" bezeichnet, verband sich damit doch eine historische Chance, wenigstens eine punktuelle Zusammenarbeit zu erproben, wenngleich sie unter Betonung der nationalen Souveränität einen Ansatz außerhalb der Gemeinsamen Sicherheits- und Verteidigungspolitik, mithin keinen Fortschritt für die sicherheitspolitische Zusammenarbeit/Integration Europas, darstellte.

Hinwendung zu Deutschland?

In der Enttäuschung über diesen weitgehend gescheiterten Ansatz wendet sich die britische Seite derzeit verstärkt Deutschland zu, ohne jedoch bislang Felder für eine erweiterte Kooperation benannt oder gar definiert zu haben. Gleichwohl dokumentiert dieser latente Kurswechsel einen interessanten Versuch, die Enttäuschung über bisherige bilaterale Kooperationsansätze produktiv und konsequent kontinentaleuropäisch zu wenden, selbst wenn die deutsche Seite meist klarstellt, dass sie entsprechende bilaterale Engagements nur vor dem Hintergrund einer zumindest mittel- und langfristig erfolgreichen gemeinsamen Zusammenarbeit im europäischen Kontext begreift. Immerhin formuliert etwa das Auswärtige Amt[66], dass Großbritanniens Verhältnis zur EU zwar ambivalent sei, man aber auf einigen Feldern durchaus eine aktive und tragende Rolle betreibe. So engagiere sich das Land vor allem bei Themen des Binnenmarkts und der Wachstumsagenda sowie letztlich auch in der Gemeinsamen Sicherheits- und Verteidigungspolitik. Großbritannien gehöre zu den stärksten Fürsprechern der Erweiterungspolitik der EU, es präferiere jedoch die freie intergouvernementale Zusammenarbeit von Nationalstaaten anstelle der Bildung überstaatlicher, supranationaler Strukturen und damit einer erweiterten Integration. Die derzeit von *David Cameron* betriebene Neuverteilung der Kompetenzen zwischen der EU und dem Mitgliedstaaten ist auch in diesem Kontext zu sehen.

Angesichts dieser Ausgangssituation erscheint es angezeigt, einen näheren Blick auf einzelne Elemente der britischen Sicherheits- und Verteidigungspolitik zu werfen, um gegebenenfalls Anknüpfungspunkte für bi-, tri- oder multilaterale Kooperationen zu identifizieren.

Grundlagen der britischen Verteidigungspolitik

Grundlegend für das gegenwärtige sicherheits- und verteidigungspolitische Selbstverständnis Großbritanniens sind eine Reihe von Dokumenten oder besser strategischen Grundsatzpapieren, wie etwa die 2010 vorgelegte *National Security Strategy* (NSS) und der *Strategic Defence and Security Review* (SDSR). Im Kern wird dabei ausgeführt, dass sich die Bedro-

---

66 In seinen allgemeinen Länderberichten.

hungen für Großbritannien in den vergangenen Jahren verändert hätten – und zwar weg von der Kriegsführung gegen eine feindliche Macht und hin zu unkonventionellen Bedrohungen, wie den Terrorismus und feindliche Cyber-Aktivitäten. Die NSS stellt eine Antwort auf diese Bedrohungen dar und verfolge zwei strategische Ziele: die Gewährleistung eines sicheren und „unverwüstlichen" Großbritanniens sowie die Gestaltung einer stabilen Welt. Diese beiden strategischen Ziele sollen durch acht Aufgaben der Nationalen Sicherheit erreicht werden. Der SDSR und nachfolgende Dokumente legten hierzu abgestimmte Wege und Mittel fest, um die beiden benannten (Makro-)Ziele zu erreichen.

Der *Annual Report* 2012/13, eine für die Regierung verpflichtende Berichterstattung, setzte hieran an und forderte, dass die Sicherheitspolitik angesichts der Herausforderungen im Inneren wie mit Blick auf die internationale Sicherheit weiterentwickelt werden müsste. Zudem bestünden die regionalen Konflikte und Instabilitäten im Mittleren Osten und in Afrika fort. Auch blieben einige alte Risiken bestehen, während sich andere verschoben, vor allem regionalisiert hätten; zudem wüchsen die benannten Risiken aufgrund unkonventioneller Drohungen von Staaten und nichtstaatlichen Akteuren auf dem Gebiet des organisierten Verbrechens und der *cyberworld*. Die nachfolgende Übersicht (Abb. 18) verdeutlicht den Beitrag der verteidigungspolitischen Anstrengungen zu Erhöhung der nationalen Sicherheit.

Abbildung 18: UK:Defence Operating Model

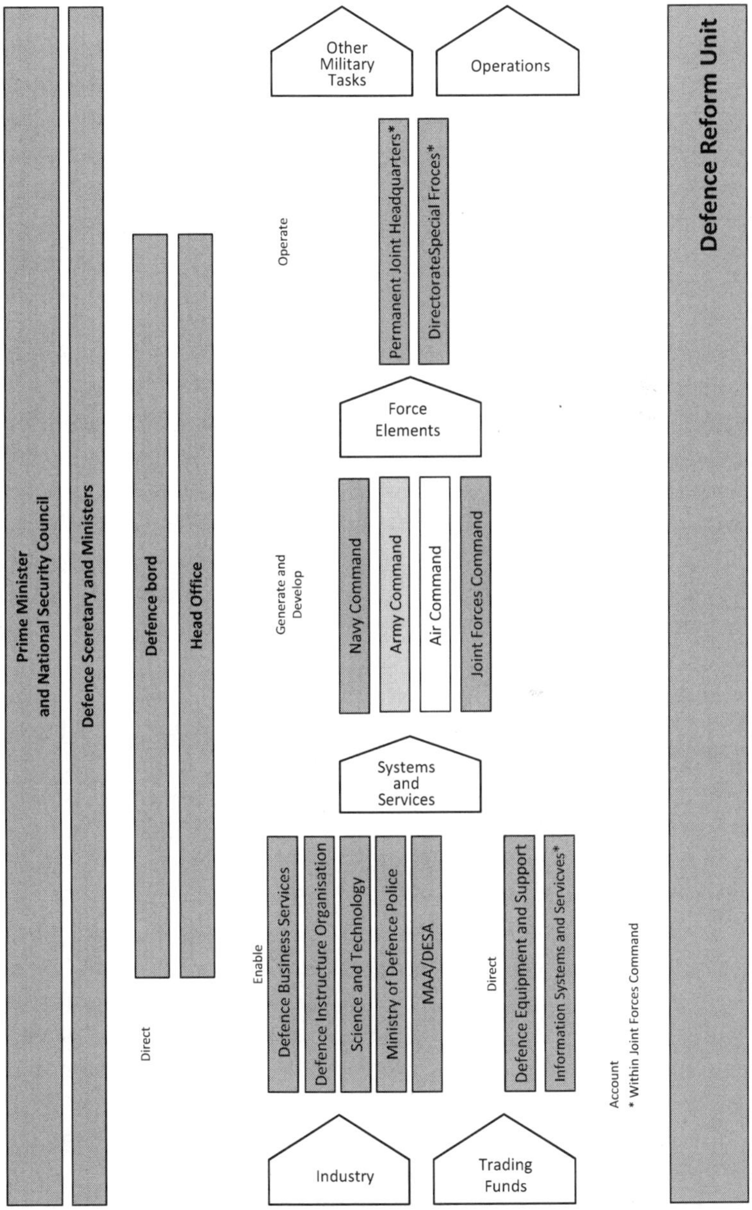

Prime Minister and National Security Council

Defence Sceretary and Ministers

Defence bord

Head Office

Direct

Other Military Tasks

Operations

Operate

Permanent Joint Headquarters*

DirectorateSpecial Froces*

Force Elements

Generate and Develop

Navy Command

Army Command

Air Command

Joint Forces Command

Systems and Services

Enable

Defence Business Services

Defence Instructure Organisation

Science and Technology

Ministry of Defence Police

MAA/DESA

Direct

Defence Equipment and Support

Information Systems and Servicves*

Account

* Within Joint Forces Command

Industry

Trading Funds

Defence Reform Unit

Mit Blick auf die Umsetzung dieser Vorstellungen bietet sich zunächst ein Blick auf das Selbstverständnis des *Ministry of Defence* (MoD) an, das wie folgt formuliert ist: *„Our vision is to deliver versatile, agile and battle-winning Armed Forces, working effectively with each other, directed and supported by a professional Ministry of Defence, with people ready to lead, accept responsibility and spend wisely, protecting our security in a changing world."*[67] Unter den Prioritäten, die diese Vision reflektieren, finden sich eine Verstetigung des "Erfolges in Afghanistan", nachdem die britischen Streitkräfte über eine Stabilisierung der dortigen Situation das Vereinigte Königreich zu schützen suchten. Sie bildeten die afghanischen Sicherheitskräfte aus und bemühten sich um eine Intensivierung der Hilfe zur Selbsthilfe. Darüber hinaus geht es um eine Erfüllung der ständigen Verpflichtungen, etwa mit Blick auf die strategische Nachrichtengewinnung, die strategische nukleare Abschreckung, die Verteidigung gegen direkte Bedrohungen Großbritanniens und seiner überseeischen Gebiete, den *counterterrorism* und schließlich militärische Hilfe für zivile Aktivitäten. Die Wahrnehmung dieser Aufgaben sei essentiell für die Sicherheit Großbritanniens und unterstützte deren „Kerninteressen in der Welt". Um auch in anderen sicherheits- und militärpolitischen Feldern erfolgreich zu sein, müsse Großbritannien entsprechende Missionen im In- und Ausland durchführen (unter Einschluss der Unterstützung britischer Rüstungsexporte), ergänzt um eine Erweiterung der strategischen Machtprojektion durch *expeditionary operations*.

Um diesen Prioritäten nachfolgen zu können, sei eine „Transformation der Verteidigung" angezeigt: Sie bestünde in einer Restrukturierung der Streitkräfte und ihrer spezifischen Fähigkeiten sowie der Implementierung der Ergebnisse des SDSR, einschließlich der Wiederbelebung des *Armed Forces Convent* unter Einführung eines neuen Beschäftigungsmodells. Es ginge vor allem um den Vollzug des neuen *Defence Operating Model* als einer Antwort auf den Review der *Defence Reform Unit;* hier stünden die Schaffung einer einfacheren und effektiveren Organisation im Vordergrund und gehe es um eine signifikante Reduzierung der Betriebskosten. Auch sei die Verteidigung dadurch sicherzustellen, dass man die effektivste, effizienteste und durchhaltefähigste Art der Verteidigungspolitik auf dem Weg eines *benchmarking* gewährleiste, um auch regierungsüberdauernde Entwicklungsziele anzustreben bzw. einzulösen.

---

67 Ministry of Defense: How defence works, London 2014.

Im Übrigen sei mit Blick auf die Ergebnisse des jüngsten NATO-Gipfels, die Krisen in der Ukraine, die russischen Machtprojektionen und die Rolle der Partnerstaaten in EU und NATO zu fragen: Wo und wie soll sich das Vereinigte Königreich in einer prospektiven Dichotomie zwischen den USA und Europa verankern? Welche Partner stünden dabei im Vordergrund? Wie könnte das MoD sicherstellen, auf neuere strategische Entwicklungen, bis hin zu den Jahren 2025 und 2045, zu reagieren? Ginge es eher um die Sicherstellung von *adaptable forces* oder von *expeditionary forces,* mithin auch um eine Neufassung des SDSR? Zudem bilde die NATO den Kern grenzüberschreitender Aktivitäten und Verpflichtungen, während man die EU zwar auch als Rahmen, aber mit wachsender Skepsis betrachte. Die bilateralen Aktivitäten sollten sich neben Frankreich auch (zunehmend) auf Deutschland richten, während territorial Afrika in den Fokus rücke.

Das verteidigungspolitische Reformprogramm

In diesem Rahmen ist das *UK Defence Reform Program* von besonderem Interesse, weil die in diesem Kontext verfolgten Bemühungen des *MoD* zeitgleich zur „Neuausrichtung" vollzogen werden. Erneut empfiehlt sich daher ein Vergleich, nicht nur im Rückblick auf die bisherigen sicherheits- und militärpolitischen Reformbestrebungen, sondern auch und vor allem auf der Basis der gegenwärtigen Herausforderungen und Umorientierungen.

Die programmatischen Bemühungen setzten im August 2010 ein und bezogen sich im Wesentlichen auf einen unabhängigen Bericht *Report into the structure and management of the Ministry of Defence* von *Lord Levene.* Dieser Bericht, vorgelegt im Juni 2011, weist 53 Empfehlungen auf, die durchwegs politisch akzeptiert wurden. Die Schlüsselempfehlungen lauten in aggregierter Form:

– *Strengthen top level decision-making,*
– *clarify the responsibilities and accountability of senior leaders,*
– *secure a smaller and more strategic Head Office,*
– *focus Service Chiefs on running their Service,*
– *strengthen financial and performance management,*
– *improve the ability to deliver joint capabilities,*

- *ensure enabling services to be efficient, effective and professional,*
- *manage and use senior military and civilians more effectively.*

Operatives Modell und Zielgrößen

Zur Umsetzung dieser (Makro-)Ziele wurde ein operatives Modellkonzi-piert, das die Abbildung 19 zusammenfasst. Es dokumentiert u.a. eine be-trächtliche Straffung des operativen Handelns im und vom *MoD* aus und sucht die 53 Empfehlungen über eine formale Programmstruktur zu ver-wirklichen. In der Selbstzuschreibung *„the largest change program in Eu-rope"*, mündete das in die nicht eben überraschende Erkenntnis, dass Ver-haltensveränderungen den Schlüssel zum Erfolg darstellen würden. In deutlich appellativ ausgerichteter Diktion wird auch das in drei Forderun-gen zusammengefasst: professionelle Führung *(be a leader);* sektor-, res-sort- und grenzüberschreitendes Verteidigungsdenken *(think defence)* so-wie verbesserte operative Praxis *(do it better).*

Zudem werden als Erfolgsindikatoren oder besser Zielgrößen ausgewie-sen:

- *Equipment program delivery risk reduced*
- *Increasingly efficient and effective delivery of operational outputs*
- *None frontline costs reduced*
- *Better skilled, motivated and engaged workforce*
- *Increased levels of trust*
- *Future force 2020 affordable and deliverable*

Diese Indikatoren wurden kontinuierlich (materiell und datenspezifisch) gefüllt, der Vollzugsprozess im April 2014 formal abgeschlossen. Insge-samt kam es bislang zur Umsetzung von 45 der 53 Empfehlungen von *Lord Levene*; sieben der Empfehlungen sind längerfristig angelegt, nur eine gilt als *out of the scope of program.*

Einen weiteren Einblick, vor allem in die operativen Elemente des be-schriebenen Prozesses, konnte der Autor nicht nehmen, worin sich aller-dings weniger eine Abwehr externen Informationszugangs als vielmehr die gegenwärtig laufende Zusammenführung der Ergebniskategorien do-kumentiert. Als interessant mag abschließend lediglich noch ein Blick auf die von der britischen Seite als *lessons* bezeichneten Erfahrungen sein, mithin das, was man während dieses Reformprozesses gelernt zu haben glaubt und gegebenenfalls künftigen Reformansätzen auch zugrunde legen könnte:

– *Visible senior staff ownership is essential to the success,*
– *a short well-structured program delivers real benefits and paces to achieve the objectives,*
– *structures and processes are easy to change - behaviour and culture much harder and take much longer,*
– *changing fatigue and cynicism as further essentials,*
– *secure communication and rethink dependencies,*
– *80 percent solutions are usually good enough.*

Diese Kennzeichnungen seien durchaus vergleichbar mit kontinentaleuropäischen Bemühungen um eine verbesserte Sicherheits- und Verteidigungspolitik, mithin empfehlenswert.

Abbildung 19: UK: Die neue Führungsstruktur

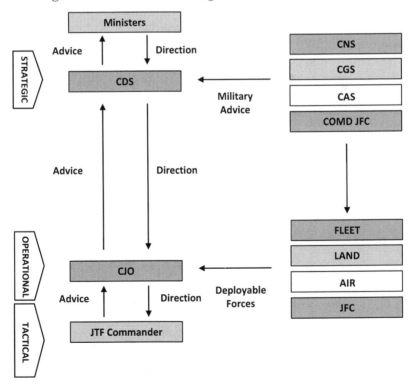

Ähnliches zur Neuausrichtung

Prüft man weitere dem Themenbereich verbundene Publikationen[68], wird deutlich, dass zahlreiche der die „Neuausrichtung der Bundeswehr" leitenden Prinzipien sich in unterschiedlicher Form und Funktion auch im britischen Reformansatz finden. Das gilt vor allem für das *whole force*-Konzept, dass der „Bundeswehrgemeinsamkeit" nahe kommt; zudem sucht man die für den Verteidigungsbereich wichtige Infrastruktur in ähnlicher Weise zu organisieren und institutionalisiert Kontroll- und *oversight*-Prozesse, die im Rahmen der laufenden Neuausrichtungsdiskussion um adäquate Steuerungsmodelle, die Evaluation und eine kontinuierliche Deregulierung Aufmerksamkeit verdienen. Der sicherheitspolitische Willensbildungs- und Entscheidungsprozess ist demgegenüber natürlich durch die politischen Systemunterschiede Großbritanniens und Deutschlands geprägt und aus der Diskussion um die Vor- und Nachteile föderalstaatlich wie unitarisch organisierter Staaten bekannt. Indirekt dokumentiert sich dies durchaus auch in den angedachten Führungsstrukturen, vor allem im Rahmen von *joint operations*. Die vorangehende Darstellung macht das deutlich (Abb. 19).[69]

Interessant schließlich, dass die Fähigkeitsdiskussion in Großbritannien sich nicht gleichsam selbstreferentiell, und damit nicht selten zirkulär, bewegt, sondern unter der Überschrift „*Generate and develop – how the commands deliver capability*" erörtert werden.[70]

Schließlich und erfrischend wie meist in britischen Publikationen sei auch auf die knappe, gleichwohl aber illustrative Art der skizzierten Vorgehensweise verwiesen. Auch sie böte sich für einen Vergleich „lernender Institutionen" an, ergänzt um einen Austausch von Erfahrungen in den unterschiedlichen Aktivitätsfeldern der „Neuausrichtung" und des *UK Defence Reform Program*.

---

68 Dies gilt insbesondere für Ministry of Defence: How defence works, Version 4.0, 01. April 2014.
69 a.a.O., 25.
70 a.a.O., 27 ff.

DE&S-Reform

Von besonderem Interesse ist auch und gerade mit Blick auf die beschaffungs- und rüstungspolitische Diskussion in Deutschland die Neuaufstellung des britischen DE&S, also jener Einrichtung, die für *defence, equipment and support* zuständig ist. Wie einem Bericht für das *House of Commons* zu entnehmen ist[71], kam es für diesen „Schlüsselbereich" zu einer umfassenden Reorganisation, die zum 1. April 2014 in eine *bespoke trading entity, an arm's length body of the Ministry of Defence*(etwa: Handelsgesellschaft am kurzen Zügel des MoD) mündete. Die Begründung ist gerade im Vergleich bemerkenswert:

> "Transforming DE&S is one of the major reforms currently under way within the Ministry of Defence in a bid to resolve the significant problems identified with the defence procurement system: an historically overheated equipment plan; a weak interface between DE&S and the Ministry of Defence; and insufficient levels of business capability at DE&S. The new entity has been given new freedoms by the treasury to retain, reward and manage DE&S staff, who remain crown servants. A competition was launched for managed service providers in spring 2014 to bring private sector expertise into DE&S.
> The Ministry of Defence originally sought to transform DE&S into a government-owned, contractor-operated organization (GOCO) and ran a competition in 2013 to attract industry. However, the competition was halted in December 2013 after only one bid was received. The MoD instead adopted to transform it into a trading entity. The legislative framework for a transition to a GOCO is laid in the Defence Reform Act 2014 should a future government wish to pursue the GOCO proposal."[72]

Interessant ist darin der bislang gescheiterte Weg zu einer weitergehenden, wenn auch öffentlich gebundenen Privatisierung des *defence, equipment and support*-Bereichs, da sich nur ein Bewerber fand. Der jetzt angelegte Kompromiss hin zu der benannten *trading entity* stellt vermutlich aber nur eine Übergangslösung dar, da der rechtliche Rahmen für eine Überführung in eine GOCO erhalten blieb, um einer späteren britischen Regierung den vollständigen Übergang zu erlauben.

---

71 House of Commons: Standard Note 06903, 3rd June 2014 (International Affairs and Defence Section).
72 a.a.O., 1.

Auch in quantitativer (und vergleichender) Hinsicht ist der Fall DE&S bedeutsam:

> "Defence, equipment and support is responsible for equipping and supporting the UK's armed forces. It is responsible for an annual budget of £ 14,8 billion and an annual operating budget of £ 1,3 billion (2014/2015). It is based at Abby Road in Bristol and has a staff of 12.500."

Die schiere Größe der Einrichtung und vor allem die ihres jährlichen Budgets machen deutlich, dass der Umorientierung ein beträchtliches Gewicht im Rahmen der sicherheits- und verteidigungspolitischen Bemühungen Großbritanniens zukommt. Ob und wieweit es gelingt, DE&S im Vollzug weiter zu öffnen, mithin weitere Teile zu privatisieren (und welche Folgewirkungen sich damit verbinden), ist derzeit noch nicht absehbar. Nach Gesprächen mit dem amtierenden Direktor und Mitarbeitern der Einrichtung ist allerdings anzunehmen, dass der große Ehrgeiz und die beträchtliche operative Kompetenz der Beteiligten durchaus zu erwartende (und dann möglicher Weise auch modellhafte) Erfolge zeitigen wird. Insbesondere die eingeräumte Flexibilität bei der Einstellung qualifizierten Personals, die Rückführung allzu restringierender haushaltsrechtlicher Vorschriften und der dieser Einrichtung belassene Spielraum auch bei größeren Infrastruktur-Investitionen ist bemerkenswert und kontrastiert in gewisser Weise die Ausgangssituation im deutschen Fall. Die Erwartungen sind entsprechend:

> „These changes will reinforce the customer-supplier interface between the military command customers and DE&S, facilitating a more business-like approach, allowing us to move earlier to a hard-charging regime and thus further addressing one of the weaknesses identified in previous reports. They will allow DE&S to procure crucial private sector input through a series of support contracts to deliver key changes to systems and processes, and to strengthen program management while organic capabilities are built. They will also permit the recruitment into DE&S of key commercial and technical staff at market rates and with minimum bureaucracy."[73]

Die nachfolgende dreiteilige Übersicht fasst die entscheidenden Organisationselemente und die sich bietenden Optionen zusammen (Abb. 20).

---

73 a.a.O., 7 f.

Abbildung 20: UK: Optionen der DE&S-Reform

Key Feature	DE&S (as was)	Executive Agency	Trading Fund	GOCO	Bespoke DE&S Central Govt Entity
Status	Part of the Department forming a Top Level Budget within the MOD	Part of a Dept	Part of a Dept (in some instances can be a department in its own right)	Central Government body but legally separate corporate identity	Part of a Dept
Crown Body	Yes	Yes	Yes	[No]	Yes
Established by	Administrative Action	Administrative Action	Set up through a Statutory Instrument under the Government Trading Funds Act (GTFA) 1973	Administrative Action supported by legislation	Administrative Action
Governance	4* Chief of Defence Materiel (CDM) supported by a board	CEO supported by a board	CEO supported by a board; the board is led by an independent non-executive Chair and includes non-execs	CEO responsible to the Governor for the operation of the GOCO and accountable to Parliament for the expenditure of public money.	CEO (Chief of Defence Materiel) supported by a board led by an Independent non-executive Chairman and non-executive directors.
Ministerial accountability	Accountable to Departmental Minister	A Minister in the parent Dept makes key decisions on the agency's affairs	Under the "control and management" of a responsible Minister	A Minister will retain responsibility for the oversight of the GOCO	Under control and management of responsible Minister

Key Feature	DE&S as was	Executive Agency	Trading Fund	GOCO	Bespoke DE&S Central Govt Entity
Parent Dept	Has direct control	Has direct control	Under the "control and management" of a responsible Minister, the main mechanism being through the Owner's Council	Control via MOD Governor organisation.	Control and management exercised via responsible Minister Main mechanism is through the Owner's Council
Funding	Through Departmental Estimate	Estimates and/or fee income Included within parent Department Estimate.	Financed primarily from its trading income by charging customers for the delivery of goods and services. Expenditure and income are not reported in the Estimates process	Hard Charging Expenditure and Income are not reported in the Estimates process	Through Departmental Estimate and trading by charging MOD customers for services to deliver the Equipment Programme.
Employees	Crown Servants (civil servants and military personnel)	Crown Servants (civil servants and military personnel)	Crown Servants (civil servants and military personnel)	Public sector employees	Crown Servants (civil servants and military personnel)
Accounts etc	Publishes plans and accounts as part of parent department's central accounts	Publishes own plans and Annual Report and Accounts. Accounts are consolidated into those of the parent Department.	Publishes its own plans and Annual Report and Accounts that are not consolidated with its parent department's accounts	Accounts are not consolidated into the accounts of the department.	Publishes own plans and Annual Report and Accounts. Accounts are consolidated into those of the parent Department.
Ability to retain a cash surplus	No	No	Yes It is also expected to generate a financial return commensurate with the risk of the business in which it is engaged.	N/A	To be determined

Key Feature	DE&S as was	Executive Agency	Trading Fund	GOCO	Bespoke DE&S Central Govt Entity
Parliamentary Accountability	Through Departmental PAO. CDM as TLB holder is not an Accounting Officer.	CEO is Agency Accounting Officer (under designation/delegation by the departmental PAO); oversight by Department PAO	CE is appointed by HMT as the Accounting Officer for the Trading Fund and is personally accountable to Parliament; oversight retained by Departmental PAO. Division of responsibilities between Departmental PAO and Trading Fund AO articulated in Framework Document.	CEO is accountable to Parliament for the operating costs of the business. Equipment programme expenditure remains with MOD	CEO is an additional Accounting Officer (under delegation from departmental PAO) Division of responsibilities between Departmental PAO and CEO as AAO articulated in the Framework Document.
Freedoms and Controls	No additional freedoms above those negotiated at Departmental level	Right to pay, grade, promote and manage staff should be delegated to CE (from the Permanent Secretary). Agencies should be able to vary terms and conditions to respond to local employment market conditions - requires freedoms as agreed with CO/HMT. SCS staff remain responsibility of parent department	Department Perm Sec delegates responsibility for terms and conditions of service of staff (noting they remain civil servants) including pay, grade, promote and manage staff and have their own policy framework (HR, finance) SCS staff remain responsibility of parent department. Ability to obtain freedoms as agreed with CO/HMT	Significant HR and operating freedoms due to change in status of staff.	Right to pay, grade, promote and manage civil service staff delegated to the CE. Will have/seek/obtain in significant freedoms to operate outside those of the core civil service as agreed by CO/HMT.

Erkenntnisse im Vergleich

Schließlich empfehlen sich für den deutschen Leser auch die Ausführungen unter *Why does DE&S need reforming?*[74], da gleichsam exemplarisch

---

74 a.a.O., 14 ff.

deutlich wird, dass und inwieweit die drei in diese Untersuchung einbezogenen EU-Mitgliedstaaten durchaus vergleichbare Probleme im Beschaffungswesen zu bewältigen haben. Sieht man von den unterschiedlichen strukturellen Ausgangsbedingungen ab, bleibt im Kern der Modernisierungsauftrag für die Streitkräfte (im militärischen wie im zivilen Bereich) vergleichbar. Umso erstaunlicher, dass in allen drei Ländern unverändert Widerstände erkennbar sind, sich einem intensiveren Vergleich zu stellen und aus der Gegenüberstellung unterschiedliche Vorgehensweisen so etwas wie *best practice* zu gewinnen. Hier ergäbe sich aus Sicht des Autors durchaus ein Ansatz zu erweiterter Kooperation – bis hin zu einer etwaigen Arbeitsteilung. Zudem könnte man dem in der Regel hervorragend und längst multilateral organisierten militärisch-industriellen Komplex ein adäquates Gegenüber bieten. Großbritannien ist hierbei im Vergleich bislang „am weitesten", während sich die französische Sicherheits- und Verteidigungspolitik im Wesentlichen auf ihre starke Stellung im französischen Staat stützt und die hohe gesellschaftliche Anerkennung der Streitkräfte als ein Reformen abwehrendes Argument einsetzen kann. Die Bundesrepublik Deutschland dagegen kämpft noch immer um die Anerkennung der Bundeswehr als gesellschaftlich wichtiger, ja zentraler Einrichtung, doch setzt die „Neuausrichtung" hier nicht nur neue, sondern auch auszubauende Akzente, die wiederum um positive Erfahrungen aus dem britischen Reformprozesses ergänzt werden könnten. Dabei wären es zunächst jene angesprochenen „weichen" Interaktionsformen, denen auf der Basis eines deutlichen politischen Signals zunächst nachzufolgen wäre: bei der Planung, der Programmierung, den haushalterischen (und haushaltsrechtlichen) Voraussetzungen sowie schließlich der Steuerung, Evaluation und Kontrolle finden sich, gegebenenfalls unter Einschluss der Logistik, durchaus ähnliche Herausforderungen, die auch in Kooperation zu bewältigen sein dürften. Angesichts dieser Ausgangssituation untätig zu bleiben, hieße, die dann zu erwartenden Entwicklungsprobleme auf sich selbst zurückfallen zu lassen und einer Transformation zu einer den Namen verdienenden „Einsatzarmee" entgegen zu stehen. Beides dürfte nicht im deutschen Interesse sein – weder der militärischen, noch der zivilen oder gar der gesellschaftlichen Seite.

Haushaltsentwicklung

Schließlich findet sich in der öffentlichen Diskussion Großbritanniens ein eher skeptischer Blick auf die Entwicklungsmöglichkeiten des Verteidigungshaushalts. So hieß es in der *Financial Times* vom 06. Oktober 2014:

„Security is at the top of the agenda for whoever wins the next general election against a backdrop of deteriorating relations between the West and Russia, conflict in the Middle East and a heightened threat of terrorism. The defence budget – £ 36.43 bn for 2014/15 – is the fourth-largest departmental spend in government and, with education and health ringfenced, protecting defence from cuts will be a political impossibility. In the 2011/12 and 2012/13 period, spending on defence fell faster than in any other area of government, according to the Office for National Statistics. Now, with no fat left to cut, the mood among the chiefs of staff is pessimistic.

For the MoD budget, there are three likely scenarios. The first is for the UK to hit its NATO defence spending target in the next parliament. According to a recent analysis by the Royal United Services Institute, such a commitment would require an extra £ 25 bn to be spent on defence, over and above current spending levels, in the next parliament; senior military officers accept this would be ‚a pipe dream'.

The second scenario would be for the current settlement to be maintained and the MoD budget pegged to inflation, with an extra one percent annual increase for equipment expenditure only.

It is this situation that senior armed forces officials told the Financial Times they hoped for. Indeed, all of the MoD's current long-term equipment projects and military reforms are pegged to it. Even under such a commitment, however, given the government's own current growth forecasts, by 2020, defence spending will have slid to 1.7 percent of GDP. And by 2025, less than 1.6 percent.

After the Prime Minister's conference speech, however, the final scenario – further cuts – is the most likely."(Kürzung durch den Verf.)

Schließlich bietet sich die folgende Zusammenstellung von Schlüsseldaten in der gleichen Ausgabe der *Financial Times* (Abb. 21) auch und gerade für einen Vergleich mit anderen EU-Mitgliedstaaten an.

Dass Großbritannien im Übrigen kein größeres Interesse an multilateralen Formen der Zusammenarbeit hat, ist bekannt und sollte in Überlegungen zu künftigen Kooperationsformen berücksichtigt werden. Gerade deshalb wäre es auch hilfreich, die einzige ernstzunehmende europäische Einrichtung in diesem Kontext, die Europäische Rüstungsagentur, zu fordern, in ihr (trotz aller berechtigten Kritik) einen Garanten für eine effektivere und effizientere Beschaffungspolitik zu sehen. Nur so dürfte man der europäischen Sache auch im Bereich der Sicherheits- und Verteidigungspolitik gerecht werden können und prospektive Rollen wie Arbeitsteilungen zwischen den Mitgliedstaaten zumindest andenken; ob das auch die Übertragung einzelner Fähigkeiten auf einzelne Länder oder Ländergruppen einbezieht, mithin Spezialisierungsprozesse zulässt (und konsensfähig macht), werden die Erfahrungen der kommenden Jahre zeigen.

Abbildung 21: Der britische Verteidigungshaushalt im Zeitablauf

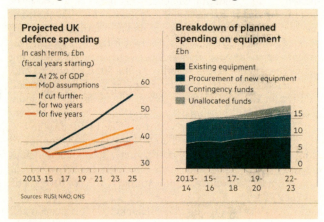

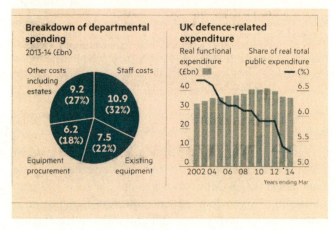

3. E pluribus unum? Wege und Umwege der europäischen und internationalen Kooperation in der Sicherheits- und Verteidigungspolitik

Problematische Ausgangssituation

Sucht man diese Einblicke in die „Fälle" Frankreich und Großbritannien handlungsorientiert zusammenzufassen und ergänzt das um das in der europäischen und der NATO-bezogenen Diskussion immer wieder aufscheinende, inzwischen aber eher wohlfeile Konzept eines *pooling and sharing*, so kommt man zu einem durchaus unerfreulichen Bild. Zwar sind die politischen Absichtserklärungen, eine *Gemeinsame* Europäische Sicherheits- und Verteidigungspolitik aufzubauen, Legion, doch blieben die jeweils nachfolgenden Bemühungen der Nationalregierungen bislang höchst überschaubar. Hinzu treten einzelne Beispiele, die eher abschrecken denn ermutigen.

Insofern sollte es auch nicht verwundern, dass sich angesichts der desolaten Ausgangssituation Absichtserklärungen mehren, die in einem „starken politischen Impuls" für eine erweiterte sicherheitspolitische Kooperation in Europa den einzigen Ausweg aus der Misere sehen. Zwar finden sich durchaus Ansätze, über eine Territorialisierung/Regionalisierung der Europäischen Sicherheits- und Verteidigungspolitik nachzudenken oder auch erweiterten Formen einer Arbeitsteilung, mithin einer Spezialisierung, das Wort zu reden, nur blieben die entsprechenden Verlautbarungen meist ohne verfolgenswerte Reaktion, hat sich das allgemeine *pooling and sharing*-Konzept erkennbar überlebt.

Unter den neueren themenspezifischen Äußerungen in Deutschland ragen zwei Äußerungen hervor. So hielt Wirtschaftsminister *Sigmar Gabriel* im Rahmen der 8. Petersburger Gespräche (November 2014) einen Vortrag unter dem Titel „Weiterentwicklung der Gemeinsamen Sicherheits- und Verteidigungspolitik in Europa"[75], den die Presse zwar *en passant* zur Kenntnis nahm, der aber eine erweiterte Öffentlichkeit verdient hätte.

Wie meist in politischen Auftritten dieser Art, skizzierte der Minister zunächst jene beiden historischen „Chancen", die sich der Europäischen Verteidigungspolitik bislang geboten hätten: zum einen die bekannte For-

---

75 Sigmar Gabriel: Rede bei den 8. Petersburger Gesprächen, 8. November 2014 (Ms.).

derung *Winston Churchills*, eine Europäische Armee mit deutscher Beteiligung vorzusehen, die in die 1950 vorgestellte Idee einer „Europäischen
Verteidigungsgemeinschaft" mündete, welche bekanntlich an Vorbehalten
des französischen Parlaments scheiterte. Die zweite Chance bot dann der
„Fall der Mauer": Die westliche Verteidigungsallianz erweiterte sich um
die Staaten Mittel- und Osteuropas und im Vertrag von Maastricht (1992)
bemühte sich die Europäische Union um eine gesamteuropäische Außen-
und Sicherheitspolitik. Die seinerzeit erkennbare Euphorie verflog freilich
auch in diesem Fall schnell, zumal die historischen Ereignisse ihre Präge-
kraft verloren.

Skeptischer Grundton

Wenn heute über Europäische Sicherheits- und Verteidigungspolitiken gesprochen wird, blickt die Öffentlichkeit mit einer gewissen Enttäuschung,
vielleicht auch mit Resignation auf die Entwicklungen der vergangenen
Jahre zurück. So wie „Europa" insgesamt ins Gerede gekommen ist, vor
allem die Vorrangfunktion des Europäisierungsprozesses, geriet auch die
Gemeinsame Außen- und Sicherheitspolitik (GASP) zwar nicht in Verges-
senheit, wohl aber in eine bis heute andauernde Starre. Dass die Ist-Situa-
tion dabei eine veränderungswürdige Konstellation darstellt, dürfte unstrittig sein, auch und gerade im Rahmen der europäischen sicherheits- und
verteidigungspolitischen Diskussion. Zudem hat sich das Interesse der
USA merklich verändert, zeigt die neue amerikanische Verteidigungsstra-
tegie unter Präsident *Obama* erste Wirkungen. Er bezeichnete sich bekanntlich als „ersten pazifischen Präsidenten" und sucht den Führungsanspruch der USA in diesem „außerordentlich wichtigen Teil der Welt zu
stärken und aufrechtzuerhalten". In der Konsequenz kürzten die USA
ihren Verteidigungshaushalt um eine halbe Mrd. US-Dollar und zog das
Land Truppen aus Europa ab. Die Konsequenzen sind deutlich: Zwar wird
Europa ein wichtiger Partner der USA bleiben, doch dürfte es sein Engagement auf dem alten Kontinent und in gemeinsamen Institutionen zu-
rückfahren. Damit wiederum ist die Erwartung verbunden, dass Europa
gerade in diesem Bereich seine Anstrengungen verstärkte.

Hinzu tritt, dass die nachfolgende Finanzkrise die Verteidigungsetats
der EU-Länder in besonderer Weise getroffen hat. Während Frankreich,
wie aufgezeigt, seinen verteidigungspolitischen Etat zu stabilisieren sucht,
verkleinerte Großbritannien sein Verteidigungsbudget um fast ein Viertel.

Die vermeintlich geringere Bedrohungslage machte in nahezu allen EU-Staaten den Verteidigungshaushalt zu einem begehrten Objekt von Sparpolitiken. In der Folge kam es zu durchaus grotesken Konstellationen, wie etwa der Situation, in der Italien und Frankreich im Sommer 2011 Schiffsverbände aus dem Libyen-Einsatz zurückbeordern mussten, weil der Einsatz nicht mehr finanziert und der Materialverschleiß nicht mehr kompensiert werden konnte. Im Ergebnis sorgte der Reformdruck für einen deutlichen Um-, wenn nicht Abbau von Streitkräften dies- wie jenseits des Atlantiks. In den größeren NATO-Staaten werden fast alle Armeen derzeit umfassenden Reformen unterzogen. Besonders deutlich ist dies in den USA, Großbritannien, Frankreich und Deutschland. Dabei entsteht der Eindruck, dass strategische Überlegungen eine nur noch sehr untergeordnete Rolle bei der militärischen Neuausrichtung spielen, dringend benötigte militärische Fähigkeiten einem möglicher Weise kurzsichtigen Spardiktat zum Opfer fielen. Auch wurde übersehen, dass die fast zeitgleiche Überprüfung von Wehretats Abstimmungsmöglichkeiten beinhaltete, die ungenutzt blieben, auch deutscherseits.

Gabriel folgerte daraus, dass Deutschland angesichts dieser Ausgangssituation in der Gefahr stehe, eine einmalige Chance zu vergeben, beides zu verwirklichen: eine solide Neuausrichtung der europäischer Streitkräfte auf der Basis strategischer Überlegungen und gleichzeitig die Erfüllung notwendiger Sparvorgaben. „Das ist zu schaffen, doch vermisse ich den politischen Willen bei vielen Verantwortlichen in den europäischen Hauptstädten. Das was ich sehe, ist nationale Ausplanung statt europäischer Abstimmung. Ich sehe nationale Reformvorhaben statt europäischer Zusammenarbeit."[76]

Auch hier Rufe nach einem „Neuimpuls"

Das Mitdenken der Europäischen Entwicklung, kein wirklich integraler Bestandteil der „Neuausrichtung", bedarf mithin eines deutlichen Signals und nachhaltigen Engagements, will Europa seinen Anspruch auf Mitgestaltung der internationalen Politik nicht aufgeben. Verantwortung zu übernehmen und Ziele wie Interessen eigenverantwortlich zu verfolgen, stellen deutliche Gebote dar, erst recht angesichts der Gefahr, künftig zu

---

76 Ebd., 2.

Getriebenen des Kalküls anderer, handlungsfähigerer Akteure zu werden. Zur konsequenten Vertiefung der europäischen Integration gäbe es mithin keine wirkliche Alternative, eine Erkenntnis, die den Vortragenden zu einem „Neuimpuls" in der Europäischen Außen- und Sicherheitspolitik führte. Dieser Impuls, ähnlich dem, was die im Rahmen dieser Untersuchung geführten Interviews zutage förderten, bestünde für ihn vor allem darin, bestehende Projekte und Initiativen konsequent fortzuführen und auszubauen sowie über starke glaubwürdige politische Absichtserklärungen nicht nur auf ein Bekenntnis zur Europäischen Sicherheits- und Verteidigungspolitik, sondern auch auf deren Verwirklichung hinzuwirken.

Für eine Fortführung und den Ausbau bestehender Projekte und Initiativen finden sich in der Tat durchaus verfolgenswerte Ansätze. Sie reichen von eine „Vorreitergruppe", wie sie 2013 bereits in Hamburg unter der Formel „Weimarer Dreieck plus 1" vorgestellt wurde, über das derzeit erprobte Speerspitzenkonzept der NATO bis hin zu Vorstellungen, die neue gemeinsame Einrichtungen für die GSVP vorsehen. Zwar blieb auch das „Weimar plus 1"-Konzept seinerzeit wie heute undefiniert, doch zielte es erkennbar (zumindest auch) auf Großbritannien. Unter diesen Voraussetzungen könnte auch ein *pooling and sharing* wieder zu einer verfolgenswerte Strategie werden, doch müsste sie konkret und handlungsorientiert weiter entwickelt werden. Zwar bleibt es verständlich, auf die von Deutschland und Schweden getragene „Gent-Initiative" genauso zu setzen wie auf das von Deutschland, Frankreich, Belgien und den Niederlanden bestückte europäische Lufttransportkommando, doch wird man bei einem näheren Blick auf diese Aktivitäten sicher nicht von „deutlichen Synergien bei strategischen Fähigkeiten"[77] sprechen können. Und auch die deutsch-französische Brigade, das Eurokorps, das deutsch-niederländische Korps und das multilaterale Korps Nord-Ost sind aller Ehren wert, stellen bislang aber kaum wegweisende Projekte europäischer militärischer Zusammenarbeit dar. Die Hoffnung geht eher dahin, dass die genannten Projekte und Initiativen über die sachliche Zusammenarbeit hinaus wirken und das gegenseitige Vertrauen zwischen den Partnern stärken. Kooperationswille und Verlässlichkeit müssten dabei entscheidende Kategorien sein. „Multilateralität" kommt in solchen Diskussionen kaum zu Wort, verständlich nach den Ausführungen zu den beiden in diese Untersuchung einbezogenen „Fällen" Frankreich und Großbritannien.

---

77 a.a.O., 3.

Plädoyers für einen glaubwürdigen politischen Impuls, um eine „drohende Marginalisierung" europäischer Staaten auf internationaler Ebene zu verhindern, gewinnen also an Bedeutung. Dies gilt u.a. auch für *Rainer Arnold*, der die europäischen Armeen „stärker integriert" sehen möchte. Ein Positionspapier der SPD-Bundestagsfraktion sieht dazu nicht weniger als ein ständiges militärisches Hauptquartier der Europäischen Union, ein gemeinsames Europäisches Weißbuch zur Sicherheits- und Verteidigungspolitik, die Gründung einer Europäischen Militärakademie und häufigere gemeinsame Manöver der Streitkräfte der Mitgliedstaaten vor, wobei Deutschland die Rolle des Motors dieser Europäisierung zugesprochen wird.

So sympathisch solche Vorstellungen auch wirken mögen, die Realität der sicherheits- und verteidigungspolitischen Zusammenarbeit in Europa sieht anders aus. Die hier bestenfalls deutlich werdenden bi- und trilateralen Bemühungen reichen nicht sehr weit, gefordert ist vielmehr ein glaubwürdiger politischen Impuls in Richtung einer wirklich gemeinsamen Europäischen Sicherheits- und Verteidigungspolitik. Dies bezeichnen diverse Europapolitiker als „Herausforderung der Stunde"[78], der sich die Verantwortlichen in allen europäischen Hauptstädten zu stellen hätten. Für Deutschland bedeutete das auch, das verloren gegangene Vertrauen in die Bündnissolidarität des Landes zurück zu gewinnen, eine angesichts von Alleingängen wie im Fall der Libyen-Krise vertretbare Forderung.

Abstimmung der sicherheitspolitischen Ziele

In der Konsequenz müssten die EU-Mitgliedstaaten bereit sein, die sicherheits- und verteidigungspolitischen Ziele mittel- und längerfristig abzustimmen. Sie müssten damit auch bereit sein, gegebenenfalls wie in anderen Politikfeldern vorexerziert, Schritt für Schritt Souveränität abzugeben. Diese verständliche Erinnerung wäre freilich immer der Realität zu konfrontieren; dieses *caveat* verbindet sich auch mit der in den beiden Fallstudien deutlich werdenden Zurückhaltung der französischen wie der britischen Seite.

Als interessant erwies sich der Beitrag des deutschen Wirtschaftsministers schließlich auch aufgrund seiner Schlussbemerkungen:

---

78 a.a.O., 4.

„Deutschland ist bereit, auch unter Änderung seines Grundgesetztes, für die Realisierung einer handlungsfähigen gemeinsamen europäischen Sicherheits- und Verteidigungspolitik und damit verbunden des Fernziels einer Europäischen Armee einzutreten. In welcher Form dies geschehen kann, muss Gegenstand einer breit geführten Debatte sein. Ich könnte mir sogar vorstellen, dass wir dieses Ziel als Verpflichtung in das Grundgesetzt aufnehmen. Ich bin davon überzeugt, dass ein solches Signal eine europaweite Debatte anstoßen würde, die besonders die Euroskeptiker zwingt, der Bevölkerung glaubwürdig zu erklären, warum sie einen solchen Weg nicht beschreiten und mit welchen Mitteln sie einer zukünftigen Marginalisierung ihres Landes entgegen wirken wollen."[79]

Es bleibt freilich abzuwarten, ob es sich bei solchen Vorstellungen lediglich um die Position des eines Koalitionspartners, mithin der Sozialdemokratie Deutschlands handelt, oder ob sie auch auf der Kabinettsebene mehrheitsfähig sind.

Weitere Handlungsoptionen

Bei realistischer Einschätzung der Ausgangssituation wird man von allzu optimistischen Erwartungen unverändert Abstand nehmen müssen. Zwar kann man europäische Sicherheits- und Verteidigungspolitik durchaus auch so denken, dass man von einer Territorialisierung bzw. Regionalisierung von Zuständigkeiten und Verantwortungsbereichen ausgeht, mithin etwa Deutschland eine verstärke Führungsrolle bei der weiteren Entwicklung Mittel- und Osteuropas, Frankreich eine solche für den Mittelmeerraum und Großbritannien eine besondere Verantwortung für die europäisch-transatlantischen Beziehungen zuspricht, doch stehen dem die Erwartungen fast aller EU-Mitgliedstaaten entgegen. Eher dürfte es vorstellbar sein, dass weitere Kooperationsformen bis hin zu der angesprochenen Spezialisierung und Arbeitsteilung Platz greifen. Diese Form einer erweiterten Kooperation scheint auch deshalb aussichtsreich, als sich damit eine gewisse Stufenfolge verbindet, die ein sukzessives Zusammenführen von Kapazitäten erlauben würde. Übergreifend freilich müsste sich Europa einig werden, eine mittel- wie langfristig angelegte strategische Sicherheits- und Verteidigungspolitik entwickeln zu wollen, ein Bemühen, das derzeit deutlich unausgeprägt erscheint – trotz oder gerade wegen der diversen Rückschläge in den vergangenen Jahren. Bei realistischer Sicht wird man

---

79 a.a.O.,5.

die Gemeinsame Sicherheits- und Verteidigungspolitik der EU heute als weitgehend gescheitert ansehen müssen, weil es ihr bislang nicht gelang, ihre materiellen Kapazitäten aufeinander zu beziehen und damit einen wichtigen Baustein der globalen Sicherheitsarchitektur zu generieren. Europa ist erkennbar nicht in der Lage, einen begrenzten Krieg zu führen, zumal die *EU Battle Groups* den selbst gestellten Ansprüchen bis heute nicht genügen, die Militärbudgets kontinuierlich zurückgeführt werden und die europäische Rüstungsindustrie unter der hausgemachten Konkurrenz leidet.[80] Auch das Konzept für eine zusätzliche und permanent einsetzbare *Battle Group* vom April 2013 erwies sich bislang nicht als Nukleus einer erweiterten Kooperation, zumal sie gerade nicht für den Kampfeinsatz vorgesehen ist, sondern bei humanitären Katastrophen oder zur Ausbildung anderer Armeen eingesetzt werden soll.

Natürlich wird man die angesprochenen punktuellen Initiativen begrüßen müssen, der desolaten Ausgangssituation entgegenzuwirken, unter Einschluss des Versuchs der Außenminister Deutschlands, Frankreichs, Spaniens, Italiens und Polens, eine ehrgeizigere europäische Sicherheits- und Verteidigungspolitik vorzusehen, doch führte bereits die Frage nach deren *raisond'etre* gegenüber und jenseits der NATO zu erheblichen Auseinandersetzungen. Auch der britisch-französischen Versuch, die Nuklearmächte durch eine bilaterale militärische Zusammenarbeit zu binden, blieb – jenseits des Affronts den anderen EU-Mitgliedstaaten gegenüber – nicht nur ohne Ergebnis, sondern enttäuschte beide Seiten nachhaltig. So bleibt es für Frankreich beim Traum eines *L'Europe de France* unter französischer Führung und konnte das 2008 vom damaligen Präsidenten *Sarkozy* vorgelegte Weißbuch nicht die von ihm erhoffte Wirkung zeigen, obwohl die darin enthaltene Solidaritätsklausel im Angriffsfall einen Weg zu einer europäischen Verteidigungspolitik vorzuzeichnen schien. Dies erklärt denn auch die skeptische Haltung des ehemaligen französischen Außenministers, *Hubert Védrine*, in einem für Präsident *Hollande* angefertigten Gutachten, nach dem „Deutschland und Großbritannien lieber auf die USA setzten und es vorzögen, ihre passiven Positionen im Rahmen der NATO beizubehalten". Er ging sogar soweit, Deutschen wie Briten vorzuwerfen, dass sie verhindern wollten, dass die EU eine Weltmacht darstellt. Umgekehrt wird man auf deutscher Seite nicht zu Unrecht darauf hinweisen,

---

80 Vgl. hierzu Süddeutsche Zeitung vom 7. Mai 2013 („EU-Verteidigungspolitik wird zum gescheiterten Projekt").

dass die von Frankreich für sich reklamierte „Führungsrolle" angesichts des Zustands des Landes sowie des Gleichgewichts zwischen den drei „Großen" illusionär sein dürfte.

Im Übrigen haben die Erfahrungen der letzten beiden Jahre gezeigt, dass die sicherheitspolitischen Befürchtungen der neuen Mitgliedstaaten Mittel- und Osteuropas nicht ohne Grund bestehen. So hat die aggressive Ukraine-Politik des russischen Präsidenten *Putin* deren auch historisch begründbare „Ängste" noch beträchtlich erhöht. Russland bleibt aus sehr verständlichen Gründen für diese Staaten ein potentieller Aggressor, dem man deshalb auch militärpolitisch begegnen müsse.

Ehrliche Bestandsaufnahme gefordert

Im Ergebnis wäre mithin eine ehrliche Diskussion darüber angezeigt, welchen Stellenwert man seitens der EU-Mitgliedstaaten einer wirklich gemeinsamen europäischen Sicherheits- und Verteidigungspolitik zumisst. Kann man sich gegebenenfalls auf unterschiedliche „Verantwortlichkeiten" einigen oder findet man wenigstens einen Weg, eine punktuelle Spezialisierung von Streitkräften zumindest „auf den Weg zu bringen". Die vergangenen Jahre haben gezeigt, dass die Gefährdungspotentiale sich beträchtlich verändert haben, mithin auch das klassische strategische Denken der Sicherheitspolitiker einer Überprüfung bedarf. Hier für eine erweiterte Anpassungsfähigkeit, Flexibilität und Reaktionsgeschwindigkeit zu votieren, sollte ein Gebot der Selbstverständlichkeit sein. Dies dann mit unterschiedlichen Fähigkeitsprofilen und sicherheits- wie militärpolitischen „Begabungen" oder besser Voraussetzungen zu verbinden, könnte ein (gerade noch) gangbarer Weg sein.

Mit Blick auf die „Neuausrichtung der Bundeswehr" wird es darauf ankommen, nicht das Träumen der Sicherheitsanalytiker zu vergrößern, mithin für unterschiedliche Problemfelder mit allzu optimistischen, um nicht zu sagen naiven Blaupausen für das künftige Handeln zu reagieren. Das gilt auch für eine Reihe weiterer deutscher Großreformen (die Energiepolitik als ein Beispiel), die nicht selten durch massive, vorab nicht ge- bzw. übersehene Vollzugsdefizite geprägt sind. Auch die Neuausrichtung mag in diese Kategorie fallen, freilich unter der Einschränkung, dass hier durchaus konsequent, wenn auch in Teilen einseitig gedacht wurde. So ging die für den Reformprozess (mit) entscheidende Kommission mit ihren Empfehlungen in Richtung eines Managementansatzes, der die rapiden Veränderungen im Aufgabenfeld (und damit natürlich auch der benötigten Befähigungsprofile) nicht sah oder noch nicht berücksichtigen konnte. So ist die Reform letztlich doch „nur" als (allerdings unausweichliche) Modernisierung der Binnenorganisation zu qualifizieren, die nach den bisherigen Erkenntnissen in vielen Teilen zwar problem- und bedarfsgerecht ausgerichtet ist, ohne freilich jene auch strategischen Fragen einzubeziehen, die in diesem Kapitel gesondert angesprochen wurden.

Im internationalen Bereich wäre weiter nach belastbaren Beispielen für entwicklungsfähige Austausch- und Kooperationsprozesse zu suchen, gegebenenfalls zunächst über bi- und trilaterale Handlungsformen, die dann als Nukleus europäischen, mithin multilateralen Handelns dienen könnten. Die vielfältigen Binnen- wie Außenbedrohungen legen das nahe, die nationalen Haushalte auch. Inzwischen droht die eingeschränkte Wehrhaftigkeit der Bundeswehr, wie in den in London und Paris geführten Interviews schmerzhaft zu erfahren war, international zu einer Art von *running gag* zu werden, selbst wenn der neueste *Court des comptes*-Bericht auch Frankreichs Streitkräften kein eben besseres Zeugnis ausstellt. Pragmatischer, wie immer, die Briten, die zudem nach dem Scheitern der britisch-französischen Kooperation eine punktuelle Annäherung an Deutschland suchen und diesbezüglichen Diskussionen auch im sicherheits- und verteidigungspolitischen Bereich nicht mehr ausweichen. Diese Gespräche sollten durchaus aufgenommen und weitergeführt werden, zumal der Druck auf den Bendlerblock, nicht nur mit Blick auf das desolate Beschaffungswesen und das in Teilen amateurhafte Verhalten der Rüstungsindustrie gegenüber, wächst. Insofern machte es Sinn, in den voran stehenden Fallstudien zumindest Ansätze zu erkennen, die ein verändertes Denken und Handeln befördern könnten – und sei es auch nur über den Ausweis von „Leuchtturmprojekten".

VI. Ergebnisse

Die Ergebnisse dieser Untersuchung werden im Folgenden (und in Ergänzung der zwischenzeitlichen Zusammenfassungen) im Rahmen einer Reihe von Schwerpunkten vorgestellt. Sie suchen zum einen den Ansatz der „Neuausrichtung" gesamthaft zu bewerten, wenden sich zum zweiten einzelnen Elementen des bislang erkennbaren Umsetzungsprozesses zu und suchen, drittens, eine Reihe von „erklärenden Variablen" zu identifizieren, deren künftige Beobachtung angezeigt sein könnte. Eine summarische Zusammenfassung in Leitsätzen beschließt den Text.

1. Der Solitärcharakter der Neuausrichtung

Besonderheiten der Bundeswehr

Zunächst ist zu betonen, dass die „Neuausrichtung der Bundeswehr" als ungewöhnlich umfassender Modernisierungsansatz einen Solitär unter den binnenstaatlichen wie durchaus auch den europäischen Reformbemühungen darstellen dürfte. Zwar finden sich ähnliche Rahmenbedingungen bei anderen Reformvorhaben und in anderen nationalen wie EU-mitgliedstaatlichen Kontexten, doch verbleiben die Bemühungen um eine zeitgemäße Ausrichtung der Bundeswehr schon insofern von einer spezifischen Eigenständigkeit, als sie rechtlich wie instrumentell in weiten Teilen unvergleichbar sind. In rechtlicher Hinsicht gilt das für die unverändert gegebene Scheidung zwischen dem militärischen und dem zivilen Bereich, die wiederum durch unterschiedliche Rechtsgrundlagen verstetigt wird, während in instrumenteller Hinsicht die Primäraufgaben der Bundeswehr mit keinem anderen Aufgaben- oder Politikfeld zu vergleichen sind. Insofern kann hier, in Anlehnung an die europapolitische Diskussion, von einem gewissen *sui generis*-Charakter der Bundeswehr gesprochen werden, angesichts des im Vergleich ungewöhnlich ausdifferenzierten Parlamentsvorbehalts auch auf europäische Ebene.

Vor allem aber gilt dies immanent, da die historischen Exkurse in dieser Untersuchung einen kontinuierlichen Strom von verteidigungspolitischen Reform-, Transformations- und Modernisierungsansätzen (oder auch nur

Anpassungsbemühungen an sich wandelnde Rahmenbedingungen und Anforderungen) erkennen ließen. Dies mag auch erklären, weshalb die Öffentlichkeit zunächst skeptisch auf die Neuausrichtung reagierte, eine Haltung, die sich mit zunehmender Information über die gegebene Bedarfslage und den umfassenden Charakter des Modernisierungsansatzes allerdings veränderte. Keiner der vorangehenden Reformansätze verfolgte eine derart ambitionierte Agenda: Von der Aussetzung der Wehrpflicht (und damit den schrittweisen zur Übergang zur Freiwilligen- und später, erwartbar, zur Berufsarmee) über den Versuch, sie „vom Einsatz her" zu denken bis hin zu jenem Bemühen, binnenorganisatorisch eine „Bundeswehrgemeinsamkeit" zu fördern. Fügt man dem die Entwicklung neuerer Managementkonzepte hinzu, wird deutlich, dass die Neuausrichtung beträchtlich über das hinausgeht, was bislang binnenstaatliche Anpassungsprozesse im Allgemeinen und Transformationsprozesse der Bundeswehr im Besonderen ausmachten.

Auf dem Weg zur „Normalität"

Zu berücksichtigen ist zudem, dass der historische Kontext die Bundeswehr unverändert belastet, ihr Selbstbewusstsein fragil erscheint und sie nach „Anerkennung von außen" suchen lässt. Zwar wächst das Vertrauen in die Streitkräfte, doch stehen ihr weite Teile der deutschen Gesellschaft noch immer skeptisch oder gar gleichgültig gegenüber. Fragt man nach den Gründen, wird eher selten konkret reagiert, stattdessen auf ein „diffusen Unbehagen" verwiesen, das sich aus den Erfahrungen der ersten Hälfte des 20. Jahrhunderts speist.

Im Übrigen erscheint der Weg zur „Normalität" aber vorgezeichnet. Dies dokumentiert nicht nur das sich auch binnenstaatlich beträchtlich erweiternde Aktivitätsspektrum der Bundeswehr, sondern auch und gerade der zunehmende Einsatz im Rahmen außenpolitisch motivierter sicherheitspolitischer Missionen. „In den Armen" der Außenpolitik gewinnt die Sicherheitspolitik an Statur und Gewicht, wobei eine Art von „Machtleihe" erkennbar wird, die in eine zusätzliche Legitimierung der Einsätze von Heer, Luftwaffe und Marine mündet. Diese zu verstetigen und ihr einen anpassungsfähigen Rahmen zu geben, war und ist angezeigt, wobei die Neuausrichtung einen ersten, aber wesentlichen Schritt darstellt. Insofern wäre es bedauerlich, wenn durch Personalwechsel an der Spitze des Bundesministeriums der Verteidigung die primären Aufgaben der „Neuausrichtung" an Aufmerksamkeit verlören oder umgedeutet würden. So verständlich das Bemühen um politische Profilierung ist, so abträglich wären Brüche in einer prinzipiell anerkennens- und verfolgenswerten Politik.

2. Mehr als eine Organisationsreform?

Binnenstaatlicher Fokus

Trotz der verständlichen Aussagen des ehemaligen Bundesverteidigungsministers, *Thomas de Maizière*, nach denen es sich bei der Neuausrichtung um „weit mehr als eine Organisationsreform" handele, wird man von der starken Binnenausrichtung dieses Modernisierungsansatzes und seiner dominanten Managementorientierung nicht absehen können. Die Neuausrichtung erfolgte ja auch keineswegs grundlos, sondern in dem Bemühen, bei zunehmend komplexer werdenden Rahmenbedingungen die Führung der Streitkräfte zeitgemäß auszugestalten, u.a. über eine Konzentration der Organisationsstrukturen und die Umorientierung von Steuerungsprozessen. Freilich tritt die rapide Veränderung der Außenanforderungen an die Bundeswehr hinzu und mit ihnen das Bedürfnis nach einer auch strategischen Neuausrichtung, für die der laufende Reformprozess nur punktuelle Lösungsansätze bereitstellte. Die Verfolgung des Konzepts „Breite vor Tiefe" war aus der Sicht des seinerzeit amtierenden Verteidigungsministers zwar verständlich, wich den gegebenen strategischen Herausforderungen aber aus und beließ zahlreiche Fragen zur Form und Funktion der Bundeswehr noch unbeantwortet. Damit wiederum verband sich eine materielle „Offenheit" des Reformansatzes, die ihn eher behinderte denn verstetigte.

Externalisierungstendenzen

Hinzu tritt ein in der Fachöffentlichkeit wie in der breiteren gesellschaftlichen Diskussion bislang kaum beachteter Prozess, den man als „analytische Externalisierung" bezeichnen könnte. Gemeint ist der auf die Arbeiten der Strukturkommission zurückgehende Managementansatz, dessen Konsequenzen in den Arbeiten der Kommission relativ wenig bedacht wurden und zu einer Reihe vorhersehbarer Friktionen führten. Dies reicht bis hin zu der politischen Entscheidung, das Beschaffungswesen durch ein Konsortium von Beratungsfirmen analysieren zu lassen und die Position des für die hier angesprochenen Fragen wichtigsten Staatssekretärs einer Vertreterin eben dieses Consulting-Bereichs anzuvertrauen. Eine solche „Externalisierung" hat insofern Vorteile, als ein „frischer Blick von außen" die gewohnten *in house*-Aktivitäten ergänzen, sie bei Verwerfungen auch zu durchbrechen suchen könnte. Allerdings sind damit auch Nachteile verbunden, die sich mit dem meist ausschließlich ressourcenbezogenen Denken von Beratungsfirmen verbinden. Im Fall der Bundeswehr dürfte sich eine Effizienz- und Effektivitätsüberlegungen einseitig priorisierende Sicht als zu eng erweisen, zumal sich damit die Gefahr einer Ausblendung politischer und strategischer Fragen verbindet. Der technokratische Grundzug dementsprechender Untersuchungen bedarf stets einer Begleitung und Steuerung, die von der politischen Führung des Hauses geleistet werden müsste. Dies nicht nur, um eher managementorientierte Kompetenzen zu ergänzen, sondern auch am Primat der Politik festzuhalten, vor allem, aber gewiss nicht nur, in Fragen der Rüstungsentwicklung und des Einsatzes.

Anderenfalls könnte sich die wachsende Externalisierung politisch-administrativer Kompetenz durchaus als Problem erweisen, wenn sie materiell zu einseitig ansetzt, Verantwortung dort diffundiert, wo bündelnd und konzertiert agiert werden sollte, und schließlich jene Flexibilitätsanforderungen übersehen werden, derer die Bundeswehr angesichts ihrer komplexen Aufgabenstellung bedarf. Hinzu tritt das Legitimationsproblem einer extern erbrachten Expertise, die zudem „eingekauft" wird, mithin durch Angebots-Nachfrage-Konstellationen geprägt ist. Auch wirkt der zunehmende Einsatz von Consulting-Firmen nicht selten durchaus kontraproduktiv, da in der Externalisierung zentraler Arbeitsfelder letztlich ein geringeres Vertrauen der politischen Führung in die Kompetenz des eigenen Personals zum Ausdruck kommt. Gerade einer Einrichtung mit so fragilem Selbstbewusstsein wie der Bundeswehr stünde es vergleichsweise gut zu Gesicht, zunächst die beträchtlichen hausinternen Potentiale zu nutzen, bevor die politische Führung sich schwergewichtig auf externen Rat stützt – und beruft.

Fehlende Vergleichsperspektive

Darüber hinaus behindert die unzureichende Vergleichsperspektive der „Neuausrichtung" deren Reichweite. So wird aus den Berichten über parallel laufende Reformprozesse in Frankreich und Großbritannien deutlich, wie sehr sich hier eine Vertiefung der wechselseitigen Kommunikation und Kooperation anbietet. Die in diesem Kontext instrumentell wirkenden und meist in den jeweiligen französischen und britischen Partnerdienststellen angesiedelten Austausch- und Verbindungsoffiziere bemühen sich zwar seit Jahren um erweiterte Austauschprozesse, scheitern aber häufig an diesbezüglichen Zugängen oder, problematischer, an der im „Mutterhaus" fehlenden Resonanz. Insofern fungieren sie als wichtige Informationsquelle, ohne freilich ausreichend genutzt zu werden und eine Kontinuität aufbauen zu können, derer es mit Blick auf die Organisations-, Personal- und Finanzstrukturen im Bereich der europäischen Sicherheits- und Verteidigungspolitik dringend bedarf. Es erscheint hohe Zeit, diesem unbestreitbaren Defizit durch ein signifikantes, mithin materiell bedeutsames und mittel- wie langfristig angelegtes politisches Signal entgegenzuwirken.

3. Umfassender Innovationsansatz oder nachholende Modernisierung?

Funktional überzeugende Reformschwerpunkte

Blickt man auf die einzelnen Elemente des Neuausrichtungsprozesses, so ist den Akteuren zu attestieren, dass eine Vielzahl funktional überzeugender Schwerpunkte gesetzt wurden, die im Einzelfall als „überfällig" erscheinen mögen, sich gleichwohl aber auf vielfältige zuvor als „Schwachpunkte" bezeichnete Defizite der Bundeswehr richteten. Dies gilt für die schwerfällige, nicht selten bipolare Organisationsstruktur, das Fehlen elementarer Koordinationsleistungen, ein durchgängiges Prozessdenken und eine explizitere Personalpolitik, die nach dem Aussetzen der Wehrpflicht ohnehin zu einem der zentralen Aufgabenfelder der Bundeswehr geworden ist. Zwar hat der Vergleich größerer binnenstaatlicher Reformansätze dokumentiert, dass die Bundeswehr mit einer Reihe substantiellerer Reformvorhaben durchaus „spät dran" war, doch erklärt sich das zumindest auch aus dem angesprochenen Solitärcharakter der Einrichtung und der Unsicherheit über ihre künftige Rolle und Funktion. Dass hier eine veränderte Sichtweise angezeigt ist, wurde exemplarisch erkennbar, auch im Sinne einer Überwindung häufig zu vorsichtiger, eher defensiver und reaktiver Verhaltensmuster, sowohl binnenstaatlich als auch im internationalen Vergleich.

201

Ungleichzeitigkeiten

Im Ergebnis kam es zu einem in Teilen ungleichzeitigen und damit potentiell asymmetrischen Reformansatz, der freilich der Größe, Heterogenität
und damit Komplexität der Neuausrichtung geschuldet ist. Insofern sind
die Versuche zur Erhöhung sicherheitspolitischer Konzentration und Kohärenz samt funktionsfähiger Koordinationseinrichtungen uneingeschränkt
zu begrüßen (und zu verstetigen), kommt gerade dem Versuch zur Herstellung einer/der „Bundeswehrgemeinsamkeit" zentrale Bedeutung zu. Erneut gilt das nach innen wie nach außen, für die Diskussion der Fähig-
keitsstrukturen ebenso wie für die Reaktion auf sich schnell verändernde
Rahmenbedingungen und schließlich auch für jenes Selbstbewusstsein, ja
den Stolz der Bundeswehr, ohne den diese längerfristig funktionseinge-
schränkt bliebe.

Darüber hinaus gilt es zu berücksichtigen, dass der Prozess der „Neuausrichtung" ja keineswegs abgeschlossen ist, sondern noch einen beträchtlichen Zeitraum in Anspruch nehmen wird. Der erste Ansatz zu einer
Evaluation dokumentiert hier zweierlei: das erfolgreiche Bemühen um
eine Modernisierung in zahlreicher Aufgabenfeldern der Bundeswehr sowie einen Ansatz, die Überprüfung der strukturellen, prozessualen und
materiellen Grundlagen zu einer gleichsam dauerhaften, den fortlaufenden
Modernisierungsprozess begleitenden Aufgabe zu machen. Damit würde
auch dem Votum der Fachöffentlichkeit entsprochen, „Verwaltungspolitik
als Daueraufgabe" zu begreifen – eine nicht nur analytische Konsequenz
aus der Erkenntnis sich kontinuierlich verändernder Rahmenbedingungen.
Insofern wird hier zurecht auf einen „längeren Atem" gesetzt, kommt es
zu einer gleichsam simultanen Überprüfung wesentlicher Elemente des
Modernisierungsansatzes. Die Ergebnisse eines solchen *monitoring* in den
Prozess der politischen-administrativen Willensbildung einzuspeisen,
dürfte eine der zentralen Aufgaben der kommenden Jahre darstellen. Dem
wiederum ist weniger durch eine ausufernde, gelegentlich zu breit erschei-
nende Steuerungsdiskussion zu begegnen, als vielmehr durch einen kontinuierlichen Blick auf die strukturellen und prozessualen Voraussetzungen
in sektoralen wie ressort- und grenzübergreifenden Aufgabenfeldern. Die
voran stehenden Ausführungen dürften deutlich gemacht haben, welche
Aktivitätsbereiche sich hierzu im Besonderen eignen.

Kontinuitätssicherung

Im Übrigen ist auch in diesem Kontext auf das Für und Wider des Auswechselns von politischem und administrativem Führungspersonal zu verweisen. So kehren „neue Besen" bekanntlich nicht immer besser, insbesondere dann, wenn die vor deren Amtsantritt liegenden Aufgaben nicht zur Gänze bewältigt sind. Dies gilt auch im Fall der Neuausrichtung, zumal der Vollzugsprozess noch eine beträchtliche Zeit in Anspruch nehmen wird. Hier für Kontinuität zu sorgen, wäre eine wichtige politische Aufgabe, zu der der simple Wechsel von Türschildern (hierzu zählt die Tabuisierung des Wortes „Neuausrichtung" und dessen Ersatz durch „Managemententwicklung") sicher nicht zählt. Im Gegenteil: So kommt es eher zu Verunsicherungen nicht nur bei den direkt Betroffenen, also im Ministerium und im nachgeordneten Bereich, sondern auch in der interessierten Öffentlichkeit. Erweiterte Anerkennung wird auf diesem Weg kaum gefördert.

Im Ergebnis wird man der Neuausrichtung letztlich beides zusprechen können: Es handelt sich in weiten Teilen um einen umfassenden, liebgewordene Traditionen deutlich verändernden Innovationsansatz, der eine „nachholende Modernisierung" vor allem in jenen Bereichen einschließt, deren umfassende Digitalisierung erkennbar versäumt oder verschleppt wurde – von der Einsatzplanung über das Beschaffungswesen bis hin zur Personalsteuerung.

4. Ungleichgewichtige Reaktionsmuster – die Unterschätzung des Vollzugs

Wie aufgezeigt, finden sich beim Blick auf die bisherigen Ergebnisse der Neuausrichtung ungleichgewichtige und im Ergebnis asymmetrische Reaktionsmuster, von denen bisher gesagt wurde, dass sie aufgrund der Heterogenität der Aufgabenstellung wohl unausweichlich sein dürften. Dies gilt bis zu einem gewissen Grad durchaus, doch wird dahinter etwas erkennbar, das nicht nur im Rahmen der Bundeswehr, sondern für das bundespolitische Handeln insgesamt erkennbar ist: die Unterschätzung des Vollzugs. Nicht von ungefähr kam es daher nach Verabschiedung der wesentlichsten Schritte im Rahmen des Neuausrichtungsprozesses zur Betonung eines zu intensivierenden Veränderungsmanagements, ein Beleg für das vergleichsweise späte Erkennen einer für den Erfolg dieser Großreform wichtigen Voraussetzung. Dies wird vor allem dann deutlich, wenn man sich noch einmal der unterschiedlichen Phasen eines politischen Reformprozesses versichert, die aus der Sicht der meisten Bundespolitiker von der Erkennung eines lösungsbedürftigen Problems über den Prozess der Politikformulierung und der Programmentwicklung bis hin zur politischen Entscheidung reichen. Damit verbindet sich aber nicht selten eine Unterschätzung des sich anschließenden Vollzugs (der Implementation), der für die Wirkung einer politischen Maßnahme entscheidenden Phase. In diesem Kontext ist erneut auf die Strukturbedingungen des deutschen Föderalismus zu verweisen, die den Bund vor allem in der Rolle des Politikentwicklers und des machtvollen Entscheiders sehen, während man die Wege und Umwege des Vollzugs lange Zeit nur unzureichend reflektierte, zumal man sie als primäre Aufgabe der Länder und des kommunalen Bereichs begriff. Diese auch bei Großvorhaben noch immer erkennbare Sichtweise ist insofern verhängnisvoll, als häufig erst im Vollzug die materiellen Auswirkungen (und die sich damit verbindenden Vorteils- und Nachteilskonstellationen) politischer Entscheidungen deutlich werden und dann der politischen Reaktion bedürfen – die wiederum nicht von denjenigen Akteuren erbracht oder vertreten wird, die am Prozess der Politikformulierung beteiligt waren. Dieses Missverhältnis von Politikentwicklung, Entscheidung und Vollzug prägt die bundesstaatliche Politik, war Gegenstand der Föderalismusreformen I und II und gilt bis heute zurecht als Schwachpunkt des deutschen Föderalismus. Dem entgegen zu wirken wäre Aufgabe einer kontinuierlichen „Strukturberichterstattung für die Gebietskörperschaften", um jenes *whole of government*-Konzept wenigstens ansatzweise zu verwirklichen, das ja auch – in diesem Fall sektoral gebündelt – im Verständnis der durchzusetzenden „Bundeswehrgemeinsamkeit" zum Ausdruck kommt. Zudem ist anzumerken, dass eine Unterschätzung des Vollzugs die Bundeswehr besonders trifft, weil sie, wenn auch in Kooperation mit dezentralen Gebietskörperschaften, ihren Vollzug selbst regelt.

Kooperation-Koordination-Arbeitsteilung

Damit wird sehr viel deutlicher als bisher auch im Fall der Bundeswehr auf die Bedeutung von Kooperations- und vor allem Koordinationsprozessen verwiesen, an deren Ende potentielle Arbeitsteilungen stehen könnten, nicht nur in horizontaler, sondern auch in vertikaler Sicht. Insofern wäre die „Neuausrichtung der Bundeswehr" einzubetten in eine breitere Diskussion, in der sie – trotz des Solitärcharakters – von Reformvorhaben in anderen Aufgabenfeldern profitiert, diese umgekehrt aber auch mitgestaltet

Der Fachöffentlichkeit schließlich sei aufgegeben, endlich die Voraussetzungen für eine kontinuierliche Wirkungsanalyse des öffentlichen Handelns zu schaffen und methodische Hilfestellung zu leisten. Der Fall „Bundeswehr" ist dabei von besonderem Interesse, zumal ihr angesprochener Solitärcharakter eben exemplarische Aktivitäten erlaubt, die wiederum in weniger solitären Politikfeldern genutzt werden könnten. Auch hierzu verweist der Autor auf die laufende europapolitische Diskussion, in deren Kontext genau diese Fragen eine Rolle spielen, wenn auch in bislang eher rudimentärer Form. Die Lernfähigkeit zwischen den Akteuren ist sowohl binnenstaatlich als auch europäisch noch deutlich begrenzt, wobei die Furcht vor einem weiteren Souveränitätsverlust häufig ein nur vorgeschobenes Argument darstellt; man setzt sich ungern Diskussionen aus, die die eigene Bedeutung einschränken könnten.

5. Umsetzungserfolge und verbleibender Handlungsbedarf

Bewährte Schrittfolge

Die bisherigen Umsetzungserfolge der „Neuausrichtung" sind in den Zwischenberichten ausreichend dokumentiert und bestätigen die von der politischen Führung des BMVg präferierte Schrittfolge. Die Empfehlungen der Strukturkommission, die Eckpunkte, die Verteidigungspolitischen Richtlinien und schließlich das Konzept der Bundeswehr machen eine aufeinander aufbauende Organisationslogik deutlich, von der die Bundeswehr profitieren wird. Natürlich kann man auch dabei auf fehlende Ligaturen, mithin materielle Verbindungen zwischen diesen einzelnen Stufen und sich damit verbindende Inkonsistenzen hinweisen, doch verbleibt die mit den aufgezeigten Reformschritten verbundene Veränderung des Denkens und Handelns der Akteure ein unbestreitbar positives Ergebnis der Neuausrichtung, mithin ein deutlicher Umsetzungserfolg.

Für die jetzt bevorstehenden Arbeitsschritte wird es entscheidend darauf ankommen, ob und inwieweit die neue politische Führung sich in die Kontinuität der vorgezeichneten Entwicklung stellt oder aber prinzipiell neue Wege zu beschreiten sucht. Zwar ist letzteres natürlich vorstellbar und folgte durchaus den zulässigen Prärogativen der Politik, doch wäre die Beschädigung oder gar Aufgabe einer sich gerade erst etablierenden Kontinuität bei der Umsetzung der Neuausrichtung funktional fahrlässig und materiell wohl auch kontraproduktiv. Natürlich ist es verständlich, dass eine ins Amt tretende Ministerin, in diesem Fall Frau *von der Leyen*, im Rahmen der ersten von ihr geleiteten Bundeswehr-Tagung ein neues Weiß-buch für das Jahr 2015 in Aussicht stellt, sich mithin gegen eine Fort-schreibung der Verteidigungspolitischen Richtlinien ihres Vorgängers aus-spricht, doch wird auch sie das Weißbuch in den Kontext des von *Thomas de Maizière* grundgelegten Prozesses einbringen müssen. Insofern er-scheint es angeraten, die eingeschlagene Schrittfolge nicht zu unterbre-chen, sondern sie eher zu stabilisieren, ja fortzusetzen, auch und gerade mit Blick auf die bekanntlich entscheidenden bei Reformprozessen zu be-rücksichtigenden Ressourcen: Zeit, Personal und Finanzen.

Verbleibender Handlungsbedarf

Der verbleibende Handlungsbedarf leitet sich aus diesen Überlegungen ab: Nachdem Grundsatzentscheidungen zur Form und Funktion der Bundes-wehr gefallen sind, die schwierige Stationierungsfrage geklärt scheint und Personalprobleme im Rahmen des von der amtierenden Ministerien vorge-stellten Konzepts als zwischenzeitlich erkannt, wenn auch noch nicht ge-löst angesehen werden können, werden sich die kommenden Monate und Jahre auf den Vollzug und die Umsetzung bislang noch nicht oder noch nicht zur Gänze erledigter Aufgaben konzentrieren müssen. Hierzu zählen (sieht man von der gesondert angesprochenen rüstungspolitischen Frage ab) in besonderer Weise jene „übergreifenden" Kategorien, die zurecht im Zentrum der Neuausrichtungsbemühungen standen: die erweiterten Bemü-hungen um die „Armee im Einsatz", eine den sich binnenstaatlich wie grenzüberschreitend stellenden Herausforderungen angemessene Fähig-keitsentwicklung sowie das schrittweise Einbringen der Bundeswehr in eine den Namen verdienende Gemeinsame Sicherheits- und Verteidi-gungspolitik der EU. Damit sind jene drei Felder benannt, die auch über den Erfolg oder Misserfolg der „Neuausrichtung" letztlich Auskunft geben werden.

Die Bemühungen um eine erweiterte Koordination auf dem Weg zur Einsatzarmee sind, wie aufgezeigt, nicht nur bundeswehrintern zu verste-hen, sondern stellen auch eine ressortübergreifende Aufgabe dar. Zwar be-darf es kaum mehr der Erinnerung an die entsprechenden Herausforderun-gen fast aller Bundesressorts, doch blieben die Ergebnisse tatsächlich erbrachter und wirkungsmächtiger Koordination meist überschaubar. Ob IT-Konzept, Energie- und Umweltentwicklung, Infrastrukturausbau oder „abgestimmte" Personalpolitik, die Erträge diesbezüglicher ressortübergreifender Koordination sind unverändert enttäuschend. Auf die hier zu berücksichtigende und materiell prägende Wirkung des Art. 65 GG wurde bereits verwiesen, doch sollte die Verwirklichung des Ressortprinzips angesichts des gegebenen Abstimmungsbedarfs unabweisbare Koordinationsprozesse nicht behindern. Hier könnte die Bundeswehr durchaus vorangehen und erweiterte Koordinierung einfordern, nicht zuletzt auch, um sich als eines der entscheidenden Ressorts zu bewähren. Da damit in der Regel auch politische Anerkennung verbunden ist, kann erwartet werden, dass die amtierende Bundesministerin in diese Richtung denkt, auch und gerade mit Blick auf die künftige Rolle und Funktion der Bundeswehr. Hier deutlicher als bislang auf die Bedarfe der Streitkräfte zu verweisen und auf eine dem wirtschaftlichen und politischen Potential des größten EU-Mitgliedstaats entsprechende Stellung (und Ausstattung) hinzuwirken, wäre einige Anstrengungen wert. Dies gilt im Übrigen auch für Haushaltsverhandlungen, sowohl im Rahmen des Bundeshaushalts als auch mit Blick auf die Europäische Union. Deutschland wird es sich nicht länger erlauben können, als „flügellahm" bezeichnete Streitkräfte für Binnen- wie Außeneinsätze anzubieten, von deren jeweiliger Verfügbarkeit oder ihrer Einsetzbarkeit ganz abgesehen. Die hierzu geführten Diskussionen drohen die Bundeswehr zwar nicht zu marginalisieren, sie aber zu einem sicherheits- und verteidigungspolitisch nicht immer ernst genommenen Partner werden zu lassen.

Damit verbindet sich der zweite hier gesondert anzusprechende Handlungsbedarf, der der Fähigkeitsentwicklung. In diesem Kontext wird zunehmend deutlich, dass die angesprochenen strategischen Grundorientierungen einsatzbezogen zu konkretisieren sind. Was heißt „Armee im Einsatz" konkret und welche Voraussetzungen und Schwerpunktsetzungen (strategisch, materiell, personell) verbinden sich damit? In wieweit ist die Bundeswehr künftig auch für den „Heimatschutz" einzusetzen, nachdem sie ihre Befähigung in den letzten Flutkatastrophen durchaus eindrucksvoll unter Beweis stellte? Welchen der diversen Anforderungen von Auslandseinsätzen ist wann, wie, weshalb und womit zu entsprechen? Welche Rolle kommt der Bundeswehr im Rahmen der Bemühungen um eine europäische Sicherheits- und Verteidigungspolitik zu?

Letzteres verweist auf die dritte, inzwischen keineswegs mehr periphere, sondern eher ins Zentrum rückende Frage, zumal sich das unglückliche, weil unpräzise und nicht durchhaltbare Konzept „Breite vor Tiefe" als höchst überprüfungsbedürftig erwiesen hat. Die Bundeswehr kann ebenso wenig wie die Armeen Frankreichs und Großbritanniens noch gewissermaßen „alles vorhalten", sondern wird sich auf Spezialisierungen und arbeitsteilige Prozesse einlassen müssen, die gleichwohl zeit- und ressourcenträchtig sind. Insofern bedarf es vergleichsweise dringend des angesprochenen politischen Impulses, der wiederum konkrete Arbeitsteilungen vorsehen müsste: territorial wie sektoral. Es steht zu vermuten, dass nicht zuletzt aufgrund der der deutschen Seite unterstellten Organisationskompetenz gerade organisationspolitische Fragen, die Planungs- und Prozessgestaltung, einzusetzende Koordinationsverfahren oder auch die Logistik deutscherseits zu erbringende sicherheitspolitische (Vor-)Leistungen bezeichnen. Allerdings wird man dabei die Schnittstellen zum Souveränitätsverzicht und damit die jeweiligen nationalstaatlichen Befindlichkeiten zu berücksichtigen haben. Dies gilt natürlich auch und gerade für die deutsche Seite, der bewusst sein muss, dass sicherheitspolitische Arbeitsteilung meist in unwiderrufliche Formen eines Souveränitätsverlusts mündet, der sich bei ernsthaften, auch innereuropäischen Auseinandersetzungen restriktiv bemerkbar machen könnte und nicht ausschließlich mit ökonomischer Macht zu konterkarieren ist.

6. Der Einfluss sich verändernder Kontextbedingungen – und des Zeitgeistes

Weiterhin veränderte Kontextbedingungen erwartbar

Schließlich ist erneut darauf hinzuweisen, dass eine Einrichtung wie die Bundeswehr samt ihrer noch immer beträchtlichen Ausdifferenzierung sich weiter verändernden Rahmenbedingungen unterliegt. Dies gilt nicht nur für die in den bisherigen Ausführungen benannten demographischen und haushalterischen Erwägungen, sondern auch für deutlich darüber hinausgehende Kontexte: von technologischen Innovationen über Verfahrenserleichterungen bis hin zu veränderten Einstellungen und Werthaltungen, letzteres nicht eben unwichtig für das Selbstverständnis und die Anerkennung der Bundeswehr. Der politische Einfluss auf solche Kontextbedingungen ist begrenzt, lässt aber eine Aufgabe erkennen, der sich die Streitkräfte auch weiterhin zu stellen haben: Sich selbst und ihrem Umfeld ihre Aufgaben, deren Bedeutung und das daraus resultierende Selbstverständnis deutlich zu machen. Die Integration der Bundeswehr in die Gesellschaft ist bekanntlich eine der zentralen Voraussetzungen für ihren Erfolg; dem nicht nur mit Werbemaßnahmen zu begegnen, sondern auch und gerade durch kontinuierlichen Austausch mit anderen gesellschaftlichen Gruppen, dürfte eine der vordringlichsten Aufgaben für die jeweilige politische Führung darstellen. So wäre es wohl angebracht, etwa das Verhältnis zwischen der Bundeswehr und dem Unternehmensbereich, hier vor allem natürlich der Rüstungsindustrie, auf eine verbreiterte Kommunikations- und damit Vertrauensbasis zu stellen, die wechselseitige Abhängigkeiten und „Erpressungen" ausschließt. Auch böte sich jenseits der laufenden „Attraktivitätsagenda" und weiterer zielgruppenorientierter Aktivitäten ein offenerer Kontakt mit den Medien an, sollte sich die Bundeswehr durchaus auch weiterer wissenschaftlicher Erkenntnis und Unterstützung, zumindest der für sie wichtigen Fachöffentlichkeit, versichern. Hier kommt es bislang eher zu Exklusions- als Inklusionspolitiken, wie der Autor auch im Rahmen der Erstellung dieses Berichtes feststellen konnte. Schon allein der Innovationsbedarf und vor allem die erweiterte Rekrutierung geeigneten Personals sollten es für Bundeswehreinrichtungen zu einer Selbstverständlichkeit werden lassen, mit Universitäten und Schulen wesentlich intensiver zu interagieren, als dies bislang der Fall ist. Häufig findet sich hier eine gewisse „Besorgnis", eher unangenehmen Nachfragen oder gar Kritik ausgesetzt zu sein als von solchen Kontakten zu profitieren, doch müsste diese Grundhaltung überwunden werden; man kann nicht erweiterte Transparenz fordern, ohne sie selbst zu gewähren. Hinzu tritt, dass analytisch durchaus ausgewiesene Mitglieder der Bundeswehr keinen Grund haben, Gespräche mit Wissenschaftsvertretern zu vermeiden oder ihnen auszuweichen. Nur über eine verstetigte Kommunikation und ein damit wachsendes Selbstbewusstsein dürfte die latente Isolation zu vermeiden sein, innerhalb derer die Bundeswehr heute noch immer steht – oder sich zumindest sieht.

Neuausrichtung und Zeitgeist

Dass schließlich der „Zeitgeist" bei der Beurteilung der Neuausrichtung durchaus auch als Kategorie Berücksichtigung finden sollte, versteht sich bei einem Blick auf die vergangenen Jahre von selbst. Natürlich ist auch sie nicht frei von „neoliberalem Denken" insofern, als sie vor allem effizienz- und effektivitätsorientiert begründet wurde, doch finden sich jenseits des gelegentlich überbordenden Managementverständnisses (und des entsprechenden Jargons) kaum jene „Exzesse", die in anderen wirtschaftlichen und gesellschaftlichen Bereichen krisenbedingt erkennbar wurden. Im Gegenteil: Der Berichterstatter war durchaus beeindruckt von der Offenheit, mit der man seinen Fragen von der Hausspitze über die Generalität bis in die Truppe hinein begegnete. Jede Generation wird ihr spezifisches Selbstverständnis in Diskussionen dieser Art einbringen, doch überzeugte die Ernsthaftigkeit, mit der man sich dem Reformbedarf stellte und sich um dessen „Abarbeitung" bemühte. Insofern wird man dem Zeitgeist im Rahmen der Bundeswehr eine nur geringe Bedeutung zusprechen können, überwiegt vielmehr das Bemühen um eine handlungs- und zukunftsfähige Sicherheitspolitik, die in Anerkenntnis ihrer auch historischen Verpflichtungen sich den Herausforderungen eines zusammenwachsenden Europas stellt. Die „Neuausrichtung" war und ist ein Erfolg versprechender Ansatz, diesen Prozess (mit) zu prägen und der eigenen Einrichtung damit auch eine wachsende (und ihr durchaus zukommende) Bedeutung zu geben.

VII. Ein (vorläufiges) Fazit in Leitsätzen

1. Die „Neuausrichtung der Bundeswehr" stellt einen der ambitioniertesten und wichtigsten staats- und verwaltungspolitisch ausgerichteten Reformansätze in der Geschichte der Bundesrepublik Deutschland dar. Er sucht das Handeln der Bundeswehr „vom Einsatz her" zu denken, die militärischen wie die zivilen Elemente der sicherheitspolitischen Diskussion zu verbinden, über den Ausweis einer „Bundeswehrgemeinsamkeit" das Handeln des Ministeriums und der Streitkräfte kohärenter zu gestalten und schließlich rüstungspolitische, demographische und haushalterische Bedürfnisse aufeinander zu beziehen.

2. Die Umsetzung der „Neuausrichtung" traf von Beginn an auf Widerstände (etwa im Personalbereich, bei Stationierungsfragen, in der fähigkeitsbezogenen Diskussion), die allerdings eher der Größe der Aufgabe als institutionellem, prozessualem oder gar personellem Versagen geschuldet sein dürften. Sie zu überwinden, stellt unverändert hohe Anforderungen an das Veränderungsmanagement (*changemanagement*), dessen Bedeutung erst zu einem vergleichsweise späten Zeitpunkt im Reformprozess erkannt wurde.

3. Materiell ist deutlich, dass die „Neuausrichtung" im Vergleich zu früheren Transformations- oder Modernisierungsansätzen der Bundeswehr wesentlich problem- und bedarfsorientierter ausgerichtet ist, die Rahmenbedingungen (ökonomisch, militärpolitisch, gesellschaftlich) expliziter als bislang berücksichtigt und sich als Baustein einer übergreifenden zeitgemäßen Sicherheitspolitik begreift.

4. Die ungewöhnliche Komplexität der Aufgabe legte dabei ein stufenweises Vorgehen nahe, das aufgrund seines Verständnisses der Bundeswehr als „lernender Organisation", seiner konsequenten Prozessorientierung und der materiellen Schwerpunktsetzung durchaus überzeugt. Wie meist bei einem solchen Vorgehen verbindet sich damit aber auch die Gefahr, einer „Komplexitätsschranke" zu unterliegen, in deren Gefolge ungleichzeitige und asymmetrische Reformprozesse (und Ergebnisse) erkennbar werden.

5. Dies antizipierend, wurde ein Handlungsmodell gewählt, das stark zentralisiert, mithin *top-down* gesteuert angelegt war, ein Ansatz, der sich materiell und mit Blick auf die einzubeziehenden Akteure zwar anbot,

aber in eine erwartbar hohe Zahl von Umsetzungs- und Vollzugspro-
blemen mündete. Hinzu trat, dass es im Modernisierungsprozess selbst
kaum mehr zu einzubeziehenden Rückkoppelungen kam, so dass sich
einzelne Teile der „Neuausrichtung" verselbständigten und das spätere
Zusammenführen mit beträchtlichem Zeit- und Ressourcenverschleiß
verbunden war.

6. Bei Anerkennung des (bislang) Geleisteten wird man der „Neuausrichtung" eine gewisse analytische Verkürzung insofern attestieren müssen,
als Management- und Prozessfragen frühzeitig dominierten. Das erscheint angesichts der gegebenen Bedarfssituation, des umfassenden
Anspruchs und als Konsequenz des genannten Komplexitätsgrades
durchaus funktional, mündete aber in eine Nicht- oder Kaum-Berück-
sichtigung wichtiger materieller Fragen, vor allem zur künftigen strategischen Ausrichtung der Bundeswehr. Hier eröffnete sich Kritikern ein
„weites Feld", das nicht immer sachlich fundierte Reaktionen erbrachte
und den Modernisierungsprozess zwischenzeitlich beeinträchtigte.

7. Darüber hinaus fand die europäische Komponente der Sicherheits- und
Verteidigungspolitik im Zuge des Neuausrichtungsprozesses ein nur
eher peripheresInteresse, eine heute nicht mehr durchzuhaltende Position. Zwar fehlte es nicht an der Betonung europäischer wie potentiell
auch „globaler" Aufgaben der Bundeswehr, doch verblieben die sich
darauf richtenden Aussagen auf der Ebene allgemeiner und meist zu
breiter Absichtserklärungen. Angesichts von inzwischen 17 Auslandseinsätzen bedarf es erkennbar einer auch strategischen Neuausrichtung,
die das Konzept „Breite vor Tiefe" durch ein realistischeres Fähigkeitsprofil ersetzt, das etwaige Spezialisierungen und Arbeitsteilungen im
europäischen Kontext zumindest nicht ausschließt. Die sich ergeben-
den Handlungsoptionen sind dem sich damit verbindenden Souveränitätsverzicht zu konfrontieren und einer politischen Entscheidung zuzuführen.

8. Ein näherer Blick auf die internationale sicherheits- und verteidigungspolitische Diskussion bestätigt diesen Befund. So haben die Fallstudien
zu parallel zur „Neuausrichtung" laufenden Reformprozessen in Großbritannien und Frankreich das Ergebnis erbracht, dass es an materiell
bedeutsameren Abstimmungen zwischen den Modernisierungsansätzen
fehlt, man mithin Voraussetzungen zu schaffen droht, die einer späteren erweiterten Kooperation im Rahmen der Europäischen Union im
Wege stehen könnten. Dies einseitig der deutschen Seite anzulasten, ist
verfehlt, zumal auch Frankreich (erweiterte Kooperation nur unter

französischer Führerschaft) und das Vereinigte Königreich (wachsende Bereitschaft zur Kooperation, aber nicht im militärpolitischen „Kern" und nur im Rahmen bipolarer oder transatlantischer Beziehungen) deutlich machen, dass und wie sehr es bei den drei wichtigsten EU-Mitgliedstaaten an politischen Impulsen fehlt, die künftige Sicherheits- und Verteidigungspolitik wenigstens schrittweise gemeinsam zu entwickeln. Heute ist die GSVP trotz begrüßenswerter punktueller Ansätze faktisch nicht existent und wird in Teilbereichen sogar „zurückgefahren".

9. Der Vergleich der „Neuausrichtung" mit anderen binnenstaatlichen Großvorhaben (etwa der Überprüfung der bundesstaatlichen Ordnung im Rahmen der Föderalismusreform-Kommissionen I und II, der „Energiewende" oder der konsequente Europäisierung wie Internationalisierung der deutschen Politik) erbrachte wenig Erhellendes, da sie sich aufgrund der jeweiligen Rahmenbedingungen, des gewählten Reformansatzes und der eingesetzten Verfahren deutlich unterschieden. Dies mag man mit Blick auf die Heterogenität der Aufgaben als unausweichlich kennzeichnen, doch verbirgt sich dahinter ein vor allem für Föderalstaaten identifiziertes Problem: das einer häufig fehlenden Kohärenz und eines unzureichenden gesamthaften Handelns, wie es in der britischen Chiffre eines *wholeofgovernment* zum Ausdruck kommt. Sie bezeichnet den Versuch, die gerade in Föderalstaaten aus gutem Grund ausdifferenzierten Willensbildungs- und Entscheidungsprozesse handlungsorientiert wieder zusammenzuführen, ohne das innovative und Bürgernähe versprechende Prinzip der Dezentralisierung zu beschädigen.

10. Die im Vollzug der „Neuausrichtung" erkennbaren „Turbulenzen" lassen sich zwei allgemeineren Kategorien zuordnen. Während sich die eher „weichen" Probleme vor allem auf Fragen der Einstellung und Versorgung der Truppe richteten und im Rahmen der „Attraktivitätsagenda" der Bundesverteidigungsministerin Aufmerksamkeit erfahren, geht es mit Blick auf die *hardware* um Rüstungspolitiken, das Beschaffungswesen und die finanziellen wie personellen Voraussetzungen einer „Armee im Einsatz". Dabei werden die Probleme typischerweise eher sektoral abgearbeitet (und nicht selten personalisiert), mit der Folge fehlender Koordinationsleistungen und beträchtlichen Zeit- wie Ressourcenverschleißes. Dies ist bis zu einem gewissen Grad unvermeidbar, droht aber das die „Neuausrichtung" tragende Konzept zu beschädigen. Zudem kommt es im Rahmen der „Rüstungsskandale" zu

einem gleich mehrfachen Vertrauensverlust: in die sich im Umbruch befindlichen Einrichtungen der Bundeswehr, das Führungspersonal und die von diesem verfolgten Politiken. Hier droht man das „Kind mit dem Bade auszuschütten", mithin einen prinzipiell verfolgenswerten Reformansatz entweder in „andere Hände" zu geben oder ihn gar abzubrechen.

11. Angesichts dieser Gefahren verdient die „Neuausrichtung der Bundeswehr" Unterstützung, materielle Verstetigung und da, wo es angezeigt erscheint, punktuelle Ergänzung. Die vor allem im politischen Berlin erhobenen Forderungen nach einer „Reform der Reform" oder gar einem „Ende der Neuausrichtung" erscheinen verfehlt. Zum einen „läuft" der Reformprozess noch, unterbräche man also durchaus Erfolg versprechende, in Teilen auch überfällige Reformvorhaben. Zum zweiten wirken solche Verlautbarungen destruktiv und demotivierend für die im Reformprozess Handelnden; und drittens schließlich würde jene „Bundeswehrgemeinsamkeit" getroffen, derer es dringend bedarf. Auch das vorschnelle Ausrufen eines weiteren „Weißbuchs", die wenig hilfreiche Distanzierung der neuen politischen Führung von ihren Vorgängern und schließlich das Ausweichen auf zahlreiche „Nebenkriegsschauplätze" wecken eher weitere Vorbehalte gegenüber der Bundeswehr als sie zu konsolidieren. Dabei verdienen die Streitkräfte jedwede Aufmerksamkeit in dem Versuch, auch sicherheits- und verteidigungspolitisch den Anforderungen an das inzwischen wichtigste Mitgliedsland der Europäischen Union (und die sich damit verbindenden Führungsaufgaben) nachzukommen. Die in dem Motto „Wir.Dienen.Deutschland." (und Europa, möchte man hinzufügen) zum Ausdruck kommende Bemühungen wären eher zu stärken und in der öffentlichen Diskussion breiter zu verankern als sie in Frage zu stellen. Die Bundeswehr selbst ist sich ihrer historischen und aktuellen Verpflichtungen durchaus bewusst, sie daran zu hindern, dem durch eine zukunftsorientierte Binnenstruktur und ein erweitertes Verständnis als „Einsatzarmee" zu entsprechen, dokumentierte eine auch gesamteuropäisch gesehen kontraproduktive, mithin deutlich überprüfungsbedürftige Haltung.

12. Sind wir also „auf dem Weg zu einer neuen Bundeswehr"? Nicht wirklich. Die Bundeswehr modernisiert und professionalisiert derzeit ihre Binnenstruktur, schafft in einer Art „nachholender Modernisierung" notwendige Voraussetzungen für die angestrebte „Armee im Einsatz" und steht am Beginn einer strategischen Umorientierung im europä-

ischen und außereuropäischen Kontext. Ergänzt man das um das Mandat der die sicherheitspolitischen Entscheidungsprozesse (*vulgo* den Parlamentsvorbehalt) derzeit überprüfenden *Rühe*-Kommission, steht zu erwarten, dass die Streitkräfte künftig eine wesentlich aktivere verteidigungspolitische Rolle spielen werden, die der gesamtstaatlichen Unterstützung bedarf und die man „von außen" auch durchaus erwartet.

Literatur- und Materialverzeichnis

10 Jahre Streitkräftebasis (SKB) – Motor und Produkt der Transformation, in: Kühn, 2010, S. 19-59.

Algieri, F.: Die Gemeinsame Außen- und Sicherheitspolitik der EU, Wien, 2010.

Beck, U.: Der feindlose Staat. Militär und Demokratie nach dem Ende des Kalten Krieges, in: Unseld (Hrsg.), 1993, S. 106-122.

Biehl, H./Fiebig, R.: Zum Rückhalt der Bundeswehr in der Bevölkerung. Empirische Hinweise zu einer emotional geführten Debatte (SOWI, Thema 01/2011), Strausberg, 2011.

Biehl, H./Fiebig, R./Giegerich, B./Jacobs, J./Jonas, A.: Strategische Kulturen in Europa. Die Bürger Europas und ihre Streitkräfte. Ergebnisse der Bevölkerungsbefragungen in acht europäischen Ländern 2010 des Sozialwissenschaftlichen Instituts der Bundeswehr, SOWI, Forschungsbericht 96), Strausberg, 2011.

Blasius, R.: Ziviler Geist gegen grasende Generale, in: FAZ vom 29. März 2006, S. 10.

BMVg, Bundesministerium der Verteidigung: Bericht zur Neuordnung des Rüstungsbereichs, vorgelegt von der Durch Ministerweisung vom 5. Juni 1970 eingesetzten Organisationskommission, 1970.

BMVg, Bundesministerium der Verteidigung: Bundeswehr im Einsatz. Entscheidung, Entwicklung, Überblick, Berlin, 2010.

BMVg, Bundesministerium der Verteidigung: Bundeswehr im Einsatz, Berlin, 2011.

BMVg, Bundesministerium der Verteidigung: Customer Product Management (CPM 2001), Stand 12. Juli 2000, 2001.

BMVg, Bundesministerium der Verteidigung: Der Verteidigungshaushalt 2012, Bonn/Berlin, BMVg, www.bmvg.de/portal.

BMVg, Bundesministerium der Verteidigung: Die Stationierung der Bundeswehr in Deutschland – Oktober 2011, Bonn, 2011.

BMVg, Bundesministerium der Verteidigung: Grundzüge der Konzeption der Bundeswehr, Bonn/Berlin, 2004.

BMVg, Bundesministerium der Verteidigung: Interview mit dem Abteilungsleiter Rüstung Detlef Selhauser, Bonn/Berlin, BMVg, www.bmvg.de/portal vom 26. August 2011 (Zugriff am 19.03.2012).

BMVg, Bundesministerium der Verteidigung: Leitlinien zur Neuausrichtung der Bundeswehr, Berlin, 2012.

BMVg, Bundesministerium der Verteidigung: Neuausrichtung der Bundeswehr, Berlin, 2012.

BMVg, Bundesministerium der Verteidigung: Sachstand zur Neuausrichtung der Bundeswehr. Nationale Interessen wahren – Internationale Verantwortung übernehmen – Sicherheit gemeinsam gestalten, Berlin, 2012.

BMVg, Bundesministerium der Verteidigung: Taktische Zeichen, Zentrale Dienstvorschriften ZdV 1/11, Bonn, 07. Dezember 1990.

BMVg, Bundesministerium der Verteidigung: Verteidigungspolitische Richtlinien für den Geschäftsbereich des Bundesministers der Verteidigung, Bonn, 1992.

BMVg, Bundesministerium der Verteidigung: Verteidigungspolitische Richtlinien für den Geschäftsbereich des Bundesministers der Verteidigung, Berlin, 2003.

BMVg, Bundesministerium der Verteidigung: Verteidigungspolitische Richtlinien. Nationale Interessen wahren – Internationale Verantwortung übernehmen – Sicherheit gemeinsam gestalten, Berlin, 2011.

BMVg, Bundesministerium der Verteidigung: Wehrverwaltung im Einsatz – Ein Überblick, Bonn, 2010.

BMVg, Bundesministerium der Verteidigung: Weißbuch zur Sicherheit der Bundesrepublik Deutschland und zur Entwicklung der Bundeswehr, Bonn, 1974.

BMVg, Bundesministerium der Verteidigung: Weißbuch zur Sicherheit der Bundesrepublik Deutschland und zur Entwicklung der Bundeswehr, Bonn, 1979.

BMVg, Bundesministerium der Verteidigung: Weißbuch zur Sicherheit der Bundesrepublik Deutschland und zur Entwicklung der Bundeswehr, Bonn, 1983.

BMVg, Bundesministerium der Verteidigung: Weißbuch 1985: Zur Lage und Entwicklung der Bundeswehr, Bonn, 1985.

BMVg, Bundesministerium der Verteidigung: Weißbuch zur Sicherheit der Bundesrepublik Deutschland und zur Entwicklung der Bundeswehr, im Auftr. Der Bundesregierung hrsg. Vom Bundesminister der Verteidigung, Bonn, 1994.

BMVg, Bundesministerium der Verteidigung: Weißbuch zur Sicherheitspolitik Deutschlands und zur Zukunft der Bundeswehr, Berlin, 2006.

Bald, D.: Die Bundeswehr. Eine kritische Geschichte 1955-2005, München, 2005.

Bald, D.: Militär und Gesellschaft 1945-1990. Die Bundeswehr der Bonner Republik, Baden-Baden, 1994.

Biscop, S./Coelmont, J.: Pooling & Sharing: From Slow March to Quick March? in: The Security Policy Brief No. 23, Egmont Royal Institute for International Relations, Brüssel, 2011.

Böckerförde, S./Gareis, S.B. (Hrsg,): Deutsche Sicherheitspolitik. Herausforderungen, Akteure und Prozesse, Opladen/Farmington Hills, 2009.

Boehm-Tettelbach, W.: Wehrpflicht- und Soldatenrecht, München, 2009.

Braml, J. (Hrsg.): Einsatz für den Frieden. Sicherheit und Entwicklung in Räumen begrenzter Stattlichkeit, München, 2010.

Bredow, W.: Demokratie und Streitkräfte. Militär, Staat und Gesellschaft in Bundesrepublik Deutschland, Wiesbaden, 2000.

Bredow, W.: Militär und Demokratie in Deutschland. Eine Einführung. Wiesbaden, 2008.

Bremm, K.-J./Mack, H.-H./ Rink, M. (Hrsg.): Entscheidung für den Frieden: 50 Jahre Bundeswehr 1955 bis 2005, Freiburg i.Br./Berlin, 2005.

Breuer, F.: Between Ambitions and Financial Constraints. The Reform of the German Armed Forces, in: German Politics, 15, 2, 2006, S. 206-220.

Brugmann, G. (Hrsg.): Die Reservisten in der Bundeswehr. Ihre Geschichte bis 1990, Hamburg/Berlin/Bonn, 1990.

Brügner, G.C.: Die neue Struktur des Heeres, in: Europäische Sicherheit & Technik, 61, 2, 2012, S. 36-39.

Budäus, D. (Hrsg.): Kooperationsformen zwischen Staat und Markt. Theoretische Grundlagen und praktische Ausprägungen von Public Private Partnership, Baden-Baden, 2006.

Bulmann, T.: Die Bundeswehr im Vergleich: Vertrauen und wahrgenommene Aufgabenerfüllung, in: Bulmann, T./Fiebig, R./Hilpert, C. (Hrsg.), 2011, S. 75-79.

Bulmann, T./Fiebig, R.: Einstellungen zur Bundeswehr und Bewertung der gesellschaftlichen Anerkennung, in: Bulmann, T./Fiebig, R./Hilpert, C. (Hrsg.), 2011, S. 67-73.

Bulmann, T./Fiebig, R./Hilpert, C. (Hrsg.): Sicherheits- und verteidigungspolitisches Meinungsklima in der Bundesrepublik. Forschungsbericht Nr. 94, Strausberg, 2011

Bundesverfassungsgericht: BVerfG 90, 289 vom 12. Juli 1994 (Bundeswehreinsatz), 1994.

Bundesverfassungsgericht: BVerfG, 2 BvE 6/99 vom 22. November 2001 (Neues Strategisches Konzept der NATO), 2001.

Bundesverfassungsgericht: BVerfG, 1 BvR 357/05 vom 15. Februar 2006 (Luftsicherheitsgesetz), 2006.

Bundesverfassungsgericht: BVerfG, 2 BvE 1/03 vom 7. Mai 2008 (Luftraumüberwachung über der Türkei), 2008.

Bundesverfassungsgericht: BVerfG, 1 BvR 370/07 vom 27. Februar 2008 (Verfassungsschutzgesetz Nordrhein-Westfalen), 2008a.

Bundesverfassungsgericht: 2 BvE 2/08 vom 30.06.2009 (Lissabon Urteil), 2009.

Bundesverfassungsgericht: 2PBvU1/11 vom 3. Juli 2012 (Einsatz der Bundeswehr im Inneren), 2012.

Bundesverteidigungsminister: Grundsätze für die Spitzengliederung, Unterstellungsverhältnisse und Führungsorganisation im Bundesministerium der Verteidigung und der Bundeswehr („Dresdner Erlass"), Berlin, 2012.

Chiari, B. (Hrsg.): Auftrag Auslandseinsatz. Neueste Militärgeschichte an der Schnittstelle von Geschichtswissenschaft, Politik, Öffentlichkeit und Streitkräften. Militärgeschichtliches Forschungsamt, Bd. 1, Freiburg i.Br./Berlin/Wien 2012.

Clement, R./Joris, P.E.: 500 Jahre Bundeswehr. 1955 – 2005, Hamburg /Berlin/Bonn, 2005.

Dalgaard-Nielsen, A.: Germany Pacifism and Peace-Enforcement, Manchester, 2006.

Das Streitkräfteamt (SKA) – Das Amt der Streitkräftebasis, in: Kühn, 2010, S. 187-193.

De Maizière, T.: Rede in Dresden vom 21. März 2012.

Dickow, M./Linnenkamp, H./Mölling, C.: Für einen europäischen Defence Review, in: SWP-Aktuell 40, Berlin, 2012.

Dörfler-Dierken, A./Kümmel, G. (Hrsg.): Identität, Selbstverständnis, Berufsbild. Implikationen der neuen Einsatzrealität für die Bundeswehr, Wiesbaden, 2010.

DWP: White Paper on German Security Policyandthe Future ofthe Bundeswehr, Berlin, 2006.

Dyson, T.: Deutsche Verteidigungspolitik – ein Blick von Außen,in: Wiesner, I. (Hrsg.) Deutsche Verteidigungspolitik, Baden Baden, 2013.

Dyson, T.: Managing Convergence. German Military DoctrineandCapabilities in the 21st Century, in: Defence Studies, 11, 2, 2011, S. 244-270.

Dyson, T.: Neoclassical Realism and Defence Reform in post-Cold War Europe, Basingstoke, 2010.

Dyson, T.:Organising for Counterinsurgency: The Adaptation of British and German Military Doctrine in Afghanistan, in: Contemporary Security Policy, 33, 1, 2012, S. 27-58.

Dyson, T.: The Politics of German Defence and Security: Policy Leadership and Military Reform in the post-Cold War Era, New York, 2007.

Ebeling, K./Seiffert, A./Senger, R.: Ethische Fundamente der Inneren Führung (SOWI-Arbeitspapier 132), Strausberg, 2002.

Eberwein, W.-D./Kaiser, K. (Hrsg.): Deutschlands neue Außenpolitik. Band 4: Institutionen und Ressourcen, München, 1998.

EU: Development of European Military Capabilities, Brüssel, 2009.

EU: Pooling and sharing. German-Swedish initiative, Berlin/Stockholm, 2010.

EU (Hrsg.): Vertrag von Lissabon zur Änderung des Vertrages über die Europäische Union und des Vertrages zur Gründung der Europäischen Gemeinschaft, unterzeichnet in Lissabon am 13. Dezember 2007, in: Amtsblatt der Europäischen Union. Ausgabe in deutscher Sprache, 50: C 306, 2007,Nr. 1-230.

EuropanDefence Agency (EDA): EDA Fact sheet – Capability Development Plan, 2011.

Farrell, T.: The Dynamics of British Military Transformation, in: International Affairs, 84, 4, 2008, S. 777-807.

Fiebig, R.: Kenntnisse über die Auslandseinsätze der Bundeswehr, in: Bullmann, T./ Fiebig, R./Hilpert, C. (Hrsg.): Sicherheits- und verteidigungspolitisches Meinungsklima in der Bundesrepublik. Forschungsbericht Nr. 94, Strausberg, 2011.

Frank, H. (Hrsg.): Reserve im Umbruch. Von der Landesverteidigung zur Krisenbewältigung, Hamburg/Berlin/Bonn, 2005.

Freers, W.: Das neue Einsatzheer – ein Heer für die Einsätze der Zukunft, in: Europäische Sicherheit, 60, 12, 2011, S. 16-22.

FWP: The French White Paper on National Security, Paris, 2008.

Gareis, S.B.: Deutschlands Außen- und Sicherheitspolitik. Eine Einführung, Opladen/ Farmington Hills, 2006.

Gareis, S.B.: Neue Aufgaben und Einsätze der Bundeswehr, in: Bohrmann, T./Lather, K.-H./Lohmann, F. (Hrsg.): Handbuch Militärische Berufsethik, 2013.

Geyer, M.: Deutsche Rüstungspolitik 1860-1980, Frankfurt, 1984.

Giegerich, B./Kümmel, G. (Hrsg.): The Armed Forces: Towards a Post-Interventionist Era? Wiesbaden, 2013.

Gießmann, H.J./ Wagner, A. (Hrsg.): Armee im Einsatz. Grundlagen, Strategien und Ergebnisse einer Beteiligung der Bundeswehr, Baden-Baden, 2008.

Gramm, C.: Privatisierung bei der Bundeswehr, in: Deutsche Verwaltungsblätter, 2003, S. 1366ff.

Gramm, C.: Bundeswehr und Privatisierung in der Praxis, in: Neue Zeitschrift für Wehrrecht, 2003, S. 13ff.

Greyer-Wieninger, A.: 50 Jahre Bundeswehrverwaltung – Standortbestimmung und künftiger Kurs, in: Die Bundeswehrverwaltung, 2006, S. 229ff.

Greyer-Wieninger, A.: Die Modernisierung der Territorialen Wehrverwaltung, in: Die Bundeswehrverwaltung, 2009, S. 2ff.

Handelsblatt (o.N.): Zu Guttenberg will Bundeswehr radikal umbauen, in: Handelsblatt, 12.08.2010.

Hauser, G.: Europas Sicherheit und Verteidigung. Der zivil-militärische Ansatz, Frankfurt, 2010.

Helmig, J./Schörnig, N. (Hrsg.): Die Transformation der Streitkräfte im 21. Jahrhundert. Militärische und politische Dimensionen der aktuellen "Revolution in Military Affairs", Frankfurt/New York, 2008.

Henkel, M./Schulte, H. (Hrsg.): Entwicklung des Heeres im Wandel der Heerstrukturen, Bonn, 2005.

Hesse, J.J.: Arbeits- und Sozialverwaltung im Bundesstaat: Notwendiger Wettbewerb im SGB II, Baden-Baden 2010.

Hesse, J.J.: Stellungnahme im Rahmen der Sachverständigenanhörung der Kommission von Bundestag und Bundesrat zur Modernisierung der Bund-Länder-Finanzbeziehungen, Berlin 2007.

Hesse, J.J./Ellwein, Th.: Das Regierungssystem der Bundesrepublik Deutschland, 10. Aufl., Baden-Baden 2012.

Hesse, J.J./Götz, A.: Für eine zukunftsfähige Arbeits- und Sozialverwaltung, Baden-Baden 2007.

Hesse, J.J./Hood, Chr./Peters, B.G. (eds.): Public sector reform: An international comparison, Berlin 2003.

Hodge, C.C.: Rebalancing Priorities: America, Europe and Defence Austerity, in: e-International Relations, http://www.e-ir.info/2012/03/05/rebalancing-priorities-america-europe-and-defence-austerity/ (Zugriff am 05.03.2012).

Hubatschek, G. (Hrsg.): 40 Jahre Ausrüstung der Streitkräfte, Bonn, 1995.

Inspekteur der Streitkräftebasis (InspSKB): Weisung zur Weiterentwicklung und Realisierung der Streitkräftebasis (WWRealSKB), Bonn, 2012.

Irondelle, B.: Civil-Military Relations and the End of Conscription in France, in: Security Studies, 12, 3, 2003, S. 157-187.

Jaberg, S./Biehl, H./Mohrmann, H./Tomforde, M.: Auslandseinsätze der Bundeswehr. Sozialwissenschaftliche Analysen, Diagnosen und Perspektiven, Berlin, 2009.

Jäger, T./Beckmann, R. (Hrsg.): Handbuch Kriegstheorie, Wiesbaden, 2011.

Klein, P.: Die Integration der Bundeswehr in Staat und Gesellschaft der Bundesrepublik Deutschland, in: Jäger/Kümmel/Lerch/Noetzel (Hrsg.), 2004, S. 268-282.

Klos, D.: Neue Bundeswehr und neues Heer, in: Europäische Sicherheit, 60, 11, 2011, S. 32-38.

Kühn, W. (Hrsg.): Chronik 10 Jahre Streitkräftebasis, Berlin, 2010.

Kümmel, G.: Das Ende der Interventionen, wie wir sie kennen? Oder: Auf dem Weg in eine postinterventionistische Ära? in: Zeitschrift für die Innere Führung, 56, 3, 2012, S. 5-8.

Kümmel, G. (Hrsg.): Streitkräfte unter Anpassungsdruck. Sicherheits- und militärpolitische Herausforderungen Deutschlands in Gegenwart und Zukunft, Baden-Baden, 2009.

Kümmel, G./Bredow, W. (Hrsg.): Civil-Military Relations in an Age of Turbulence: Armed Force and the Problem of Democratic Control (SOWI-Forum International Nr. 21), Strausberg, 2000.

Kümmel, G./Giegerich, B. (Hrsg.): The Armed Forces: Towards a Postinterventionist Era? Wiesbaden, 2013.

Krampe, T.: Privatisierung im Meinungsbild von Bundeswehrbediensteten, in: Die Bundesverwaltung, 55. Jg., Heft 6, 2011, S. 127-132.

Krause, J.: Die Rolle des Bundestages in der Außenpolitik, in: Eberwein, W.-D./ Kaiser, K. (Hrsg.): 1998, S. 137-152.

Levene, L.P.: Defence Reform: An Independent Report into the Structure and Management oft he Ministry of Defence, London, 2011.

Longhurst, K.: Germany and the Use of Force: The Evolution of German Security Policy 1989-2003, Manchester, 2004.

Matlary, J.-H.: European Union Security Dynamics, Basingstoke, 2009.

Maull, H.W.: Deutschland als Zivilmacht, in: Schmidt, S./Hellmann, G./Wolf, R. (Hrsg.): Handbuch zur deutschen Außenpolitik, Wiesbaden, 2007.

Maulny, J.-P.: Pooling of EU memberstateassets in theimplementationof ESDP, in: Subkomitee für Sicherheit und Verteidigung, Europäisches Parlament, Brüssel, 2008.

Meier, E.-C./Hannemann, A./Meyer zum Felde, R.: Wörterbuch zur Sicherheitspolitik. Deutschland in einem veränderten internationalen Umfeld, Hamburg/Berlin/Bonn, 2012.

Mölling, C.: Europe withoutDefence. The States of Europe Have to Re-evaluate the Interrelationship between Political Sovereignty. Military Effectiveness aud Economic Efficiency, SWP Comments 2011/C 38, 2011.

Mölling, C.: Pooling and Sharing in the EU and NATO: European Defence Needs Political Commitment rather than Technocratic Solutions, SWP Comments 2012/C 18, 2012.

Mölling, C./Brune S.-C.: The impactofthefinancialcrisis on European defence, in: SubkomiteefürSicherheit und Verteidigung, Brüssel, 2011.

Molt, M.: Von der Wehrmacht zur Bundeswehr. Personelle Kontinuität und Diskontiuität beim Aufbau der deutschen Streitkräfte 1955-1966, Heidelberg: Univ. Diss., 2007.

Müller, A.: Kämpfer, Spezialist, Lückenbüßer? Die Reserve der Bundeswehr auf dem Weg in die Einsatzarmee, in: Chiari, 2012, S. 175-186.

Nägler, F. (Hrsg.): Die Bundeswehr 1955-2005. Rückblenden, Einsichten, Perspektiven, München, 2007.

Noetzel, T.: The German Politics of War, in: International Affairs, 82, 2, 2011, S. 397-417.

Opitz, E. (Hrsg.): Fünfzig Jahre Innere Führung. Von Himmerod (Eifel) nach Pristina (Kosovo) – Geschichte, Probleme und Perspektiven einer Führungsphilosophie, Bremen, 2001.

Prüfert, A. (Hrsg.): Innere Führung im Wandel. Zur Debatte um die Führungsphilosophie der Bundeswehr, Baden-Baden, 1998.

Rattinger, H./Holst, C.: Strukturen und Determinanten außen- und sicherheitspolitischer Einstellungen in der Bundesrepublik. Abschlussbericht des DFG-Projektes, www.uni-bamberg.de/ba6po5/forschung/publications/textband.pdf (Zugriff am 14.09.2012).

Richter, G. (Hrsg.): Neuausrichtung der Bundeswehr. Beiträge zur professionellen Führung und Steuerung,Schriftenreihe des Sozialwissenschaftlichen Instituts der Bundeswehr Band 12, Wiesbaden, 2012.

Richter, G.: Public Private Partnership (PPP) in der Bundeswehr. Eine kritische Analyse mit Hilfe der Transaktionskostenökonomie (unveröff. Manuskript), 2013.

Rieks, A.: Modernisierung in der Bundeswehr – Formen, Felder, Ausdruck, in: Richter (Hrsg.), S. 167-181.

Rink, M.: Das Heer der Bundeswehr im Wandel: Von Himmerod zum „Heer der Zukunft" 1950-2005, in: Bremm/Mack/Rink, 2005, S. 137-154.

Rödder, A.: Die Bundesrepublik Deutschland 1969-1990, München, 2004.

Schmidt-Radefeld, R.: Die Bundeswehrverwaltung im bewaffneten Konflikt, in: Die Bundeswehrverwaltung, 2007, S. 73ff.

Schmidt-Radefeld, R.: Streitkräfte und Bundeswehrverwaltung im Auslandseinsatz, in: Bundeswehrverwaltung, 2006, S. 169ff.

SDSR: The Strategic Defence and Security Review, Norwich, 2010.

Seliger, M.: Auf verlorenem Posten, in: Kümmel/Giegerich (Hrsg.), 2013.

Spiegel (o.N.): Größenwahn der Generäle, in: Der Spiegel, 15, 1992, 18ff.

Spiegel: Unreliable Partners? http://www.spiegel.de/international/world/criticism-of-germany-s-military-role-in-the-nato-alliance-a-833503.html (Zugriff am 21.06.2012)

Stockfisch, D. (Bearb.): Der Reibert. Heer. Luftwaffe. Marine. Das Handbuch für den deutschen Soldaten. Hamburg, 2009.

Streitkräfteunterstützungskommando (SKUKdo) (Hrsg.): Chronik des Streitkräfteunterstützungskommandos, Köln, 2011a.

Streitkräfteunterstützungskommando (SKUKdo) (Hrsg.): 3.3 Die Organisation des Streitkräfteunterstützungskommandos, in: SKUKdo, Ziff. 3.3, Köln, 2011b.

Streuer, A.: Rechtliche und haushalterische Rahmenbedingungen für wissenschaftliches Handeln in der Bundeswehr, in: Richter (Hrsg.), S. 49-63.

Struck, P.: BMVg – Weisung für die Weiterentwicklung der Bundeswehr, Berlin, 01.10.2003.

Valasek, T.: Surviving Austerity: The Case for a New Approach to EU Miltary Collaboration, in: Center for European Reform, London, 2011.

Voigt, R./Seybold, M.: Streitkräfte und Wehrverwaltung. Eine verfassungsrechtliche Analyse des Verhältnisses von Art. 87a zu Art. 87b GG, Baden-Baden, 2003.

von Weizäcker, R.: Bericht der Kommission „Gemeinsame Sicherheit und Zukunft der Bundeswehr", 23. Mai 2000.

Walle, H.: 50 Jahre Deutsche Marine: Deutsche Seestreitkräfte im Wandel der Zeit, in: Schiff & Hafen, 57, 5, 2005, S. 56-62.

Walz, D.: Die verfassungsrechtlichen Grundlagen der Bundeswehrverwaltung - Abschied von der Zwei-Säulen-Theorie? in: Ipsen (Hrsg.), 1999, S. 301ff.

Wehrbeauftragter des Deutschen Bundestags: Jahresbericht 2011. BT-Drucksache 17, 2011, S. 8400.

Weiland, J.: Verfassungsrechtliche Rahmenbedingungen für Privatisierungen im Bereich der Bundeswehrverwaltung, in: Neue Zeitschrift für Wehrrecht, 2003, S. 1ff.

Weiland, S.: Guttenbergs grausiges Erbe, in: Spiegel Online, 08.03.2011.

Weise: Report oft he Structural Commission of the Bundeswehr, Berlin, 2010.

Wiesendahl, E. (Hrsg.): Neue Bundeswehr – neue Innere Führung? Perspektiven und Rahmenbedingungen für die Weiterentwicklung eines Leitbildes, Baden-Baden, 2005.

Wiesner, I. (Hrsg.): Deutsche Verteidigungspolitik, Schriftenakademie der Bundeswehr für Information und Kommunikation Band 29, Baden-Baden, 2013.

Wiesner, I. (Hrsg.): German defencepolitics, Schriftenakademie der Bundeswehr für Information und Kommunikation Band 30, Baden-Baden,2013.

Wiesner, I.: The Paradoxical Ally. Germany's Decoupling Strategy in the Adoption of NCW.Paper presentedatthe 2011 ISA Convention, Montreal, 2011.

Wiggershaus, N./Heinemann, W. (Hrsg.): Nationale Außen- und Bündnispolitik der NATO-Mitgliedstaaten, München, 2000.

Withney, N.: How to Stop the Demilitarization of Europe, in: Policy Brief ECFR, London, 2011.

zu Guttenberg, K.-T.: Den Wandel gestalten, in: Europäische Sicherheit, 59, 2010a, S. 1.

zu Guttenberg, K.-T.: Grundsatzrede an der Führungsakademie der Bundeswehr, Hamburg, 26.05.2010.

Anhang

1. Empfehlungen der Strukturkommission (Auszüge, 26. Oktober 2010)   226

2. Eckpunkte für die Neuausrichtung der Bundeswehr (27. Mai 2011)   256

3. Verteidigungspolitische Richtlinien (27. Mai 2011)   260

4. Der Dresdner Erlass (21. März 2012)   281

5. Zwischenbericht zum Stand der Neuausrichtung (Auszüge, März 2013)   289

1. Empfehlungen der Strukturkommission (Auszüge, 26. Oktober 2010)

BERICHT DER
STRUKTURKOMMISSION
DER BUNDESWEHR
OKTOBER 2010

VOM EINSATZ HER DENKEN
KONZENTRATION,
FLEXIBILITÄT, EFFIZIENZ

VORWORT

Der Bundesminister der Verteidigung, Dr. Karl-Theodor Freiherr zu Guttenberg, hat die Strukturkommission am 12. April 2010 als einen Baustein zur grundlegenden Erneuerung der Bundeswehr eingesetzt.

Bereits im Jahre 2000 hatte die Kommission „Gemeinsame Sicherheit und Zukunft der Bundeswehr" festgestellt: „Die Bundeswehr ist ... nicht im Gleichgewicht. Sie ist zu groß, falsch zusammengesetzt und zunehmend unmodern. In ihrer heutigen Struktur hat die Bundeswehr keine Zukunft."[1] Seitdem gab es bereits erste Schritte zur Reform der Bundeswehr und ihrer Anpassung an neue sicherheitspolitische Herausforderungen. Aber der Weg ist längst noch nicht zu Ende.

Es geht um nicht weniger als die tief greifende und notwendige Veränderung einer der großen Institutionen unseres Gemeinwesens. Diese Kommission will hierzu einen substanziellen Beitrag leisten.

Hauptaufgabe dieser Reform ist es, die Konzentration auf Kernaufgaben, mehr Flexibilität und höhere Effizienz in der Bundeswehr zu erzielen und dadurch die Bundeswehr als wirksames Instrument unserer Sicherheits- und Verteidigungspolitik zu stärken.

Die Kommission hatte das Privileg, sich ohne Vorgaben ein eigenes Urteil zu bilden und ihre Empfehlungen niederschreiben zu können. Als unabhängiges Gremium formuliert sie realistische, zugleich fordernde Veränderungsvorschläge und Reformziele. Die Realisierung dieser Vorschläge wird kurzfristig Geld kosten, mittel- und langfristig jedoch Geld sparen.

Dieser Bericht zielt auf eine im guten Sinne radikale Erneuerung hin zu kompakten, effizienten und zugleich hochqualifizierten Streitkräften. Der Anspruch der neuen Bundeswehr muss es sein, maßgeblich zur Erfüllung der sicherheitspolitischen und militärischen Zielvorgaben der NATO und der Europäischen Union beizutragen.

Getragen von großem Respekt vor der Leistung der Bundeswehr – vor allem der Soldatinnen und Soldaten im Einsatz – dankt die Kommission all denen, die ihre Arbeit unterstützt haben und ohne deren Engagement dieser Bericht nicht möglich gewesen wäre.

[1] Bericht der Weizsäcker-Kommission „Gemeinsame Sicherheit und Zukunft der Bundeswehr" vom 23. Mai 2000, S. 13

3

INHALT

1	Auf einen Blick	9
2	Deutschlands Sicherheit im 21. Jahrhundert	15
3	Auftrag und Ansatz der Kommission	21
4	Auf dem Weg zur neuen Bundeswehr	25
4.1	Umfang und Ausrichtung	26
4.2	Wehrform, Wehrpflicht und Gesellschaft	28
4.3	Führung und Organisation	29
4.3.1	Grundsätzliche Überlegungen	30
4.3.2	Effektive Führung	32
4.3.3	Professionelle Steuerung	33
4.3.4	Komplementäre Anpassung des Ministeriums	34
4.4	Leistungsfähige Prozesse	36
4.4.1	Rüstung/Beschaffung/Nutzung	36
4.4.2	IT-Strukturen und IT-Governance	39
4.4.3	Unterstützende Prozesse der Streitkräftebasis	40
4.5	Personal- und Talentmanagement	42
4.6	Ausbildung, Bildung und Erziehung	44
5	Den Übergang gestalten	47
Anhang		53
1	Ministerium und Bundeswehr bisher	55
2	Erfolgsfähige Strukturen	59
3	Moderne Unternehmensplanung	77
4	Rüstung und Beschaffung	85
5	Leistungsfähig und motiviert	91
6	Die Arbeit der Kommission	103

7

228

4 AUF DEM WEG ZUR NEUEN BUNDESWEHR

4	Auf dem Weg zur neuen Bundeswehr	25
4.1	Umfang und Ausrichtung	26
4.2	Wehrform, Wehrpflicht und Gesellschaft	28
4.3	Führung und Organisation	29
4.3.1	Grundsätzliche Überlegungen	30
4.3.2	Effektive Führung	32
4.3.3	Professionelle Steuerung	33
4.3.4	Komplementäre Anpassung des Ministeriums	34
4.4	Leistungsfähige Prozesse	36
4.4.1	Rüstung/Beschaffung/Nutzung	36
4.4.2	IT-Strukturen und IT-Governance	39
4.4.3	Unterstützende Prozesse der Streitkräftebasis	40
4.5	Personal- und Talentmanagement	42
4.6	Ausbildung, Bildung und Erziehung	44

25

4 AUF DEM WEG ZUR NEUEN BUNDESWEHR

4.1 Umfang und Ausrichtung

Seit der Wiedervereinigung wurde der Umfang der Bundeswehr mehrfach reduziert. Dabei wurden nicht nur die Sicherheitsdividende aus dem Ende des Kalten Krieges sondern auch die Schaffung gesamtdeutscher Streitkräfte realisiert. Die Bundeswehr hat sich bereits in erheblichem Umfang von den Kapazitätsmustern der Vergangenheit verabschiedet.

Die Gestaltung des Ministeriums und die Ausplanung der Bundeswehr sollten sich umso mehr konsequent am Prinzip „Vom Einsatz her denken" ausrichten. Darüber hinaus beeinflussen eine veränderte Bündnisdynamik in der NATO, die wachsende Gemeinsame Sicherheits- und Verteidigungspolitik der Europäischen Union sowie technische Innovationen und auch enge finanzielle Spielräume die Dimensionierung und Aufstellung der Bundeswehr.

Politische Vorgabe ist und bleibt, dass Deutschland auch in Zukunft grundsätzlich multinational agiert und somit nicht für jeden erdenklichen Einsatz die volle Kapazität stellen wird. Die Arbeitsteilung innerhalb von NATO und EU intensiviert sich deutlich und prägt die Aufstellung der neuen Bundeswehr.

Darüber hinaus muss aufgrund der Unvorhersehbarkeit von gravierenden sicherheitspolitischen Veränderungen die personelle und materielle Aufwuchsfähigkeit aufrechterhalten werden.

Die konkrete Dimensionierung ist derzeit Gegenstand eines intensiven politischen Diskurses. Der General-inspekteur hat hierzu seine Vorstellungen dargelegt. Seine Empfehlungen sind grundsätzlich nachvollziehbar. Vor dem Hintergrund erheblicher Straffungsmöglichkeiten und Effizienzsteigerungen in der Struktur der Bundeswehr sind nach Auffassung der Kommission allerdings ambitioniertere Ziele zu setzen. Das Anspruchsniveau sollte von heute 7.000 auf ca. 15.000 durchhaltefähig für Einsätze verfügbare Soldatinnen und Soldaten in etwa verdoppelt werden. Bündnissolidarität und Bündnisfähigkeit lassen sich heute allem voran an den nachhaltigen Beiträgen zu verschiedenen Einsatzkontingenten bemessen. Im Übrigen scheint – gemessen an den Verteidigungsbeiträgen unserer Partner – ein Gesamtumfang von ca. 180.000 Soldatinnen und Soldaten angebracht.

Auch für das zivile Personal ist das Reduzierungspotenzial ausgehend vom militärischen Auftrag der Bundeswehr zügig zu ermitteln, um eine Planungsgrundlage für die Gestaltung des weiteren Umbaus der Bundeswehr zu haben. Die Kommission sieht hier große Effizienzpotenziale, die eine signifikante Reduzierung des Personalumfangs von gegenwärtig 75.000 Dienstposten auf künftig ca. 50.000 in der neuen Zielstruktur ermöglichen.

26

Deshalb empfiehlt die Kommission:

- ■ Eine tiefergehende Quantifizierung und Modellierung der zukünftigen Gesamtstärke ist notwendig. Die Ausplanung der Bundeswehr kann sich dabei nicht an rein politischen Größen orientieren, sondern muss die bisherigen Zielvorgaben konsequent vom Einsatz her detaillieren. Militärische wie zivile Organisationseinheiten müssen sich dabei konsequent am Maßstab der Effizienz messen lassen. Dies gilt für die erforderlichen Fähigkeiten an Personal und Material und damit auch für die Gesamtstärke der Bundeswehr insgesamt.
- ■ Für den flexiblen Aufwuchs der Streitkräfte soll ein Konzept erstellt werden, das den genannten Rahmenbedingungen Rechnung trägt.

27

4 AUF DEM WEG ZUR NEUEN BUNDESWEHR

4.2 Wehrform, Wehrpflicht und Gesellschaft

Die Bundeswehr ist integraler und akzeptierter Bestandteil unserer Gesellschaft. Es fehlt jedoch ein tragfähiges, gesellschaftsübergreifendes Verständnis über den Auftrag der Bundeswehr. Die sich verändernde Sicherheitslage und die neuen Einsatzprofile verlangen einen ständigen Diskurs mit dem Ziel eines gesellschaftlichen und politischen Konsens und eines vertrauensvollen Verhältnisses zwischen Bundeswehr und Gesellschaft.

Die Allgemeine Wehrpflicht hat die Integration der Streitkräfte in die Gesellschaft gefördert. Heute aber schwindet die gesellschaftliche Akzeptanz der Wehrpflicht. Generell ist eine solche nur dann sinnvoll, wenn dies die äußere Sicherheit des Staates zwingend gebietet. Durch den Wegfall einer massiven, unmittelbaren militärischen Bedrohung kann die Wehrpflicht in der heutigen Form sicherheitspolitisch nicht mehr gerechtfertigt werden.

Jedoch soll die anerkannte positive Integrationsleistung der Wehrpflicht erhalten bleiben durch die Rückbesinnung auf die Ursprungsidee eines breiten aktiven Einsatzes zur Stärkung der Gemeinschaft. Deutschland kann die Herausforderungen, vor denen wir in den Bereichen Umweltschutz, Katastrophenschutz, Entwicklungshilfe, Pflege, Betreuung und Wohlfahrt stehen, unter den Bedingungen des demographischen Wandels ohne Bürgersinn und zeitgemäßes soziales und bürgerschaftliches Engagement nicht bewältigen.

Deshalb empfiehlt die Kommission:

- Einen grundsätzlichen gesellschaftlichen Diskurs über die Bundeswehr, ihren Auftrag und ihre Einsätze zu führen. Dazu gehört auch eine von Beginn an transparente Diskussion über Entscheidungen zum Einsatz bewaffneter deutscher Streitkräfte.
- Die Verankerung der Bundeswehr in der Gesellschaft durch verstärkte und sichtbare Teilhabe der Staatsbürger in Uniform am gesellschaftlichen und kulturellen Leben. Die Soldatinnen und Soldaten stehen mitten in der Gesellschaft.
- Die Musterung und Einberufung der Wehrpflichtigen zum Grundwehrdienst auszusetzen, wobei die Wehrerfassung und Wehrüberwachung, die sich aus dem Wehrpflichtgesetz ergeben, bestehen bleiben sollten.
- Einen freiwilligen, bis zu 23-monatigen Dienst einzuführen, der allen erwachsenen Bürgerinnen und Bürgern offen steht und ihnen die freie Wahl des Engagements bietet. Die Möglichkeiten können von der Pflege und Betreuung (z.B. Krankenhäuser, Wohlfahrtsverbände, Hilfsorganisationen) über die Bildung und Erziehung (z.B. Kinderkrippen, Kindergärten, Schulen), Umweltschutz, Katastrophenschutz (z.B. Freiwillige Feuerwehren und Technisches Hilfswerk) und Entwicklungshilfe bis hin zum militärischen Dienst in der Bundeswehr reichen.
- Die Einrichtung eines freiwilligen militärischen Dienstes in der Bundeswehr mit einem Dienstpostenumfang von bis zu 15.000 Stellen. Die Dauer ist so zu bemessen, dass Ausbildung und Qualifikation eine Teilnahme an Auslandseinsätzen ermöglichen. Dies entspricht einer Dienstzeit von mindestens 15 Monaten.

28

4.3   Führung und Organisation

Die Führung und die Organisation des Bundesministeriums der Verteidigung und der neuen Bundeswehr erfordern eine vom Einsatz her denkende, grundlegende Erneuerung der Strukturen, Prozesse und der zugrundeliegenden Infrastruktur. Die Kommission hält es für erforderlich, die Organisation der Bundeswehr grundsätzlich neu auszurichten, eine effektive Führung und eine professionelle Steuerung zu etablieren sowie die Strukturen des Bundesministeriums der Verteidigung konsequent anzupassen.

29

233

4 AUF DEM WEG ZUR NEUEN BUNDESWEHR

4.3 Führung und Organisation
4.3.1 Grundsätzliche Überlegungen

Die Organisation der Bundeswehr befindet sich im Spannungsfeld zwischen neuen Einsatzanforderungen und einer komplexen Organisationsstruktur, die nicht die notwendige Effizienz schafft. Im Vergleich zu anderen Nationen ist das Verhältnis von nachhaltig einsetzbaren Kräften zur Gesamtstärke deutlich zu gering.

Deutschland hat die multinationale Einbindung seiner Streitkräfte zur Maxime gemacht. Die Bundeswehr will verlässlicher Bündnispartner innerhalb der NATO und EU sein. Deutschland unterstützt aktiv die Vereinten Nationen. In fast allen Bereichen – von der Ausbildung bis hin zu gemeinsamen Hauptquartieren – existieren Beispiele für erfolgreiche Kooperationsformen.

Die organisatorische Ausprägung des Ministeriums und der Bundeswehr ist heute viel zu komplex. Es wird versucht, mehrere Führungsdimensionen gleichzeitig zu aktivieren und in der Organisation abzubilden: (a) die Organisation des Generalinspekteurs, (b) die Organisationsformen der Teilstreitkräfte, (c) die Querschnitts- und Unterstützungsfunktionen, (d) die konkrete Führung im Einsatz, (e) die Kräftekategorien mit der Einteilung in Einsatz-, Stabilisierungs- und Unterstützungskräfte. Hinzu kommt die Unterscheidung in zivile und militärische Organisation. Dies führt zu einer systematisch überstrapazierten Gesamtorganisation, bei der Zuständigkeiten und Verantwortlichkeiten zwangsläufig unklar bleiben:

- Aufgrund der historisch gewachsenen Aufteilung der Kompetenzen zwischen dem Generalinspekteur und den Inspekteuren der Teilstreitkräfte sind Zuständigkeiten häufig nicht klar oder gedoppelt. Der Generalinspekteur der Bundeswehr ist ministerieller Hauptabteilungsleiter. Gegenüber den Inspekteuren besitzt er heute lediglich Weisungsrecht und ist Vorgesetzter mit besonderem Aufgabenbereich. Die Inspekteure führen ihre jeweiligen Bereiche als truppendienstliche Vorgesetzte hingegen umfassend und sind allen Soldaten ihres Organisationsbereiches unmittelbar vorgesetzt. Insgesamt wird die Verantwortung des Generalinspekteurs relativiert – besonders deutlich wird dies am Beispiel des Einsatzführungsstabes, dem 13 bevollmächtigte Vertreter der militärischen und zivilen Organisationsbereiche angehören.
- Auch die Trennung zwischen den Abteilungen und Stäben im Ministerium sowie zwischen den Führungskommandos und Ämtern ist durch unklare bzw. gedoppelte Zuständigkeiten geprägt – verschärft durch die Trennung in zivile und militärische Einheiten.
- Die Querschnitts- und Unterstützungsfunktionen der Teilstreitkräfte sind häufig nicht effizient gebündelt, sondern auf mehrere Organisationseinheiten verteilt, wie Beschaffung und Personal, aber auch andere übergreifende Fähigkeiten und Funktionen, wie z.B. Aufklärung, Führungsunterstützung, Teile der Logistik und Controlling.

30

Die Kommission empfiehlt eine konsequente Vereinfachung der Organisation und die Bündelung von Verantwortlichkeiten:

■ Alle Einsätze werden aus dem gleichen Gesamtkräftedispositiv heraus bereitgestellt. Die Führungs-dimension (e) Kräftekategorien – Einsatz-, Stabilisierungs- und Unterstützungskräfte – wird auf-gelöst, da sie zu einer unnötigen Komplexität führt, aber für die Einsatzfähigkeit keinen Zugewinn gebracht hat.

■ Durch die Ausgestaltung der Position des Generalinspekteurs der Bundeswehr als Oberkomman-dierender der Streitkräfte (Chief of Defence) wird eine eindeutige Ordnung in die Führungsdimen-sionen (a) - (d) gebracht. Der Generalinspekteur wird gegenüber dem Inhaber der Befehls- und Kommandogewalt umfassend, persönlich und unmittelbar verantwortlich. Dies gilt für die Planung, Vorbereitung, Führung und Nachbereitung von Einsätzen der Bundeswehr sowie für die Einsatz-bereitschaft und Einsatzfähigkeit der Streitkräfte. Die Position des Generalinspekteurs ist als die zentrale militärische Stelle in der Bundeswehr auszugestalten und entsprechend zu stärken, u.a. durch Übernahme der Führungsfunktion für alle Teilstreitkräfte und die Streitkräftebasis sowie für alle Einsätze.

■ Die Inspekteure der Teilstreitkräfte und militärischen Organisationsbereiche werden zu Befehls-habern außerhalb des Ministeriums.

■ Die übergreifenden Fähigkeiten und Funktionen werden – soweit noch nicht geschehen – in Fähig-keitskommandos und Kompetenzzentren zusammengefasst, um durch Abbau von Doppelarbeit und klare Schnittstellen die Prozesse spürbar effizienter zu gestalten. Dies gilt für den militärischen und zivilen Bereich gleichermaßen.

■ Hierarchieebenen sind in allen Organisationseinheiten drastisch abzubauen. Dies macht die Abstimmungsprozesse einfacher, transparenter und schneller. Die freiwerdenden Dienstposten sind konsequent umzuwandeln, so dass sie den Einsatzverbänden zur Verfügung stehen.

■ Zu prüfen ist schließlich, in welchen Bereichen eine internationale Arbeitsteilung insbesondere angesichts der in vielen Partnerländern parallel stattfindenden Reformen und Anpassungsprozesse Einsparungen und Effizienzgewinne ermöglicht. Mögliche Kooperationsfelder sind aus Kommissions-sicht z.B.

  ► der Rüstungsbereich,
  ► die Offizierausbildung,
  ► die Nutzung von speziellen Ausbildungs- und Trainingseinrichtungen sowie
  ► das Angebot von in der Bundeswehr besonders ausgeprägten Fähigkeiten im Bündnis
    (z.B. ABC-Abwehr, CIMIC, Feldlazarette/Role 2).

31

4 AUF DEM WEG ZUR NEUEN BUNDESWEHR

4.3 Führung und Organisation
4.3.2 Effektive Führung

Aufwendige Entscheidungsprozesse und der damit verbundene überzogene Abstimmungsbedarf zwischen allen Akteuren und zu vielen Ebenen verlangsamen die Handlungsgeschwindigkeit des Ministeriums und der Bundeswehr enorm und erschweren eine effektive Führung.

Nationale und internationale Einsätze verteilen sich auf unterschiedliche Führungsstrukturen – u.a. das Einsatzführungskommando und die Führungskommandos der Teilstreitkräfte, das Streitkräfteunterstützungskommando sowie das Kommando Operative Führung Eingreifkräfte – und erschweren so eine integrierte Planung und Durchführung der Bundeswehraktivitäten.

Deshalb empfiehlt die Kommission:

- **Die operative Planung und die nationale Führung aller Einsätze der Bundeswehr sind grundsätzlich im Einsatzführungskommando zu konzentrieren.**
- **Das Kommando Operative Führung Eingreifkräfte wird aufgelöst. Seine Funktionen werden auf das Einsatzführungskommando übertragen.**
- **Die Führung von Einsätzen im Inland im Frieden einschließlich der Hilfe bei Naturkatastrophen und besonders schweren Unglücksfällen verbleibt bei der Streitkräftebasis.**

32

4.3 Führung und Organisation

4.3.3 Professionelle Steuerung

Die Betriebsstrukturen und Prozesse des Ministeriums und der Bundeswehr sind nicht hinreichend beschrieben. Es fehlen klare Vorgaben und Steuerungsziele. All das führt zur Intransparenz, Einsatz und Ergebnis können nicht gemessen werden. Dies macht eine stringente Gesamtsteuerung unmöglich.

Die Controllingorganisation ist zudem dezentral aufgesetzt, das verbindende Element zwischen den einzelnen Systemen fehlt. Im Ergebnis erfüllt das bestehende Controlling seine Aufgaben nicht, ist wenig aufschlussreich und weitgehend wirkungslos.

Bundeswehrplanung einschließlich Rüstungsplanung, Haushaltsplanung und mittelfristige Finanzplanung sind nicht hinreichend aufeinander abgestimmt. Die Inhalte weichen teilweise gravierend voneinander ab. Es gibt keine zentrale Planungsinstanz, die bundeswehrübergreifend für die Ressourcenplanung in allen Dimensionen verantwortlich ist.

Deshalb empfiehlt die Kommission:

- Das Ministerium und die Bundeswehr benötigen ein funktionierendes integriertes Informationssystem im Sinne eines „Management Information System", das die relevanten Informationen einfach und klar darstellt und sich auf die entscheidungsrelevanten Sachverhalte beschränkt.
- Für die Leitung müssen die Informationen aus allen Bereichen, den Einsätzen sowie den Querschnittsaufgaben zentral konsolidiert werden. Dazu hat eine zentrale Controllingeinheit an die Leitung zu berichten. Dieses Bundeswehr-Controlling erhält ein Durchgriffs- und Weisungsrecht gegenüber allen nachgeordneten Controllingelementen.
- Die Umsetzung des integrierten Informationssystems erfolgt über einen komplementären Prozess, der die Gesamtorganisation einschließt:
  - ▶ Die Detaillierung der politischen Vorgaben für die Bundeswehr und des gewünschten Anspruchsniveaus erfolgt durch die Leitung des Ministeriums. Dieses Anspruchsniveau wird dann auf die beitragenden Organisationseinheiten und Prozesse heruntergebrochen. Dies stellt sicher, dass sich die Organisation auf die wesentlichen Themen und Herausforderungen konzentriert.
  - ▶ Für die wesentlichen Einheiten und Prozesse wird eine detaillierte Analyse durchgeführt, um die konkreten Auftrags- und Leistungsinhalte zu definieren und mögliche Produktivitätsziele abzuleiten. Genutzt werden dabei moderne Controllinginstrumente wie Lebenszykluskostenbetrachtungen und Investitionsrechnungen sowie die Aufwand-/Nutzen-Bewertung von Einsatzszenarien und das Qualifizierungsniveau der Mitarbeiter.
  - ▶ Mittelfristig wird angestrebt, dass auch bei Entscheidungsprozessen im nachgeordneten Bereich ähnliche Controllinginstrumente adäquat angewandt werden. Dazu gehört, dass an den nachgeordneten Bereich nicht nur die Forderung nach wirtschaftlichem Handeln gestellt, sondern ihm auch die Möglichkeit zum Wirtschaften gegeben wird. Hierzu werden über Pilotprojekte geeignete Modelle erarbeitet.

33

4 AUF DEM WEG ZUR NEUEN BUNDESWEHR

4.3   Führung und Organisation

4.3.4 Komplementäre Anpassung des Ministeriums

Die fachlichen Aufgaben im Ministerium verteilen sich zurzeit auf 17 verschiedene Abteilungen und Stäbe. Damit verbunden sind Reibungsverluste entlang der zahlreichen Schnittstellen, die Zersplitterung fachlicher und truppendienstlicher Aufgaben sowie langwierige Abstimmungsprozesse.

Auch die Verantwortlichkeiten innerhalb der administrativen und militärischen Prozesse sind zersplittert. Zahlreiche Schnittstellen, heterogene Zuständigkeiten sowie der hohe Koordinierungs- und Abstimmungsaufwand stehen in krassem Gegensatz zum Prinzip „Führung und Verantwortung aus einer Hand" und der Forderung „Vom Einsatz her denken".

Die allgemeine Verantwortungsdiffusion im Ministerium macht eine gezielte, sachgerechte und energische Steuerung unmöglich. Gut ausgebildete und hoch motivierte Mitarbeiterinnen und Mitarbeiter behindern sich gegenseitig in Strukturen, die nicht erfolgsfähig sind. Diese ungünstige Situation wird durch die Aufteilung des Ministeriums auf die Dienstsitze Bonn und Berlin weiter verschärft.

34

Deshalb empfiehlt die Kommission:

■ Das Ministerium ist von Grund auf neu zu konzipieren und muss sich dabei unter Anlegung eines strengen Maßstabs auf seine ministeriellen Kernaufgaben konzentrieren. Diese Neustrukturierung soll an den folgenden Prinzipien ausgerichtet werden:
  ► Konzentration auf die politischen und strategischen Kernaufgaben.
  ► Ebenengerechte Zusammenführung von Aufgabe, Verantwortung und Entscheidungskompetenz.
  ► Gestaltung einer flexiblen, prozessorientierten, steuerungs- und lernfähigen Organisation.
  ► Beseitigung von Doppelstrukturen und Straffung bzw. Abbau von Führungsebenen, um effektive Führungsprozesse zu realisieren.
■ Zivile und militärische Abteilungen im Ministerium werden nach funktionalen Gesichtspunkten so zusammengeführt, dass die Entscheidungsgänge beschleunigt, dass die Strukturen schlanker und effizienter werden. Artikel 87b des Grundgesetzes ist so zu interpretieren, dass er die Gestaltung durchgängiger Prozesse ermöglicht, statt isolierte Organisationsinteressen aufrechtzuerhalten. Die Aufgaben werden in allen Abteilungen bundeswehrgemeinsam wahrgenommen.
■ Die Größe des Ministeriums kann durch die vorgeschlagenen Maßnahmen nach einer ersten Abschätzung auf unter 1.500 Dienstposten reduziert werden. Wesentliche Elemente der Neustrukturierung sind:
  ► Konzentration der Führung unterhalb des Bundesministers auf den Staatssekretär sowie den Generalinspekteur als „höchsten" Soldaten der Bundeswehr.
  ► Dem Bundesminister und der übrigen Leitung wird eine Abteilung „Policy/Militärpolitik", die zentrale Controllingabteilung und ein Presse- und Informationsstab unmittelbar zugeordnet.
  ► Dem Generalinspekteur wird ein Generalarzt, dem Staatssekretär ein Justitiariat zugeordnet.
  ► Die Abteilungsebene wird auf sieben Abteilungen reduziert. Der Staatssekretär und der Generalinspekteur bedienen sich künftig folgender Abteilungen: Strategie/Planung, Einsatz, Struktur/Organisation/Ausbildung, Unterstützung, Personal, Material, Haushalt sowie eines Zentralbereichs. Diese Abteilungen haben eine Richtgröße von ca. 100 Dienstposten. Die Untergliederung in Unter- und Stabsabteilungen entfällt.

Der Bundesminister der Verteidigung führt zugleich die Einsätze der Bundeswehr und nimmt seine Aufgaben als Mitglied der Bundesregierung wahr. Das Ministerium ist so schnell wie möglich am Dienstsitz Berlin zusammenzuführen.

35

4 AUF DEM WEG ZUR NEUEN BUNDESWEHR

4.4 Leistungsfähige Prozesse
4.4.1 Rüstung/Beschaffung/Nutzung

Die Streitkräfte erhalten ihre geforderte Ausrüstung zumeist weder im erforderlichen Zeit- noch im geplanten Kostenrahmen. Über die langen Projektlaufzeiten – nicht selten über zehn bis 30 Jahre – ändern sich die politische Interessenlage, der militärische Bedarf und damit die Forderungen. Die Truppe bekommt am Ende nicht mehr das, was zur Erfüllung ihre Auftrages, zum Schutz und zur Sicherheit der Soldaten erforderlich ist.

Die jeweils zugrunde liegenden Verfahren und deren Anwendung werden der heute erforderlichen Flexibilität und Reaktionsgeschwindigkeit nicht gerecht. Selbst bei akutem Bedarf im Einsatz und vorhandenen marktverfügbaren Produkten benötigen die Beschaffung, Integration und Erprobung aufgrund der Vielzahl der beteiligten Stellen, sequentieller Abarbeitung und fehlender entscheidungsbefugter und durchsetzungsfähiger Projektleitung Jahre.

Die häufig völlig neuen Anforderungen an Material und Ausrüstung aus den Einsätzen erfordern deutlich schnellere Beschaffungs-, Entwicklungs- und Produktionsprozesse von Wochen bis mehreren Monaten statt Jahren oder gar Jahrzehnten wie in der Zeit des Kalten Krieges. Zugleich führen die nicht nur in Deutschland reduzierten Investitionsbudgets zu immer kleineren Bestellmengen, die nur noch dann wirtschaftlich hergestellt werden können, wenn statt nationaler Sonderlösungen gemeinsame Lösungen auf internationaler Ebene gefunden werden. Die veränderten sicherheitspolitischen Rahmenbedingungen und Anforderungen stellen die Bundeswehr und die Verteidigungswirtschaft gleichermaßen vor große Herausforderungen. Dies erfordert eine grundsätzliche Veränderung der Zusammenarbeit zwischen Bundeswehr und Wirtschaft vom reinen Auftraggeber-Auftragnehmer-Verhältnis hin zu einer Entwicklungspartnerschaft, wie sie heute z.B. bereits in der Automobilindustrie praktiziert wird.

Angesichts der konsequenten Einsatzausrichtung und der damit verbundenen Straffung der internen Prozesse und Strukturen wird die deutsche wehrtechnische Industrie nicht mehr durch den „Hauptkunden Bundeswehr" ausgelastet sein. Zukünftig werden kleinere Stückzahlen schnell und flexibel beschafft werden müssen, um den Einsatzerfordernissen gerecht zu werden. Ohne Veränderungen in der wehrtechnischen Industrie wie auch der Zusammenarbeit mit der Bundeswehr wird diese bereits mittelfristig nicht mehr kostendeckend agieren können. Die deutsche wehrtechnische Industrie wird mehr noch als bisher vom Export und der zivilen Verwertbarkeit der Produkte abhängig sein.

Eine leistungsfähige Rüstungsindustrie basiert neben europäischen Lösungen im besonderen Maße auf dem Erhalt wehrtechnischer Kernfähigkeiten und Dienstleistungen in Deutschland. Historisch gewachsen profitiert die Bundeswehr nachhaltig von einer Vielzahl an kleinen und mittelständischen Unternehmen in Deutschland, vor allem durch deren Innovationskraft, Flexibilität und die bewährte langjährige enge Kooperation bei der Erbringung von Dienstleistungen. Der Erhalt des Know-how und der Stärken dieses Bereichs bedarf besonderer Aufmerksamkeit und sollte gefördert werden.

36

Die Bundeswehr verfolgte in der Vergangenheit die Maßgabe, möglichst alle für den Betrieb notwendigen Aktivitäten selbst durchzuführen, wie beispielsweise die Instandhaltung und Ersatzteillogistik. Die angekündigten Budgetkürzungen, aber auch die Reduzierung der Personalstärke werden dies in Zukunft weder im bisherigen Umfang ermöglichen noch erfordern.

Die Bundeswehr ist mit ihren derzeitigen Verfahren und Prozessen nicht in der Lage, Outsourcing-Projekte effektiv zu steuern. Effizienzvorteile durch eine innovative Arbeitsteilung zwischen Bundeswehr und Wirtschaft müssen auch zukünftig genutzt werden. Hierzu ist zunächst eine Eigenoptimierung voranzustellen. Zugleich muss die Bundeswehr die notwendigen Fähigkeiten zur Steuerung solch komplexer Projekte aufbauen.

Daher empfiehlt die Kommission:

- Die Entwicklung eines rüstungsindustriepolitischen Konzepts, das die deutschen bzw. europäischen Kerntechnologiefelder im wehrtechnischen Bereich auf Basis der benötigten Einsatzfähigkeiten definiert und in eine langfristig belastbare, realistische Planung umsetzt, die für beide Seiten Sicherheit schafft. Hierzu ist auch ein Topmanagementdialog von Bundeswehr und wehrtechnischer Industrie zum regelmäßigen Austausch über Trends, Entwicklungen und Bedürfnisse beider Seiten erforderlich.
- Die Angleichung der nationalen Rüstungsexportrichtlinien an europäische Standards.
- Die konsequente Konzentration der Bundeswehr auf ihre militärischen Kernfähigkeiten und hoheitlichen Aufgaben. Alle weiteren Tätigkeiten müssen auf den Prüfstand gestellt und im Sinne eines „Make or Buy"-Ansatzes auf Basis einer transparenten Vollkostenbetrachtung entschieden werden. Konkret sieht die Kommission Potenzial einer weiteren Auslagerung von Aufgaben in den Bereichen Logistik und Instandhaltung.
- Die Prüfung, inwieweit innovative und bereits bei Streitkräften anderer Nationen bewährte Modelle zur Kostenreduktion bei der Bundeswehr genutzt werden können. Dazu zählen z.B. Betreibermodelle bei Liegenschaften und Leasing-/Mietmodelle, bei denen nur auf Basis der wirklichen Benutzung bezahlt wird. Die gegenwärtigen Betreibermodelle sind zu überprüfen.
- Die Umwandlung der Beschaffungsorganisation in eine Agentur für Beschaffung der Bundeswehr, die sich an den zukünftigen Einsatzanforderungen und zivilen Vorbildern orientiert und das System insgesamt und nachhaltig optimiert – einschließlich eines funktionierenden Risikomanagements. Zudem empfiehlt die Kommission eine zentrale Einkaufsorganisation. Dabei werden auch die Doppelstrukturen der Hauptabteilung Rüstung im Ministerium und des BWB und IT-Amtes beseitigt und eindeutige Zuständigkeiten und Verantwortlichkeiten geschaffen. Für diesen Veränderungsprozess sind externe Besetzungen zu prüfen.

37

4 AUF DEM WEG ZUR NEUEN BUNDESWEHR

4.4   Leistungsfähige Prozesse
4.4.1   Rüstung/Beschaffung/Nutzung

■ Eine nachhaltige Optimierung der Beschaffungsprozesse entlang internationaler und nationaler Best Practices. Hierzu gehören u.a. die Reduzierung und Vereinfachung der Spezifikationen und stärkere Ausrichtung auf internationale Standards und Modularisierung (Verzicht auf „Goldrand-Lösungen"), eine frühzeitige Einbeziehung der Industrie, idealerweise schon in der Spezifikationsphase, und die Nutzung so genannter Off-the-shelf-Technologien zur Vermeidung von komplexen Neuentwicklungen, wo immer militärisch akzeptabel. Dies wird in beiderseitigem Interesse maßgeblich zu ehrlichen und soliden Verträgen beitragen.

■ Die wirksame Unterstützung der deutschen Rüstungsindustrie beim Export durch Verzicht auf deutsche Sonderlösungen zugunsten international nutzbarer Produkte sowie eine Standardisierung von Produkten und Leistungen auf europäischer Ebene.

■ Die konsequente Vereinfachung und damit Beschleunigung des Zulaufprozesses u.a. durch die Anerkennung internationaler militärischer und ziviler Standards und Zulassungsverfahren.

■ Die intensive Zusammenarbeit von Bundeswehr und Wirtschaft zur Entwicklung einer „Collective Action" im Sinne der Weltbank zu nutzen. Diese dient der Korruptionsprävention und unterstützt einen fairen Wettbewerb auch für kleine und mittlere Unternehmen. Hierbei kommt einem von beiden Seiten bestellten Moderator eine besondere Rolle zu.[2]

[2] Informationen über Collective Action sind unter www.fightingcorruption.org im Internet zu finden.

38

4.4   Leistungsfähige Prozesse

4.4.2 IT-Strukturen und IT-Governance

Die Bundeswehr ist in ihrer Einsatzfähigkeit zentral von informations- und kommunikationstechnologischen Lösungen abhängig – nicht zuletzt bei der geforderten Fähigkeit zur Vernetzten Operationsführung und der Notwendigkeit, Informationsüberlegenheit, die sich in Wirkungsüberlegenheit umsetzen lässt, zu erringen. Vor diesem Hintergrund kommt es darauf an, das IT-System der Bundeswehr als ein Gesamtsystem zu begreifen; nur so kann die erforderliche Durchgängigkeit gewährleistet werden. Die existierende IT-Organisation und Prozesse haben bisher nicht zu einer bedarfsgerechten IT-Ausrüstung der Streitkräfte wie auch der Wehrverwaltung geführt. Großprojekte verzögern sich um Jahre und sprengen den vorgesehenen Kostenrahmen. Bei den verschiedenen Führungsinformationssystemen ist es – wegen unverändert paralleler Entwicklung – bis heute nicht gelungen, die für den Einsatz essenzielle Interoperabilität herzustellen.

Die Ursachen für die bisher gescheiterten Modernisierungsvorhaben liegen hauptsächlich im Mangel zentraler Kompetenzen – insbesondere beim Projektmanagement und in der Zuständigkeitsverteilung für IT-Beschaffung zwischen IT-Amt und dem Bundesamt für Wehrtechnik und Beschaffung. Darüber hinaus fehlt ein Gesamtkonzept mit einer klar definierten Governance einschließlich einer gerade für den Einsatz wichtigen konsequenten Zuordnung der Planungs- und Steuerungskompetenz für den Betrieb des IT-Systems der Bundeswehr an zentraler Stelle in den Streitkräften.

Deshalb empfiehlt die Kommission:

- Die sofortige Überprüfung der laufenden IT-Großprojekte und Einsetzung eines professionellen Projektmanagements zu deren Stabilisierung. Hieraus kann die Bundeswehr auch wichtige Lehren für die Neugestaltung der Prozesse und Organisation ziehen.
- Die Entwicklung einer funktionsfähigen und effektiven IT-Governance, welche das Ministerium und die gesamte Bundeswehr einbezieht, sowie den Aufbau einer professionellen IT-Organisation unter Einbeziehung externer Experten und eine nachhaltige Qualifizierung des vorhandenen Personals.
- Die Einrichtung eines herausgehobenen IT-Direktors (Chief Information Officer – CIO) der Bundeswehr mit übergreifender Zuständigkeit für das Gesamtsystem IT. In der neuen Abteilung Unterstützung wird die gebündelte Verantwortlichkeit für die IT der Bundeswehr insgesamt angesiedelt. Der Abteilungsleiter Unterstützung nimmt die Funktion des IT-Direktors wahr. Zu seiner Unterstützung wird empfohlen, auch externes Personal mit herausragender Berufserfahrung zu rekrutieren.

39

4 AUF DEM WEG ZUR NEUEN BUNDESWEHR

4.4 Leistungsfähige Prozesse

4.4.3 Unterstützende Prozesse der Streitkräftebasis

Für die Einsatzfähigkeit der Bundeswehr sind unterstützende Aufgaben, wie sie in der Streitkräftebasis (SKB) gebündelt wurden, unverzichtbar. Die Kommission sieht Bedarf für eine weitere Konsolidierung wie auch für eine Verwirklichung von Synergien durch eine konsequentere Ausrichtung am Gedanken der Streitkräftegemeinsamkeit. So sollte beispielsweise die gesamte Bundeswehrlogistik strategisch neu ausgerichtet werden.

Die Kommission empfiehlt:

▓ Eine Vertiefung der bereits bestehenden Arbeitsteilung mit der Wirtschaft und die Identifizierung der für den Einsatz essenziellen Fähigkeiten. Anschließend sind alle nicht einsatzrelevanten Prozesse an die Wirtschaft auszulagern, bei denen auf Seiten der Wirtschaft Effizienzvorteile bestehen.

Eine leistungsfähige sanitätsdienstliche Versorgung ist von herausragender Bedeutung für die Soldaten im Grundbetrieb und im Einsatz. Die Versorgung im Grundbetrieb wird jedoch zunehmend problematisch. Insgesamt orientiert sich der Sanitätsdienst zu stark an berufsständischen Kriterien. Die militärischen Erfordernisse bedürfen einer stärkeren Gewichtung.

Die sanitätsdienstliche Versorgung ist heute nahezu vollständig im Zentralen Sanitätsdienst der Bundeswehr als eigenständigem Organisationsbereich organisiert. Zwar ist es gelungen, den Prozess „Gesundheitsversorgung" weitgehend in diesem Organisationsbereich zusammenzuführen. Zugleich sind umfangreiche Strukturen geschaffen worden, die Sanitätsoffiziere binden und von kurativen Aufgaben fernhalten.

40

Deshalb empfiehlt die Kommission:

- ■ Der Zentrale Sanitätsdienst der Bundeswehr wird als Organisationsbereich aufgelöst und in die Streitkräftebasis überführt, um die Leistungserbringer der sanitätsdienstlichen Versorgung von anderen Aufgaben besser entlasten zu können. Ein Fähigkeitskommando „Sanitätsdienst der Bundeswehr" in der Streitkräftebasis fasst den Prozess wie bisher möglichst geschlossen organisatorisch zusammen.

- ■ Die Rettungskette im Einsatz muss weiterhin absolute Priorität für die Ausrichtung des Sanitätsdienstes haben. Um darüber hinaus auch die optimale ärztliche Versorgung der Soldatinnen und Soldaten in der Heimat sicherstellen zu können, sind alle Arztstellen bis Ende 2011 vollständig zu besetzen. In einem weiteren Schritt sind zusätzliche Dienstposten einzurichten und zu besetzen, mit dem Ziel, die truppenärztliche Versorgung weitgehend in die Verbände zu integrieren.

- ■ Die Untersuchung, welche Aufgaben in Stäben, Ämtern und Kommandos approbationsgebunden wahrgenommen werden müssen. Die Verwendung von Sanitätsoffizieren in kurativen Funktionen muss dabei Maxime sein. Dazu gehört es auch, attraktive Aufstiegsmöglichkeiten im kurativen Bereich zu schaffen.

41

245

4 AUF DEM WEG ZUR NEUEN BUNDESWEHR

4.5 Personal- und Talentmanagement

Die Bundeswehr soll kleiner und effizienter werden. Dazu benötigt sie noch mehr als bisher talentiertes und qualifiziertes Personal. Schon heute leidet die Bundeswehr unter gravierendem Personalmangel, vor allem bei spezialisierten Verwendungen wie z.B. Ingenieuren (ca. 1.000) und Ärzten (ca. 350).

Wenn die Einberufung von Wehrpflichtigen zum Grundwehrdienst ausgesetzt wird, fällt ein wichtiges Rekrutierungselement weg und die Bundeswehr steht vermehrt in einem direkten und harten Wettbewerb mit anderen Arbeitgebern um talentierten Nachwuchs. Die demographische Entwicklung wird das Nachwuchsproblem der Bundeswehr zusätzlich weiter verschärfen.

Die Bundeswehr ist zudem bereits heute überaltert. Der weitestgehend geschlossene Personalkörper der Streitkräfte ist „stabslastig". Diese strukturelle Unwucht gilt es zu beseitigen, damit die Bundeswehr konsequent auf den Einsatz einschließlich der erforderlichen Durchhaltefähigkeit ausgerichtet werden kann. Der Anteil der Berufssoldaten ist zu Gunsten von Soldaten auf Zeit zu reduzieren.

Die Grundlagen für das Personalmanagement sind vielfach veraltet. Verfahren wie die Stärke- und Ausrüstungsnachweisung (STAN) stammen aus den Anfängen der Bundeswehr und sind ebenso bürokratisch wie unflexibel.

Die Zuständigkeiten für die zivile Personalführung verteilen sich auf zwölf Ober- und Mittelbehörden. Ein gemeinsames Personalmanagement für Soldaten, Beamte, Tarifbeschäftigte usw. fehlt. Serviceleistungen werden derzeit von einer Vielzahl von Stellen wahrgenommen.

Die Bundeswehr ist ein angesehener Arbeitgeber, dennoch gibt es Faktoren, die die Attraktivität der Bundeswehr beeinträchtigen. Die Tätigkeit in der Bundeswehr ist oftmals nur schwer mit den Interessen der Familie zu vereinbaren und speziell der Soldatenberuf ist aufgrund von Auslandseinsätzen von einem hohen Gefährdungspotenzial gekennzeichnet.

42

Deshalb empfiehlt die Kommission:

- Der Personalprozess ist als ein einheitlicher zu betrachten und nach dem Prinzip „Führung und Verantwortung aus einer Hand" zu gestalten. Militärisches und ziviles Personal ist – trotz aller Unterschiede – als einheitlicher Personalkörper zu sehen und übergreifend zu managen. Dabei werden die Zuständigkeiten für das zivile Personal in einer Organisationseinheit gebündelt und gestrafft, um eine einheitliche Personalführung sicherzustellen. Unterstützende Serviceleistungen werden weitergehender in Service Centern konzentriert.
- Die Bundeswehr sollte ein professionelles Talentmanagement einrichten. Für den Bereich der Ärzte sollte dies wegen der einsatzkritischen Situation umgehend realisiert und in einem weiteren Schritt auf andere Personalfelder ausgeweitet werden. Hierzu gehört unter anderem ein aktives und kreatives Management des Übergangs von der Bundeswehr in zivile Bereiche bzw. privatwirtschaftliche Unternehmen.
- Ein flexibleres Personalmanagement ist unabdingbar. Das bestehende Regelwerk, u.a. das Laufbahnrecht und das Versorgungsrecht, ist zu überprüfen und entsprechend anzupassen. Das STAN-Verfahren ist durch ein zeitgemäßes Verfahren zu ersetzen.
- Die Erhöhung der Attraktivität des Dienstes in der Bundeswehr ist ein zwingendes Erfordernis, um die Wettbewerbsfähigkeit der Bundeswehr als Arbeitgeber zu stärken. Hierzu gehören auch Investitionen in neue Laufbahnen und die Einrichtung von Spezialistenlaufbahnen. Die Ausbildungs- und Studienprogramme sind zu professionalisieren mit dem Anspruch, internationale Exzellenzeinrichtungen zu schaffen. Darüber hinaus ist die Ausbildung mit der Wirtschaft enger zu verzahnen und mehr an den zivilen Berufsbildern zu orientieren, um einen späteren Übergang in Zivilberufe zu erleichtern.
- Die Vereinbarkeit von Familie und Beruf muss weiter gestärkt werden, z.B. durch verbesserte Betreuungsangebote für Kinder. Die Auswirkungen der Bundeswehrzugehörigkeit auf die private und familiäre Situation muss in die Personalentscheidungen mit einfließen. Dies gilt insbesondere im Hinblick auf die Verlässlichkeit von Personalmaßnahmen sowie die Versetzungshäufigkeit. Hierzu gehört auch die Einrichtung einer zentralen Anlaufstelle für alle Fälle posttraumatischer Belastungsstörungen (PTBS), die Unterstützung unbürokratisch gewährleistet (Fallmanagement).
- Die Neustrukturierung und Verkleinerung des Ministeriums und der Bundeswehr erfordern ein sorgsames Management der Personalveränderungen, mit dem der Umbau des Personalkörpers schnell und anforderungsgerecht durchgeführt werden kann.
- Ein zukunftsfähiges Reservistenkonzept ist zu erarbeiten. Dabei werden die neuen Landeskommandos in den Ländern gestärkt.

43

4 AUF DEM WEG ZUR NEUEN BUNDESWEHR

4.6 Ausbildung, Bildung und Erziehung

Wohl kaum ein anderer Arbeitgeber in Deutschland investiert so viel in die Bildung seiner Mitarbeiterinnen und Mitarbeiter wie die Bundeswehr. Der Grundsatz, dass jeder Soldat auf Zeit und jeder Berufssoldat die Bundeswehr mit einer höheren zivilberuflich anerkannten Qualifikation als zum Zeitpunkt seines Eintritts in die Streitkräfte verlässt, ist mustergültig. Im sich zunehmend verschärfenden Wettbewerb um Talente kommt diesem „Wertversprechen" der Bundeswehr herausragende Bedeutung zu.

Die Kommission empfiehlt, die besondere Stärke der Streitkräfte und auch der Wehrverwaltung im Bereich der Bildung auszubauen und sich noch weiter von der Spitze der Unternehmen und der öffentlichen Verwaltung in Deutschland abzusetzen, um qualifizierten Nachwuchs für sich zu gewinnen:

- Die beiden Universitäten der Bundeswehr sind trotz absehbar geringerem Bedarf der Streitkräfte aufrechtzuerhalten. Freie Kapazitäten können als Anreiz für den Freiwilligen Wehrdienst dienen und werden unter Umständen von Unternehmen der deutschen Wirtschaft und auch Stiftungen für Stipendiaten übernommen. Eine Öffnung wird zu einem besseren Verständnis von Führungskräften von Bundeswehr, Wirtschaft und Industrie beitragen.
- Ferner sollten über den bereits bestehenden integrativen Bachelor-Studiengang Wehrtechnik hinaus weitere Ausbildungskapazitäten für die Wehrverwaltung geöffnet bzw. eröffnet werden. Vorstellbar wären auch neue, zusätzliche Fakultäten für alle Studierenden. Im Ergebnis könnte bereits in einem sehr frühen Stadium der beruflichen Laufbahn ein bundeswehrgemeinsames Bewusstsein der künftigen zivilen und militärischen Führungskräfte entwickelt werden.

44

Das „Wertversprechen" der Bundeswehr besteht nicht nur in den zivil anerkannten Elementen. Auch militärische Fähigkeiten, insbesondere im Bereich Führung und Management, sind für viele Arbeitgeber von ausschlaggebender Bedeutung, wenn sich ein Angehöriger der Bundeswehr bei ihnen bewirbt. Zeitsoldaten werden bereits in jungen Jahren auf Führungsaufgaben vorbereitet. Früh wird ihnen Verantwortung für Personal und Material übertragen. Wirtschaft und Industrie suchen Führungskräfte, die Bundeswehr bildet sie aus.

Die Kommission empfiehlt, im Bereich der Bildungs- und Forschungseinrichtungen der Bundeswehr konsequent den Weg der Konzentration und Effizienz zu beschreiten:

- Die Bildungs- und Forschungseinrichtungen der Bundeswehr (z.B. Sozialwissenschaftliches Institut der Bundeswehr, Militärgeschichtliches Forschungsamt, Zentrum für Transformation der Bundeswehr, Zentrum Innere Führung, Akademie der Bundeswehr für Information und Kommunikation) sind zu bündeln und weiterzuentwickeln. Die Führungsakademie der Bundeswehr wäre der geeignete Nukleus. Die Einbindung der Bundesakademie für Wehrverwaltung und Technik wird empfohlen.
- Das leitende Prinzip bundeswehrgemeinsamen Denkens muss durch konsequent streitkräftegemeinsames Denken unterfüttert sein. Hiermit erst in der Ausbildung zum Stabsoffizier zu beginnen, erscheint zu spät. Bereits an den Offizier- und Unteroffizierschulen von Heer, Luftwaffe und Marine sind verstärkt streitkräftegemeinsame Inhalte einzubringen.
- Die Anzahl der Bundeswehrfachschulen ist mit dem Ziel der Hebung von Effizienzpotentialen zu überprüfen, ferner sind die Möglichkeiten der Zusammenarbeit mit anderen Schulen der Bundeswehr (z.B. Fachschulen des Heeres für Technik oder Bautechnik) sowie zivilen Schulträgern eingehend zu untersuchen. Gleichermaßen ist die Straffung und Zusammenlegung der Truppenschulen zu prüfen und die Ausbildungsinhalte sind mit dem Ziel der Verkürzung der Lehrgangsdauer zu konsolidieren.

Die Entwicklung der körperlichen Leistungsfähigkeit junger Menschen in unserem Land ist eine gesamtgesellschaftliche Herausforderung, die Einfluss auf die Einsatzfähigkeit der Streitkräfte hat. Sport steigert und erhält die körperliche Belastungsfähigkeit und beeinflusst das Sozialverhalten positiv. Auch in dieser Hinsicht lässt sich die Attraktivität des Arbeitsplatzes Bundeswehr weiter steigern.

Die Kommission empfiehlt, das Image des Arbeitsplatzes Bundeswehr durch gezielte neue Akzente im Bereich der Sportausbildung und des allgemeinen Gesundheitsbewusstseins zu verbessern.

45

5   DEN ÜBERGANG GESTALTEN

5   Den Übergang gestalten   47

47

5 DEN ÜBERGANG GESTALTEN

Die Bundeswehr steht vor einer dreifachen Herausforderung: Sie stellt sich strategisch flexibel neu auf. Sie verändert ihre Strukturen und Prozesse von Grund auf. Und sie betritt Neuland mit langfristigen Personalkonzepten, in denen die Qualifikation der Mitarbeiterinnen und Mitarbeiter eine größere Rolle spielt.

In dieser neuen Phase ihrer Geschichte kann die Bundeswehr ihre Strukturanpassung in Führung und Betrieb nicht auf punktuelle Korrekturen und Vereinfachungen beschränken. Zu lange schon sind wichtige und einschneidende Entscheidungen aufgeschoben worden.

Heute geht es um einen radikalen Umbau, der den Anforderungen der neuen Einsätze gerecht wird. Veränderungen müssen eine tatsächliche „Neu-Ordnung" der Bundeswehr bewirken. Ähnliche Anläufe sind in der Vergangenheit oft steckengeblieben oder umgelenkt worden. Maßgeblich für die bisherige „Reformresistenz" der Bundeswehr sind nach Ansicht der Kommission mehrere Faktoren:

- Die stark ausgeprägte Kultur einer Organisation, die Externen nur begrenzte Kompetenz zugesteht.
- Die durchgängige Transparenzlücke – weder Leistungsprofile noch Leistungsziele sind derzeit offen nachvollziehbar oder umzusetzen.
- Die umfassende Aufteilung bzw. Fragmentierung von Verantwortung. Neue Ansätze werden allzu häufig im Kompromissverfahren relativiert.
- Der bisherige Mangel an eindeutigen und verbindlichen politischen Vorgaben importiert politische Konflikte in die Bundeswehr.

In diesem Kontext müssen Veränderungen in einem guten Sinne radikal und unumkehrbar angelegt sein: Eine bloße strukturelle Neuordnung läuft leicht Gefahr, mit althergebrachten Ideen und Inhalten unterlaufen zu werden. Neu definierte Prozesse verändern das Handeln nur dann, wenn die Beteiligten das „Warum" und „Wie" in der Tiefe verstehen und von der Notwendigkeit der Veränderung persönlich überzeugt sind.

Grundsätzlich wird es in vielen Bereichen erforderlich sein, Agenden, Strukturen und Prozesse von Grund auf neu zu konzipieren. Die Vergangenheit hat gezeigt, dass das Setzen auf schrittweise, evolutionäre Anpassung nur dazu führt, dass das Neue den vorhandenen Strukturen anverwandelt und gleichsam „geschluckt" wird.

48

Deshalb empfiehlt die Kommission, Erfahrungen aus erfolgreichen Reformen von Institutionen des öffentlichen Sektors sowie großer Konzerne zu nutzen:

■ Transparente, nach außen offene Reform: Die Umstrukturierungen des Ministeriums und der Bundeswehr sollten durch ein externes Beratungsgremium im Sinne einer Projektorganisation unterstützt werden. Dieses Gremium ist mit seinen Erfahrungen und seiner Expertise zu nutzen, um die Umsetzung der wesentlichen Entscheidungen der Leitung in dem komplexen Transformationsprozess zu unterstützen.

■ Nutzung einer effektiven Transformationsmechanik: Die von der Leitung vorgegebenen Richtungsentscheidungen werden von einem starken zentralen Projektmanagement in operative Maßnahmen übersetzt, mit einem Leiter in herausgehobener Funktion mit weitgehenden Kompetenzen. Die Hauptaufgaben des Projektmanagements umfassen die Steuerung, Koordination und Verknüpfung der einzelnen Arbeitsstränge. Hierzu gehören u.a. das Projektcontrolling, die Bearbeitung funktionaler Querschnittsthemen und Interdependenzen zwischen Organisationseinheiten, die Ausführung von Zentralfunktionen für die Transformation, die Kommunikation der Transformation und ihres Fortschritts sowie die ständige Rückkopplung an den Minister.

■ Herstellung der Messbarkeit des Transformationsfortschritts: Der Transformationserfolg muss messbar gemacht werden. Dazu gehört, fünf bis zehn Kennzahlen mit konkreten Zielgrößen zu definieren, die in einer vorgegebenen Zeit erreicht und über ein unabhängiges Controlling nachgehalten werden müssen. Konkrete Zielvereinbarungen mit den Führungskräften im Ministerium und in der Bundeswehr personalisieren die Transformation und machen diese handhabbar. Zusätzlich werden die Kennzahlen periodisch veröffentlicht. Nach einem Zeitraum von zwei Jahren muss eine Revision des Umstrukturierungsprojekts erfolgen.

■ Gezielte Veränderung der Organisationsstruktur und -kultur: Auf die inneren Einstellungen und Verhaltensweisen der Soldatinnen und Soldaten sowie der Mitarbeiterinnen und Mitarbeiter ist besonders einzugehen. Die Transformation muss konkret sein und durch erlebbare Verbesserungen überzeugen; eine gezielte Pilotierung der neuen Konzepte muss dabei als Motor der Veränderung dienen. Der Kommunikation kommt eine zentrale Rolle zu, um Ziele und Vorgehen verständlich zu machen, aber auch die Erfahrungen in der Bundeswehr für die Transformation zu nutzen. Eine regelmäßige Evaluation auch der obersten Führungskräfte sichert darüber hinaus deren Fähigkeiten zur Transformation und Führung.

49

5 DEN ÜBERGANG GESTALTEN

Angesichts der massiven Veränderung des Personalumfangs und der Personalstruktur wird die Bundeswehr ein aktives Übergangsmanagement benötigen. Erfahrungen aus anderen Bereichen zeigen, dass dieser Prozess fünf bis sieben Jahre dauern kann und dass nicht mehr benötigtes Personal möglichst rasch herausgelöst werden sollte. Dies geschieht auch im Eigeninteresse der Mitarbeiterinnen und Mitarbeiter. Eine parallel entstehende eigenständige Personalorganisation wird sie aktiver und effektiver in den internen wie externen Arbeitsmarkt vermitteln können. Nach Auffassung der Kommission ist das der beste Weg zur sozialen Absicherung des Reformprozesses.

Eine Bundeswehr, die sich dauerhaft auf neue Anforderungen ausrichten können soll, muss anpassungsfähig sein. Das bestehende Regelwerk, in dem sich Ministerium und Bundeswehr heute bewegen, ist dafür zu starr. Die notwendige Flexibilisierung wird nur erreicht werden können, wenn es mit Blick auf die politischen Entscheidungen über die Zukunft der Bundeswehr gelingt, eine breite parlamentarische Zustimmung zu dem Gesamtkonzept herbeizuführen.

Die Transformation der Bundeswehr wird signifikante Effizienzgewinne ermöglichen. Zugleich ist aber unbestritten, dass ein derart anspruchsvoller Veränderungsprozess auch Investitionen in eine nachhaltige Neuausrichtung und Umstrukturierung erfordert. Hierfür sind die notwendigen Voraussetzungen und Handlungsspielräume zu schaffen. Die Kommission hält ein begleitendes Programmgesetz im Sinne der Weizsäcker-Kommission für notwendig.

50

Bundesministerium der Verteidigung   Berlin, den 27. Mai 2011
  - Der Bundesminister -

Eckpunkte für die Neuausrichtung der Bundeswehr

Nationale Interessen wahren – Internationale Verantwortung übernehmen –
Sicherheit gemeinsam gestalten

I. Grundlagen

Deutschlands Platz in der Welt wird wesentlich bestimmt von unseren Interessen als starke
Nation in der Mitte Europas und unserer internationalen Verantwortung für Frieden und
Freiheit. Deutsche Sicherheitspolitik ist den Werten und Grundsätzen der freiheitlich
demokratischen Grundordnung des Grundgesetzes und des Völkerrechts verpflichtet.
Deutschland nimmt als gestaltendes Mitglied der internationalen Staatengemeinschaft seine
Interessen wahr und setzt sich aktiv für eine bessere und sichere Welt ein. Wir wollen als
verlässlicher Partner in einem vereinten Europa dem Frieden der Welt dienen.

Streitkräfte sind unentbehrliches Instrument der Außen- und Sicherheitspolitik unseres
Landes. Sie sind Grundlage unseres Selbstbehauptungswillens und unserer
Verteidigungsbereitschaft. Die Bundeswehr muss deshalb für die heutigen Aufgaben und die
voraussichtlichen künftigen Entwicklungen neu ausgerichtet werden. Die
Verteidigungspolitischen Richtlinien beschreiben dafür den strategischen Rahmen, sie
formulieren die sicherheitspolitischen Zielsetzungen und die langfristigen Interessen. Das
daraus abgeleitete **Fähigkeitsprofil** reicht von der Landes- und Bündnisverteidigung im
Rahmen der NATO über die Internationale Konfliktverhütung und Krisenbewältigung,
Beiträge zum Heimatschutz, die Rettung und Evakuierung sowie Geiselbefreiung bis hin zur
humanitären Hilfe im Ausland.

Die Bundeswehr muss auf die Wahrnehmung unterschiedlicher Einsatzaufgaben vorbereitet
sein. Die strategischen Vorgaben der Nordatlantischen Allianz und der Europäischen Union
haben für die Bundeswehr der Zukunft Auswirkungen auf Aufgaben, Umfang, Struktur,
Ausrüstung und Organisation. Da ein unmittelbarer konventioneller Angriff auf deutsches
Staatsgebiet unwahrscheinlich geworden ist, sind die ausschließlich für diesen Fall früher
vorgehaltenen Personalumfänge in der bisherigen Form entbehrlich geworden. Für eine
angemessene Sicherheitsvorsorge bleibt die Fähigkeit zum Aufwuchs der Streitkräfte – auch
bei Aussetzung der Verpflichtung zur Ableistung des Grundwehrdienstes – erhalten und die
allgemeine Wehrpflicht im Grundgesetz verankert.

2

Die Neuausrichtung der Bundeswehr reicht über diese Legislatur hinaus. Die verfassungsrechtlich gebotene Einbindung des Deutschen Bundestages beim Einsatz von Streitkräften ist Grundlage deutscher Sicherheitspolitik. Unsere Bundeswehr hat deshalb Anspruch auf ein breites politisches Einvernehmen über den künftigen Umfang und eine verlässliche finanzielle Ausstattung.

II. Eckpunkte der Umsetzung

Wesentliche Bestimmungsgrößen für die Neuausrichtung der Bundeswehr sind die sich weltweit dynamisch verändernden sicherheitspolitischen Rahmenbedingungen. Wir brauchen eine Bundeswehr, die der Politik ein breites Spektrum an Handlungsoptionen eröffnet. Die demographische Entwicklung in Deutschland setzt dem künftigen Umfang der Bundeswehr natürliche Grenzen. Wir werden deshalb Strukturen aufbauen, für die dauerhaft qualifiziertes militärisches und ziviles Personal gewonnen werden kann. Wir wollen sicherstellen, dass die Bundeswehr von jungen Männern und Frauen weiterhin als attraktiver und geschätzter Arbeitgeber wahrgenommen wird.

1. Auf dieser Grundlage wird der zukünftige Bundeswehrumfang aus bis zu 185.000 Soldatinnen und Soldaten und 55.000 zivilen Mitarbeiterinnen und Mitarbeitern bestehen. Die Streitkräfte setzen sich - Reservistinnen und Reservisten einschließlich - aus 170.000 Berufs- und Zeitsoldatinnen und -soldaten und aus einer Anzahl von 5.000 bis zu 15.000 Freiwillig Wehrdienstleistenden zusammen.
   Es werden rund 10.000 Soldatinnen und Soldaten zeitgleich durchhaltefähig für Einsätze verfügbar sein.

2. Die wertvollste Ressource der Bundeswehr ist das militärische und zivile Personal. Nur qualifizierte und motivierte Mitarbeiterinnen und Mitarbeiter garantieren die Auftragserfüllung. Bei der Neuausrichtung der Bundeswehr stehen Personalbindung, Nachwuchsgewinnung und die Einrichtung attraktiver Arbeitsplätze im Vordergrund.
   Wir werden die Bildungs- und Qualifizierungslandschaft der Bundeswehr einer umfassenden Überprüfung unterziehen und zukunftsweisend gestalten. Aus-, Fort- und Weiterbildung von zivilem und militärischem Personal wie auch eine deutlich bessere Durchlässigkeit der Laufbahnen bilden die Grundpfeiler für eine gemeinsame Personal- und Führungskräfteentwicklung.

3. Die Bundesregierung wird die im personellen Bereich erforderlichen Maßnahmen zur Umsetzung der Strukturreform ergreifen und die notwendigen gesetzlichen und sonstigen Rahmenbedingungen einleiten (Reformbegleitprogramm).

2. Eckpunkte für die Neuausrichtung der Bundeswehr (27. Mai 2011)

Bundesministerium der Verteidigung
- Der Bundesminister -

Berlin, den 27. Mai 2011

Eckpunkte für die Neuausrichtung der Bundeswehr

Nationale Interessen wahren – Internationale Verantwortung übernehmen –
Sicherheit gemeinsam gestalten

I. Grundlagen

Deutschlands Platz in der Welt wird wesentlich bestimmt von unseren Interessen als starke Nation in der Mitte Europas und unserer internationalen Verantwortung für Frieden und Freiheit. Deutsche Sicherheitspolitik ist den Werten und Grundsätzen der freiheitlich demokratischen Grundordnung des Grundgesetzes und des Völkerrechts verpflichtet. Deutschland nimmt als gestaltendes Mitglied der internationalen Staatengemeinschaft seine Interessen wahr und setzt sich aktiv für eine bessere und sichere Welt ein. Wir wollen als verlässlicher Partner in einem vereinten Europa dem Frieden der Welt dienen.

Streitkräfte sind unentbehrliches Instrument der Außen- und Sicherheitspolitik unseres Landes. Sie sind Grundlage unseres Selbstbehauptungswillens und unserer Verteidigungsbereitschaft. Die Bundeswehr muss deshalb für die heutigen Aufgaben und die voraussichtlichen künftigen Entwicklungen neu ausgerichtet werden. Die **Verteidigungspolitischen Richtlinien** beschreiben dafür den strategischen Rahmen, sie formulieren die sicherheitspolitischen Zielsetzungen und die langfristigen Interessen. Das daraus abgeleitete **Fähigkeitsprofil** reicht von der Landes- und Bündnisverteidigung im Rahmen der NATO über die Internationale Konfliktverhütung und Krisenbewältigung, Beiträge zum Heimatschutz, die Rettung und Evakuierung sowie Geiselbefreiung bis hin zur humanitären Hilfe im Ausland.

Die Bundeswehr muss auf die Wahrnehmung unterschiedlicher Einsatzaufgaben vorbereitet sein. Die strategischen Vorgaben der Nordatlantischen Allianz und der Europäischen Union haben für die Bundeswehr der Zukunft Auswirkungen auf Aufgaben, Umfang, Struktur, Ausrüstung und Organisation. Da ein unmittelbarer konventioneller Angriff auf deutsches Staatsgebiet unwahrscheinlich geworden ist, sind die ausschließlich für diesen Fall früher vorgehaltenen Personalumfänge in der bisherigen Form entbehrlich geworden. Für eine angemessene Sicherheitsvorsorge bleibt die Fähigkeit zum Aufwuchs der Streitkräfte – auch bei Aussetzung der Verpflichtung zur Ableistung des Grundwehrdienstes – erhalten und die allgemeine Wehrpflicht im Grundgesetz verankert.

2

Die Neuausrichtung der Bundeswehr reicht über diese Legislatur hinaus. Die verfassungsrechtlich gebotene Einbindung des Deutschen Bundestages beim Einsatz von Streitkräften ist Grundlage deutscher Sicherheitspolitik. Unsere Bundeswehr hat deshalb Anspruch auf ein breites politisches Einvernehmen über den künftigen Umfang und eine verlässliche finanzielle Ausstattung.

II. Eckpunkte der Umsetzung

Wesentliche Bestimmungsgrößen für die Neuausrichtung der Bundeswehr sind die sich weltweit dynamisch verändernden sicherheitspolitischen Rahmenbedingungen. Wir brauchen eine Bundeswehr, die der Politik ein breites Spektrum an Handlungsoptionen eröffnet. Die demographische Entwicklung in Deutschland setzt dem künftigen Umfang der Bundeswehr natürliche Grenzen. Wir werden deshalb Strukturen aufbauen, für die dauerhaft qualifiziertes militärisches und ziviles Personal gewonnen werden kann. Wir wollen sicherstellen, dass die Bundeswehr von jungen Männern und Frauen weiterhin als attraktiver und geschätzter Arbeitgeber wahrgenommen wird.

1. Auf dieser Grundlage wird der zukünftige Bundeswehrumfang aus bis zu 185.000 Soldatinnen und Soldaten und 55.000 zivilen Mitarbeiterinnen und Mitarbeitern bestehen. Die Streitkräfte setzen sich - Reservistinnen und Reservisten einschließlich - aus 170.000 Berufs- und Zeitsoldatinnen und -soldaten und aus einer Anzahl von 5.000 bis zu 15.000 Freiwillig Wehrdienstleistenden zusammen.
   Es werden rund 10.000 Soldatinnen und Soldaten zeitgleich durchhaltefähig für Einsätze verfügbar sein.

2. Die wertvollste Ressource der Bundeswehr ist das militärische und zivile Personal. Nur qualifizierte und motivierte Mitarbeiterinnen und Mitarbeiter garantieren die Auftragserfüllung. Bei der Neuausrichtung der Bundeswehr stehen Personalbindung, Nachwuchsgewinnung und die Einrichtung attraktiver Arbeitsplätze im Vordergrund.
   Wir werden die Bildungs- und Qualifizierungslandschaft der Bundeswehr einer umfassenden Überprüfung unterziehen und zukunftsweisend gestalten. Aus-, Fort- und Weiterbildung von zivilem und militärischem Personal wie auch eine deutlich bessere Durchlässigkeit der Laufbahnen bilden die Grundpfeiler für eine gemeinsame Personal- und Führungskräfteentwicklung.

3. Die Bundesregierung wird die im personellen Bereich erforderlichen Maßnahmen zur Umsetzung der Strukturreform ergreifen und die notwendigen gesetzlichen und sonstigen Rahmenbedingungen einleiten (Reformbegleitprogramm).

3

4. Mit dem Freiwilligen Wehrdienst eröffnen wir jungen Menschen in der Bundeswehr eine neue Möglichkeit, unserem Land zu dienen.

5. Im Herbst dieses Jahres wird über ein neues Stationierungskonzept der Bundeswehr entschieden. Die Grundprinzipien werden Funktionalität, Kosten, Attraktivität sowie Präsenz in der Fläche sein.

6. Die Bundeswehr wird einen starken Beitrag zur umfassenden nationalen Sicherheitsvorsorge leisten und mit allen verantwortlichen staatlichen Institutionen und Kräften unseres Landes unter Beachtung der verfassungsrechtlich vorgegebenen Zuständigkeiten und Kompetenzen vorausschauend und ressortgemeinsam handeln. Sie braucht dazu auch zukünftig die Kenntnisse und Fertigkeiten sowie die Bereitschaft von Reservistinnen und Reservisten, die einen Beitrag für das Gemeinwohl leisten. Diese unterstützen die Bundeswehr insbesondere beim Aufbau neuer Fähigkeiten und stärken auch auf diese Weise den Schutz der Heimat. Territoriale Strukturen und nicht aktive Ergänzungstruppenteile leisten einen Beitrag zum regionalen Aufwuchs militärischer Fähigkeiten. Die Einbindung unserer Reservistinnen und Reservisten wird durch eine neue Reservistenkonzeption gewährleistet.

7. Die Aufwendungen für Verteidigung müssen im Einklang mit dem Auftrag der Bundeswehr und mit den anderen Verpflichtungen des Staates stehen. Die Bundeswehr braucht eine verlässliche und nachhaltige Finanzierungsgrundlage, die ein hinreichendes Planungsvertrauen gewährleistet. Ausreichende finanzielle Mittel werden bereitgestellt, um einsatzbereite und bündnisfähige Streitkräfte zu erhalten, die dem Stellenwert Deutschlands entsprechen.

8. Die Bundeswehr wird zukünftig nach dem einheitlichen Organisationsgrundsatz verfahren, fachliche und organisatorische Kompetenz auf allen Ebenen zusammenzuführen.

9. Die Organisation des Ministeriums wird in der Spitze aus dem Bundesminister der Verteidigung und zwei beamteten Staatssekretären sowie dem Generalinspekteur der Bundeswehr bestehen. Der Bundesminister wird in seiner Regierungsarbeit von zwei Parlamentarischen Staatssekretären unterstützt. Der Generalinspekteur ist der ranghöchste Soldat der Bundeswehr und ihr höchster militärischer Repräsentant. Zukünftig wird er truppendienstlicher Vorgesetzter aller Soldaten sein. Er ist der militärische Berater der Bundesregierung.

4

Das Ministerium wird aus neun Abteilungen bestehen und rund 2000 Mitarbeiterinnen und Mitarbeiter umfassen. Die Personalreduzierung wird sich auf alle Hierarchieebenen erstrecken. Die Abteilungsleiterinnen und Abteilungsleiter tragen Verantwortung auch für die ihnen zugeordneten Dienststellen, Ämter und Einrichtungen. Die Abteilungen werden soweit wie möglich mit zivilem und militärischem Personal besetzt. Die Inspekteure werden ihre Militärischen Organisationsbereiche zukünftig außerhalb des Ministeriums führen.

10. Die Streitkräfte werden aus fünf eng aufeinander abzustimmenden Militärischen Organisationsbereichen zusammengesetzt sein (Heer, Luftwaffe, Marine, Streitkräftebasis und Zentraler Sanitätsdienst).

11. Die Beschaffung von Ausrüstungsgegenständen für die Streitkräfte und die Angelegenheiten der Informationstechnik der Waffensysteme und Führungsunterstützung werden gebündelt. Hierzu wird im Bundesministerium der Verteidigung ein Gremium unter Hinzuziehung externen Sachverstandes eingerichtet, das den Rüstungs- und Nutzungsprozess sowie die Organisation zukunftsweisend ausrichtet.
Zudem werden alle gegenwärtigen Beschaffungs- und Ausrüstungsvorhaben auf ihre Vereinbarkeit mit diesen Eckpunkten und dem priorisierten Fähigkeitsprofil der Streitkräfte überprüft.

12. Der Bau und Unterhalt militärischer Infrastruktur im In- und Ausland ist auch weiterhin von besonderer Bedeutung. Die Bundeswehr wird den Infrastruktur- und Dienstleistungsprozess insgesamt auf den Prüfstand stellen, um Organisation und Prozesse effizienter zu machen.

3. Verteidigungspolitische Richtlinien (27. Mai 2011)

Bundesministerium der Verteidigung   Berlin, den 27. Mai 2011
- Der Bundesminister -

Verteidigungspolitische Richtlinien

Nationale Interessen wahren – Internationale Verantwortung übernehmen –
Sicherheit gemeinsam gestalten

I.

Die Verteidigungspolitischen Richtlinien beschreiben den strategischen Rahmen für den Auftrag und die Aufgaben der Bundeswehr als Teil der gesamtstaatlichen Sicherheitsvorsorge. Sie formulieren die sicherheitspolitischen Zielsetzungen und die sicherheitspolitischen Interessen der Bundesrepublik Deutschland. Sie gründen auf einer Beurteilung der gegenwärtigen Lage, beziehen gegenwärtige und künftig wahrscheinliche Entwicklungen ein. Sie werden weiterhin in regelmäßigen Abständen überprüft. Sie bilden die verbindliche Grundlage für die Konzeption der Bundeswehr und für alle weiteren Folgearbeiten im Geschäftsbereich des Bundesministeriums der Verteidigung.

II.

Das strategische Sicherheitsumfeld

Eine unmittelbare territoriale Bedrohung Deutschlands mit konventionellen militärischen Mitteln ist unverändert unwahrscheinlich. Das strategische Sicherheitsumfeld hat sich in den letzten Jahren weiter verändert. Zu den Folgen der Globalisierung zählen Machtverschiebungen zwischen Staaten und Staatengruppen sowie der Aufstieg neuer Regionalmächte. Risiken und Bedrohungen entstehen heute vor allem aus zerfallenden und zerfallenen Staaten, aus dem Wirken des internationalen Terrorismus, terroristischen und diktatorischen Regimen, Umbrüchen bei deren Zerfall, kriminellen Netzwerken, aus Klima- und Umweltkatastrophen, Migrationsentwicklungen, aus der Verknappung oder den Engpässen bei der Versorgung mit natürlichen Ressourcen und Rohstoffen, durch Seuchen und Epidemien ebenso wie durch mögliche Gefährdungen kritischer Infrastrukturen wie der Informationstechnik.

- 2 -

Sicherheit wird nicht ausschließlich geographisch definiert. Entwicklungen in Regionen an Europas Peripherie und außerhalb des europäischen Sicherheits- und Stabilitätsraumes können unmittelbaren Einfluss auf die Sicherheit Deutschlands entfalten. Krisen und Konflikte können jederzeit kurzfristig und unvorhergesehen auftreten und ein schnelles Handeln auch über große Distanzen erforderlich machen.

Die Einsatzerfahrungen der letzten Jahre und die Analyse der sicherheitspolitischen Entwicklungen führen dazu, dass wir zur Abwehr von Gefährdungen unserer Sicherheit zu Hause sowie in geografisch entfernten Regionen die Instrumente unserer Sicherheit verändern und an Streitkräfte neue Anforderungen als Teil eines ressortgemeinsamen Verständnisses stellen.

Risiken und Bedrohungen

Die größten Herausforderungen liegen heute weniger in der Stärke anderer Staaten, als in deren Schwäche. Durch zerfallende und zerfallene Staaten entstehen Bedrohungen wie Bürgerkrieg, Destabilisierung von Regionen, humanitäre Krisen und damit verbundene Phänomene wie Radikalisierung und Migrationsbewegungen. Aktions- und Rückzugsräume für internationalen Terrorismus und Strukturen Organisierter Kriminalität werden hierdurch begünstigt. Der Internationale Terrorismus bleibt eine wesentliche Bedrohung für die Freiheit und Sicherheit unseres Landes und unserer Bündnispartner. Von international agierenden Terrorgruppen und -netzwerken gehen – oft im Zusammenwirken mit Organisierter Kriminalität – ganz unmittelbare Gefahren aus, die sich in vielfältiger Weise auf Staat und Gesellschaft auswirken können.

Die wachsende globale Vernetzung fördert die schnelle Verbreitung und Nutzung von Hochtechnologien, darunter insbesondere die Informationstechnologie. Vielen großen Chancen stehen ebenso erhebliche Risiken gegenüber. Diese Technologien dienen auch der Mobilisierung von Demokratiebewegungen. Das politische, wirtschaftliche und kriminelle Missbrauchspotential staatlicher und nichtstaatlicher Akteure wächst, aber gleichzeitig führen unumkehrbare Entwicklungen im Bereich der Telekommunikations- und Informationstechnologie zur Verbreitung von oftmals unbewerteten Informationen weltweit innerhalb kürzester Zeit. Dies eröffnet auch Extremisten vielfältige Chancen für Desinformation und ermöglicht Radikalisierung und Destabilisierung.

Informationsinfrastrukturen gehören heute zu den kritischen Infrastrukturen, ohne die das private und öffentliche Leben zum Stillstand käme. Angriffe darauf können aufgrund ihrer engen Verflechtung zur Destabilisierung auch unseres Staates mit gravierenden Auswirkungen für die nationale Sicherheit führen. Mit der Bedrohung aus dem Informationsraum werden Staaten ihre bisherigen Vorstellungen über Konflikte und ihre Lösungsmöglichkeiten anpassen. Die Geschwindigkeit und Nichtvorhersehbarkeit von Angriffen machen es nahezu unmöglich, die Herkunft des Gegners und dessen Motive in eigenes vorbereitendes Handeln einzubeziehen. Die Möglichkeit, „Cyber-Angriffe" im Nachhinein zu bestreiten, gehört bereits heute zum strategischen Kalkül einer neuen, computergestützten Auseinandersetzung auch zwischen Staaten. Sie entwickeln sich zu folgenreichen asymmetrischen Bedrohungen.

Die Verbreitung und Weitergabe von Massenvernichtungswaffen und die Verbesserung ihrer Trägermittel entwickeln sich zunehmend zu einer Bedrohung auch für Deutschland. Es muss verhindert werden, dass staatliche und nicht-staatliche Akteure in den illegalen Besitz von Massenvernichtungswaffen gelangen. Dafür sind eine glaubhafte Abschreckung, ein wirksames Nichtverbreitungsregime genauso wie wirksame Frühwarn- und Abwehrmaßnahmen zur Unterbindung von Handlungsoptionen dieser Akteure zum Schutz der Bevölkerung erforderlich.

Mit dem beschleunigten Austausch von Waren und Dienstleistungen auf globalen Märkten und durch den weltweiten Personenverkehr wächst die Gefahr der Verbreitung von gefährlichen Stoffen, Epidemien und Seuchen, die länderübergreifendes Handeln erfordern.

Klimatische Veränderungen haben bereits heute existenzbedrohende Bedeutung für viele Menschen in einzelnen Staaten. Die Ausbreitung von Wüsten, Wasser- und Bodenverknappung, ungleiche Bevölkerungsdichte sowie erhebliche Wohlstandsunterschiede verbunden mit sozialen Disparitäten führen zu weltweiten Migrationsströmen in wirtschaftlich besser entwickelte Regionen mit erheblichem Konfliktpotential für die betroffenen Regionen. Dies kann künftig vermehrt Konsequenzen für die Stabilität staatlicher und regionaler Strukturen und damit auch für unsere Sicherheit haben.

Freie Handelswege und eine gesicherte Rohstoffversorgung sind für die Zukunft Deutschlands und Europas von vitaler Bedeutung. Die Erschließung, Sicherung von und

- 4 -

der Zugang zu Bodenschätzen, Vertriebswegen und Märkten werden weltweit neu geordnet. Verknappungen von Energieträgern und anderer für Hochtechnologie benötigter Rohstoffe bleiben nicht ohne Auswirkungen auf die Staatenwelt. Zugangsbeschränkungen können konfliktauslösend wirken. Störungen der Transportwege und der Rohstoff- und Warenströme, z.B. durch Piraterie und Sabotage des Luftverkehrs, stellen eine Gefährdung für Sicherheit und Wohlstand dar. Deshalb werden Transport- und Energiesicherheit und damit verbundene Fragen künftig auch für unsere Sicherheit eine wachsende Rolle spielen.

III.

Werte, Ziele und Interessen

Deutschlands Platz in der Welt wird wesentlich bestimmt von unseren Interessen als starker Nation in der Mitte Europas und unserer internationalen Verantwortung für Frieden und Freiheit. Deutsche Sicherheitspolitik ist den Werten und Grundsätzen der freiheitlich demokratischen Ordnung des Grundgesetzes und des Völkerrechts verpflichtet. Deutschland nimmt als gestaltendes Mitglied der internationalen Staatengemeinschaft seine Interessen wahr und setzt sich aktiv für eine bessere und sichere Welt ein. Wir wollen als starker Partner in einem vereinten Europa dem Frieden der Welt dienen.

Deutsche Sicherheitsinteressen ergeben sich aus unserer Geschichte, der geographischen Lage in der Mitte Europas, den internationalen politischen und wirtschaftlichen Verflechtungen des Landes und der Ressourcenabhängigkeit als Hochtechnologiestandort und rohstoffarme Exportnation. Sie sind nicht statisch, sondern veränderlich in und mit internationalen Konstellationen und ihren Entwicklungen.

Die sicherheitspolitischen Ziele Deutschlands sind:

- Sicherheit und Schutz der Bürgerinnen und Bürger Deutschlands;

- territoriale Integrität und Souveränität Deutschlands und seiner Verbündeten;

- Wahrnehmung internationaler Verantwortung.

- 5 -

Zu den deutschen Sicherheitsinteressen gehören:

- Krisen und Konflikte zu verhindern, vorbeugend einzudämmen und zu bewältigen, die die Sicherheit Deutschlands und seiner Verbündeten beeinträchtigen;

- außen- und sicherheitspolitische Positionen nachhaltig und glaubwürdig zu vertreten und einzulösen;

- die transatlantische und europäische Sicherheit und Partnerschaft zu stärken;

- für die internationale Geltung der Menschenrechte und der demokratischen Grundsätze einzutreten, das weltweite Respektieren des Völkerrechts zu fördern und die Kluft zwischen armen und reichen Weltregionen zu reduzieren;

- einen freien und ungehinderten Welthandel sowie den freien Zugang zur Hohen See und zu natürlichen Ressourcen zu ermöglichen.

Sicherheit für unser Land zu gewährleisten, bedeutet heute insbesondere, Auswirkungen von Krisen und Konflikten auf Distanz zu halten und sich aktiv an deren Vorbeugung und Einhegung zu beteiligen. Deutschland ist bereit, als Ausdruck nationalen Selbstbehauptungswillens und staatlicher Souveränität zur Wahrung seiner Sicherheit das gesamte Spektrum nationaler Handlungsinstrumente einzusetzen. Dies beinhaltet auch den Einsatz von Streitkräften. Die verfassungsrechtlich gebotene Einbindung des Deutschen Bundestages beim Streitkräfteeinsatz bleibt auch in Zukunft unverzichtbare Grundlage deutscher Sicherheitspolitik. Militärische Einsätze ziehen weitreichende politische Folgen nach sich. In jedem Einzelfall ist eine klare Antwort auf die Frage notwendig, inwieweit die Interessen Deutschlands und die damit verbundene Wahrnehmung internationaler Verantwortung den Einsatz erfordern und rechtfertigen und welche Folgen ein Nicht-Einsatz hat.

Deutschlands Bürgerinnen und Bürger können sich darauf verlassen, dass ihnen mit den vorhandenen gesamtstaatlichen Kräften, Mitteln und Fähigkeiten rasch und wirksam geholfen wird – sei es bei Umweltkatastrophen oder nach Großschadensereignissen, sei es zum Schutz lebenswichtiger Infrastruktur vor jedweder Bedrohung.

Die Verantwortung für den Schutz der Bürgerinnen und Bürger geht über die Grenzen Deutschlands hinaus. Deutsche Staatsbürger müssen bestmöglich durch den Einsatz von

- 6 -

Streitkräften auch in nationaler Verantwortung bei unmittelbaren Gefahren im Ausland gerettet und evakuiert werden können.

Die traditionelle Unterscheidung von äußerer Sicherheit und öffentlicher Sicherheit im Inneren verliert angesichts der aktuellen Risiken und Bedrohungen mehr und mehr ihre Bedeutung. Die Wahrung unserer Interessen ist heute nur ressortgemeinsam möglich. Deshalb ist eine gesamtstaatliche, umfassende und abgestimmte Sicherheitspolitik erforderlich, die politische und diplomatische Initiativen genauso umfasst wie wirtschaftliche, entwicklungspolitische, polizeiliche, humanitäre, soziale und militärische Maßnahmen. Eine umfassende nationale Sicherheitsvorsorge kann nur gewährleistet werden, wenn alle verantwortlichen staatlichen Institutionen und Kräfte Deutschlands unter Beachtung ihrer verfassungsrechtlich vorgegebenen Zuständigkeiten und Kompetenzen vorausschauend und ressortgemeinsam handeln. Dazu ist das zielgerichtete Zusammenwirken des Auswärtigen Dienstes, derEntwicklungszusammenarbeit, der Polizei, der Streitkräfte, des Zivil- und Katastrophenschutzes und der Nachrichtendienste auf allen Ebenen zu verstärken.

Die stärkere Verzahnung der vorhandenen Potenziale sowie die Verbesserung der Informationssysteme stellen dabei dauerhaft zu leistende Aufgaben dar. Ob und inwieweit die Zusammenarbeit in Bündnissen und die sich wandelnde Sicherheits- und Bedrohungslage rechtlichen Anpassungsbedarf nach sich ziehen, wird zu analysieren sein.

IV.

Deutschlands Verantwortung in Europa und der Welt

Deutschlands Sicherheit ist untrennbar mit der politischen Entwicklung Europas und der Welt verbunden. Die zunehmende internationale Verflechtung auf allen Gebieten hat zur Folge, dass die Abhängigkeiten der Staaten untereinander wachsen und dies die jeweilige Sicherheitspolitik in immer größerem Maße beeinflusst. Deutschlands sicherheitspolitische Ziele und Interessen erfordern zu ihrer Verfolgung das Zusammenwirken mit seinen Partnern. Die Vereinten Nationen, die NATO und die Europäische Union sind der internationale Rahmen, in dem sich unsere Sicherheits- und Verteidigungspolitik vollzieht. Gestaltende Mitwirkung in den internationalen und supranationalen Organisationen ist von entscheidender Bedeutung für unsere nationale

Sicherheit und auch für unseren Wohlstand. Dies setzt eine enge Abstimmung mit unseren Partnern voraus.

Die Vereinten Nationen (VN) und die Organisation für Sicherheit und Zusammenarbeit in Europa (OSZE)

Bei den Vereinten Nationen liegt die völkerrechtliche Hauptverantwortung für die Wahrung des Weltfriedens und für die internationale Sicherheit. Die Prävention von Krisen, ein wirksames System der – wo immer möglich – friedlichen Streitbeilegung und Konfliktvermeidung, wie es in einem fortentwickelten Konzept von Peacekeeping zum Ausdruck kommt, der Kampf gegen Armut, die Durchsetzung des Völkerrechts und die universelle Geltung der Menschenrechte sind Ziele, die die Aufgaben deutscher Sicherheitspolitik auch künftig bestimmen. Die konsequente Stärkung der Vereinten Nationen mit dem Ziel einer größeren Wirksamkeit und besseren Aufgabenerfüllung zählt dazu ebenso wie die gestaltende Mitarbeit Deutschlands. Dies schließt die Bereitstellung militärischer Fähigkeiten zur Friedenserhaltung und Friedenserzwingung ein.

Die Stärkung der Zusammenarbeit mit den regionalen Organisationen im System der Vereinten Nationen, wie etwa der OSZE, und die weitere Verbesserung der Zusammenarbeit der Vereinten Nationen mit Europäischer Union und Nordatlantischer Allianz sind für die deutsche Sicherheitspolitik wichtig.

Die Nordatlantische Allianz und die Transatlantische Partnerschaft

Die Nordatlantische Allianz bleibt Kernstück unserer Verteidigungsanstrengungen. Bündnissolidarität und ein verlässlicher, glaubwürdiger Beitrag zur Allianz sind Teil deutscher Staatsraison. Deutschland steht zu seiner internationalen Verantwortung in der Allianz und zu seinen Verpflichtungen, die wir in unserem sicherheitspolitischen Interesse eingegangen sind. Die Entwicklungen in der Allianz bestimmen die deutsche Verteidigungspolitik maßgeblich.

Die militärische Integration und die wechselseitige politische Solidarität mit unseren Partnern garantieren die Wirksamkeit des Nordatlantischen Verteidigungsbündnisses. Die Allianz verbindet Europa mit den Vereinigten Staaten von Amerika und mit Kanada und umgekehrt. Sie erhält und garantiert durch die kollektive Verteidigung die Sicherheit

- 8 -

Europas und damit den Schutz und die territoriale Unversehrtheit ihrer Mitgliedsstaaten. Sie schafft die Voraussetzung dafür, dass auch globalen Sicherheitsherausforderungen wirksam entgegengetreten werden kann, indem sie den Schutz der Bevölkerung in den Mitgliedsstaaten gegen neue Risiken und Gefährdungen erhöht, indem sie Kooperation mit Partnern ermöglicht und vertieft und indem sie zur Krisenreaktion außerhalb des Bündnisgebietes befähigt ist.

Das Engagement der Vereinigten Staaten von Amerika für die Sicherheit Europas, wie es am sichtbarsten und wirksamsten im Nordatlantischen Verteidigungsbündnis zum Ausdruck kommt, bleibt von lebenswichtigem Interesse für Deutschland und seine europäischen Verbündeten. Daraus folgen der Auftrag und die Verpflichtung, die einzigartige Qualität der transatlantischen Beziehungen zu erhalten, die Bindungen und den Austausch zu pflegen und durch verantwortliche Aufgabenwahrnehmung die Partnerschaft mit den Vereinigten Staaten fortzuentwickeln.

Das auf dem Gipfel im Herbst 2010 in Lissabon verabschiedete neue Strategische Konzept der Nordatlantischen Allianz sieht als wesentliche Aufgaben des Bündnisses kollektive Verteidigung, Krisenbewältigung und kooperative Sicherheit durch Partnerschaften vor. Dieser Ansatz trägt den sicherheitspolitischen Veränderungen Rechnung. So hat in den letzten Jahren die Verwundbarkeit nationaler Sicherheitseinrichtungen durch Cyber-Angriffe signifikant zugenommen. Dies erfordert wirksame und abgestimmte Antworten auch im Bündnis, die sich auf die Fähigkeiten zur Abwehr dieser Angriffe beziehen und damit das Aufgabenspektrum der Allianz erweiterten. Die gemeinsame Verteidigung gemäß Artikel 5 des NATO-Vertrages bleibt der Kern des Bündnisses.

Gleichzeitig bekennt sich die Allianz zu Abrüstung und Rüstungskontrolle. Sie erhält und entwickelt ein aufeinander abgestimmtes und den Risiken und Gefährdungen angemessenes Spektrum konventioneller und nuklearer Fähigkeiten einschließlich der Flugkörperabwehr. Die Nordatlantische Allianz bleibt gemäß ihres neuen Strategischen Konzepts ein nukleares Bündnis. Die Notwendigkeit zu nuklearer Abschreckung besteht fort, solange nukleare Waffen ein Mittel militärischer Auseinandersetzungen sein können. Eine verkleinerte und effektivere NATO-Kommandostruktur gewährleistet die bewährten integrierten Strukturen und stellt zugleich erhöhte Anforderungen an die Hauptquartiere der NATO-Streitkräftestruktur. Die Fortsetzung und Vertiefung der NATO-Partnerschaftspolitik, wie sie am sichtbarsten im Zusammenwirken beim ISAF-Einsatz

- 9 -

zum Ausdruck kommt, erlaubt der Allianz eine einzigartige Arbeitsteilung und Sicherheitszusammenarbeit mit den Nationen, die die Ziele der Allianz teilen. Sie fordert von der deutschen Verteidigungsdiplomatie neue Wege einer vertieften Kooperation und des Dialogs.

Die Europäischen Union und die Gemeinsame Sicherheits- und Verteidigungspolitik (GSVP)

Das Bekenntnis zum freien und einigen Europa sowie das Ziel der Mitwirkung an einer alle geeigneten Politikbereiche umfassenden europäischen Integration hat seit Gründung der Europäischen Wirtschaftsgemeinschaft die deutsche Politik bestimmt. Als politisch wirksame Gemeinschaft muss Europa auch sicherheitspolitisch handlungsfähiger werden, damit es eigenständig Verantwortung bei der Bewältigung der Herausforderungen für die gemeinsame Sicherheit in und außerhalb Europas übernehmen kann. Die Europäische Union entwickelt ein breites Spektrum von zivilen und militärischen Instrumenten zur Konfliktprävention, zum Krisenmanagement sowie zur Konfliktnachsorge und wird damit ihren Beitrag zur Sicherheitsvorsorge im Einvernehmen mit, in Absprache mit und - wo sinnvoll auch - unter wechselseitigem Rückgriff auf Fähigkeiten und Strukturen der Nordatlantischen Allianz leisten. Die Vorgaben für die Gemeinsame Sicherheitspolitik und die Ständige Strukturierte Zusammenarbeit im Vertrag von Lissabon bilden dafür den konzeptionellen Rahmen. Die gestärkte Zusammenarbeit zwischen NATO und EU und der gegenseitige Rückgriff auf Fähigkeiten und Strukturen bleiben Prinzip der gemeinsamen Sicherheit und werden dazu führen, dass die Europäische Union ihr politisches Gewicht künftig wirksamer entfalten kann. Die konsequente Fortentwicklung von Europas zivilen und militärischen Fähigkeiten genauso wie die technologische und industriepolitische Zusammenarbeit innerhalb der Europäischen Union dienen der politischen Stärkung Europas und damit zugleich den nationalen Sicherheitsinteressen. Darin stimmt Deutschland mit seinen Partnern überein und entwickelt in bi- und multilateralen Initiativen weiterführende Anstöße. Den deutsch-französischen Beziehungen kommt dabei aufgrund ihres besonderen, im Elysée-Vertrag bekräftigten Charakters und ihrer einzigartigen Dichte eine herausragende Rolle zu. Eine leistungsfähige technologische Basis in Kernbereichen ist Voraussetzung für die gestaltende Mitwirkung am Erhalt und, wo möglich, am Ausbau einer wettbewerbsfähigen europäischen Rüstungsindustrie.

- 10 -

V.

Auftrag und Aufgaben der Bundeswehr und nationale Zielvorgabe

Streitkräfte sind unentbehrliches Instrument der Außen- und Sicherheitspolitik unseres Landes. Streitkräfte bilden das Rückgrat für die Sicherheit und den Schutz Deutschlands und seiner Bürger. Nur mit Streitkräften kann die Androhung und Durchsetzung militärischer Gewalt im Rahmen des geltenden Völkerrechts erfolgen. Streitkräfte sind Grundlage des Selbstbehauptungswillens und der Verteidigungsbereitschaft der Nation. Sie wirken mit anderen staatlichen Instrumenten der nationalen Sicherheitsvorsorge zusammen. Streitkräfte folgen in ihrem Selbstverständnis, ihrer Struktur und Organisation, ihrem Umfang, ihren Fähigkeiten und ihrer Ausrüstung den sich wandelnden Zielen und Interessen der Sicherheitspolitik. Die Bundeswehr ist für die heutigen Aufgaben und die voraussichtlichen künftigen Entwicklungen zu befähigen. Die Neuausrichtung der Bundeswehr ist auch und insbesondere auf verschiedene und verschiedenartige Einsätze auszurichten. Durch die Befähigung zum Einsatz von Streitkräften im gesamten Intensitätsspektrum wird Deutschland in der Lage sein, einen seiner Größe entsprechenden, politisch und militärisch angemessenen Beitrag zu leisten und dadurch seinen Einfluss, insbesondere seine Mitsprache bei Planungen und Entscheidungen sicherzustellen. Nur wer Fähigkeiten für eine gemeinsame Aufgabenwahrnehmung anbietet, kann im Bündnis mitgestalten. Die strategischen Vorgaben der Nordatlantischen Allianz und der Europäischen Union haben damit auch Auswirkungen auf Wehrform, Aufgabe, Umfang, Struktur, Ausrüstung und Organisation der Streitkräfte. Die zivilen Bereiche der Bundeswehr, insbesondere die Wehrverwaltung, haben in enger Abstimmung mit den Streitkräften den Auftrag, ein breites Unterstützungsspektrum abzudecken, das den Streitkräften ermöglicht, sich auf ihren militärischen Kernauftrag konzentrieren zu können. Soldaten und zivile Mitarbeiter arbeiten füreinander und sind dem gleichen Auftrag verpflichtet.

Die Aufwendungen für Verteidigung müssen im Einklang mit dem Auftrag der Bundeswehr und mit den anderen Verpflichtungen des Staates bereit stehen. Die Bundeswehr muss die notwendigen finanziellen Mittel erhalten, um einsatzbereite und bündnisfähige Streitkräfte zu erhalten, die dem Stellenwert Deutschlands entsprechen. Gleichzeitig leistet auch der Verteidigungshaushalt einen Beitrag zu der gesamtstaatlichen Aufgabe, den Bundeshaushalt zu konsolidieren und dadurch die Schuldenlast künftiger Generationen zu mindern.

- 11 -

Auftrag der Bundeswehr

Die Bundeswehr als Instrument einer umfassend angelegten Sicherheits- und Verteidigungspolitik erfüllt dazu ihren Auftrag:

Die Bundeswehr

- schützt Deutschland und seine Bürgerinnen und Bürger,

- sichert die außenpolitische Handlungsfähigkeit Deutschlands,

- trägt zur Verteidigung der Verbündeten bei,

- leistet einen Beitrag zu Stabilität und Partnerschaft im internationalen Rahmen und

- fördert die multinationale Zusammenarbeit und europäische Integration.

Aufgaben der Bundeswehr

Vor diesem Hintergrund nimmt die Bundeswehr folgende ineinandergreifende Aufgaben wahr:

- Landesverteidigung als Bündnisverteidigung im Rahmen der Nordatlantischen Allianz;

- internationale Konfliktverhütung und Krisenbewältigung – einschließlich des Kampfs gegen den internationalen Terrorismus;

- Beteiligung an militärischen Aufgaben im Rahmen der Gemeinsamen Sicherheits- und Verteidigungspolitik der EU;

- Beiträge zum Heimatschutz, d.h. Verteidigungsaufgaben auf deutschem Hoheitsgebiet sowie Amtshilfe in Fällen von Naturkatastrophen und schweren Unglücksfällen, zum Schutz kritischer Infrastruktur und bei innerem Notstand;

- Rettung und Evakuierung sowie Geiselbefreiung im Ausland;

- Partnerschaft und Kooperation als Teil einer multinationalen Integration und globalen Sicherheitszusammenarbeit im Verständnis moderner Verteidigungsdiplomatie;

- humanitäre Hilfe im Ausland.

- 12 -

Nationale Zielvorgabe für die Bundeswehr

Die Bundeswehr leistet im Rahmen ihrer Auftragserfüllung einen Deutschlands Gewicht und Wirtschaftskraft in der Staatengemeinschaft angemessenen Beitrag zur Wahrung unserer sicherheitspolitischen Interessen. Die Nationale Zielvorgabe legt hierfür Qualität und Umfang der bereit zu stellenden Fähigkeiten fest. Dabei werden sicherheitspolitische Erfordernisse, Einsatzanforderungen und die Verfügbarkeit personeller, materieller und finanzieller Ressourcen berücksichtigt. Die Nationale Zielvorgabe ist ein wesentlicher fähigkeits- und strukturbestimmender Leitfaktor für die Bundeswehr.

Es ist sicherzustellen:

- Die Möglichkeit der Übernahme von Führungsverantwortung als Rahmennation und

- die Bereitstellung benötigter Fähigkeiten für das gesamte Aufgabenspektrum, in die Beiträge anderer Nationen flexibel und synergetisch integriert werden können.

Nicht durch einen Einsatz gebundene Kräfte der Bundeswehr stellen die Einsatzbereitschaft im gesamten Intensitätsspektrum sicher. Die Befähigung zum Kampf als höchster Anspruch an Personal, Material und Ausbildung ist der Maßstab für die Einsatzbereitschaft.

Unter Gewichtung ihrer Aufgaben muss die Bundeswehr folgende Ziele erreichen:

- Zur Bündnisverteidigung ist ein streitkräftegemeinsames Kräftedispositiv bereit zu stellen, das multinational zur schnellen, wirksamen und zeitlich begrenzten Reaktion befähigt ist. Eine derartige Operation kann die Entscheidung zum Abbruch parallel laufender Stabilisierungseinsätze notwendig machen.

- Die in diesem Kräftedispositiv enthaltenen deutschen Anteile der NATO Response Force und der EU Battlegroup bilden auch weiterhin den Nukleus des deutschen Beitrags für die schnelle Reaktion im Nordatlantischen Bündnis und in der Europäischen Union.

- Zur internationalen Konfliktverhütung und Krisenbewältigung müssen streitkräftegemeinsam, eskalations- und durchsetzungsfähige Kräfte gleichzeitig für Einsätze in unterschiedlichen Einsatzgebieten, gegebenenfalls unter Abstützung auf externe Unterstützung, gestellt werden können. Dafür sind zeitgleich rund 10.000 Soldatinnen und Soldaten durchhaltefähig vorzuhalten.

- 13 -

· Zur VN-Friedenssicherung im Rahmen des „UN Standby Arrangements System" sind streitkräftegemeinsam Kräfte auf der Basis verfügbarer Kapazitäten bereit zu stellen. Für Beobachtermissionen ist Personal in angemessenem Umfang vorzuhalten.

· Zur Rettung, Evakuierung und Geiselbefreiung im Ausland sind im Rahmen nationaler Krisenvorsorge dauerhaft streitkräftegemeinsame Fähigkeiten vorzuhalten;

· Zur Überwachung und Sicherheit im deutschen Luft- und Seeraum sowie für den Such- und Rettungsdienst sind dauerhaft entsprechende Fähigkeiten bereit zu stellen;

· Zur Wahrnehmung von Aufgaben im Heimatschutz werden im Bedarfsfall alle verfügbaren Kräfte, einschließlich der Reservisten, herangezogen.

VI.

Aufgabenwahrnehmung durch die Bundeswehr

<u>Multinationale Zusammenarbeit</u>

Einsätze der Bundeswehr im Ausland werden grundsätzlich gemeinsam mit Verbündeten und Partnern im Rahmen von VN, NATO und EU geplant und durchgeführt. In nationaler Verantwortung stehen grundsätzlich Evakuierungs- und Rettungsoperationen. Kooperation, Standardisierung und Interoperabilität von Streitkräften im NATO und EU-Rahmen sind Voraussetzung zur kontinuierlichen Verbesserung der Leistungsfähigkeit von militärischen Fähigkeiten. In der langjährigen Zusammenarbeit der Bundeswehr mit Verbündeten und Partnern hat sich eine Aufgabenverteilung entwickelt, in der sich schon heute die Fähigkeitsprofile der Nationen in den Bündnissen ergänzen. Gemeinsame Hauptquartiere, multinationale Führungs- und Kommandoeinrichtungen, Fähigkeiten oder die mit mehreren Partnern betriebene Entwicklung und Beschaffung von Systemen sowie gemeinsame Ausbildung und Betrieb belegen diese partnerschaftliche Kooperation. Wenn mit knapperen Mitteln die Herausforderungen der Sicherheitsvorsorge zu bewältigen sind, dann werden in Zukunft verstärkt die Mechanismen der Bündnisse so effizient wie möglich fortlaufend an den sich wandelnden Erfordernissen ausgerichtet.

Dabei steht insbesondere eine europäische Abstimmung im Vordergrund. Voraussetzung für die Realisierung dieses Ansatzes ist jeweils eine sorgfältige nationale Analyse über die Möglichkeiten militärischer Kooperation nach:

- 14 -

· Fähigkeiten, die national unverzichtbar sind und daher ausschließlich national vorgehalten werden;

· Fähigkeiten, bei denen eine engere Zusammenarbeit mit Partnern möglich ist, ohne dass dabei die nationale Fähigkeit abgegeben wird („pooling" - „Bündelung");

· Fähigkeiten, bei denen ein wechselseitiges, verabredetes Abstützen auf europäische Partner vorstellbar ist („sharing" - „Rollen- und Aufgabenteilung").

Gegenseitige Abhängigkeiten für den Einsatz und im Einsatz dürfen nur in dem Maße zugelassen werden, wie dies die Wahrnehmung der Aufgaben erfordert. Unter diesem Gesichtspunkt müssen vorrangig Aufgaben identifiziert werden, die künftig gemeinsam oder arbeitsteilig mit Verbündeten wahrgenommen werden können.

Kooperation und Stabilitätstransfer

Partnerschaft und Kooperation dienen dazu, Vertrauen zu bilden, Stabilität zu fördern und dadurch bewaffneten Konflikten vorzubeugen. Der Aufbau von Fähigkeiten regionaler Sicherheitskräfte kann vorbeugend oder nach einem Konflikt dazu beitragen, die Sicherheit in lokaler Verantwortung wahrnehmen zu lassen. Der Aufbau von Fähigkeiten anderer Nationen kann dazu dienen, eigene Kräfte in gemeinsamen internationalen Einsätzen zur Krisenvorbeugung und -bewältigung zu unterstützen und zu ergänzen.

Die Stärkung der strategischen und technischen Analyseinstrumente, die kontinuierliche Beobachtung und Analyse der Risiken und Gefährdungen sowie die sicherheitspolitische und fähigkeitsbezogene Auswertung der bisherigen Einsätze der Bundeswehr stellen sicher, dass die Bundeswehr auch künftig ihren Beitrag zum Erkennen langfristiger Lageänderungen leisten, neue Herausforderungen rechtzeitig erkennen und ihnen begegnen kann.

Heimatschutz und langfristige Sicherheitsvorsorge

Da ein unmittelbarer konventioneller Angriff auf deutsches Staatsgebiet unwahrscheinlich geworden ist, sind die ausschließlich für diesen Fall früher vorgehaltenen Personalumfänge in der bisherigen Form entbehrlich geworden. Dennoch bleibt mit Blick auf eine angemessene Sicherheitsvorsorge die Fähigkeit zum Aufwuchs der Streitkräfte - auch bei Aussetzung der Verpflichtung zur Ableistung des

Grundwehrdienstes – erhalten und die Allgemeine Wehrpflicht im Grundgesetz verankert.

Heimatschutz ist eine gesamtstaatliche Aufgabe. Der Beitrag der Bundeswehr zum Heimatschutz umfasst alle Fähigkeiten der Bundeswehr zum Schutz Deutschlands und seiner Bürgerinnen und Bürger auf deutschem Hoheitsgebiet. Hierzu gehören neben den originären Aufgaben (Überwachung und Gewährleistung der Sicherheit des deutschen Luft- und Seeraums, Landesverteidigung im klassischen Sinne, Absicherung militärischer Anlagen der Basis Inland) die subsidiären Aufgaben der Bundeswehr im Inland (Amtshilfe in Fällen von Naturkatastrophen und schweren Unglücksfällen, zum Schutz kritischer Infrastruktur und bei innerem Notstand) im Rahmen geltender Gesetze.

Reservisten unterstützen die Bundeswehr im Regelbetrieb und insbesondere beim Aufbau neuer Fähigkeiten und stärken auch auf diese Weise den Schutz der Heimat. Territoriale Strukturen und nichtaktive Ergänzungstruppenteile leisten einen wichtigen Beitrag zum regionalen Aufwuchs militärischer Fähigkeiten, zum Heimatschutz, zum Betrieb der militärischen Basis im Inland und bei Bedarf auch zu deren Schutz.

Die Grundlagen für erfolgreiches innerstaatliches Krisenmanagement werden erhalten und weiterentwickelt. Mit ihnen wird die Bundeswehr auch in Zukunft in der Lage sein, Fähigkeiten bereit zu stellen, die im Rahmen der Hilfeleistung und der Amtshilfe besonders dringend benötigt werden.

VII.

Fähigkeiten der Bundeswehr

Mit Blick auf die anhaltenden und unvorhersehbaren strategischen Unwägbarkeiten muss die Bundeswehr auch künftig über ein breites und flexibles militärisches Fähigkeitsspektrum verfügen. Die derzeitig laufenden Einsätze bieten dafür lediglich eine Orientierung.

Die Bundeswehr muss für Einsätze im gesamten Intensitätsspektrum bis hin zu Beobachtermissionen, Beratungs- und Ausbildungsunterstützung sowie präventiver Sicherheitsvorsorge befähigt sein. Kräfte und Mittel sind für jeden Einsatz spezifisch, reaktionsschnell, flexibel, robust, modular sowie eskalations- und durchsetzungsfähig zusammenzustellen. Kohäsion – das Wirken im System – ist wesentliche Voraussetzung

- 16 -

für Erfolg im Einsatz und deshalb maßgeblich bei der Ausgestaltung der Schnittstellen zwischen den Organisationsbereichen. Durchhaltefähigkeit ist für diejenigen Kräfte vorzusehen, die für Einsätze von langer Dauer bestimmt sind.

Die Fähigkeiten der Bundeswehr leiten sich aus ihrem Auftrag und ihren Aufgaben ab. Richtschnur ist dabei die nationale Zielvorgabe. Eine Priorisierung innerhalb des Fähigkeitsspektrums ergibt sich aus der Wahrscheinlichkeit, mit der Risiken und Bedrohungen einen militärischen Beitrag erforderlich machen, aus dem Zeitbedarf zur Bereitstellung der Fähigkeiten, der Beurteilung nationaler Interessen und der Finanzierbarkeit. Auf dieser Grundlage wird ein „priorisiertes Fähigkeitsprofil Bundeswehr" entwickelt, das die Einzelfähigkeiten nach ihrer Art, ihrer Qualität und ihrem Umfang beschreibt. Es legt damit die Vielfalt und das Durchhaltevermögen der Fähigkeiten in Abhängigkeit verschiedenartiger Anforderungen fest. Die erforderlichen Fähigkeiten für eine Rolle als Rahmennation, an die sich Kontingente anderer Staaten mit Streitkräftebeiträgen anlehnen können, finden in diesem Fähigkeitsprofil besondere Berücksichtigung.

Die wahrscheinlicheren Aufgaben der internationalen Konfliktverhütung und Krisenbewältigung bestimmen die Grundzüge der neuen Struktur der Bundeswehr. Die dafür verfügbaren Kräfte erfüllen im Wesentlichen auch die Anforderungen für die Landes- und Bündnisverteidigung sowie des Heimatschutzes der Bundeswehr. Sie sind durch zusätzliche Strukturelemente zu ergänzen, wo es Kernaufgaben der Bundeswehr erfordern.

Damit die Bundeswehr ihre Aufgaben in einem sich ständig wandelnden Umfeld erfüllen kann, müssen ihre inneren Strukturen erlauben, dass sie flexibel auf veränderte Zielvorgaben reagieren kann und auch zum Aufwuchs befähigt bleibt. Dieser Ansatz ist Teil der langfristigen nationalen Sicherheitsvorsorge und bezieht sich auf Fähigkeiten, Strukturen und Verfahren in der gesamten Bundeswehr.

- 17 -

VIII.

Personal

Die Sicherheit unseres Landes hängt ganz wesentlich von den Menschen ab, die in der Bundeswehr ihren Dienst leisten. Die Soldaten und zivilen Mitarbeiter sind auf vielfältige Weise durch die Besonderheiten des Dienstes in der Bundeswehr gefordert. Mit Blick auf die sicherheitspolitische Lage besteht die Notwendigkeit zur Einberufung von jungen Männern zum Grundwehrdienst nicht mehr fort. Dies bedeutet einen Einschnitt in der Geschichte der Bundeswehr. Die Einberufung von Grundwehrdienstleistenden war über Jahrzehnte Garant hoher Streitkräftestärken, gesicherter Aufwuchsfähigkeit, guter Nachwuchsgewinnung und diente der Verankerung der Bundeswehr in die Gesellschaft hinein.

Mit der Aussetzung der Einberufung von Wehrpflichtigen zum Grundwehrdienst entfällt ein wichtiges Rekrutierungselement. Die demographische Entwicklung erschwert die Nachwuchsgewinnung der Bundeswehr. Zu den Aufgaben einer modernen Personalführung gehören die individuelle Förderung, die Durchlässigkeit der Laufbahnen und die Erleichterung der Wiedereingliederung ausgeschiedener Angehöriger der Streitkräfte ins Zivilleben.

Auch wegen des Verzichts auf die Einberufung von Grundwehrdienstleistenden ist eine Anpassung des Personalkörpers der Bundeswehr erforderlich. Mittel- und langfristig ist dieser innerhalb der Laufbahnen und Statusgruppen dienstgrad- und altersgerecht so umzugestalten, dass die Einsatzbereitschaft auch künftig sichergestellt werden kann. Mit einem geeigneten Instrumentarium soll der Ergänzungsbedarf verringert und eine größere Flexibilität im Bereich Personalgewinnung ermöglicht werden.

Der Personalumbau in den Streitkräften wird auch Konsequenzen für Struktur und Umfang des Zivilpersonals der Bundeswehr haben. Eine weitere Reduzierung ist möglich und erforderlich. Sie muss sich in erster Linie an den zukünftig wahrzunehmenden Aufgaben orientieren.

Zum Verständnis der Bundeswehr als attraktiver Arbeitgeber und zur Durchführung ihres Auftrages gehört, dass die Soldatinnen und Soldaten mit moderner Ausrüstung ihren Dienst ausüben und an den Einsatzerfordernissen orientiert ausgebildet werden können. Der Anteil von Frauen in der Bundeswehr soll erhöht werden.

- 18 -

Im Rahmen der bundeswehrinternen Ausbildung und für den Betrieb der Bundeswehr werden Kooperationen mit der Wirtschaft sowie anderen staatlichen Institutionen und privaten Einrichtungen eingegangen. Dadurch wird auch ein kontinuierlicher Austausch und eine fortwährende Aus- und Weiterbildung gefördert, die ausscheidenden Soldaten einen späteren Übergang in Zivilberufe erleichtert.

Reservisten sind unentbehrlicher und künftig noch wichtigerer Bestandteil der Bundeswehr. Sie werden, wo immer möglich, die aktive Truppe verstärken und selbst im Einsatz die Durchhaltefähigkeit erhöhen. Die Vielfalt ihrer zivilberuflichen und weiteren persönlichen Qualifikationen ermöglicht dabei auch den kurzfristigen, krisenbezogenen Einsatz von Reservisten in einem breiten Aufgabenspektrum und unterstützen die Streitkräfte im Bedarfsfall beim Aufbau neuer Fähigkeiten. Als Mittler zwischen Bundeswehr und Gesellschaft, als Staatsbürger mit Uniform, erfüllen sie zudem eine unverzichtbare Bindegliedfunktion, die sowohl der Nachwuchsgewinnung als auch der gesellschaftlichen Einbindung der Streitkräfte zugute kommt.

IX.

Material

Die Fähigkeiten für die wahrscheinlichen künftigen Einsätze erfordern regelmäßige Anpassungen und Modernisierungen der materiellen Ausstattung in Qualität und Quantität. Vor dem Hintergrund geänderter sicherheitspolitischer Herausforderungen sowie mit Blick auf eine größere Effizienz ist eine Neuordnung des Beschaffungswesen erforderlich. Darüber hinaus muss auch die kurzfristige Reaktion auf unmittelbaren Einsatzbedarf gewährleistet sein.

Angesichts sich rasch verändernder Rahmenbedingungen auch in laufenden Einsätzen kommt dem schnellen, zum Teil aber begrenzten Fähigkeitsaufwuchs eine grundsätzlich höhere Bedeutung zu als möglichst großen, aber erst langfristig zu realisierenden Qualitätssteigerungen. Marktverfügbaren Lösungen und der stringenten Ausrichtung auf die priorisierten Fähigkeitsforderungen ist Vorrang einzuräumen.

Auch künftig wird die deutsche wehrtechnische Industrie einen wesentlichen Beitrag zur Bereitstellung moderner und leistungsfähiger Ausrüstung und zu technisch-logistischer Betreuung in der Nutzung leisten. Es wird beschafft, was erforderlich und finanzierbar ist, und nicht, was man gerne hätte oder was angeboten wird. Allerdings muss sich eine verstärkte militärische Zusammenarbeit der europäischen Staaten – angesichts geringerer Stückzahlen – perspektivisch auch in der Zusammenarbeit der europäischen Rüstungsindustrie widerspiegeln. Ein abgestimmtes synergetisches Vorgehen bei der Entwicklung, der Beschaffung und dem Betrieb von militärischen Systemen wird entscheidend sein, um unverzichtbare militärische Fähigkeiten in Europa zu sichern. Ebenso gilt dies für die rüstungstechnische Zusammenarbeit im Bündnis und mit anderen internationalen Partnern.

Industrielle Fähigkeiten werden vor allem überall dort von besonderer Bedeutung sein, wo die Bundeswehr für national wahrzunehmende Aufgaben und die Aufgabenwahrnehmung in den Bündnissen signifikante und anerkannte Fähigkeiten einbringt. Ebenso wie die Bundeswehr muss die Wehrtechnische Industrie künftig flexibel auf sich verändernde Zielvorgaben reagieren. Nur so kann sie einen Beitrag zur langfristigen nationalen Sicherheitsvorsorge leisten. Sie hat gegenüber der Bundeswehr eine dienende Funktion.

X.

Selbstverständnis der Bundeswehr

Soldaten und zivile Angehörige der Bundeswehr stehen mit ihrem Dienst für die Sicherheit Deutschlands und den Schutz seiner Bürgerinnen und Bürger gemeinsam ein.

Die zivilen Angehörigen der Bundeswehr erfüllen ihren Dienst im Selbstverständnis, dass sie die Streitkräfte bei der Erfüllung ihres Auftrages in der Heimat und im Ausland unterstützen. Dies schließt die Wahrnehmung ihrer Aufgaben in Auslandseinsätzen mit ein.

Die Bundeswehr wird mit der Aussetzung der Verpflichtung zum Grundwehrdienst ganz zu einer Armee von Freiwilligen. Die Prinzipien der Inneren Führung mit dem Leitbild des Staatsbürgers in Uniform bestehen unverändert fort. Sie haben sich seit Gründung der Bundeswehr bewährt und sind Garant dafür, dass die Bundeswehr in der Gesellschaft verankert bleibt. In einer Freiwilligenarmee bleiben die Auseinandersetzung mit dem Primat der Politik, mit dem soldatischen Selbstverständnis und Kenntnisse in Ethik, Geschichte und Politik genauso wie die Pflege erhaltenswerter Traditionen selbstverständlich.

- 20 -

Die Bundeswehr kann ihren Auftrag dann am besten erfüllen, wenn sich ihre Angehörigen auf die Anerkennung ihres Dienstes durch das ganze Volk stützen können. Dies gilt gerade vor dem Hintergrund der Einsatzrealität von Streitkräften und ihren äußersten Folgen: Tod und Verwundung. Die Bundeswehr wird den kontinuierlichen Austausch mit der Gesellschaft pflegen, ein breites sicherheitspolitisches Verständnis fördern und Präsenz im öffentlichen Raum sicherstellen.

Zu den Besonderheiten des soldatischen Dienens zählt, dass der Einsatz mit der Gefährdung von Leib und Leben verbunden sein kann. Vom Soldaten wird verlangt, den übertragenen Auftrag tapfer und unter Einsatz seines Lebens im Kampf durchzusetzen. Der Soldat muss in der Lage sein, zu schützen, zu helfen und zu vermitteln. In den Krisen- und Konfliktszenarien der Zukunft werden dabei hohe Anforderungen an die soziale und interkulturelle Kompetenz gestellt. Führung, Ausbildung und Erziehung der Soldaten sind konsequent darauf auszurichten.

Die Soldaten der Bundeswehr werden ihr berufliches Selbstverständnis im Einsatz für unsere Sicherheit und den Schutz unserer Bürger umso besser annehmen und erfüllen, je aufgeschlossener und verständnisvoller die deutsche Gesellschaft die Besonderheiten des soldatischen Dienens und den Beitrag der Streitkräfte insgesamt für Deutschland anerkennt und würdigt.

Der Bundesminister   Dresden, 27. März 2012

Innenverteiler III

nachrichtlich:
Außenverteiler I - IX – Ebene A

BETREFF **Grundsätze für die Spitzengliederung, Unterstellungsverhältnisse und Führungsorganisation im Bundesministerium der Verteidigung und der Bundeswehr**

Hiermit erlasse ich mit Wirkung vom 1. April 2012 die nachfolgenden Grundsätze für die Spitzengliederung, Unterstellungsverhältnisse und Führungsorganisation im Bundesministerium der Verteidigung (BMVg) und der Bundeswehr.

Sie stehen in der Nachfolge des „Blankeneser Erlasses" vom 21. März 1970 und des „Berliner Erlasses" vom 21. Januar 2005.

Die neuen Grundsätze berücksichtigen, dass

- der Generalinspekteur der Bundeswehr truppendienstlicher Vorgesetzter der Soldaten in den Streitkräften und Teil der Leitung des BMVg wird;

- die Inspekteure ihre militärischen Organisationsbereiche außerhalb des Ministeriums führen;

- im Sinne einer stärker bundeswehrgemeinsamen Aufgabenerfüllung die Abteilungen im BMVg – aber auch nachgeordnete Behörden und Dienststellen – verstärkt statusübergreifend mit militärischem und zivilem Personal besetzt werden;

- fachliche und organisatorische Kompetenz auf allen Ebenen nach Möglichkeit zusammenzuführen sind.

4. Der Dresdner Erlass (21. März 2012)

Der Bundesminister   Dresden, 27. März 2012

Innenverteiler III

nachrichtlich:
Außenverteiler I - IX – Ebene A

BETREFF **Grundsätze für die Spitzengliederung, Unterstellungsverhältnisse und Führungsorganisation im Bundesministerium der Verteidigung und der Bundeswehr**

Hiermit erlasse ich mit Wirkung vom 1. April 2012 die nachfolgenden Grundsätze für die Spitzengliederung, Unterstellungsverhältnisse und Führungsorganisation im Bundesministerium der Verteidigung (BMVg) und der Bundeswehr.

Sie stehen in der Nachfolge des „Blankeneser Erlasses" vom 21. März 1970 und des „Berliner Erlasses" vom 21. Januar 2005.

Die neuen Grundsätze berücksichtigen, dass

- der Generalinspekteur der Bundeswehr truppendienstlicher Vorgesetzter der Soldaten in den Streitkräften und Teil der Leitung des BMVg wird;
- die Inspekteure ihre militärischen Organisationsbereiche außerhalb des Ministeriums führen;
- im Sinne einer stärker bundeswehrgemeinsamen Aufgabenerfüllung die Abteilungen im BMVg – aber auch nachgeordnete Behörden und Dienststellen – verstärkt statusübergreifend mit militärischem und zivilem Personal besetzt werden;
- fachliche und organisatorische Kompetenz auf allen Ebenen nach Möglichkeit zusammenzuführen sind.

- 2 -

Die zum 10. Oktober 2011 bekannt gegebene grundlegende Struktur des BMVg wird damit ergänzt mit dem Ziel, dass die leitenden Prinzipien der Neuausrichtung wie gemeinsame Aufgabenerfüllung, Bündelung von Verantwortung, Reduzierung von Schnittstellen und die Zusammenfassung von Verantwortung und Zuständigkeit sich ausgehend von der ministeriellen Spitze durchgehend in der gesamten Bundeswehr realisieren.

Ergänzende Regelungen und Vorgaben im Geschäftsbereich des BMVg sind an diese Grundsätze gebunden.

Grundsätze für die Spitzengliederung, Unterstellungsverhältnisse und Führungsorganisation im BMVg und der Bundeswehr:

BMVg und nachgeordneter Bereich

Das BMVg ist als oberste Bundesbehörde weder Teil der Streitkräfte noch der Bundeswehrverwaltung. Alle zivilen und militärischen Angehörigen des Ministeriums stehen – entsprechend dem organisatorischen ministeriellen Aufbau – in allgemeindienstlichen Unterstellungsverhältnissen und nehmen ihre Aufgaben auf der Grundlage von dienstlichen Weisungen/Anordnungen übergeordneter Mitarbeiter wahr bzw. führen ihnen unterstellte Personen durch dienstliche Weisungen/Anordnungen unabhängig vom jeweiligen dienstrechtlichen Status. Militärischer Vorgesetzter einschließlich Disziplinarvorgesetzter der Soldaten innerhalb des Ministeriums ist allein der Bundesminister der Verteidigung[*] bzw. - in seiner Vertretung - der zuständige beamtete Staatssekretär.

Die Zusammenarbeit der Abteilungen des Ministeriums richtet sich nach der Gemeinsamen Geschäftsordnung der Bundesministerien (GGO), der Ergänzenden Geschäftsordnung des Bundesministeriums der Verteidigung (GO-BMVg) sowie ggf. ergänzenden Festlegungen.

Dem Ministerium nachgeordnet sind die Streitkräfte, die Wehrverwaltung, die Militärseelsorge und die Rechtspflege der Bundeswehr. Die Streitkräfte bestehen aus den militärischen Organisationsbereichen der Teilstreitkräfte Heer, Luftwaffe und Marine sowie dem Zentralen Sanitätsdienst der Bundeswehr und der Streitkräftebasis. Hinzu kommen die dem Ministerium unmittelbar unterstellten militärischen Dienststellen. Die Wehrverwaltung besteht aus dem Organisationsbereich Personal, dem Organisationsbereich Ausrüstung, Informationstechnik und Nutzung sowie dem Organisationsbereich Infrastruktur, Umweltschutz und Dienstleistungen. Die ministerielle Steuerung

---

[*] Zugunsten der besseren Lesbarkeit, werden in diesem Dokument Amtsbezeichnungen jeweils nur in einer geschlechtlichen Form benutzt.

des nachgeordneten Bereiches erfolgt ungeachtet spezifischer Zuordnungen und militärischer Unterstellungsverhältnisse durch die jeweils zuständigen ministeriellen Organisationselemente.

I. Leitung des BMVg

1. Der Bundesminister der Verteidigung ist gem. Art. 65a Grundgesetz (GG) Inhaber der Befehls- und Kommandogewalt über die Streitkräfte sowie gem. Art. 65 GG Ressortchef aller Organisationsbereiche seines Geschäftsbereichs. Er ist höchster Vorgesetzter aller Soldaten, Beamten und Arbeitnehmer der Bundeswehr.

   Dem Bundesminister der Verteidigung sind neben Entscheidungen, die ihm Gesetze oder sonstige Vorschriften zuweisen, abschließende Entscheidungen über folgende Angelegenheiten seines Geschäftsbereichs vorbehalten:

   > Fragen von grundsätzlicher oder politisch besonderer Bedeutung;

   > Zentrale Fragen der Struktur und Gliederung der Bundeswehr;

   > Personalangelegenheiten gem. den ergänzenden Festlegungen des Bundesministers der Verteidigung;

   > Einsätze[**] der Bundeswehr außerhalb des Hoheitsgebietes der Bundesrepublik Deutschland
   >> i. im Rahmen internationaler Bündnisse/Organisationen (z.B. NATO, EU, VN),
   >> ii. unter nationaler Führung, z.B. militärische Evakuierungsoperationen,
   >> iii. zur humanitären Hilfe;

   > Dauereinsatzaufgaben;

   > Hilfeleistungen im Hoheitsgebiet der Bundesrepublik Deutschland bei Naturkatastrophen und besonders schweren Unglücksfällen.

2. Gemeinsam mit dem Bundesminister der Verteidigung bilden die Parlamentarischen Staatssekretäre und die Staatssekretäre die Leitung des BMVg (§ 6 der GGO). Der Generalinspekteur der Bundeswehr ist als militärischer Berater der Bundesregierung und als höchster militärischer Repräsentant der Bundeswehr Teil der Leitung des BMVg.

[**] Der Begriff des Einsatzes wird hier und in der weiteren Folge des Erlasses im militärfachlichen Sinne verwendet, unabhängig davon, ob es sich dabei um einen **Einsatz i.S.v. Art. 87a Abs. 2 GG** oder einen **Einsatz bewaffneter Streitkräfte** i.S.d. Parlamentsbeteiligungsgesetzes oder um eine schlichte **Verwendung** von Streitkräften, beispielsweise im Rahmen der Amtshilfe handelt. Ein Einsatz in diesem Verständnis liegt danach vor, wenn die Streitkräfte einen besonders angeordneten, in der Regel befristeten, jenseits von Routinedienstbetrieb, Ausbildung und Übung angesiedelten Auftrag erfüllen, unabhängig davon, wie dieser Einsatz rechtlich einzuordnen ist.

- 4 -

3. Die Parlamentarischen Staatssekretäre unterstützen den Bundesminister der Verteidigung bei der Erfüllung seiner Regierungsaufgaben gemäß den ergänzenden Festlegungen des Bundesministers der Verteidigung oder nach Entscheidung des Bundesministers der Verteidigung im Einzelfall.

   Für die hierfür erforderliche Zuarbeit bedienen sich die Parlamentarischen Staatssekretäre der Abteilungen und Organisationselemente des Ministeriums über den jeweils zuständigen Staatssekretär, mit dem sie Einvernehmen herbeiführen. Die Verantwortung der Staatssekretäre bleibt davon unberührt. Die Parlamentarischen Staatssekretäre vertreten sich gegenseitig.

4. Die Staatssekretäre vertreten den Minister in ihren Zuständigkeitsbereichen, die sich aus den ergänzenden Festlegungen des Bundesministers der Verteidigung ergeben. Sie sind für die zielorientierte Wahrnehmung der Aufgaben des Geschäftsbereichs verantwortlich. Sie entscheiden in Verwaltungs- und entsprechenden militärischen Angelegenheiten in der Regel abschließend. Die Staatssekretäre vertreten sich gegenseitig.

5. Vorlagen an den Bundesminister der Verteidigung und an die Parlamentarischen Staatssekretäre sind über den jeweils verantwortlichen Staatssekretär vorzulegen. Im Übrigen sind Leitungsvorlagen an den jeweils verantwortlichen Staatssekretär zu richten, gegebenenfalls unter Beteiligung des anderen Staatssekretärs. Der Dienstweg ergibt sich aus den ergänzenden Festlegungen des Bundesministers der Verteidigung und der GO-BMVg.

6. In allen leitungsrelevanten Angelegenheiten, die Auswirkungen auf den Haushalt haben, ist der für die Haushaltsabteilung zuständige Staatssekretär im Hinblick auf seine umfassende Haushaltsverantwortung zu beteiligen.

II. Militärische Spitzengliederung, Unterstellungsverhältnisse und Führungsorganisation in den Streitkräften und in der Wehrverwaltung

1. Der Generalinspekteur der Bundeswehr ist der ranghöchste Soldat der Bundeswehr. Er ist insoweit berechtigt, verbindliche Grundlagen für alle Soldaten der Bundeswehr festzulegen, unabhängig von derer Zugehörigkeit zu einem jeweiligen Organisationsbereich.

   Er ist der höchste militärische Repräsentant der Bundeswehr und militärischer Berater der Bundesregierung. Er ist für die Gesamtkonzeption der militärischen Verteidigung einschließlich der Planung und der Weiterentwicklung sowie für die Führung der Streitkräfte verantwortlich. Seine Unterstellung unter die Staatssekretärebene, seine Zuständigkeiten sowie die ihm unterstellten Abteilungen ergeben sich aus den ergänzenden Festlegungen des Bundesministers der Verteidigung. Im Rahmen seiner Verantwortlichkeiten wird der

- 5 -

Generalinspekteur der Bundeswehr darüber hinaus durch alle Abteilungen des BMVg unterstützt, ohne dass hieraus zusätzliche Zuständigkeiten und Entscheidungsbefugnisse erwachsen.

2. Der Stellvertreter des Generalinspekteurs der Bundeswehr vertritt den Generalinspekteur der Bundeswehr bei dessen Abwesenheit. Er ist Anwesenheitsvertreter in ministeriellen Fachaufgaben nach Festlegung des Generalinspekteurs der Bundeswehr. Er ist keine eigene ministerielle Instanz.

3. Die Streitkräfte sind dem Generalinspekteur der Bundeswehr in jeder Hinsicht unterstellt. Der Generalinspekteur der Bundeswehr ist unmittelbarer Vorgesetzter nach § 1 der Vorgesetztenverordnung (VorgV) der in den Streitkräften eingesetzten Soldaten und Vorgesetzter der dort eingesetzten zivilen Mitarbeiter. Soweit er zum Disziplinarvorgesetzten für Soldaten außerhalb der Streitkräfte bestimmt wird, ist er im Hinblick darauf Vorgesetzter nach § 3 VorgV.

4. Die Inspekteure führen ihre Teilstreitkraft bzw. ihren militärischen Organisationsbereich außerhalb des BMVg und sind unmittelbare Vorgesetzte nach § 1 VorgV aller Soldaten ihrer Organisationsbereiche. Die Leiter der dem BMVg unmittelbar unterstellten Dienststellen der Streitkräfte sind unmittelbare Vorgesetzte aller Soldaten ihres Bereichs.

   Der Inspekteur des Zentralen Sanitätsdienstes der Bundeswehr ist neben seiner Funktion als unmittelbarer Vorgesetzter des Zentralen Sanitätsdienstes zugleich oberster Fachvorgesetzter (§ 2 VorgV) aller Soldaten des Sanitätsdienstes in der Bundeswehr. In sanitätsdienstlichen Angelegenheiten kann er im Rahmen seiner Zuständigkeit auch verbindliche Vorgaben für den übrigen Bereich der Bundeswehr machen.

5. Der Generalinspekteur der Bundeswehr beruft unter seinem Vorsitz einen Militärischen Führungsrat (MFR) ein, um gemeinsame Angelegenheiten der Streitkräfte von grundsätzlicher Bedeutung zu erörtern. Der MFR dient der streitkräftegemeinsamen Willensbildung und der Vorbereitung von Entscheidungen des Generalinspekteurs der Bundeswehr. Formale Entscheidungskompetenzen kommen dem MFR nicht zu.

6. Soldaten, die außerhalb der Streitkräfte, insbesondere in Behörden und Dienststellen der Bundeswehrverwaltung verwendet werden, werden aus der durchgängigen Befehlskette der Streitkräfte herausgelöst.

   Sie stehen in allgemeindienstlichen Unterstellungsverhältnissen entsprechend dem jeweiligen organisatorischen Aufbau und werden auf der Grundlage dienstlicher Weisungen/Anordnungen geführt bzw. führen selbst auf dieser Grundlage, sofern sie eine Leitungsfunktion innehaben. Die Befehls- und Kommandogewalt des Bundesministers der Verteidigung wird dadurch nicht beeinträchtigt. Diese Soldaten werden durch den Leiter der jeweiligen Behörde/Dienststelle geführt. Ihre soldatischen Rechte und Pflichten bleiben ebenso wie die Zuständigkeit für deren Personalführung unberührt. Die aufgrund des Soldatenstatus wahrzunehmenden truppendienstlichen Angelegenheiten sind durch den Leiter der Dienststelle/Behörde sicherzustellen. Zur Unterstützung des Dienststellen-/Behördenleiters in diesen Angelegenheiten wird in der Dienststelle/Behörde ein „Beauftragter für Angelegenheiten des militärischen Personals" eingerichtet. Dieser ist im Regelfall Disziplinarvorgesetzter der Soldaten in der Dienststelle/Behörde und im Hinblick darauf Vorgesetzter nach § 3 VorgV. Die Vorgaben an die Dienststellen-/Behördenleiter zur Wahrnehmung dieser Verantwortung werden durch das BMVg erstellt. [***]

III. Einsatzführung

1. Der Generalinspekteur der Bundeswehr ist für die Planung, Vorbereitung, Führung und Nachbereitung der Einsätze der Bundeswehr verantwortlich. Neben seinen Befehlsbefugnissen gegenüber den Streitkräften führt er die Einsätze über die ihm unterstellten Abteilungen, insbesondere die Abteilung „Strategie und Einsatz" sowie das Einsatzführungskommando der Bundeswehr. Darüber hinaus sind alle Abteilungsleiter des BMVg – unbeschadet ihrer Zuständigkeit und Verantwortlichkeit – hinsichtlich konkreter Einsätze zur Zusammenarbeit mit dem Generalinspekteur der Bundeswehr angewiesen.

2. Während laufender Einsätze der Bundeswehr im Ausland ergehen Weisungen für die Einsatzkontingente bzw. Einsatzkräfte ausschließlich innerhalb des Unterstellungs- bzw. Weisungsverhältnisses für den Einsatz (Generalinspekteur der Bundeswehr, Abteilung Strategie und Einsatz, Einsatzführungskommando der Bundeswehr). Ziffer III.1 bleibt unberührt. Für die Meldewege gilt Entsprechendes. Die fachlichen Zuständigkeiten innerhalb des BMVg oder des nachgeordneten Bereichs bleiben unberührt.

IV. Personalwesen

1. Der Abteilungsleiter Personal verantwortet den Personalprozess im Sinne eines bundeswehrgemeinsamen Ansatzes. Er ist verantwortlich für die personelle Bedarfsdeckung der Bundeswehr und des BMVg. Hierzu stimmt er sich umfassend und zeitgerecht mit dem Bereich des Generalinspekteurs der Bundeswehr sowie den übrigen Abteilungen ab.

[***] Ziff. 6 bezieht sich ausschließlich auf Soldaten, die außerhalb der Streitkräfte, aber im Geschäftsbereich des BMVg verwendet werden. Für Soldaten, die in anderen Geschäftsbereichen oder in internationalen Organisationen zum Einsatz kommen, erfolgen gesonderte Festlegungen.

2. Im Rahmen ihrer fachlichen Zuständigkeiten stellen der Bereich des General-inspekteurs der Bundeswehr und die übrigen Abteilungen als Bedarfsträger Forderungen an die Personalführung.

3. Darüber hinaus ist die Abteilung Personal zuständig für die Sozialen Angele-genheiten der Bundeswehr.

V. Ausrüstung, Informationstechnik und Nutzung

1. Der Abteilungsleiter Ausrüstung, Informationstechnik und Nutzung trägt die Gesamtverantwortung für den Ausrüstungs- und Nutzungsprozess und die IT-Strategie in der Bundeswehr. Er ist zuständig für die Erstellung und Weiter-entwicklung der entsprechenden Verfahrensregeln. Darüber hinaus ist er zu-ständig für die Grundsätze der Beschaffung und des Vergabewesens in der Bundeswehr.

2. Die „Materialverantwortung für die Einsatzreife" liegt im Zuständigkeitsbereich der Abteilung Ausrüstung, Informationstechnik und Nutzung, dagegen liegt die „Betriebs- und Versorgungsverantwortung für den Erhalt der Einsatzfähigkeit und Einsatzbereitschaft" im Zuständigkeitsbereich des Generalinspekteurs der Bundeswehr.

VI. Infrastruktur, Umweltschutz und Dienstleistungen

1. Der Abteilungsleiter Infrastruktur, Umweltschutz und Dienstleistungen trägt die Gesamtverantwortung für das Liegenschaftswesen der Bundeswehr im In-und Ausland sowie im Einsatz einschließlich aller damit verbundenen Dienst-leistungen. Dazu gehören der Bau und der Betrieb von Liegenschaften. Er ist verantwortlich für die Verpflegung und die bewirtschaftete Betreuung im Grundbetrieb, im Ausland und im Einsatz.

2. Er verantwortet die Wahrnehmung der gesetzlichen Schutzaufgaben unter anderem im Bereich Umweltschutz, Naturschutz, Arbeitsschutz, Brandschutz und Gefahrgutwesen. Er nimmt für die Bundeswehr und die alliierten Streit-kräfte in Deutschland die Aufgabe der öffentlich-rechtlichen Aufsicht wahr.

Die Weisung über die Aufgabenverteilung im Bereich der strukturellen und quantitati-ven Personalplanung („Birckholtz-Erlass" vom 18. Dezember 1970), über die Grund-sätze für Aufgabenzuordnung, Organisation und Verfahren im Bereich der militäri-schen Spitzengliederung („Berliner Erlass" vom 21. Januar 2005), über die Verant-wortlichkeiten für Einsätze der Bundeswehr im Ausland sowie Hilfeleistungen der

- 8 -

Bundeswehr bei Naturkatastrophen und besonders schweren Unglücksfällen im In-
und Ausland sowie bei sonstigen Fällen der Amtshilfe (Führungsweisung vom
30. Mai 2008) sowie über die Verantwortlichkeiten im Bereich der Leitung (vom
16. Februar 2010) hebe ich auf.

Dr. Thomas de Maizière

5. Zwischenbericht zum Stand der Neuausrichtung (Auszüge, März 2013)

Bundesministerium
der Verteidigung

BERICHT ZUM STAND DER
Neuausrichtung der
Bundeswehr

8. MAI 2013

Bundeswehr
Wir. Dienen. Deutschland.

INHALTSVERZEICHNIS

A AUSGANGSBASIS **4**

1 Sicherheitspolitische Rahmenbedingungen **4**

2 Vorgaben/Vorarbeiten **5**
2. 1   Koalitionsvertrag 5
2. 2   Kabinettauftrag 6
2. 3   Bericht Generalinspekteur an den Deutschen Bundestag 6
2. 4   Strukturkommission 8
2. 5   Kabinettbeschluss 10

B GRUNDLAGENDOKUMENTE DER NEUAUSRICHTUNG **11**

1 Verteidigungspolitische Richtlinien **11**

2 Eckpunktepapier **13**

3 Dresdner Erlass **14**

C ZIELE DER NEUAUSRICHTUNG **16**

1 Einsatzorientierung **16**

2 Demographiefestigkeit **16**

3 Nachhaltige Finanzierung **17**

D ZENTRALE FESTLEGUNGEN DER NEUAUSRICHTUNG **18**

1 Steuerung nach Wirkung und Wirtschaftlichkeit **18**

2 Prinzipien für die Ausprägung des Fähigkeitsprofils **19**

3 Personal **21**

4 Material **23**

5 Organisation **25**
5. 1   Strukturen 25
       Bundesministerium der Verteidigung 26
       Streitkräfte 26
       Bundeswehrverwaltung 35
       Ressortübergreifende Aufgabenwahrnehmung 38
5. 2   Prozesse 40
       Grundsätze 40
       Integrierter Planungsprozess 40
       Ausrüstungs- und Nutzungsprozess 41
5. 3   Organisationskultur 41

6 Stationierung **43**

E REALISIERUNG **44**

2

1	**Realisierungsplanung**	**44**
2	**Personal**	**45**
2. 1	Reformbegleitprogramm	45
2. 2	Personalbestand	47
	Berufssoldaten /Soldaten auf Zeit	47
	Freiwilligen Wehrdienst Leistende	47
	Zivilpersonal	48
2. 3	Ressortübergreifende Personalvermittlung	48
3	**Material**	**49**
4	**Organisation**	**50**
4. 1	Bundesministerium der Verteidigung	50
4. 2	Streitkräfte und Bundeswehrverwaltung	52
5	**Stationierung**	**53**
5. 1	Standorte/ Liegenschaften	53
5. 2	Investitionen Infrastruktur	54
F	**BUNDESWEHR UND GESELLSCHAFT**	**56**
1	**Freiwilliger Wehrdienst**	**56**
2	**Reservisten**	**56**
3	**Veteranen**	**57**
G	**AUSBLICK**	**60**
H	**ZUSAMMENFASSENDE BEWERTUNG**	**62**

3

291

D Zentrale Festlegungen der Neuausrichtung

1 Steuerung nach Wirkung und Wirtschaftlichkeit

Strategische Steuerung im Geschäftsbereich des BMVg erfolgt über strategische Ziele. Damit findet das bewährte Prinzip „Führen mit Auftrag" Anwendung. Im Rahmen der strategischen Steuerung nutzen Führungskräfte Controlling, um strategische Ziele zu setzen, zu vereinbaren und nachzuhalten. Auf diese Weise entsteht eine zielbasierte, zukunftsorientierte und ganzheitliche Steuerung nach Wirkung und Wirtschaftlichkeit, die der Vorgabe konsequenter Einsatzorientierung folgt und sogleich die ebenengerechte Verantwortung sicherstellt.

Zielorientierte Steuerung nach Wirkung und Wirtschaftlichkeit erfolgt in dem Verständnis, dass insbesondere im Einsatz ein Vorrang der Wirkung gegenüber der Wirtschaftlichkeit gegeben sein kann.

Strategische Steuerung im Geschäftsbereich des BMVg konzentriert sich auf die folgenden strategischen Handlungsfelder:

- Bundeswehr und Gesellschaft.
- Einsatzfähigkeit und Einsätze im nationalen und multinationalen Kontext.
- Finanzierung.
- Personal.
- Ausrüstung.
- Infrastruktur.
- Strukturen, Prozesse und Verfahren.

Das strategische Zielsystem des Geschäftsbereichs BMVg ist nach diesen Handlungsfeldern gegliedert und durchgängig handlungsleitend. Durch den Vorrang der Optimierung der Bundeswehr als Gesamtsystem vor der Perfektionierung ihrer Teile ist sichergestellt, dass alle Aktivitäten in der Bundeswehr der gemeinsamen Zielsetzung dienen. Das strategische Zielsystem unterliegt einer kontinuierlichen Validierung, Ergänzung und Anpassung.

Aufgabe der strategischen Steuerung ist es, für zu erbringende Leistungen die notwendigen Ressourcen bereit zu stellen. Dabei sind die haushalterischen Rahmenbedingungen zu berücksichtigen. Das verlangt die konsequente Priorisierung der bereit zu stellenden Fähigkeiten. Dazu bringt sich Controlling mit den Prozessen Zielsetzung, Zielvereinbarung

18

und Zielnachhaltung auf der Grundlage der strategischen Ziele der Leitung des BMVg in den Integrierten Planungsprozess ein.

Erfolgreiches Controlling verlangt das Zusammenwirken von Führungskräften und Controllern. Führungskräfte setzen Ziele, planen, entscheiden und koordinieren. Controller unterstützen die Führungskraft, indem Informationsbedarf gedeckt und Handlungsbedarf aufgezeigt wird. Controller zeigen übergreifende Zusammenhänge auf, bewerten diese und schaffen damit Transparenz über Ziele, Leistungen, Prozesse sowie Ressourcen.

2 Prinzipien für die Ausprägung des Fähigkeitsprofils

Aus dem Auftrag der Bundeswehr ergeben sich folgende Vorgaben für die Ausprägung der Fähigkeiten:

- Bereitstellen eines breiten Fähigkeitsspektrums mit einer Vielfalt einzelner Fähigkeiten zur Sicherstellung vielfältiger sicherheitspolitischer Handlungsoptionen bei differenzierter Durchhaltefähigkeit.
- Modulare, skalierbare[6] und flexible Bereitstellung von Fähigkeiten im Verbund Führung - Aufklärung - Wirkung - Unterstützung mit Eskalationsvermögen, um auf unterschiedlichste Bedrohungen und Anforderungen reagieren zu können.
- Bereitstellung eines einheitlichen Kräftedispositivs im Sinne eines „Single Set of Forces" im gesamten Fähigkeits- und Aufgabenspektrum.
- Ausgestaltung des Fähigkeitsprofils in Breite (Vielfalt), Qualität (z.B. Ausbildung, Ausrüstung und Technologiestandards) und Quantität (z.B. differenziertes Durchhaltevermögen, Personal- und Materialumfänge und Parallelität von Einsätzen) einzelner Fähigkeiten.
- Multinationale Lastenteilung und Interoperabilität als Teil des sicherheitspolitischen Selbstverständnisses Deutschlands.

Dies erfordert:

- Orientierung am NATO „Level of Ambition" (LoA)[7] und am „EU Headline Goal"[8] mit einem angemessenen Beitrag zu einem ausgewogenen, den LoA beider Organisationen berücksichtigenden Fähigkeitsprofil.

---

[6] d.h. planbar zu steigern

293

- Umfassende Integration in Bündnisstrukturen.
- Zur Übernahme der Verantwortung als Rahmennation[9] Bereitstellung eines funktionellen Verbundes von Modulen aus den Bereichen Aufklärung, Führung und Unterstützung und des Kerns eines multinationalen Verbandes aus dem Bereich Wirkung.
- Gemeinsame multinationale Fähigkeitsentwicklung und Abstimmung des Fähigkeitsprofils mit Verbündeten. Dabei sind die NATO-Streitkräfteplanung und die laufenden Initiativen innerhalb der Bündnisse (SMART Defence, Multinational Approaches, Pooling/Sharing) zu berücksichtigen.
- Ausgewogenes Verhältnis zwischen dem finanziellen Aufwand für einzelne Fähigkeiten und dem Gesamtprofil der Fähigkeiten der Bundeswehr. Insbesondere für betriebs- und investivkostenintensive Systeme muss ein finanziell beherrschbarer Rahmen festgelegt werden. Die Ausstattung der Streitkräfte muss flexibel verwendbar und modular aufeinander abgestimmt sein. Sie muss in ihrer Kombination ein breites Fähigkeitsspektrum abdecken und das Potenzial zu Anpassung und Weiterentwicklung haben.

Die Bundeswehr verfährt zukünftig nach dem einheitlichen Organisationsgrundsatz, fachliche und organisatorische Kompetenz auf allen Ebenen zusammenzuführen. Das bedeutet in horizontaler Betrachtung die Auflösung mehrfach abgebildeter Fähigkeiten in den Strukturen. Alle ministeriellen Aufgaben werden in der neuen Struktur durch die jeweils zuständigen fachlichen Organisationselemente wahrgenommen. Das gleiche gilt innerhalb des unmittelbar dem BMVg nachgeordneten Bereichs.

In vertikaler Hinsicht heißt dies, Fachaufgaben in den unmittelbar dem Ministerium nachgeordneten Bereich abzuschichten. Auch Durchführungsaufgaben werden samt Verantwortung dorthin abgeschichtet. Für alle Aufgaben der Bundeswehr verbleibt jedoch die Steuerungs- und Aufsichtsfunktion, neben der strategischen Gestaltung von Politikfeldern und der Realisierung politischer Ziele, dem Ministerium vorbehalten. Damit ist eine Aufsichts- und Verantwortungskette vom BMVg über die Höheren Kommandobehörden und die Bundesämter bis zu den weiteren nachgeordneten Behörden gegeben.

---

[7] 2 Major Joint Operations (MJO), 6 Smaller Joint Operations (SJO)
[8] Verlegung von bis zu 60.000 Soldaten binnen 60 Tagen für ein Jahr, grundsätzlich ohne geografische Begrenzung
[9] Übernahme von politischer, völkerrechtlicher und ggf. finanzieller Verantwortung durch internationale vertragliche Bindung

Im Ergebnis entstehen klare, an Prozessen orientierte Strukturen und Schnittstellen. Insgesamt wird hiermit eine bessere Verzahnung von BMVg, Streitkräften und Bundeswehrverwaltung sowie eine umfangreichere und übergreifendere Zusammenarbeit der Organisationsbereiche untereinander erreicht.

Dies wird auch durch den vermehrten Aufbau zivil-militärischer Strukturen unterstützt. Die zivilen Angehörigen der Bundeswehrverwaltung arbeiten Hand in Hand mit den Soldaten und umgekehrt. Dies fördert gemeinsames, integratives Denken, auf gemeinsame Ziele abgestimmtes Handeln und effektive Aufgabenerfüllung.

3 Personal

Die Neuausrichtung der Bundeswehr bedingt einen grundlegenden Umbau des militärischen und zivilen Personalkörpers bei gleichzeitig signifikantem Abbau.

Zu dem im Koalitionsvertrag angewiesenen Maßnahmenpaket, welches den Umbau des Personalkörpers flankiert, gehören u.a. die Verbesserung der Vereinbarkeit von Familie und Dienst/Beruf, die Schaffung von Kinderbetreuungsmöglichkeiten, die Reduzierung der Versetzungshäufigkeit sowie die zügige Fortführung der Modernisierung „Kasernen-West" und die Schaffung einer zentralen Zuständigkeit der Justiz für die Verfolgung von Straftaten von Soldaten, die diesen in Ausübung ihres Dienstes im Ausland vorgeworfen werden.

Die wesentlichen personellen Ziele der Neuausrichtung sind:

- Erhöhen der Einsatzorientierung durch Verjüngung des Personalkörpers und längere Verwendung auf Dienstposten,
- Verringern der Regenerationsumfänge durch längere Verpflichtungszeiten,
- Erhöhen der Flexibilität durch Erhöhung des Anteils der Soldaten auf Zeit (SaZ) zu Lasten der Berufssoldaten (BS),
- Steigerung der Attraktivität der Laufbahn der Mannschaften.

Das Personalstrukturmodell (PSM) 185[10] legt eine regenerative Struktur für den militärischen Personalkörper fest, die aus den personellen Zielen, den Fähigkeiten, Aufgaben und Organisationsstrukturen abgeleitete Vorgaben für die militärische Personalgewinnung und -

---

[10] Bezeichnung abgeleitet vom Grundumfang 185.000. Im weiteren nur noch PSM 185 genannt.

21

entwicklung macht. Darüber hinaus sind im PSM 185 die Umfänge für die Ausplanungen der Organisationsbereiche in Dotierungen und Laufbahnen vorgegeben und die erweiterten Verpflichtungsreichweiten bis zu SaZ 25 für alle Laufbahngruppen berücksichtigt.

Für das militärische Personal gelten folgende Eckwerte:

(1) Gesamtumfang:	**bis zu 185.000**
(2) Aufteilung nach Teilumfängen:	
Dienstpostenumfang:	160.000
davon:	145.000 BS/SaZ
	bis zu 12.500 FWDL[11]
Reservistenumfang:	2.500
Ausbildungsumfang[12]:	25.000 BS/SaZ
(3) Aufteilung nach Status-/ und Laufbahngruppen:	
BS/SaZ:	170.000, davon 45.000 BS
davon:	Offiziere ca. 36.000 (ca. 21% aller BS/SaZ)
	Unteroffiziere ca. 92.000 (ca. 54% aller BS/SaZ)
	Mannschaften SaZ ca. 42.000 (ca. 25% aller BS/SaZ)
RDL[13]:	2.500

Tabelle 1: Grundumfang und dessen Aufteilung in Teilumfänge

Aus den im PSM 185 errechneten Umfängen und zu Grunde gelegten (noch zu realisierenden) Verpflichtungsreichweiten ergibt sich ein jährlicher Regenerationsbedarf von rund 12.500 BS/SaZ.

Der Personalumfang des Zivilpersonals der Bundeswehr wird auf ca. 55.000 zurückgeführt[14].

---

[11] freiwilligen Wehrdienst Leistende (FWDL)
[12] „Schülerstellen"
[13] Reservistendienst Leistende
[14] Berechnungsgröße sind – wegen Teilzeitregelungen u.ä. – so genannte „Vollzeitäquivalente", welche mit Haushaltsstellen (HHSt) abgedeckt sind.

Derzeit[15] beträgt der zivile Gesamtpersonalbestand der Bundeswehr 96.600 Beschäftigte, davon rund 24.500 Beamte, 67.800 Arbeitnehmer sowie 4.300 Auszubildende und Beamte auf Widerruf. In diesem Gesamtpersonalbestand sind auch die Beschäftigten enthalten, die weder Dienstposten noch Haushaltsstellen (HHSt) in Anspruch nehmen (Beurlaubte/Azubis, rund 6.550) bzw. keinen Dienstposten besetzen, weil sie nicht mehr aktiven Dienst leisten (Altersteilzeit in Freistellung/Härtefallregelung nach dem Tarifvertrag Umbau Bw/ TV UmBw, rund 17.350). Hierbei handelt es sich demnach um insgesamt rund 23.900 Beschäftigte, so dass ein aktiver Personalbestand von rund 72.700 Zivilbeschäftigten zu verzeichnen ist.

Zum Stand 28. Februar 2013 wurden 84.800 HHSt in Anspruch genommen, davon rund 16.600 für nicht aktives Personal. Unter Berücksichtigung der Teilzeitbeschäftigten ist mit dem neuen Zielumfang von ca. 55.000 HHSt die Beschäftigung von künftig rd. 58.800 aktiven zivilen Beschäftigten möglich. Der jährliche Regenerationsbedarf für Beamte und Arbeitnehmer beläuft sich auf rund 1.300.

4 Material

Im Zuge der Neuausrichtung ist es Ziel, die vorhandene und geplante Ausrüstung der Bundeswehr an das neue Fähigkeitsprofil anzupassen, eine frühestmögliche Wirksamkeit der entsprechenden Maßnahmen im Haushalt zu erreichen und planerischen Freiraum zurück zu gewinnen. Dafür wurden derzeitige Bestände und die Umfänge laufender und geplanter Beschaffungsvorhaben überprüft. Für den Ausrüstungsumfang wird ein Neuansatz verfolgt, der sich noch stärker an den wahrscheinlichen Einsätzen orientiert. Es tritt ein zielvorgabenorientierter Ausrüstungsumfang an die Stelle des bisherigen Prinzips der Vollausstattung der Strukturen. Es wird nur noch der Umfang beschafft, der zur Gewährleistung des priorisierten Fähigkeitsprofils mit den daraus abgeleiteten Kräftedispositiven einschließlich der notwendigen Ausbildung erforderlich ist.

Die in der nachfolgenden Tabelle aufgeführten Zahlen geben die durch den Bundesminister der Verteidigung gebilligten Obergrenzen der strukturrelevanten Hauptwaffensysteme der Teilstreitkräfte vor.

---

[15] Stand: 31. Januar 2013

23

Strukturrelevante Hauptwaffensysteme der Streitkräfte (ohne die Systeme im Bereich AIN)	IST bzw. ursprüngliche Planung	Obergrenzen
Kampfpanzer LEOPARD 2	350	225
Schützenpanzer PUMA / Schützenpanzer MARDER	410 / 70	350 / -
Gepanzertes Transportkraftfahrzeug BOXER	272	272
Transportpanzer FUCHS	765	898
Aufklärungsfahrzeug FENNEK (alle Varianten)	212	217
Panzerhaubitze 2000	148	89
Raketenwerfer MARS	55	38
WaBEP (Wirkmittel zur abstandsfähigen Bekämpfung von Einzel- und Punktzielen)**	3	2
Mehrzweckhubschrauber NH-90	122	80
Unterstützungshubschrauber TIGER	80	40
Hubschrauber BO-105	145	-
EUROFIGHTER*	177	140
TORNADO	185	85
Transportflugzeug C-160 / A400M	80 / 60	60 / 40
Mittlerer Transporthubschrauber CH-53	82	64
Unbemanntes Luftfahrzeug EUROHAWK	5	5
Unbemanntes Luftfahrzeug GLOBAL HAWK (nat. Beistellung Nato AGS Core)	6	4
SAATEG MALE (System zur abbildenden Aufklärung in der Tiefe des Einsatzgebietes)	22	16
CSAR (Combat Search and Rescue)**	19	19
Flugabwehrraketensystem PATRIOT / MEADS***	29 / 12	14 / 0
Flugabwehrsystem MANTIS (NBS C-RAM)	4	4
Seefernaufklärer P-3C ORION	8	8
Hubschrauber MK-41 SEAKING / MK-88A SEA LYNX / MH	21 / 22 / 0	0 / 0 / 30
Fregatten F122 / F123 / F124 / F125	8 / 4 / 3 / 4	- / 4 / 3 / 4
Korvette K130	5	5
Mehrzweckkampfschiff 180	8	6
U-Boot U212	6	6
Minenabwehreinheit	20	10
Flottendienstboot	3	3
Joint Support Ship**	2	2

*   Aus Sicht Lw müssen alle EUROFIGHTER mehrrollenfähig sein
**   zunächst keine Beschaffung
***   keine Beschaffung

Tabelle 2: Strukturrelevante Hauptwaffensysteme der Teilstreitkräfte

24

298

5 Organisation

5.1 Strukturen

Der Geschäftsbereich des BMVg umfasst das Ministerium und die Bundeswehr. Die Bundeswehr unterteilt sich in militärische und zivile Organisationsbereiche. Dem BMVg sind die Streitkräfte, die Bundeswehrverwaltung sowie die Organisationsbereiche Militärseelsorge und die Rechtspflege der Bundeswehr nachgeordnet.

In der Umsetzung der Aufgabenzuweisung auf die Organisationsbereiche, der Ausprägung des priorisierten Fähigkeitsprofils und des organisatorischen Leitprinzips der Zusammenführung von fachlicher und organisatorischer Verantwortung kommt es in der Bundeswehr zu umfangreichen Aufgabenverlagerungen.

Im Rahmen der Leistungserbringung aus einer Hand wird in dem neuen Organisationsbereich Personal die Nachwuchsgewinnung, Personalbearbeitung und der Berufsförderungsdienst für den Übergang der militärischen Kräfte in den Zivilberuf sowie die Ausbildung der Wehrverwaltung und Hochschulausbildung zusammengefasst. Vervollständigt wird dieses Portfolio durch die Übernahme des Sprachendienstes und der in der Bundeswehr verbleibenden Teile der Personalabrechnung.

Mit der Aufstellung des neuen Organisationsbereichs AIN wurde die Verantwortung für die Beschaffung und Nutzung der Ausrüstung der Bundeswehr inklusive der IT-Ausstattung grundsätzlich an einer Stelle zusammengeführt.

Der neue Organisationsbereich IUD ist der alleinige Kompetenzträger für Infrastrukturaufgaben, „Facility Management", Gesetzliche Schutzaufgaben, Brandschutz, Verpflegung und „Travel Management". Hierfür werden neben den entsprechenden Dienstposten aus den bisherigen militärischen und zivilen Organisationsbereichen beispielsweise auch der Betrieb der Truppenküchen, die zivilen Brandschutzkräfte und die Rechnungsführer übernommen.

In der Konsequenz ergibt sich durch diese Zusammenfassung der Aufgaben und Fähigkeiten eine verstärkte zivil-militärische Durchmischung der Strukturen in diesen Organisationsbereichen.

25

BUNDESMINISTERIUM DER VERTEIDIGUNG[16]

Für die Neuorganisation des BMVg hat der Bundesminister der Verteidigung folgende Vorgaben gemacht:

- Konzentration auf politische und strategische Kernaufgaben,
- Reduzierung von 12 auf 9 Abteilungen,
- Reduzierung von rund 3.500 auf 2.000 Dienstposten,
- zwei beamtete und zwei parlamentarische Staatssekretäre,
- gestärkte Stellung des Generalinspekteurs,
- die Inspekteure werden nicht mehr Teil des Ministeriums sein, sondern ihre Organisationsbereiche aus dem nachgeordneten Bereich heraus führen,
- im gesamten Ministerium wird so weit wie möglich ziviles und militärisches Personal in gemischt besetzbaren Organisationseinheiten gemeinsam eingesetzt.

Zielsetzung ist, die Wahrnehmung der ministeriellen Funktionen zu verbessern, eine stärkere Konzentration auf ministerielle und strategische Kernaufgaben zu erreichen, innerhalb des Ministeriums gleichartige Aufgaben, Kompetenzen und Verantwortlichkeiten sachgerecht zu bündeln und operative Angelegenheiten nach Möglichkeit auf die nachgeordneten Bereiche der Bundeswehr zu übertragen.

STREITKRÄFTE

Die Streitkräfte bestehen aus den militärischen Organisationsbereichen Heer, Luftwaffe und Marine (Teilstreitkräften), Zentraler Sanitätsdienst der Bundeswehr und Streitkräftebasis, sowie die dem Generalinspekteur der Bundeswehr unmittelbar unterstellten Dienststellen Einsatzführungskommando der Bundeswehr und – nach Unterstellungswechsel zum 1. Juli 2013 – Planungsamt der Bundeswehr. Jeder militärische Organisationsbereich verfügt über eine durch den jeweiligen Inspekteur geführte Höhere Kommandobehörde. Die Höheren Kommandobehörden vereinen truppendienstliche und fachliche Führungskompetenz, nehmen Planungs-, Führungs-, Lenkungs- und Kontrollaufgaben für den jeweiligen militärischen Organisationsbereich und durch BMVg zugewiesene, organisationsbereichsübergreifende Aufgaben wahr und bringen ihre Forderungen und Expertise in die Prozesse zur Bedarfsdeckung ein.

---

[16] siehe Anlage 1

26

Die Inspekteure tragen die Gesamtverantwortung für ihren Organisationsbereich und für die ihnen zugewiesenen Dauereinsatz- und organisationsbereichsübergreifenden Aufgaben. Sie sind in allen Fragen der Führung, der Einsatzfähigkeit und der Einsatzbereitschaft (inkl. der Einsatzvorbereitung) ihres Organisationsbereiches dem Generalinspekteur der Bundeswehr verantwortlich. Die Inspekteure sind für die Ausgestaltung der Binnenorganisation ihres Organisationsbereiches verantwortlich, die sich wiederum an den Zielen der Bundeswehr und den gesamtorganisatorischen Prinzipien ausrichtet. Sie besitzen – im Rahmen der ihnen zugewiesenen Ressourcen und unter Beachtung der durch den Bundesminister der Verteidigung oder den Generalinspekteur erlassenen Vorgaben – organisatorische Gestaltungshoheit und Delegationsrecht.

Die neuen Strukturen der Streitkräfte sind noch konsequenter einsatz- und fähigkeitsorientiert ausgelegt, Umfang und Struktur der operativen Elemente werden gestärkt und die Führungsstrukturen deutlich verschlankt. Weniger als 10% der Dienstposten sind in der jeweiligen Führungsorganisation der Organisationsbereiche ausgeworfen. In den Strukturen sind ausgewählte durchhaltbare Fähigkeiten für zum Beispiel lang andauernde konfliktverhütende und krisenbewältigende Maßnahmen sowie Fähigkeiten für das intensive Gefecht im Rahmen der Landes- und Bündnisverteidigung in einem ausgewogenen Umfang enthalten. Die Bundeswehr wird zur Übernahme der Verantwortung einer Rahmennation in bis zu zwei Einsatzgebieten (landgestützt), davon eines durchhaltefähig und eines zeitlich begrenzt (im Rahmen von Aufgaben zur schnellen Reaktion), und in einem maritimen Einsatz befähigt. Die Strukturen der Bundeswehr sind so ausgelegt, dass sich Deutschland personalschonend und mit Hilfe modernster Ausrüstung für die Streitkräfte an multinational durchgeführten militärischen Einsätzen bei Bedarf beteiligen kann. Die für eine längere Durchhaltefähigkeit erforderlichen Regenerationszeiten für die Einsatzkräfte sind sichergestellt.

Die Zuordnung verschiedener Fähigkeiten auf die militärischen Organisationsbereiche wird wie folgt verbessert:

- Verlagerung des taktisch/operativen Lufttransports mit CH-53 zur Luftwaffe,
- Konzentration des taktischen Lufttransports mit NH 90 beim Heer,
- Zuordnung von Counter IED[17] und Kampfmittelbeseitigung zum Heer,

---

[17] Counter Improvised Explosive Devices – Abwehrmaßnahmen gegen improvisierte Explosivmittel

- Bündelung der bodengebundenen Luftverteidigung und Flugabwehr bei der Luftwaffe,
- Übernahme der Weitverkehrsanteile der Führungsunterstützung durch die Streitkräftebasis,
- Zuordnung der ABC-Abwehr zur Streitkräftebasis,
- Zusammenfassung der Militärmusik in der Streitkräftebasis.

I. Organisationsbereich Heer[18]

Die Neuausrichtung des Heeres in der Struktur Heer 2011 stärkt die Grundstrukturen zugunsten der im Einsatz geforderten Kräfte und verbessert die Kohäsion und Modularität. In einem kleineren Heer wird durch klare Schwerpunktsetzung die Kernfähigkeit des Heeres – der Kampf – die Ausgewogenheit und die Durchhaltefähigkeit der Struktur gestärkt. Das Heer wird damit zukünftig über mehr Kampftruppe als bisher verfügen.

Das Kommando Heer ist die Ansprechstelle für das BMVg und nimmt Planungs-, Führungs-, Steuerungs- und Kontrollaufgaben für den Inspekteur des Heeres sowohl gegenüber den unmittelbar nachgeordneten Kommandobehörden in der Truppenstruktur als auch gegenüber den mit der Durchführung von Fachaufgaben befassten Dienststellen wahr.

Die beiden mechanisierten Divisionen werden insgesamt sechs ablöse- und durchhaltefähige Brigaden führen. Diese sind grundsätzlich gleich aufgebaut und bilden den Kern des Heeres. Sie sind in sich ausbildungs- und übungsfähig und in der Lage, Einsatzkontingente für das gesamte Aufgaben- und Intensitätsspektrum zu stellen. Die Verbände und Ausbildungseinrichtungen des Heeres sind zukünftig so stationiert, dass regionale Ausbildungs- und Übungsverbünde geschaffen werden. Dieses fördert die Kohäsion und verbessert die Einsatzbereitschaft.

Alle Brigaden verfügen künftig über die Fähigkeit zum infanteristischen Kampf mit mindestens zwei Bataillonen. Die verstärkte infanteristische Befähigung des Heeres umfasst Jägerbataillone mit dem Gepanzerten Transportkraftfahrzeug Boxer, Panzergrenadierbataillone mit dem Schützenpanzer Puma sowie Fallschirm- und Gebirgsjägerverbände. Damit verfügt das Heer über die Fähigkeit zum erfolgreichen Kampf in allen Operationsarten, Intensitäten und unter nahezu allen Gelände- sowie Klimabedingungen. Die Panzergrenadiere sind einerseits im abgesessenen Einsatz ein

---

[18] siehe Anlage 2

28

Element mit infanteristischer Befähigung, andererseits gehören sie zu den Panzertruppen und bilden mit den Panzerverbänden den mechanisierten Kern des Heeres.

Die Brigaden führen neben den Kampftruppenbataillonen auch Versorgungs-, Pionier- und Aufklärungsbataillone als unverzichtbare Kräfte für alle Arten von Landoperationen. Die Versorgungsbataillone verfügen als neue Qualität bereits auf der Kompanieebene über Instandsetzungs-, Nachschub- und Transportkräfte mit einem logistischen Führungs- und Steuerungselement. Die Kompanien sind bereits in der Grundstruktur den Kampftruppenbataillonen zugeordnet. Diese Bündelung logistischer Fähigkeiten verbessert die Unterstützung der Brigade für ein breites Aufgabenspektrum. Die Pionierbataillone sind mit Panzerpionier-, schweren Pioniermaschinen- sowie umfangreichen neuen Kampfmittelabwehrkräften ausgestattet. Die Aufklärungsbataillone führen Bodenaufklärungskräfte, luftgestützte Aufklärungsmittel (Drohnen), Radar- und Feldnachrichtenkräfte.

Die Division Schnelle Kräfte wird das Kommando Spezialkräfte und die Hubschrauberverbände des Heeres – künftig ausgestattet mit dem Unterstützungshubschrauber Tiger und dem leichten Transporthubschrauber NH 90 – sowie eine Luftlandebrigade neuen Zuschnitts mit zwei Fallschirmjägerregimentern führen. Die Division Schnelle Kräfte ist in der Lage, luftbewegliche Operationen, spezielle Operationen und spezialisierte Operationen – hier vor allem Militärische Evakuierungsoperationen – aus einer Hand zu planen und durchzuführen. In dieser Division wird damit ein entscheidender Beitrag zur nationalen Krisenvorsorge erbracht sowie die Fähigkeit des Heeres zur schnellen Reaktion und zur Luftbeweglichkeit gebündelt.

II. Organisationsbereich Luftwaffe[19]

Die Luftwaffe verlagert ihren Schwerpunkt von der Fähigkeit zum Kampf gegen das gegnerische Luftkriegspotenzial hin zu unterstützenden Luftoperationen sowie zur Überwachung und Aufklärung. Entsprechend den VPR priorisiert die Luftwaffe damit den wahrscheinlicheren Einsatz (Krisenbewältigung und Konfliktverhütung), ohne dabei auf die Fähigkeit zur Führung hochintensiver Luftoperationen zu verzichten.

---

[19] siehe Anlage 3

Die Aufgabenvielfalt erfordert militärische Handlungsoptionen im gesamten Intensitätsspektrum. Die Luftwaffe bleibt der Kompetenz- und Fähigkeitsträger in der dritten Dimension heutiger Einsatzszenarien. Der Erhalt eines breiten Fähigkeitsspektrums ist daher grundsätzlich höher zu priorisieren als der Erhalt einer durchgängig hohen Durchhaltefähigkeit. Das in der neuen Struktur abgebildete, qualitativ hochwertige Fähigkeitsspektrum der Luftwaffe erlaubt die Unterstützung von Einsätzen im Rahmen der Krisenbewältigung und Konfliktverhütung und stellt gleichzeitig nachhaltig die Beiträge für Landes-/ Bündnisverteidigung, militärische Evakuierungsoperationen und die Wahrnehmung der zugewiesenen Dauereinsatz und Pilotaufgaben sicher (z.B. Dauereinsatzaufgaben „Sicherheit im Luftraum", Beiträge zur „NATO Integrated Air Defence").

Die dafür erforderliche Führungsorganisation folgt stringent dem Grundsatz der Einheit von Aufgabe, Kompetenz und Verantwortung durch die Bündelung von Fachexpertise (inklusive Weiterentwicklung und Ausbildung) sowie truppendienstlicher Verantwortung in Fähigkeitskommandos. Die Ebene Division entfällt. Die Anzahl der Stäbe wird von neun auf vier reduziert.

Auf der ersten Führungsebene nimmt das Kommando Luftwaffe für den Inspekteur Luftwaffe die übergeordneten Planungs-, Führungs,- Steuerungs- und Kontrollaufgaben der Luftwaffe wahr und ist zentrale Ansprechstelle für das Ministerium und andere Organisationsbereiche.

Unterhalb des Kommando Luftwaffe werden die Fähigkeiten der Luftwaffe in drei Säulen – Zentrum Luftoperationen, Kommando Einsatzverbände Luftwaffe und Kommando Unterstützungsverbände Luftwaffe – abgebildet. Die jeweiligen Kommandos sind als Fähigkeitskommandos ausgeplant.

III. Organisationsbereich Marine[20]

Die Marine stellt in erster Linie Einsatzverpflichtungen sicher und ist befähigt, in multinationalen Operationen Führungsverantwortung zu übernehmen. Die neue Struktur der Marine erfasst maritime Expertise in einer flachen Führungsstruktur. Unter Verzicht auf eine Zwischenebene werden Aufgaben, Kompetenz und Verantwortung in einem integralen

---

[20] siehe Anlage 4

30

Marinekommando gebündelt. Hierzu gehören auch das „Maritime Operations Center" und der sogenannte „Fleet Entry Point", von dem aus der Flottenbetrieb gesteuert wird.

Das neue Marinekommando ist das Führungskommando des Inspekteurs der Marine. Von dort nimmt er auch die Betriebs- und Versorgungsverantwortung für den Erhalt der Einsatzfähigkeit und der Einsatzbereitschaft der Marine wahr.

Zum Zweck der Durchhaltefähigkeit im Einsatz und der Reduzierung der Abwesenheitsbelastung werden in den Flottillen Mehrbesatzungsmodelle vornehmlich für Fregatten, Korvetten, U-Boote und Minenabwehrfahrzeuge ausgeplant.

Für die Geschwader werden Einsatzausbildungszentren eingerichtet. Dies sind Vor-Ort-Ausbildungseinrichtungen, in denen die einsatzfreien Besatzungen geschult und einsatzfähig gehalten werden. Ein modularer, jederzeit einschiffbarer Einsatzstab mit einem Verbandsführer ist in jeder Flottille verfügbar, so dass zusammen mit dem Einsatzstab im Marinekommando insgesamt drei dieser Führungselemente etabliert werden.

Innerhalb der Einsatzflottille 1 entsteht künftig das neue Kommando Spezialkräfte der Marine. Die Spezialkräfte der Marine sichern den flexiblen Einsatz dieser Kräfte im maritimen Umfeld.

Gleichzeitig entsteht mit dem Seebataillon ein neuer Verband, in dem künftig Bordeinsatzteams die Fähigkeiten „Boarding" und „Vessel-Protection" abbilden. Eine Küsteneinsatzkompanie ist künftig mit der land- und seeseitigen Absicherung betraut, die Minentaucher sind für die Kampfmittelabwehr zuständig. Ein eigenes Ausbildungszentrum dient sowohl der Grund- und Einsatzausbildung des Verbandes als auch der Aus- und Weiterbildung.

Alle Marinefliegerkräfte werden künftig am Standort Nordholz zusammengeführt und dem Marinefliegerkommando unterstellt.

Das Marineunterstützungskommando führt die marineinternen Prozesse der Betriebs-, Einsatz- und Führungsunterstützung zusammen. In ihm werden auch die Prüfungen zur Einsatzfähigkeit des in der Marine genutzten Materials vor dessen Indienststellung durchgeführt. Darüber hinaus erstellt das Marineunterstützungskommando die logistische und betriebliche Bedarfsplanung und verantwortet die zeitgerechte Bereitstellung aller materiellen Einsatzunterstützungsleistungen inklusive der Führungsunterstützung.

31

- 8 -

Bundeswehr bei Naturkatastrophen und besonders schweren Unglücksfällen im In- und Ausland sowie bei sonstigen Fällen der Amtshilfe (Führungsweisung vom 30. Mai 2008) sowie über die Verantwortlichkeiten im Bereich der Leitung (vom 16. Februar 2010) hebe ich auf.

Dr. Thomas de Maizière

IV. **Organisationsbereich Zentraler Sanitätsdienst der Bundeswehr**[21]

Die konsequente Ausrichtung auf einsatzbezogene Aufgaben, die Verschlankung der Führungsstrukturen und die weitergehende Konzentration des Sanitätsdienstes der Bundeswehr auf approbationspflichtige Aufgaben sind die wesentlichen Bestimmungsgrößen für die Ausplanung des neuen Zentralen Sanitätsdienstes der Bundeswehr.

Durch die Konzentration auf sanitätsdienstliche Unterstützungsprozesse und die Ausrichtung auf approbationspflichtige Aufgaben wird die im Einsatz erreichte sanitätsdienstliche Qualität erhalten und die truppenärztliche Versorgung im Inland verbessert. Die Einsatzkräfte werden unter einheitlicher Führung zusammengefasst. Gleiches gilt für die regionalen Sanitätseinrichtungen mit Ausnahme der Bundeswehrkrankenhäuser. Durch die fähigkeitsorientierte Zusammenfassung der sanitätsdienstlichen Einsatzunterstützung und der regionalen sanitätsdienstlichen Versorgung wird auf die Führungsebene Großverband verzichtet und die Zahl der Kommandobehörden verringert. Die Sanitätskommandos werden aufgelöst. Der Anteil von Ärzten in Einrichtungen der Patientenversorgung steigt im Verhältnis zu denen in Stabsfunktionen.

Neben den militärischen Erfordernissen ist dem dynamischen wissenschaftlichen und medizinisch-technologischen Fortschritt Rechnung zu tragen. Im Bereich der Gesundheitsfürsorge sind die öffentlich-rechtlichen Aufgaben vor dem Hintergrund der Einsätze weiterhin mit Priorität wahrzunehmen.

In den übrigen militärischen Organisationsbereichen verbleiben unabdingbar notwendig spezifische sanitätsdienstliche Beratungs- und Unterstützungselemente. Die Eigenschaft des Fachvorgesetzten für den gesamten Sanitätsdienst der Bundeswehr bleibt unverändert beim Inspekteur des Sanitätsdienstes.

V. **Organisationsbereich Streitkräftebasis**[22]

Die Streitkräftebasis (SKB) bündelt bundeswehr- und streitkräftegemeinsame unterstützende Fähigkeiten für den Einsatz, den Grundbetrieb und für nationale territoriale Aufgaben. Sie stellt die Unterstützungsleistungen der Bundeswehr im Inland im Rahmen subsidiärer Aufgaben gemäß Artikel 35 GG sicher und trägt so zum Schutz der Bürgerinnen und Bürger

---

[21] siehe Anlage 5
[22] siehe Anlage 6

32

307

bei, etwa durch das territoriale Netzwerk der Landeskommandos sowie Bezirks- und Kreisverbindungskommandos.

In den Fähigkeitskommandos der SKB werden für die Logistik, die Führungsunterstützung, das Militärische Nachrichtenwesen, die ABC-Abwehr und das Feldjägerwesen der Bundeswehr mobile Einsatzkräfte sowie Reachback-Fähigkeiten für Einsatz, Ausbildung und Weiterentwicklung unter einer einheitlichen Verantwortung zusammengeführt. Die SKB bestreitet mit dem Streitkräfteamt und dessen nachgeordneten Dienststellen sowie weiteren bedeutenden Dienststellen (z.B. Führungsakademie der Bundeswehr, Multinationales Kommando Operative Führung) bundeswehr- und streitkräftegemeinsame querschnittliche Aufgaben.

In den neuen Fähigkeitskommandos und Zentren wird Verantwortung und Kompetenz für die fachliche Leistungserbringung, den Einsatz, die Ausbildung sowie die Weiterentwicklung für die jeweiligen Aufgabenbereiche unter einheitlicher Verantwortung zusammengeführt. Damit können z.B. aktuelle Erkenntnisse und Erfahrungen aus Einsätzen verzugslos in Ausbildung und Weiterentwicklung umgesetzt werden.

Die Verbände, die personell und materiell deutlich robuster sein werden als in der Vergangenheit, werden unmittelbar durch das jeweilige Fähigkeitskommando geführt. Für die Einsatzaufgaben werden mobile Kräfte auftrags- und bedarfsgerecht, modular sowie skalierbar aus dem gesamten Fähigkeitsspektrum der SKB bereitgestellt.

Die Durchhaltefähigkeit wurde differenziert ausgeplant. Bei ausgewählten Fähigkeiten erfolgte aufgrund einer anzunehmenden geringeren bzw. kürzeren Einsatzwahrscheinlichkeit und -notwendigkeit oder der möglichen Substituierbarkeit eine breite, aber begrenzte Ausplanung.

Dort, wo eigene Kräfte und Mittel nicht zur Verfügung stehen, wird die SKB der Zukunft wie bisher die Leistungserbringung Dritter integrieren, also die Unterstützung durch Alliierte, durch „Host-Nation-Support" oder durch Wirtschaft und Industrie.

Die Territoriale Organisation der Bundeswehr wird gestärkt. Das Kommando Territoriale Aufgaben nimmt alle territorialen Aufgaben der Bundeswehr sowie allgemeine Aufgaben wahr, z.B. die Organisation und Steuerung der Familienbetreuung. Ihm unterstehen zukünftig

33

das Kommando Feldjägerwesen der Bundeswehr sowie das ABC-Abwehrkommando der Bundeswehr.

Neues Element sind die Regionalen Sicherungs- und Unterstützungskräfte. Mit diesen Einheiten und Verbänden werden die Beorderungsmöglichkeiten für Reservisten in der Territorialen Reserve erweitert.

VI. Einsatzführungskommando der Bundeswehr

Das Einsatzführungskommando der Bundeswehr ist die operative Führungsebene für den Prozess Einsatz für die Führung aller Auslandseinsätze der Bundeswehr.

Darüber hinaus führt das Einsatzführungskommando der Bundeswehr auf der operativen Führungsebene nationale Einsätze im Rahmen Nationaler Krisenvorsorge und Militärischer Evakuierungsoperationen. Es übernimmt hierbei zusätzlich vollumfänglich die Aufgaben der Operationsplanung und -führung; dies umfasst zeitweilig auch die taktische Führung der eingesetzten Kräfte.

Die Führung von Operationen der Spezialkräfte wird zukünftig durch die Abteilung Spezialoperationen sichergestellt. Damit erfolgt die Führung von herkömmlichen und Spezialkräften in einem Einsatzraum „aus einer Hand".

VII. Planungsamt der Bundeswehr

Zur unmittelbaren Zuarbeit für die ministeriellen Abteilungen wird das Planungsamt der Bundeswehr (PlgABw) neu aufgestellt. Es nimmt Aufgaben der Planung für die Bundeswehr wahr. Ihm kommt im Rahmen des Integrierten Planungsprozesses (IPP) auf Ämterebene gegenüber allen andern Ämtern und Kommandos eine koordinierende Funktion zu.

Das PlgABw arbeitet der Abteilung Planung hinsichtlich der langfristigen Sicherheitsvorsorge, der Zukunftsentwicklung und der zentralen Steuerung der Weiterentwicklung der Bundeswehr sowie den weiteren ministeriellen Abteilungen im Rahmen der jeweiligen fachlichen Zuständigkeit zu. Es stellt die dafür notwendigen entscheidungsrelevanten Informationen und Analysen zur Verfügung, nimmt Impulse und Initiativen zur Weiterentwicklung auf, wertet diese aus und entwickelt auf Grundlage der strategischen Planungen, der Mittelfristplanung und nach Billigung durch das BMVg die Vorgaben für die Weiterentwicklung der Bundeswehr.

34

Darüber hinaus führt das PlgABw im Auftrag der Abteilung Planung die Fähigkeitslage als ein wesentliches Element des Fähigkeitsmanagements. Weiterhin sind die Kapazitäten für multinationale Planungsangelegenheiten im BMVg federführend durch das PlgABw zu unterstützen und Entscheidungen auf der ministeriellen Ebene mit vorzubereiten. Im Rahmen des jährlich zyklischen Planungsprozesses koordiniert das PlgABw die Bearbeitung, führt die Planungsbeiträge aus den Organisationsbereichen zusammen, konsolidiert und harmonisiert diese Beiträge und erarbeitet einen Planungsvorschlag.

BUNDESWEHRVERWALTUNG

Die Bundeswehrverwaltung besteht aus den Organisationsbereichen „Personal", „Ausrüstung, Informationstechnik und Nutzung (AIN)" sowie „Infrastruktur, Umweltschutz und Dienstleistungen (IUD)". In ihnen werden die Zuständigkeiten zur Deckung des Ressourcenbedarfs der Bundeswehr gebündelt.

Auch bislang in den militärischen Organisationsbereichen abgebildete Aufgaben werden dort wahrgenommen. Zentrale Elemente zur Verantwortung der nicht-ministeriellen Durchführungsaufgaben und zur Steuerung des jeweiligen Bereichs sind die neuen Bundesoberbehörden „Bundesamt für das Personalmanagement der Bundeswehr (BAPersBw)", „Bundesamt für Ausrüstung, Informationstechnik und Nutzung der Bundeswehr (BAAINBw)" und „Bundesamt für Infrastruktur, Umweltschutz und Dienstleistungen der Bundeswehr (BAIUDBw)". Deren Binnengliederung stellt die Dialogfähigkeit zwischen den Bundesoberbehörden und den Höheren Kommandobehörden der Streitkräfte sicher.

I. Organisationsbereich Infrastruktur, Umweltschutz und Dienstleistungen[23]

Der neue Organisationsbereich Infrastruktur, Umweltschutz und Dienstleistungen (IUD) führt die bisher insoweit von der Territorialen Wehrverwaltung wahrgenommenen Aufgaben mit deutlich veränderten Verantwortlichkeiten fort, was erhebliche Auswirkungen auf die Aufgabenwahrnehmung im gesamten nachgeordneten Bereich hat .

Im Bereich Infrastruktur wurden die Bedarfsträgeraufgaben, d.h. die Feststellung und Formulierung des Infrastrukturbedarfes, die bisher in der Hand des Führungsstabes der Streitkräfte und dessen nachgeordneten Bereiches lagen, auf allen Ebenen mit den

---

[23] siehe Anlage 7

Bedarfsdeckeraufgaben im Bereich IUD in einer bundeswehrgemeinsamen Infrastrukturorganisation zusammen geführt. Durch diesen Zusammenschluss von bisher getrennt agierenden Prozessbeteiligten werden deutliche Rationalisierungs- und Beschleunigungseffekte ermöglicht. Die Aufgaben erstrecken sich auf die Herstellung und den Betrieb der Infrastruktur im Inland, im Ausland und in den Einsatzgebieten.

Auch in den Aufgabenfeldern Gesetzliche Schutzaufgaben (Umweltschutz, Arbeitsschutz, Naturschutz und Ökologie), Brandschutz und Verpflegung/ Bewirtschaftete Betreuung werden in den Organisationsbereichen bisher zersplittert wahrgenommene Aufgaben in der IUD zusammengeführt. Die Ziele, die Einsatzbereitschaft der Bundeswehr im Inland, im Ausland und in den Einsatzgebieten durch gesetzliche Ausnahmeregelungen sicher zu stellen und den Schutz der Beschäftigten und der Umwelt zu gewährleisten, werden in effektiveren und effizienteren Strukturen erreicht.

Auf der dem BMVg unmittelbar nachgeordneten Ebene wird das Bundesamt für Infrastruktur, Umweltschutz und Dienstleistungen der Bundeswehr (BAIUDBw) als Bundesoberbehörde im Organisationsbereich IUD aufgebaut. Teil des BAIUDBw sind sieben Kompetenzzentren Baumanagement als regionale Schnittstellen zu den Landesbauverwaltungen und den Dienststellen der Bundesanstalt für Immobilienaufgaben.

Dem BAIUDBw sind das Zentrum Brandschutz der Bundeswehr, das neu strukturierte Verpflegungsamt der Bundeswehr, die zukünftig 41 Bundeswehr-Dienstleistungszentren, die Bundeswehrverwaltungsstellen im Ausland und die Einsatzwehrverwaltungsstellen unterstellt.

Die Wehrbereichsverwaltungen werden zum 30. Juni 2013 aufgelöst.

II. Organisationsbereich Ausrüstung, Informationstechnik und Nutzung[24]

Der neue Organisationsbereich Ausrüstung, Informationstechnik und Nutzung (AIN) führt im Rahmen eines neuen, effizienten und einheitlichen Ausrüstungs-, Beschaffungs- und Nutzungsmanagements bisher verteilte Aufgaben der Beschaffung und der Materialverantwortung für die Einsatzreife in einem zentralen Ausrüstungs-/ Nutzungsamt mit eigenem Geschäftsbereich zusammen. Die Organisation folgt somit dem Verständnis einer ganzheitlichen Serviceleistung über alle Phasen des Ausrüstungs- und Nutzungsprozesses bis hin zur Verwertung von Wehrmaterial.

---

[24] siehe Anlage 8

In das neue Bundesamt für Ausrüstung, Informationstechnik und Nutzung der Bundeswehr (BAAINBw) werden im Wesentlichen die Aufgaben des Bundesamtes für Wehrtechnik und Beschaffung, des Bundesamtes für Informationsmanagement und Informationstechnik der Bundeswehr sowie die Anteile aus militärischen Dienststellen, denen bisher die Materialverantwortung für die Einsatzreife während der Nutzungsphase oblag, überführt. Die Wehrtechnische Dienststelle für Pionier- und Truppengerät (WTD 51) wird aufgelöst, deren Aufgaben werden in die Wehrtechnische Dienststelle für Kraftfahrzeuge und Panzer (WTD 41) integriert. In Folge der neuen Struktur der Marine wird der Arsenalbetrieb Kiel des Marinearsenals aufgegeben.

III. Organisationsbereich Personal[25]

Der Abteilungsleiter Personal im BMVg verantwortet den Personalprozess ganzheitlich und zentral im Sinne des bundeswehrgemeinsamen Ansatzes. Darunter fallen militärisches und ziviles Personalmanagement, Personalgewinnung sowie Bildung und Qualifizierung. Damit trägt er erstmals neben der fachlichen auch die organisatorische Verantwortung. Zur Abbildung und Bündelung der dazugehörenden Kompetenzen auch auf den Gebieten Organisation, Haushalt und Infrastruktur wird ein neuer Organisationsbereich „Personal" aufgebaut. Jede Aufgabe des Personalmanagements ist nur einmal abgebildet und wird in durchgängigen Linien ausgehend von der ministeriellen Abteilung bis hin zur Ortsebene erfüllt. Durch die Konzentration auf die unmittelbar nachgeordneten Behörden ist der Steuerungsaufwand der Abteilung Personal optimal reduziert.

Wesentliche Einrichtung des Organisationsbereichs Personal ist das Bundesamt für das Personalmanagement der Bundeswehr mit den Hauptsäulen militärische und zivile Personalführung und -gewinnung.

Der Neuausrichtung des Bildungsangebots der Bundeswehr und der Konzentration der Verantwortung wird durch die Errichtung eines Bildungszentrums der Bundeswehr und die organisatorische Anbindung der beiden Universitäten der Bundeswehr sowie des Bundessprachenamtes an die Abteilung Personal Rechnung getragen.

Kern des Bildungszentrums der Bundeswehr ist die ehemalige Bundesakademie für Wehrverwaltung und Wehrtechnik in Mannheim. Das Zentrum ist mit der fachlichen

---

[25] siehe Anlage 9

37

Steuerung der Qualifizierungsprozesse sowie der Führung und Koordinierung der Bundeswehrverwaltungs- und -fachschulen beauftragt.

IV. Organisationsbereich Rechtspflege[26]

Der Organisationsbereich Rechtspflege besteht unverändert aus der Dienststelle „Der Bundeswehrdisziplinaranwalt beim Bundesverwaltungsgericht" sowie den beiden Truppendienstgerichten Nord und Süd. Wegen der zu erwartenden rückläufigen Auslastungszahlen wird die Zahl der Truppendienstkammern und Standorte reduziert. Neben der durch beamtete Juristen wahrgenommenen Rechtsberatung bei der Truppe und Rechtslehre in den Ausbildungseinrichtungen der Streitkräfte (Bestandteil der Rechtspflege der Bundeswehr im erweiterten Sinn) ist eine Zentrale Ausbildungseinrichtung für die Rechtspflege eingerichtet worden, um eine Ausbildung der Ausbildenden insbesondere in den für die Streitkräfte erforderlichen Nebenrechtsgebieten zu gewährleisten. Dem Bundeswehrdisziplinaranwalt sind die Wehrdisziplinaranwaltschaften als eigenständige Dienststellen nachgeordnet. Ihre Aufgaben werden im Nebenamt durch die Rechtsberater in den Streitkräften wahrgenommen.

V. Organisationsbereich Militärseelsorge[27]

Auch die Militärseelsorge wurde der Struktur und der Stationierung der Streitkräfte angepasst:

Wie bisher stehen die beiden Bundesoberbehörden, das Evangelische Kirchenamt für die Bundeswehr (EKA) und das Katholische Militärbischofsamt (KMBA), an der Spitze der Evangelischen bzw. der Katholischen Militärseelsorge. Auf der Mittelebene sind jeweils vier Militärdekanate eingerichtet. Auf der Ortsebene verbleiben 72 katholische Militärpfarrämter im Inland und drei im Ausland sowie 92 evangelische Militärpfarrämter im Inland und drei im Ausland.

RESSORTÜBERGREIFENDE AUFGABENWAHRNEHMUNG

Die Bundeswehr betreibt im Bereich der Personalabrechnung und der Nebengebührnisse für ihre Angehörigen auf verschiedenen Verwaltungsebenen eine Vielzahl von Abrechnungsstellen unterschiedlicher Größenordnung.

---

[26] als selbstständiger Organisationsbereich nicht Teil der Wehrverwaltung
[27] als selbstständiger Organisationsbereich nicht Teil der Wehrverwaltung

Im Zuge der Neuausrichtung der Bundeswehr war auch zu untersuchen, ob und inwieweit es sinnvoll ist, nicht zu den Kernaufgaben der Bundeswehr gehörende Aufgabenfelder an andere Ressorts abzugeben. Dabei wurden insbesondere die klassischen Serviceaufgaben der Personalabrechnung als geeignet identifiziert, ressortübergreifend in Dienstleistungszentren wahrgenommen zu werden.

Die Staatssekretäre der drei beteiligten Ressorts – neben dem BMVg das Bundesministerium des Innern (BMI) und das Bundesministerium der Finanzen (BMF) – haben am 2. November 2012 eine Ressortvereinbarung über die Verlagerung von Aufgaben der Personalabrechnung und von Abrechnungsaufgaben im Rahmen des künftigen „Travel Managements" der Bundeswehr in die Geschäftsbereiche des BMI und des BMF unterzeichnet. Darin ist der Aufgaben- und Personalübergang ab dem 1. Juli 2013 vorgesehen.

Im Einzelnen ist Folgendes vereinbart:

Das BMI erhält die Aufgabenbereiche Besoldung (einschließlich Dienstzeitversorgung der Soldaten auf Zeit sowie der Nachversicherung), Entgeltzahlung, ferner Beihilfe und Familienkasse für aktive Bundeswehrangehörige sowie die einigungsbedingten Sonderaufgaben. Darüber hinaus werden bis Ende 2015 Abrechnungsaufgaben im Bereich des „Travel Managements" (Reisekosten, Trennungsgeld, Inlandsumzugskosten) zum BMI übergehen. Wahrgenommen werden diese Aufgaben im Bundesverwaltungsamt (BVA).

Das BMF wird künftig für die Versorgung sowie die Beihilfe und die Familienkasse für Versorgungsempfänger zuständig sein. Die Versorgung soll in den Service-Centern der Zollverwaltung, die Beihilfe sowie die Familienkasse im Bundesamt für zentrale Dienste und offene Vermögensfragen (BADV) angesiedelt werden.

Die Aufgaben der Beschädigtenversorgung und der Abrechnung von Heilfürsorgeleistungen sowie die Wehrsoldbearbeitung bleiben bei der Bundeswehrverwaltung. Zur Gewährleistung einer "Versorgung aus einer Hand" werden auch die bislang von den Ländern wahrgenommenen Aufgaben der Beschädigtenversorgung nach dem Soldatenversorgungsgesetz übernommen. Die Aufgaben der Unterhaltssicherung gehen ebenfalls von den Ländern und Kommunen auf die Bundeswehrverwaltung über.

Die aufnehmenden Behörden BVA und BADV sind als zentrale Dienstleister bereits seit Jahren erfolgreich ressortübergreifend für andere Behörden und Einrichtungen tätig. Mit der

Verlagerung von Dienstleistungen aus der Wehrverwaltung wird ein weiterer Schritt zur Umsetzung der Vorgaben des Regierungsprogramms „Vernetzte und transparente Verwaltung" zur Konzentration von Dienstleistungen in der Bundesverwaltung vollzogen. Dies trägt auch den Forderungen des Bundesrechnungshofs und des Haushaltsausschusses des Deutschen Bundestages nach einem ressortübergreifenden Rahmenkonzept zur Bündelung von Querschnittsaufgaben Rechnung. Damit trägt das Vorhaben dazu bei, die Handlungsfähigkeit der Bundesregierung auch in Zukunft sicher zu stellen. Im Übrigen wird erwartet, dass die Aufgabenübernahme mittel- bis langfristig zu Einsparungen sowohl im Sach- als auch Personalhaushalt führen wird.

5. 2 Prozesse

GRUNDSÄTZE

Mit der Umstrukturierung im Geschäftsbereich des BMVg gehen vielfältige Aufgabenverlagerungen zwischen und innerhalb der militärischen und zivilen Organisationsbereiche einher. Dadurch verändern sich auch die Schnittstellen in der Zusammenarbeit. Dies erfordert Transparenz und ein gemeinsames Verständnis über die neuen Verantwortlichkeiten und Zusammenarbeitsbeziehungen.

Im Rahmen der Neuausrichtung bekommen damit Prozesse, deren Interaktion sowie deren zielorientierte Weiterentwicklung im Rahmen eines ganzheitlichen Prozessmanagements ein größeres Gewicht. Es geht insbesondere um Einfachheit, Klarheit sowie die Verringerung der Schnittstellen und des daraus resultierenden Abstimmungsaufwandes.

Von besonderer Bedeutung sind der neue Integrierte Planungsprozess sowie der neue Ausrüstungs- und Nutzungsprozess. Exemplarisch verdeutlichen diese, wie ehemals vorhandene Trennlinien zwischen unterschiedlichen Organisations- und Aufgabenbereichen überwunden werden und zu einer stärker bundeswehrgemeinsam ausgerichteten Arbeitsweise führen können.

INTEGRIERTER PLANUNGSPROZESS

Im Rahmen der Verantwortung des Generalinspekteurs der Bundeswehr für die Gesamtkonzeption der militärischen Verteidigung einschließlich der Planung und der Weiterentwicklung führt der Integrierte Planungsprozess (IPP) die Bundeswehrplanung, Haushalt und Controlling für die gesamte Bundeswehr so zusammen, dass Ziele besser

40

315

erreicht und Ressourcen effizienter verwendet werden können. Erstmals werden alle wesentlichen Schritte von einer kontinuierlichen Zukunftsentwicklung über eine Mittelfristplanung, das Fähigkeitsmanagement und die Planungsumsetzung bis hin zur Ressourcenplanung, Haushaltsaufstellung und -ausführung in einem durchgängigen, integrativen Prozess vereint. Der IPP verknüpft zudem die erforderlichen Maßnahmen zur Anpassung des Handlungs- und Leistungsvermögens der Bundeswehr in einer frühen Phase mit politischen, einschließlich der in NATO und EU vereinbarten, Vorgaben und finanziellen Rahmenbedingungen. Dies beinhaltet die Entwicklung und Festlegung von Zwischenzielen für die Implementierung von Fähigkeiten. Damit wird künftig aus einer ganzheitlichen Perspektive sichergestellt, dass sich die Bundeswehr nur auf die machbaren Projekte fokussiert, diese dann aber eine sehr hohe Realisierungswahrscheinlichkeit haben.

AUSRÜSTUNGS- UND NUTZUNGSPROZESS

Der neue Ausrüstungs- und Nutzungsprozess schafft die Voraussetzungen für eine zeit- und kostengerechte sowie einsatzreife Bereitstellung und Nutzung der für die Einsatzfähigkeit der Bundeswehr erforderlichen Ausrüstung. Er umfasst die Verfahren zur Beschaffung materieller Lösungen und Dienstleistungen nach dem novellierten Customer Product Management (CPM [nov.]) zur Beschaffung komplexer Dienstleistungen und zur Beschaffung Betriebsbedingter Bedarfe (Einkauf Bw) und regelt zudem die Ausgestaltung und Umsetzung internationaler Rüstungskooperationen.

Klare Verantwortlichkeiten verbunden mit eindeutigen Entscheidungskompetenzen und reduzierten Schnittstellen sind dabei wesentliche Prinzipien des CPM (nov.), der mit Wirkung zum 1. Januar 2013 in Kraft gesetzt wurde.

Der CPM (nov.) muss nun in die Praxis umgesetzt werden. Dies erfordert ein Umdenken bei allen Prozessbeteiligten hin zur Übernahme von Verantwortung und gegenseitigem Vertrauen in die Fähigkeiten des jeweils anderen Organisationsbereiches. Insofern ist der Erfolg des neuen Prozesses eng mit der zielgerichteten Weiterentwicklung der bundeswehrgemeinsamen Organisationskultur verknüpft.

5. 3 Organisationskultur

Für die Organisationskultur der Bundeswehr sind die Grundsätze der Inneren Führung, des Berufsbeamtentums und des Dienstleistungsverständnisses der Bundeswehrverwaltung prägend. Im Rahmen der Neuausrichtung müssen sich alle Angehörigen des Geschäftsbereichs noch stärker als Teil einer gemeinsamen Organisation mit einem gemeinsamen Auftrag verstehen. Diese Organisationskultur setzt „Vertrauen" und „Zutrauen" als leitende Führungsprinzipien voraus und bedingt die Förderung eines neuen Umgangs miteinander, welches von gegenseitigem Vertrauen und Verständnis füreinander bestimmt ist. Wesentlich dabei ist die Erkenntnis, dass jeder Einzelne einen wichtigen Beitrag für das „Gesamtsystem Bundeswehr" trägt und Partikularinteressen hintanstellt. Das Verständnis dafür wird durch die zunehmend gemeinsame Auftragserfüllung in zivil-militärisch besetzten Dienststellen der Bundeswehr wachsen.

Mit dem Aussetzen der verpflichtenden Einberufung zum Grundwehrdienst zum 1. Juli 2011 wurde die Imagekampagne „Wir.Dienen.Deutschland." gestartet. Das Motto, Ergebnis interner Überlegungen, stellt nunmehr den Leitgedanken des Selbstverständnisses aller Angehörigen der Bundeswehr dar. Mit der Formulierung eines bundeswehrgemeinsamen Selbstverständnisses wird der Leitgedanke ausdifferenziert und operationalisiert. Das bundeswehrgemeinsame Selbstverständnis dient der Orientierung und der Identifikation mit der neuausgerichteten Bundeswehr.

Konkrete Ausprägung für die Implementierung von „Vertrauen" und „Zutrauen" als leitende Führungsprinzipien in der Bundeswehr ist das Arbeitsprogramm Deregulierung. Ziel ist, den Menschen in der Bundeswehr auf allen Ebenen Gestaltungsfreiraum zu gewähren und sie von bürokratischen Hemmnissen zu entlasten, so dass sie sich auf ihre wesentlichen Aufgaben konzentrieren können. Mit dem am 7. September 2012 durch Staatssekretär Beemelmans für den Geschäftsbereich des BMVg erlassenen Arbeitsprogramm Deregulierung wird die Qualität der Regelungen (z.B. Dienstvorschriften, Erlasse) verbessert und die Regelungsdichte verringert werden. Dabei wird insbesondere auf die spürbare Entlastung der Einsatzkontingente der Bundeswehr gezielt.

Das Arbeitsprogramm verfolgt dabei zwei parallel laufende Ansätze:

- Bereinigung der Regelungslandschaft der Bundeswehr durch quantitative Reduzierung und qualitative Verbesserung (ex-post-Ansatz) und
- Entwicklung und Umsetzung geeigneter Maßnahmen und Verfahren zur Vermeidung unnötiger Bürokratie bereits in der Entstehungsphase von Regelungen (ex-ante-Ansatz).

42

317

6 Stationierung

Mit den Entscheidungen zu Aufgabenverteilung, Personalumfang, Großwaffensystem und Grobstrukturen wurden die wesentlichen Voraussetzungen für die organisatorische Neuausrichtung der Bundeswehr festgelegt. Auf dieser Basis hat Bundesminister Dr. Thomas de Maizière am 26. Oktober 2011 die Stationierung entschieden.

Das Stationierungskonzept ist Ergebnis einer umfassenden und gründlichen Analyse, in der alle relevanten Faktoren in einer ganzheitlichen Betrachtung der Grundprinzipien „Funktionalität", „Kosteneffizienz", „Attraktivität" und „Präsenz in der Fläche" gegeneinander abgewogen wurden.

Die Bundeswehr muss ihren Auftrag im In- und Ausland durchgängig erfüllen können, eine Auflage, der sich die Umsetzung auf Standortebene unterzuordnen hat. Der Erhalt einer einsatzfähigen Bundeswehr während der Umsetzung der Stationierung und der gesamten Neuausrichtung ist und bleibt oberstes Prinzip.

Im Ergebnis sind Standorte und Liegenschaften anzupassen und nicht mehr benötigte Liegenschaften an die BImA zurückzugeben, die eigenverantwortlich für die wirtschaftliche Verwertung der Liegenschaften unter Beachtung der haushaltsrechtlichen Bestimmungen zuständig ist.

Jede Auflösung von Truppenteilen und Dienststellen ist schmerzlich für die Soldaten und die zivilen Mitarbeiter. Dies gilt ebenso für deren Angehörige sowie für die jeweilige Region. Soweit wie möglich, werden die Anliegen der Betroffenen berücksichtigt und nach einvernehmlichen Lösungen bei der Umsetzung der Stationierungs- und Realisierungsentscheidungen gesucht. Nicht jede persönliche Härte lässt sich verhindern.

43

E Realisierung

1 Realisierungsplanung

Die Realisierungspläne der Organisationsbereiche bilden die wesentlichen, im Zusammenhang mit der Neuausrichtung stehenden, organisatorischen Maßnahmen auf der Zeitachse ab und sind u. a. eine wichtige Grundlage für die Erarbeitung der erforderlichen Organisations- und Infrastrukturgrundlagen, die Ressourcenplanung und das Personalmanagement.

Sie bauen auf den Entscheidungen zu Grobstrukturen, zur Stationierung und zur Feinausplanung sowie dem Personalstärkemodell auf. Die Streitkräfte stellen die Aufgaben im Einsatz und im Grundbetrieb parallel zum Neuausrichtungsprozess sicher. Maßgeblich für die zeitliche Staffelung der Realisierungsplanung sind daher die Einsatzbelange der militärischen Organisationsbereiche, die funktionalen Zusammenhänge des abgestimmten organisationsbereichsinternen wie -externen Aufgabenübergangs und der verfügbare Finanzrahmen für Infrastruktur- und IT-Maßnahmen in Jahresscheiben.

Die für die strategische Steuerung der Neuausrichtung und für den Erfolg des Gesamtprojektes wesentlichen Kommandobehörden sowie Bundesoberbehörden und Fähigkeitskommandos aus den Realisierungsplänen der Organisationsbereiche sind in dem Meilensteinplan zusammengefasst. Dieser zeigt für jedes der 33 festgehaltenen Organisationselemente die zeitliche Abfolge von der Aufstellung über die Arbeitsfähigkeit bis zur Zielstruktur und Zielstationierung.

Mit Einnahme der neuen Führungsorganisation zu Beginn der Neuausrichtung erfolgt die Umgestaltung der nachgeordneten Strukturen von oben beginnend bereits aus den neuen Führungskommandos und Bundesoberbehörden heraus. Durch diese Vorgehensweise wird vermieden, dass gerade neu formierte Truppenteile sich nach kurzer Zeit wieder an eine erst später umgesetzte Kommandostruktur gewöhnen müssen.

44

2 Personal

2. 1 Reformbegleitprogramm

Die Vorhaben aus dem im Koalitionsvertrag beauftragten Maßnahmenpaket zur Attraktivitätssteigerung (s. D 3) sind zwischenzeitlich bereits teilweise realisiert und werden fortschreitend weiter umgesetzt.

Das Reformbegleitprogramm, das durch den Bundesminister der Verteidigung am 18. Oktober 2011 erlassen wurde, schafft einen ganzheitlichen Rahmen für den erforderlichen Personalabbau. Einerseits hilft es den Menschen, Belastungen abzufedern und einen ihren Bedürfnisse entsprechenden Lebensentwurf zu realisieren; andererseits ermöglicht es strukturelle Anpassungen des Personalkörpers.

In diesem Rahmen wurden reformgestaltende Hilfen und Initiativen entwickelt, die in gesetzliche oder untergesetzliche Regelungen umgesetzt wurden:

- Optimierung der Kinderbetreuung durch bessere finanzielle Unterstützung der Familien, sofern besondere Belastungen auftreten.
- Anheben der Vergütung besonderer zeitlicher Belastungen von Soldaten, um die durch die Parallelität von Routine und Reform entstehende besondere Beanspruchung angemessener anzuerkennen.
- Optimierung der Wohnungsfürsorge durch ein DV-Programm und eine personell bessere Ausstattung, um die Unterstützung bei Versetzungen weiter verbessern zu können.
- Entfristung der Gewährung einer Verpflichtungsprämie für Soldaten auf Zeit mit der Erweiterung auf alle Laufbahnen mit dem Ziel, ausreichend Bewerberpotenzial zwecks Verjüngung des Personalkörpers zu mobilisieren und zu gewinnen.
- Weiterentwicklung der Berufsförderung (linear ansteigender Anspruch auf Berufsförderung ab SaZ 4 und Auslagerung der Berufsförderung aus der aktiven Dienstzeit), um durch gute Qualifizierungsangebote Anreize für den Dienst in den Streitkräften zu schaffen, die Stehzeiten auf Dienstposten zu verlängern, die Professionalität dadurch zu erhöhen und den Regenerationsbedarf abzusenken.
- Umsetzung eines personalwerblichen Konzepts, um die Bundeswehr umfassender und effektiver als bisher auch als zivilen Arbeitgeber in der Öffentlichkeit zu profilieren.

45

- Schaffung der Möglichkeit, freiwerdende Unterkünfte durch nicht unterkunftspflichtige Soldaten ohne Anspruch auf Trennungsgeld gegen ermäßigtes Entgelt als Pendlerunterkünfte nutzen zu lassen.

Mit dem Bundeswehrreform-Begleitgesetz (BwRefBeglG – am 26. Juli 2012 in Kraft getreten) sind für die Soldaten sowie Beamten die gesetzlich zu regelnden Anteile des Reformbegleitprogramms umgesetzt worden. Damit steht neben dem für den Arbeitnehmerbereich geltenden Tarifvertrag über sozialverträgliche Begleitmaßnahmen im Zusammenhang mit der Umgestaltung der Bundeswehr (TV UmBw) ein weiteres notwendiges Instrument bereit, sowohl den militärischen als auch den zivilen Anteil des Personalkörpers bedarfsgerecht, einsatzorientiert und sozialverträglich anzupassen.

Für Soldaten kommen folgende Maßnahmen in Betracht:

- Weiterbeschäftigung von Berufssoldaten innerhalb oder außerhalb des öffentlichen Dienstes.
- Verkürzung der Dienstzeit von Soldaten auf Zeit mit Erhalt von originären Ansprüchen nach dem Soldatenversorgungsgesetz auf Berufsförderung und Dienstzeitversorgung.
- Umwandlung des Dienstverhältnisses eines Berufssoldaten in das eines Soldaten auf Zeit mit Gewährung einer dienstzeitabhängigen Einmalzahlung.
- Vorzeitige Versetzung von Berufssoldaten in den Ruhestand nach Vollendung des 40. Lebensjahres mit einer dienstzeitabhängigen Grundversorgung und Einmalzahlung.
- Vorzeitige Versetzung von Berufssoldaten in den Ruhestand nach Vollendung des 50. (Berufsunteroffiziere) oder 52. Lebensjahres (Berufsoffiziere) unter Berücksichtigung der ruhegehaltfähigen Dienstzeit bis zum Erreichen der besonderen Altersgrenzen.

Für Beamte sind als mögliche Maßnahmen zur Personalanpassung vorgesehen:

- Weiterbeschäftigung bei anderen Bundesbehörden oder anderen öffentlichen Dienstherrn oder privaten Arbeitgebern[28] oder
- vorzeitige Versetzung in den Ruhestand ab dem vollendeten 60. Lebensjahr unter angepasster Berücksichtigung der ruhegehaltfähigen Dienstzeit bis zum Erreichen der allgemeinen Altergrenze.

---

[28] Siehe Ziffer 2.3 in diesem Kapitel

46

321

Die Anzahl der vorzeitigen Versetzungen in den Ruhestand hat der Gesetzgeber auf 2.170 Berufssoldaten und 1.050 Beamte begrenzt mit der Möglichkeit, weitere 930 Berufssoldaten sowie weitere 450 Beamte vorzeitig in den Ruhestand zu versetzen, wenn nach dem 30. September 2014 hierfür ein unabweisbarer Bedarf festgestellt wird.

Die Ausgliederungsmaßnahmen haben im dienstlichen Interesse zu liegen und setzen die Zustimmung der Betroffenen voraus. Die Bedarfslage der Bundeswehr bildet die Entscheidungsgrundlage. Daher kann Anträgen und Interessenbekundungen nur stattgegeben werden, wenn eine zumutbare Weiterbeschäftigung bei der Bundeswehr, einer Bundesbehörde oder bei einem anderen öffentlich-rechtlichen Dienstherrn nicht möglich ist.

Aktuell liegen insgesamt rund 8.000 Anträge und Interessenbekundungen auf Anwendung von Maßnahmen des BwRefBeglG durch die Soldaten sowie die Beamten für den gesamten Reformzeitraum bis Ende 2017 vor. Rund 2.000 Anträgen konnte bereits entsprochen werden, davon 1.100 vorzeitigen Zurruhesetzungen bei Soldaten und 125 bei Beamten.

Wesentliches Ziel der Personalführung ist es, die zivilen Beschäftigten und Soldaten bei der Umsetzung der notwendigen Strukturmaßnahmen frühzeitig einzubinden, umfassend zu informieren und damit Akzeptanz für die notwendigen Strukturmaßnahmen zu schaffen.

Die Resonanz der Angehörigen der Bundeswehr auf die Maßnahmen der Personalanpassung ist eindeutig positiv. Nach derzeitigem Stand steht zu erwarten, dass die personellen Ziele der Neuausrichtung der Bundeswehr sowohl quantitativ als auch qualitativ über alle Statusgruppen hinweg erreicht werden können.

2. 2   Personalbestand

BERUFSSOLDATEN /SOLDATEN AUF ZEIT

Der militärische Personalbestand betrug am 7. Februar 2013 190.517 Soldaten. Davon waren 54.615 Berufssoldaten (BS), 124.597 Soldaten auf Zeit (SaZ) sowie 11.305 Freiwilligen Wehrdienst Leistende (FWDL). Bei den BS lag das IST um ca. 20 % über dem Sollwert, bei den SaZ war IST fast gleich SOLL.

FREIWILLIGEN WEHRDIENST LEISTENDE

Seit Einführung des neuen freiwilligen Wehrdienstes zum 1. Juli 2011 haben mit Stand 7. März 2013 mehr als 19.000 freiwilligen Wehrdienst Leistende (FWDL), davon rund 1.100

47

Frauen, ihren Dienst in der Bundeswehr angetreten. Nicht zu unterschätzen ist dieses Potenzial für die Gewinnung von Soldaten auf Zeit. Allein im Jahr 2012 wurden rund 3.800 FWDL als SaZ übernommen.

ZIVILPERSONAL

Mit der Entscheidung zur Rückführung des Zivilpersonals der Bundeswehr auf 55.000[29] wird der seit 1990 nahezu ununterbrochen fortlaufende Reduzierungsprozess fortgesetzt. In diesem Rahmen ist der zivile Personalbestand von rd. 234.000 um über 137.000 Mitarbeiter auf derzeit 96.600 Beschäftigte zurückgeführt worden. Allein im Jahr 2012 wurde der Personalbestand im Rahmen der Neuausrichtung der Bundeswehr um rd. 4.600 Beschäftigte verringert. Neben dem Abbau wird dem strukturgerechten Umbau, auch im Sinne einer Verjüngung des in seiner Altersstruktur verzerrten Personalkörpers Rechnung getragen, um die notwendige stärkere Einsatzausrichtung und Effizienzsteigerung zu erreichen.

2. 3   Ressortübergreifende Personalvermittlung

Die „Ressortübergreifende Personalvermittlung" hat sich als ein wirksames Instrument für den sozialverträglichen Personalabbau erwiesen. Ihr Ziel ist es, Tarifbeschäftigten, Beamten sowie Berufssoldaten, die strukturell von der Neuausrichtung der Bundeswehr betroffen sind, adäquate berufliche Alternativen bei anderen öffentlichen oder privaten Arbeitgebern aufzuzeigen. Dieses Angebot kann insbesondere dazu beitragen, Härten für von Standortauflösungen betroffene Bundeswehrangehörigen abzumildern oder zu vermeiden.

Das Bundeswehrreform-Begleitgesetz und der TV UmBw bilden die Grundlagen für die ressortübergreifende Personalvermittlung. Im Zuge der Haushaltsverhandlungen für das Jahr 2012 wurden die bestehenden Regelungen für einen Wechsel von Überhangpersonal zu anderen Bundesdienststellen entscheidend verbessert, so dass andere Ressorts bislang weit mehr als 3.000 Stellen für Überhangpersonal der Bundeswehr angeboten haben.

Diese Stellen werden durch die im BMVg angesiedelte „Projektgruppe Ressortübergreifende Personalvermittlung" im „Jobportal für strukturbetroffenes Personal" im Intranet der Bundeswehr veröffentlicht. Die Projektgruppe unterstützt hierbei die Personal bearbeitenden Dienststellen der Bundeswehr und der aufnehmenden Ressorts in allen Fragen des Personaltransfers sowie deren Kooperation untereinander. Darüber hinaus organisiert sie die

---

[29] Berechnungsgröße sind so genannte „Vollzeitäquivalente"

48

323

Schulung der in den Wehrbereichen aufgestellten temporären Vermittlungsorganisation, der so genannten „Jobcoaches". Diese begleiten intensiv die Personaltransfers in der Fläche.

Rund 900 zivile Bundeswehrangehörige wurden seit Beginn des Jahres 2012 zu anderen Ressorts vermittelt oder sind zu Ländern, Kommunen oder zu privaten Arbeitgebern gewechselt. Derzeit warten noch mehr als 1.100 Bewerber auf eine Entscheidung des jeweils aufnehmenden Ressorts, so dass die Vermittlungszahlen weiter ansteigen werden. In Kürze wird die Marke von 1.000 erfolgreichen Vermittlungen erreicht sein. Die Bewerbungszahlen steigen nach wie vor aufgrund der fortschreitenden Umsetzung der Neuausrichtung.

Die Vermittlung von Berufssoldaten läuft mit derzeit fast 100 Bewerbungen ebenfalls an, und es gibt bereits erste Vermittlungserfolge. Mit der Masse der Standortauflösungen in den kommenden Jahren werden auch diese Zahlen weiter ansteigen.

Nicht nur der öffentliche, sondern auch der private Arbeitsmarkt rückt ins Blickfeld. Vor diesem Hintergrund hat die Bundeswehr die Zusammenarbeit mit der Bundesagentur für Arbeit weiter intensiviert und in Flensburg ein gemeinsames Pilotprojekt gestartet. Dabei stellen sich beide Partner der besonderen Herausforderung, zusätzliche und wohnortnahe Weiterbeschäftigungsangebote für Mitarbeiter der Bundeswehr zu suchen, die an einem strukturschwachen Standort in den strukturellen Überhang geraten.

3 Material

Im Rahmen der Neuausrichtung wurden neue Obergrenzen für die Ausplanung strukturrelevanter Waffensysteme festgelegt. Die Umsetzung dieser Vorgaben ist in vollem Gange.

Hierzu waren auch Eingriffe in laufende Projekte bzw. Verträge erforderlich. Die diesbezüglichen Verhandlungen mit der Industrie sind naturgemäß nicht einfach, da die Umsatzerwartung der beteiligten Industrie mit dem Ziel der Bundeswehr, durch Stückzahlreduzierungen signifikante Einsparungen zu erzielen, nicht ohne weiteres vereinbar ist.

Dennoch konnten zu den Waffensystemen Puma, NH 90 und UH Tiger nunmehr konstruktive Einigungen erzielt werden. Die Aussonderung und Verwertung von überschüssigem Gerät,

49

das in den künftigen Strukturen nicht mehr benötigt wird, wird mit Nachdruck vorangetrieben.

4 Organisation

4. 1 Bundesministerium der Verteidigung[30]

Die grundlegenden neuen Strukturen hat das BMVg zum 1. April 2012 eingenommen. Seit dem 1. Oktober 2012 sind auch die Vorgaben des Dresdner Erlasses organisatorisch im BMVg umgesetzt. Somit arbeitet das BMVg in der Zielstruktur, die im Folgenden umrissen wird.

Das BMVg unterstützt den Bundesminister der Verteidigung in seiner Funktion als Mitglied der Bundesregierung und verantwortlichen Ressortminister für die Bundeswehr. Es ist sein zentrales Führungsinstrument als Inhaber der Befehls- und Kommandogewalt über die Streitkräfte und als Ressortchef der Wehrverwaltung. Dabei wird er durch zwei Beamtete Staatssekretäre unterstützt, die parlamentarischen Aufgaben obliegen zwei Parlamentarischen Staatssekretären.

Der Generalinspekteur ist als militärischer Berater der Bundesregierung und höchster militärischer Repräsentant der Bundeswehr Teil der Leitung des BMVg. Er nimmt seine neuen Befugnisse als truppendienstlicher Vorgesetzter der in den Streitkräften eingesetzten Soldaten und als Vorgesetzter der dort eingesetzten zivilen Mitarbeiter wahr.

Die Abteilung Politik gestaltet und koordiniert die Sicherheits- und Verteidigungspolitik im Verantwortungsbereich des BMVg und konzipiert die strategischen Leitlinien zu deren Ausgestaltung.

Die Abteilung Haushalt und Controlling erstellt den Beitrag des Verteidigungshaushalts (Einzelplan 14) zum Bundeshaushalt und zur Finanzplanung des Bundes. Sie vertritt während des Haushaltsaufstellungsprozesses die Positionen des BMVg und ist im parlamentarischen Gesetzgebungsverfahren der Ansprechpartner des BMF und des Haushaltsausschusses des Deutschen Bundestages. Nach Inkrafttreten des Haushalts obliegen ihr der Haushaltsvollzug

---

[30] siehe Anlage 1

50

325

und die Aufstellung des Beitrages des Verteidigungsressorts zur Jahresrechnung des Bundeshaushalts.

Darüber hinaus unterstützt die Abteilung Haushalt und Controlling in Abstimmung mit den Abteilungen und Stäben die Leitung des BMVg bei der strategischen Steuerung sowie bei der kontinuierlichen Validierung, Ergänzung und Anpassung des strategischen Zielsystems der Leitung des BMVg. Sie trägt die fachliche Verantwortung für Grundsätze und Standards des Controllings sowie für die Controllingausbildung im Geschäftsbereich des BMVg.

Die Abteilung Recht nimmt zentral die juristischen Aufgaben in allen Rechtsgebieten wahr, die im Zusammenhang mit der Sicherheits- und Verteidigungspolitik sowie den Einsätzen der Bundeswehr stehen. Sie bearbeitet alle Angelegenheiten, die von rechtlicher Relevanz für die politische Leitung des BMVg und den Generalinspekteur der Bundeswehr sind.

Dem Generalinspekteur der Bundeswehr unterstehen zu seiner Unterstützung die nachfolgenden drei Abteilungen:

Die Abteilung Planung ist mit der Wahrnehmung der gesamtplanerischen Verantwortung des Generalinspekteurs der Bundeswehr beauftragt. Die Zukunftsentwicklung gewährleistet als kontinuierlicher zielgerichteter Prozess zur Zukunfts- und Weiterentwicklung der Bundeswehr eine permanente Anpassung des Handlungs- und Leistungsvermögens an sich ändernde Rahmenbedingungen. Mit der Mittelfristplanung werden konkrete planerische Ziele gesetzt. Das Fähigkeitsmanagement zielt darauf ab, das für die Aufgabenwahrnehmung der Bundeswehr erforderliche Fähigkeitsprofil zu erreichen und dauerhaft zu erhalten. Im Rahmen der Planungsumsetzung führt die Finanzbedarfsanalyse die erforderlichen Daten frühzeitig zusammen. Der Ressourcenplan bildet die Grundlage für den Haushaltsvoranschlag.

Die Abteilung Führung Streitkräfte unterstützt den Generalinspekteur der Bundeswehr in seiner Verantwortung als truppendienstlicher Vorgesetzter aller Soldaten in den Streitkräften und in seiner Rolle als ranghöchster Soldat der Bundeswehr und der dafür zu erlassenden, übergreifenden Vorgaben. Sie trägt zudem die Verantwortung zur Herstellung und zum Erhalt der Einsatzbereitschaft der Streitkräfte.

Durch die Abteilung Strategie und Einsatz wird der Generalinspekteur der Bundeswehr in seiner Funktion als Verantwortlicher für die Einsätze der Bundeswehr und höchster

51

militärischer Repräsentant der Bundeswehr in internationalen Gremien unterstützt. Die Abteilung arbeitet dem Generalinspekteur der Bundeswehr zudem bei der Ausgestaltung der Militärpolitik im Rahmen der strategischen Leitlinien aus der Abteilung Politik zu.

Die Abteilung Personal trägt die zentrale Verantwortung für den Personalprozess mit allen Handlungsfeldern des Personalmanagements. Dazu gehören z.B. die ministerielle Steuerung des neu geschaffenen Organisationsbereichs Personal, Personalgewinnung, -planung und -entwicklung, -führung, Bezahlung und Versorgung, Fürsorgeangelegenheiten sowie die Aus-, Fort- und Weiterbildung.

In der Abteilung Ausrüstung, Informationstechnik und Nutzung erfolgt die Planung, Steuerung und Kontrolle nationaler und internationaler Rüstungsaktivitäten. Die Abteilung trägt zudem die Materialverantwortung für die Einsatzreife des gesamten Wehrmaterials. Sie nimmt die Gesamtverantwortung für den Ausrüstungs- und Nutzungsprozess sowie die IT-Strategie wahr. Dazu obliegt ihr die ministerielle Steuerung ihres Organisationsbereichs.

Die Abteilung Infrastruktur, Umweltschutz und Dienstleistungen erarbeitet die konzeptionellen Grundsätze des Liegenschaftswesens. In ihr ist die ministerielle Steuerung infrastruktureller Aufgaben (Bau und Betrieb von Liegenschaften) und aller Serviceleistungen mit Liegenschaftsbezug im Inland, Einsatz und Ausland gebündelt.

Zum Organisationsbereich des BMVg gehören darüber hinaus die Anteile des Ressorts in den Deutschen Ständigen Vertretungen bei der NATO und der EU.

Auf der Basis gesicherter Erkenntnisse aus dem Wirkbetrieb des neuen BMVg, auch im Zusammenspiel mit den unmittelbar nachgeordneten Bundesober- und Höheren Kommandobehörden werden die neuen Strukturen und Prozesse auf diesen Ebenen im Jahre 2014 gezielt evaluiert.

4. 2   Streitkräfte und Bundeswehrverwaltung

Die Zielstruktur der Bundeswehr wird auf der Basis der laufend präzisierten Realisierungsplanung vom 12. Juni 2012 planmäßig Schritt für Schritt eingenommen.

Der Verantwortungsübergang für Aufgaben auf die zivilen Organisationsbereichen ist bereits weitestgehend abgeschlossen. Aufgabenübertragungen an BAIUDBw und BAAINBw sind erfolgt. Mit Erreichen der Arbeitsfähigkeit des BAPersBw Mitte 2013 werden auf Ebene der Bundesoberbehörden alle Aufgaben übergeben sein.

Alle 33 im Meilensteinplan enthaltenen Organisationselemente haben ihre Umorganisation begonnen, zwei Drittel davon haben bereits ihre Arbeitsfähigkeit erreicht, darunter mit einer Ausnahme alle dem BMVg unmittelbar nachgeordneten neuen Kommandos und Bundesoberbehörden. Im Verlauf des Jahres 2013 werden 2/3 der Einrichtungen in ihrer Zielstruktur arbeiten, der Rest wird bis Ende 2015 gefolgt sein. Ausschlaggebend für den späteren Beginn der Arbeit in der Zielstruktur sind vornehmlich Bindungen im Einsatz, die eine frühere Umgliederung aufgrund dieser Priorisierung verbieten.

Fast zur Hälfte wird in diesem Jahr die Zielstationierung der im Meilensteinplan abgebildeten Einrichtungen erreicht werden. Bis Ende 2015 wird sie bei drei Viertel aller Objekte verwirklicht sein. Ungeachtet dessen werden spätere Infrastrukturmaßnahmen zum Teil auch über 2017 hinaus erforderlich sein.

Die Ausfächerung der Maßnahmen zur Realisierung der neuen Strukturen in der Fläche geht seit Anfang 2013 mit der Aufstellung der Fähigkeitskommandos und Fähigkeitszentren[31] weiter.

5 Stationierung

5. 1 Standorte/ Liegenschaften

Mit der am 12. Juni 2012 veröffentlichten Realisierungsplanung wurden auch die Schließungszeitpunkte von Liegenschaften der Bundeswehr bekanntgegeben. Im Jahr 2012 wurden bereits zwei Liegenschaften – das Munitionslager Enge-Sande und das Dienstgebäude des Truppendienstgerichts Süd in Karlsruhe – und im Jahr 2013 bislang eine Liegenschaft – die Oberschwaben-Kaserne in Hohentengen – an die BImA abgegeben. Noch im Jahr 2013 sollen drei weitere Liegenschaften – die Schill-Kaserne in Lütjenburg, die Ermekeil-Kaserne in Bonn und eine Teilfläche der Patriot-Stellung in Leck – abgegeben werden. Die Bundeswehr leitet unverzüglich – entsprechend den Regelungen der zwischen BMVg, BMF

---

[31] 01.10.2012- Marineunterstützungskommando; 01.01.2013 – Kommando SanEinsUstg, Kommando RegSanUstg, Führungsunterstützungskommando Bw, Kommando Strategische Aufklärung, Kommando Territoriale Aufgaben, Zentrum für Brandschutz; 01.01.2013- Logistikkommando Bw; 01.04.2013 - Ausbildungskommando Heer, Amt für Heeresentwicklung; 01.07.2013 – Kommando Einsatzverbände Lw, Kommando Unterstützungsverbände Lw, Zentrum Luftoperationen, Verpflegungsamt Bw, Bildungszentrum Bw

und BImA geschlossenen Dachvereinbarung zur Umsetzung des Gesetzes über die BImA – das Verfahren zur Rückgabe der entbehrlichen Liegenschaften/Teilliegenschaften der Bundeswehr an die BImA ein. Dazu gehört u.a. die Übergabe der entsprechenden Unterlagen, soweit nicht bereits im „Einheitlichen Liegenschaftsmanagement" vorhanden, an den zuständigen Konversionsbeauftragten der BImA, damit von dort die Konversion der Liegenschaften aufgenommen werden kann. Die Bundeswehr übergibt der BImA unverzüglich alle für die Weiternutzung von Liegenschaften relevanten Unterlagen und ermöglicht dieser gemeinsam mit den Kommunen sowie ggf. potenziellen Interessenten eine Liegenschaftsbesichtigung zum frühestmöglichen Zeitpunkt. Das BMVg nimmt jedoch selbst keine Aufgaben bzw. Zuständigkeiten im Bereich der Konversion wahr. Eine finanzielle Beteiligung des BMVg an den Kosten der Konversion erfolgt nicht. Ebenso wenig ist das BMVg für konversionsbedingte Förderungen, Förderprogramme oder deren Finanzausstattung zuständig.

Die Realisierung der Neuausrichtung der Bundeswehr wird weitgehend bis zum Jahr 2017 abgeschlossen werden, die entsprechenden Planungen werden jährlich fortgeschrieben und im Internet veröffentlicht.[32]

5. 2   Investitionen Infrastruktur

Im Jahr 2012 konnten erste Infrastrukturinvestitionen an den Standorten Berlin, Greding (Bayern), Koblenz (Rheinland- Pfalz), Lahnstein (Rheinland-Pfalz) und Strausberg (Brandenburg) in Höhe von 3,2 Millionen Euro realisiert werden.

Für weitere 90 Standorte der Bundeswehr liegen konkrete Forderungen der Nutzer vor, so dass hier Infrastrukturinvestitionen im Zusammenhang mit der Neuausrichtung geplant werden können. In 71 Standorten sind bereits konkrete Investitionen in den Jahren 2013 bis 2015 vorgesehen. Diese verteilen sich auf die Bundesländer wie folgt:

---

[32] www.bundeswehr.de > Streitkräfte > Neuausrichtung der Bundeswehr > Stationierungskonzept 2011 > Stationierung nach Bundesländern

329

Bundesland	Anzahl Standorte mit Infrastrukturinvestitionen in 2013 bis 2015	geplante Infrastrukturinvestitionen 2013 bis 2015 [in TEUR]
Baden-Württemberg	9	24.000
Bayern	12	60.000
Berlin	1	14.500
Brandenburg	2	7.200
Bremen	1	4.400
Hamburg	1	1.200
Hessen	2	3.200
Mecklenburg-Vorpommern	4	21.400
Niedersachsen	9	30.000
Nordrhein-Westfalen	9	25.000
Rheinland-Pfalz	7	55.000
Saarland	1	1.400
Sachsen	2	10.200
Sachsen-Anhalt	2	900
Schleswig-Holstein	5	14.200
Thüringen	4	18.200
Summe	71	290.800

Tabelle 3: Infrastrukturinvestitionen

55

Personenregister

Arnold 108, 109, 191

Beemelmans 7, 40, 97, 99, 108

Cameron 170, 171
Churchill 188

Enders 105, 111
Eschenburg 141

Gabriel 112, 136, 187, 189
Gatzer 39
Gauck 135, 136
Guttenberg 24, 28, 33, 37, 40, 109, 221, 224

Hartz 19, 125, 131, 137–139
Hollande 151, 159, 193

Levene 175, 176, 222
Leyen 101, 206

Maizière 7, 15, 40, 97, 98, 105, 108–110, 199, 206, 219

Niebel 104

Oettinger 129
Otremba 33

Putin 194

Sarkozy 150, 170, 193
Struck 129, 224

Védrine 193

Weise 33, 38, 67, 85, 86, 97, 108, 140, 167, 178, 180, 188, 206, 224
Weizsäcker 108
Wieker 41, 61, 97, 105
Wolf 28, 41, 97, 222